Ultimate Docker: guía de cero hasta despliegues

Nicolás Schürmann

Ultimate Docker: guía de cero hasta despliegues

Nicolás Schürmann

 Este libro fue redactado en base al material original del curso en video del autor Nicolás Schürmann por Gabriel Hernandez.

A mi audiencia en youtube, a mis alumnos y a ti que me estás leyendo, gracias al apoyo constante de ustedes puedo cumplir mi sueño de educar a las próximas generaciones.

Contents

Capítulo 1: Introducción

Introducción

Tienes que aprender Docker y tienes que aprenderlo ahora, en los capítulos que vienen nos vamos a ir de viaje y te voy a enseñar absolutamente todo lo que necesitas saber acerca de Docker y al terminar este libro de Ultimate Docker vas a poder utilizarlo en el mundo profesional como parte fundamental del proceso de desarrollo de software.

Si necesitas:

- Un curso fácil de seguir,
- que no es repetitivo,
- que ve Docker a profundidad, y
- que te servirá para aplicar a trabajos en el mundo profesional.

Entonces, Ultimate Docker es para ti.

Vamos a comenzar construyendo una aplicación muy pequeña donde vamos a ir introduciendo paso a paso los conceptos para que puedas entender los fundamentos de Docker, y al finalizar este libro vamos a desplegar una aplicación que va a tener frontend, backend y también una base de datos.

Yo soy Nicolás Schurmann y le he enseñado a millones de personas en todo el mundo a través de mí **canal de YouTube "Hola Mundo Dev"** y también con mis cursos.

Entonces, ¿estás listo para aprender Docker?

Requisitos

Vamos a hablar un poco sobre los requisitos para aprovechar este libro:

1. Vas a necesitar al menos un par de meses programando, y si construiste una aplicación mejor todavía. Ya que en este curso vamos a tocar temas como API, frontend, backend y también bases de datos.
2. Vas a necesitar saber lo básico de Git, pero si no sabes absolutamente nada de Git puedes tomar mi curso gratuito de Git que se encuentra en el canal de **YouTube "Hola Mundo Dev"**, pero si tú ya sabes lo que es un **push**, **pull**, **commit** y también agregar los cambios a **staging**, que esto es cuando hacemos **git add**, ya sabes, absolutamente todo lo necesario para poder tomar este libro.

¿Cómo tomar este libro?

Todas las personas tienen su propio método al momento de estudiar, pero en mi opinión si quieres sacarle el máximo partido a este libro debes hacerlo de la siguiente manera:

Este libro es práctico por lo que en cada lección deberías tomar nota, y si esta cuenta con diagramas, vas a tener que dibujar estos mismos diagramas, pero a tu forma, de manera que tú los veas más ordenados.

Sobre los comandos que vamos a estar viendo aquí, quiero que los anotes y luego quiero que escribas un comentario de para qué sirve y luego utiliza el comando al menos un par de veces para que lo veas en ejecución.

Si haces esto sabrás exactamente cómo utilizar Docker cuando termines este libro, y en el caso de que algún comando se te olvide vas a saber inmediatamente dónde ir a buscarlo.

Y recuerda este libro también te va a servir para que puedas venir a buscar referencias en un futuro, y espero que estés tan emocionado como yo para empezar este libro así que comencemos.

Guía de cómo seguir el código y la terminal en este libro

En esta lección veremos cómo seguir libro con el fin de que no te pierdas en el proceso para aprender Docker.

Primero tendrás disponible el repositorio en GitHub de este libro, para que en donde hayamos modificado código lo puedas consultar si lo necesitas:

https://github.com/HolaMundoDev/ultimate-docker

Y como segundo, en cada lección vas a encontrar distintos iconos:

Concepto

Aquí verás explicación de sintaxis o algún concepto que es importante que leas, esto más que nada para res-altar que ahi se encuentra.

Advertencia.

Código completo de la lección

Al final de diversa lecciones vas a encontrar el código completo con el que terminamos dicha lección, esto por si tienes alguno duda durante esta.

Negritas en este libro

Además de resaltar, datos importantes en todo el contenido que veamos, también veremos mucho código, por lo que todo lo que sea nombre de una variable, una función o simplemente nos estemos refiriendo código, estará resaltada en negritas.

Por ejemplo, si hay una instrucción, definición, variable o función de código como **print**, la encontrarás resaltada en negritas, así como algunos valores que son importantes para destacar y los nombres de archivos.

Como leer, escribir, modificar y eliminar el código

Durante el transcurso de este libro escribiremos y modificaremos mucho código, para esto vamos a poner algunos ejemplos de cómo deberás interpretar el código que verás como ejemplos en este libro:

mi_carpeta/archivo.txt

```
1 linea1
```

Arriba verás que tienes el nombre del archivo, a la izquierda verás el número de línea del contenido que tiene este archivo, esto lo verás también en tu editor de código y es importante para saber es qué línea estamos en nuestros archivos de trabajo, si en este archivo hubiera otra línea como la siguiente:

mi_carpeta/archivo.txt

```
1 línea 1
2 soy otra línea
```

Verás que la primera tiene el número 1 y la de abajo la 2, otro ejemplo que podemos tener es que estemos editando o escribiendo en otra línea que no sea el comienzo, como la siguiente:

mi_carpeta/archivo.txt

```
30 Soy una línea que esta más abajo en el codigo
```

Presta mucha atención a estos números de línea, ya que te ayudarán a ubicarte en el código.

Agregar una nueva línea al final

Vamos a ver un ejemplo para entender cómo escribiremos y modificaremos el código:

mi_carpeta/ejemplo.txt

```
1 Soy la primera línea
2
3 Soy una línea que esta más abajo en el código
4 Soy la última línea
```

Aquí tenemos un archivo llamado "**ejemplo.txt**" que está dentro de una carpeta que se llama "**mi_-carpeta**". Este tiene 4 líneas, cuando agregamos una nueva línea al final veremos algo así:

mi_carpeta/ejemplo.txt

```
6 Soy una nueva línea
```

Aquí vemos que el número con el que inicia es el número 6, esta no estaba escrita al inicio, la acabamos de agregar. Como no tenemos contenido líneas más abajo en nuestro archivo no vamos a tener ningún problema.

> ¡ESPERA! Estábamos en la línea 4, y de repente saltamos a la 6, y es que cuando programamos, para ser más organizados y sea más legible, dejamos saltos de línea en nuestro código, esto lo verás muy seguido en este libro.

Por lo que nuestro archivo completo ahora se ve así:

mi_carpeta/ejemplo.txt

```
1 Soy la primera línea
2
3 Soy una línea que esta más abajo en el código
4 Soy la última línea
5
6 Soy una nueva línea
```

Agregar nueva línea intermedia

Vimos cómo agregaríamos una nueva línea al final, pero no cómo lo podemos hacer entre las líneas, aquí lo que haríamos es agregar una nueva línea en la 2, que está vacía:

mi_carpeta/ejemplo.txt

```
1 Soy la primera línea
2 Soy una línea agregada en el medio
3 Soy una línea que esta más abajo en el código
4 . . .
```

Aquí vemos un par de detalles, la línea 2 ahora tiene texto, pero además está resaltada en negritas, en este caso significaría que tenemos que agregar este contenido, entre la línea que está escrita 1 y la 3, estas no cambiaron entonces no les tenemos que modificar nada, solo están ahí como referencia para que puedas identificar además del número de línea en donde nos encontramos en el código.

El otro detalle es que hay 3 puntos (. . .) al final, esto en ejemplos de código significa que hay más líneas debajo o arriba, dependiendo donde esté ubicada, imagina que el archivo contenga 30 líneas que no vamos a modificar, por lo que no tiene mucho sentido que sean puestas para estos ejemplos donde solo agregaremos una línea.

Entonces, a este punto, nuestro código se vería así:

mi_carpeta/ejemplo.txt

```
1 Soy la primera línea
2 Soy una línea agregada en el medio
3 Soy una línea que esta más abajo en el código
4 Soy la última línea
5
6 Soy una nueva línea
```

Modificar una línea

Es de lo más normal también modificar una o varias líneas de código, eso se vería así en nuestros ejemplos:

mi_carpeta/ejemplo.txt

```
2 Soy una línea agregada en el medio
3 Soy una línea modificada que esta más abajo en el código
4 No soy la última línea
5 . . .
```

Entonces aquí modificamos la línea 3 y 4 de nuestro código, igual que cuando agregamos una línea, cuando modificamos el contenido de una línea que ya tiene contenido, se verá con este resaltado en negrita.

Quedando todo el código de esta manera:

mi_carpeta/ejemplo.txt

```
1 Soy la primera línea
2 Soy una línea agregada en el medio
3 Soy una línea modificada que esta más abajo en el código
4 No soy la última línea
5
6 Soy una nueva línea
```

Ahora supongamos que vamos a agregar una nueva línea en medio, pero sin borrar las demás que ya tenemos, imagina que tenemos que incluir más contenido en la línea 3:

mi_carpeta/ejemplo.txt

```
2 Soy una línea agregada en el medio
3 Estas líneas
4 Fueron agregadas
5
6 Soy una línea modificada que esta más abajo en el código
7 . . .
```

Ahora resaltado en negritas, están dos líneas que agregamos en medio del contenido. Ahora tenemos lo siguiente en nuestro archivo:

mi_carpeta/ejemplo.txt

```
Soy la primera línea
Soy una línea agregada en el medio
Estas líneas
Fueron agregadas

Soy una línea modificada que esta más abajo en el código
No soy la última línea

Soy una nueva línea
```

Borrar líneas

Esto es mucho más fácil de representar, ya que se vería de la siguiente manera si es que queremos eliminar las líneas que acabamos de agregar:

mi_carpeta/ejemplo.txt

```
Estas líneas
Fueron agregadas
. . .
```

Y esto es todo de cómo seguir el código, recuerda que tienes al final de las lecciones el código que hemos usado:

Código completo de la lección

Para terminar, aquí está como hubiera quedado este código:

mi_carpeta/ejemplo.txt

```
Soy la primera línea
Soy una línea agregada en el medio

Soy una línea modificada que esta más abajo en el código
No soy la última línea

Soy una nueva línea
```

Terminal de comandos

En este libro usaremos mucho la terminal de comandos, y al usar una terminal de los contenedores que vayamos a crear con Docker, por lo que deberás prestar atención en qué terminal estamos ocupando estos comandos, por ejemplo:

Terminal de comandos

```
echo HolaMundo
```

Este ejemplo sería un comando que vamos a ejecutar en la terminal de nuestra máquina local, es decir, la terminal que tienes en tu computadora.

Mientras que:

Terminal de comandos del contenedor ubuntu

```
echo HolaMundo
```

Esta es una terminal que es la del contenedor Ubuntu. No la de nuestro equipo local.

Lo siguiente es ver la salida al ejecutar un comando, por ejemplo:

Salida de ejecutar: echo HolaMundo

```
HolaMundo
```

Deberemos notar que mencionaremos qué comando estamos ejecutando y el resultado que nos mostrará la terminal cuando ejecutemos este comando al presionar **enter**. Esto puede ser mencionado explícitamente:

Terminal de comandos

```
echo HolaMundo
```

Presionaremos **enter**:

Salida de ejecutar: echo HolaMundo

```
HolaMundo
```

O directamente con las 2 partes seguidas, pero esto significa igualmente que debes escribir el comando y ejecutarlo para ver el resultado:

Terminal de comandos

```
echo HolaMundo
```

Salida de ejecutar: echo HolaMundo

```
HolaMundo
```

Lo siguiente que podrás ver es que hay algunos comandos en los que, a pesar de que presionemos la tecla **enter**, tendremos que escribir más en la terminal para terminar su ejecución por ejemplo:

Terminal de commandos al ejecutar: comando

```
¿Estás seguro de que quieres ejecutar este comando? [Y/n]:
```

Aqui tendremos que escribir la respuesta, por lo que aplicaremos la misma ayuda de las negritas para ilustrar que debes escribir en este comando una respuesta y después presionar **enter** para acabar de ejecutar:

Terminal de commandos al ejecutar: comando

```
Estas seguro que quieres ejecutar este comando [Y/n]: y
```

Para ver la salida de la terminal:

Salida de ejecutar: comando

```
comando ejecutado
```

Introducción a Docker

Y ahora vamos a comenzar con nuestro viaje en este libro vas a ver muchos conceptos de Docker, y particularmente en esta sección vamos a ver:

1. ¿Qué es Docker?
2. Máquinas virtuales vs contenedores.
3. La arquitectura de Docker.
4. Instalar Docker. Y
5. Vamos a terminar viendo el flujo de trabajo con Docker

Al terminar esta sección vas a saber exactamente de qué se trata Docker y cómo lo puedes utilizar en tu día a día y ahora comencemos.

¿Qué es Docker?

Entonces, ¿por qué Docker es tan utilizado? Docker es una plataforma para poder construir, ejecutar y también desplegar aplicaciones en otras palabras, si tu aplicación funciona en tu máquina también a funcionar en producción, que es el término que utilizamos para cuando una aplicación está disponible y lista para ser usada por los usuarios.

Si es que ya llevas tiempo trabajando en el desarrollo de software, lo más probable es que te hayas topado con este meme:

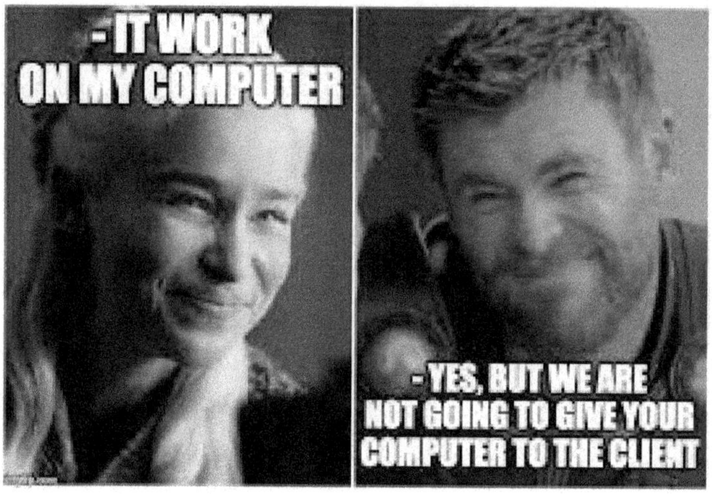

Meme sobre subir a producción

O incluso que ya lo hayas vivido en carne propia, que en tu máquina funciona, pero en el servidor no funciona, y esto puede ocurrir por una de 3 razones:

1. Falta uno o más archivos, en otras palabras, la aplicación se encuentra incompleta en producción.
2. Porque las configuraciones son distintas, esto puede ser porque un archivo de configuración es distinto o porque una variable de entorno es distinta en tu máquina local a la de producción.
3. Y la siguiente razón es porque hay discordancia en el software, esto quiere decir que por ejemplo, si tienes instalado **Python 3.11**, pero en producción se encuentra instalada la versión **3.6**.

Y para exactamente esto mismo es que **Docker** llega a salvarnos la vida. Con Docker se pueden generar paquetes de tus aplicaciones y estos paquetes van a contener absolutamente todas las dependencias, entonces si tu aplicación para poder ejecutarse necesita Python 3.6, MySQL 8.0, y también el código de tu aplicación, todo esto se va a incluir dentro de un empaquetado, y lo hermoso de esto es que cualquier computador que tenga instalado Docker va a poder descargar de la nube, tu aplicación se la entrega a Docker y esta va a funcionar y esto se hace solamente con una línea de comandos.

Solamente se tiene que ejecutar el comando de **docker-compose up** y con esto otros desarrolladores ya van a poder empezar a trabajar en tu aplicación sin necesidad de descargar Python, MySQL el código de la aplicación, configurar las distintas variables de entornos y así sucesivamente, ellos van a poder llegar e inmediatamente empezar a desarrollar luego de ejecutar este comando y de esta manera no van a tener que pasar un día entero o más instalando todas estas dependencias.

Además con Docker puedes tener más de una versión del mismo software dentro de tu máquina por ejemplo, como ya vimos antes podrías tener una aplicación un paquete 1 que contiene Python 3.6, MySQL 8.0, y también el código fuente de tu aplicación. Pero también podrías tener instalado otro paquete, en este caso el paquete 2, que tiene Python 3.11, MySQL 5.5 y también el código fuente de esta segunda aplicación.

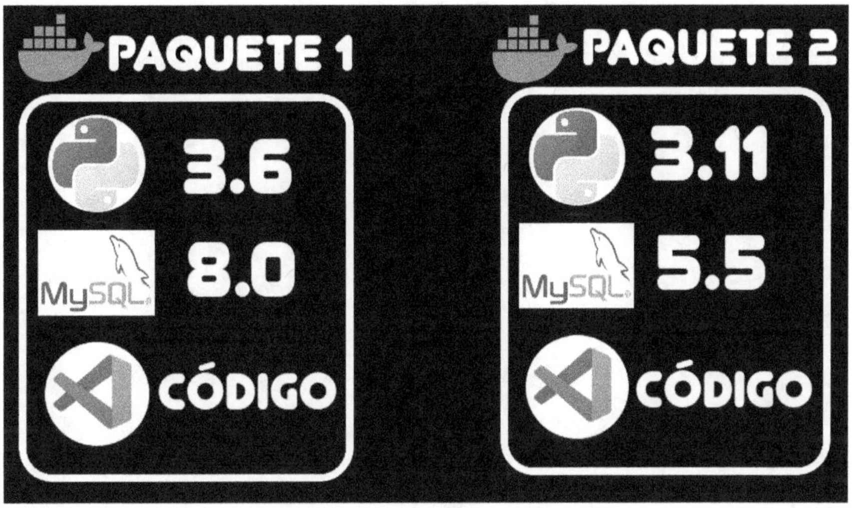

Representación de paquetes

Y todos estos se van a encontrar en ambientes completamente aislados entre sí, de esta manera es que tú puedes ambos al mismo tiempo, y las distintas versiones de los distintos software no van a interferir con las otras versiones porque se encuentran en ambientes completamente aislados.

Además, si por alguna razón queremos eliminar una aplicación, lo que tenemos que hacer es sencillamente tomar ese paquete y eliminarlo:

Representación de eliminar un paquete

Y esto no va a afectar el correcto funcionamiento de los otros paquetes que tengamos instalados.

A todo esto, nos hemos estado refiriéndome a esto constantemente como **paquete**, pero los términos correctos son **imagen** y **contenedor** pero esto ya lo vamos a ver más adelante. Lo importante que quiero que saques de esta lección es que no vamos a tener que preocuparnos de andar desinstalando el software de cada uno de estos paquetes y que eso podría llegar a traernos problemas. Afortunadamente con Docker, esto es sumamente fácil, ya que con un solo comando podemos eliminar un paquete que se encuentre dentro de nuestra máquina, y con esto eliminamos absolutamente todo lo relacionado con esa aplicación, sin arruinar en lo absoluto lo que se encuentra dentro de nuestro sistema operativo.

¡Y esto es lo maravilloso de Docker! Puedes mantener, ejecutar y desplegar aplicaciones de manera consistente y es por exactamente esta misma razón que las empresas están buscando desarrolladores que sepan Docker así que siéntete seguro que estás tomando una muy buena decisión al aprender Docker.

Máquinas virtuales vs. contenedores

En la lección pasada hablamos brevemente de los contenedores, pero no definimos qué son.

¿Qué es un contenedor?

Es un ambiente aislado para poder ejecutar aplicaciones, en cambio, una máquina virtual es una abstracción de hardware físico donde tenemos un computador y dentro de este vamos a tener otro computador el cual va a virtualizar la tarjeta gráfica, el procesador, la memoria RAM y así sucesivamente con todo el hardware físico de la máquina y dentro de esto es que vamos a instalar otro sistema operativo como podría ser nuevamente Windows o alguna versión de Linux.

La gracia de esto es que podemos tener múltiples máquinas virtuales dentro de la misma máquina, y así podemos jugar con distintos sistemas operativos al mismo tiempo.

Por ejemplo, dentro de nuestro computador real que podría tener Windows y Linux o MacOS, podemos tener otro computador que se encuentre corriendo por ejemplo Windows, y al mismo tiempo también tener instalado otro computador que en este caso se encuentre ejecutando Ubuntu.

Y ahora, para que podamos instalar distintos sistemas operativos dentro de nuestra máquina, vamos a necesitar un **hypervisor** y, en términos simples, un hypervisor es una aplicación que se instala y, por supuesto, que existen muchos tipos de **hypervisor** disponibles en el mercado, por ejemplo existe **VirtualBox**, **VM ware**, **Parallels** (pero este es exclusivo de MacOS), y también existe **Hyper-V** (que este es exclusivo de Windows), y por supuesto que existen muchos más, pero estos son los más relevantes.

Entonces en un computador tu podrías tener perfectamente 2 máquinas virtuales, podrías tener una máquina virtual en este caso máquina 1' que contenga el código de tu aplicación uno también la versión de Python 3.6 y MySQL 5.5 y también dentro de este mismo computador físico tener otra máquina virtual, en este caso la máquina 2, que contenga el código fuente de tu segunda aplicación la versión 3.11 de Python y también la versión 8.0 de MySQL:

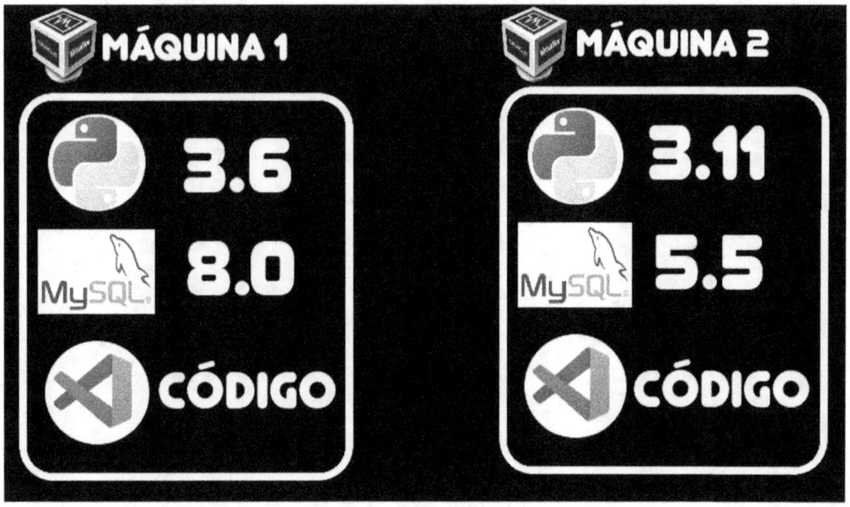

Representación de máquinas virtuales

Y aquí viene lo hermoso, absolutamente todo esto corre dentro de la misma máquina, pero en ambientes completamente aislados entre sí, sin embargo, esto nos presenta 3 problemas:

1. Cada máquina tiene una copia completa del sistema operativo, esto quiere decir que cada una de nuestras imágenes va a pesar por ejemplo en el caso de Windows desde 5 GB, obviamente va a depender del sistema operativo.
2. Son lentas de iniciar, pudiendo tomar hasta incluso varios minutos.
3. Y también usan muchos recursos, ya que necesita que de manera activa le asignemos recursos de manera estática, y vas a tener que asignarle, por ejemplo, la cantidad de CPU que tiene tu computador o la cantidad de memoria RAM que tiene que utilizar, y cuando tú le asignas, por ejemplo, de un procesador que tiene 8 núcleos y a la máquina virtual le asignas 4, eso quiere decir que solamente te van a quedar 4 núcleos disponibles, lo mismo con la RAM, si tú tienes 8GB de RAM y le asignas 4GBM de RAM a la máquina virtual solamente te van a quedar disponibles 4GB de RAM. Y esto es independiente si la máquina virtual o si tu sistema operativo anfitrión se encuentran utilizando la memoria RAM, sencillamente quedan asignadas y las perdiste.

Y algo superimportante, los recursos que tú le asignes a cada una de las máquinas virtuales tiene que cumplir con los requisitos mínimos del sistema, o sea que si Microsoft Windows, por ejemplo, la versión 11 necesita 4 GB de RAM, tienes que asignarle si o si 4 GB de RAM.

Ahora vamos a ver como funcionan los contenedores:

1. Los contenedores también pueden correr aplicaciones aisladas.
2. Ocupan mucho espacio en disco, y esto por lo general porque tú trabajas con versiones recortadas de los sistemas operativos.
3. También estas utilizan el mismo sistema operativo de donde se encuentran instalados y por lo mismo se inician más rápido.
4. Y también sumamente importante es que necesitan menos recursos para ejecutarse.

Y con esto ya sabemos de qué se tratan los **contenedores** ahora nuestra siguiente lección vamos a ver la arquitectura de Docker, es decir cómo funciona.

Arquitectura de Docker

Componentes

Docker se compone de un cliente y también de un servidor, donde el cliente se comunica con el servidor a través de una **API REST**, y el servidor es llamado "**Docker Engine**".

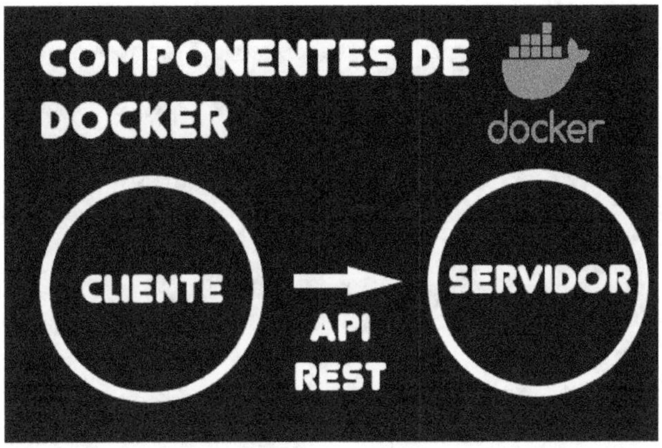

Componentes de Docker

Y ahora, los contenedores que ejecutamos con Docker son **procesos**, y antes de que pasemos a explicar los **contenedores**, tenemos que hacer una pausa. Cuando tenemos descargado código dentro de nuestro disco duro, a eso se le llama aplicación. Una aplicación finalmente es código que se encuentra almacenado pero cuando ejecutamos nuestra aplicación y esta se encuentra corriendo a esta le llamamos **proceso**, y podríamos tener múltiples instancias de una aplicación corriendo, por ende tenemos solamente una aplicación, pero podemos tener múltiples procesos de esta.

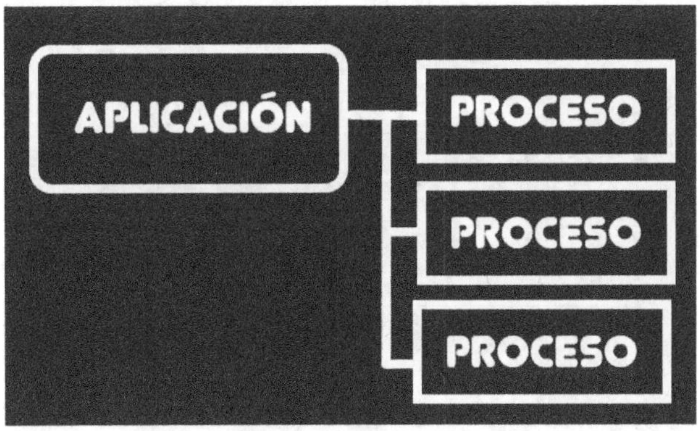

Representación aplicación-proceso

De vuelta con Docker, podemos tener un sistema operativo, por ejemplo Ubuntu, pero también puede ser Windows o MacOS, sobre esta vamos a tener distintos contenedores, y **cada contenedor son procesos**, sin embargo, estos son procesos especiales, ya que cuentan con su propio sistema de archivos.

Cada sistema operativo, incluso Ubuntu cuenta con 3 partes:

1. La primera capa y que vendría siendo la capa inferior es el hardware físico de nuestro computador, esto quiere decir la tarjeta de red, el procesador, y así sucesivamente.
2. Sobre este se encuentra el **kernel**, que ya lo vamos a explicar.
3. Y encima del kernel se encuentra la capa de aplicaciones.

¿Qué es el Kernel?

El kernel es el encargado de comunicar el hardware físico con las aplicaciones, en otras palabras se va a encargar de asignarle los recursos necesarios a las aplicaciones.

Entonces, si una aplicación necesita memoria RAM, el kernel es el que le asigna la memoria RAM, si una aplicación necesita procesamiento del procesador, el kernel es el que le asigna el procesador.

Sistema operativo-hardware

Cuando trabajamos con máquinas virtuales, la máquina virtual completa se instala en la parte de aplicaciones, y esta máquina virtual va a contener un **hardware virtual** va a contener también su kernel y también va a contener sus aplicaciones. Estas son las máquinas virtuales.

En cambio, los contenedores también se instalan en la capa de aplicaciones, este **no tiene hardware ni kernel** este solamente viene con las aplicaciones. Entonces los contenedores se comunican directamente con el kernel, a diferencia de la máquina virtual que las aplicaciones se comunican con su kernel, este se comunica con su hardware, su hardware se comunica con el kernel del sistema operativo anfitrión y este después se comunica con el hardware. Por eso es que los contenedores se pueden ejecutar tan rápido porque se saltan todos esos procesos intermedios.

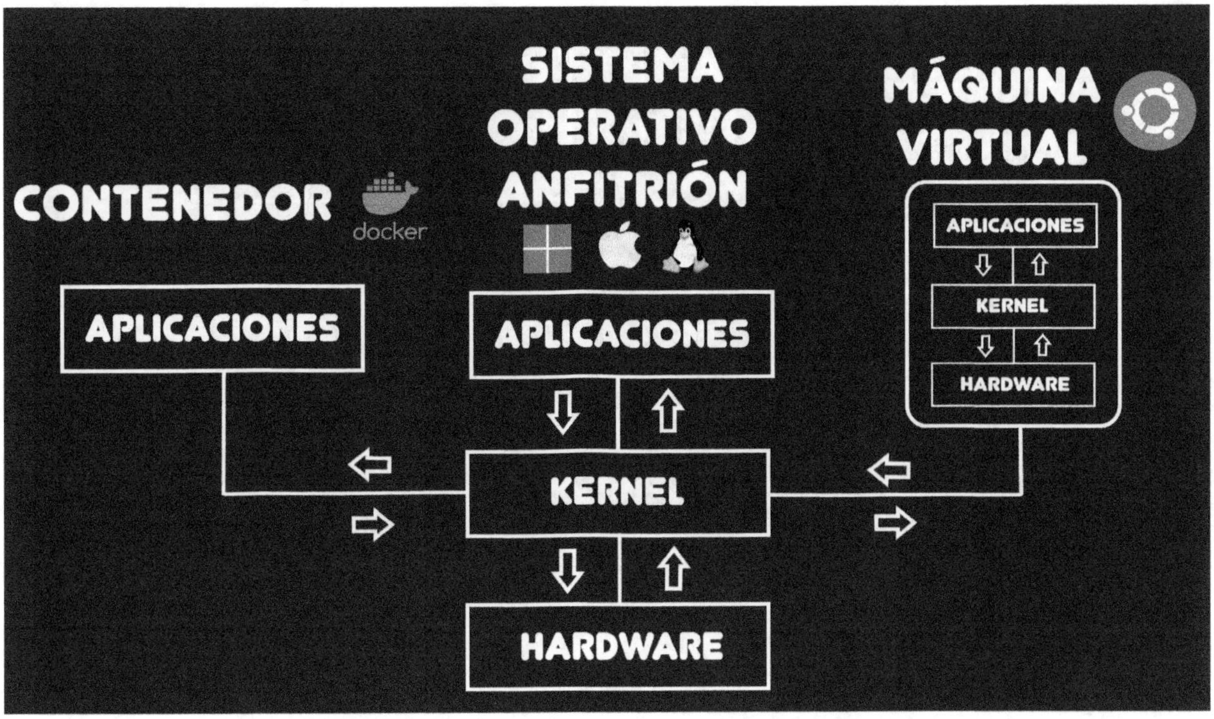

Interacción contenedor, máquina virtual y sistema operativo

Te acabo de decir, que los contenedores utilizan el kernel del sistema operativo anfitrión, y esto nos entrega una limitante.

- Si nuestro servidor es Linux, en este solamente vamos a poder ejecutar contenedores Linux.
- Si nuestro sistema operativo anfitrión es Windows vamos a poder ejecutar contenedores Windows, pero como las últimas versiones de Microsoft Windows también vienen con una pequeña versión del kernel de Linux también vamos a poder utilizar contenedores Linux. Ahora algo importante, este kernel de Linux no viene a reemplazar el kernel de Windows, sino que los 2 vienen uno al lado del otro.
- Y en el caso de MacOS, este kernel es completamente distinto de los anteriores y este no soporta Docker, entonces para que podamos ejecutar Docker dentro de MacOS vamos a tener que instalar una pequeña máquina virtual de Linux. Ahora estoy diciendo que vamos a tener que instalar, pero esto se realiza en el proceso de instalación de Docker, por lo que no tenemos que hacer absolutamente nada, solo tenemos que instalar Docker, este se va a encargar de instalar la pequeña máquina virtual de Linux, y por esto mismo es que en MacOS solamente se van a poder ejecutar contenedores Linux.

Relación servidor-contenedor

Instalación de Docker

En esta lección vamos a ver cómo podemos instalar Docker si tú ya lo tienes instalado vas a necesitar de manera urgente actualizarlo a la última versión, ya que podría ser que alguno de los comandos que vamos a ejecutar no sean compatibles con tu versión, así que asegúrate de tener la misma versión que instalaremos o superior.

Entonces, para poder instalar Docker basta con que vayas a buscar en Google "get docker" y luego vas a tener que ingresar en este link:

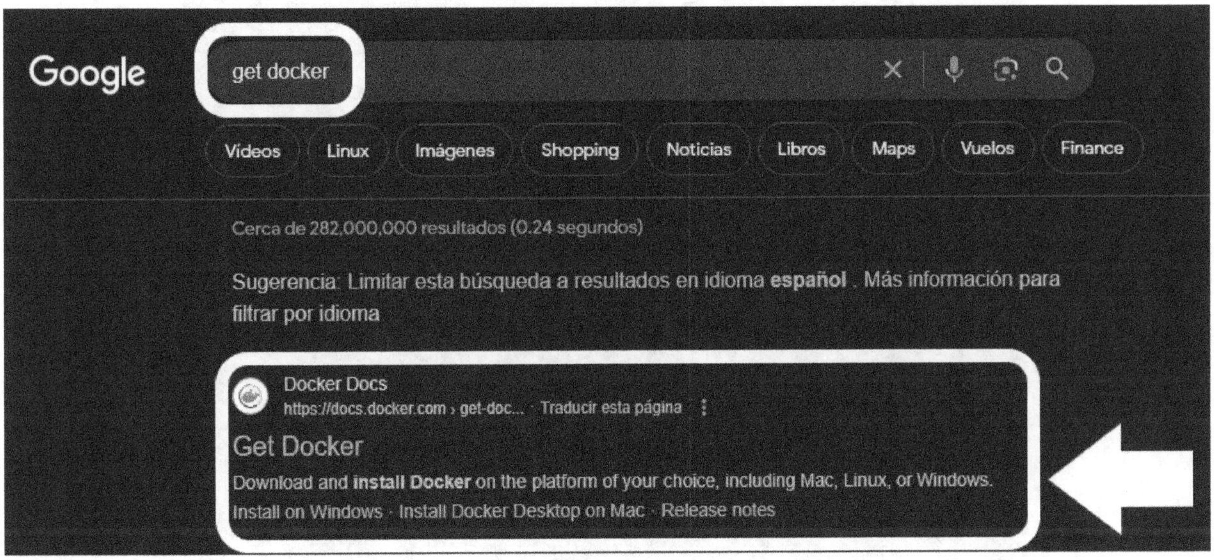

Buscar get Docker

O también puedes ingresar directamente a esta URL: https://docs.docker.com/get-docker/

Ahora, ya que nos encontramos acá, vamos a bajar y acá tenemos 3 versiones de Docker para los distintos sistemas operativos:

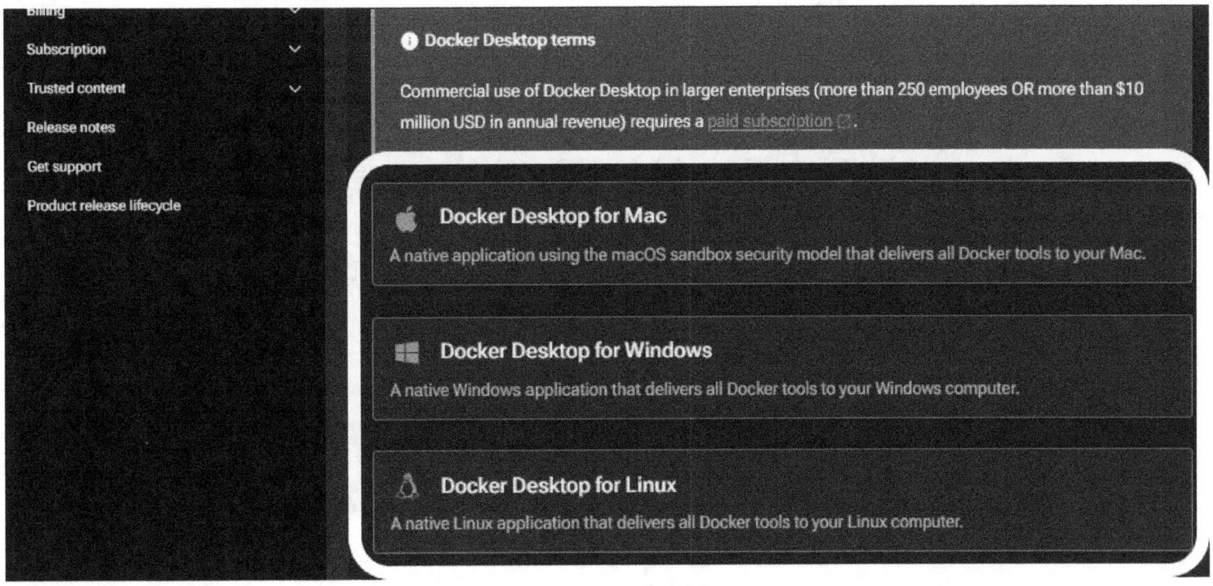

Descargas disponibles

Antiguamente, "Docker Desktop" no se encontraba para Linux, pero afortunadamente se encuentra también ahora habilitado no solamente el "Docker Engine", sino que también el Desktop asegúrate independiente del sistema operativo que tú tienes instalado de cumplir con los requisitos mínimos, si no van a empezar a pasar cosas extrañas dentro de tu instalación de Docker.

Instalación en MacOS

Vamos a ver aquí el caso de MacOS, es este caso tienes que acordarte siempre que luego de haberlo descargado, por supuesto que tienes que revisar primero sí que vas a descargar la versión de Intel o la versión de los chips Apple Silicon como son el M1, M2, M3 o el modelo con el que cuentes:

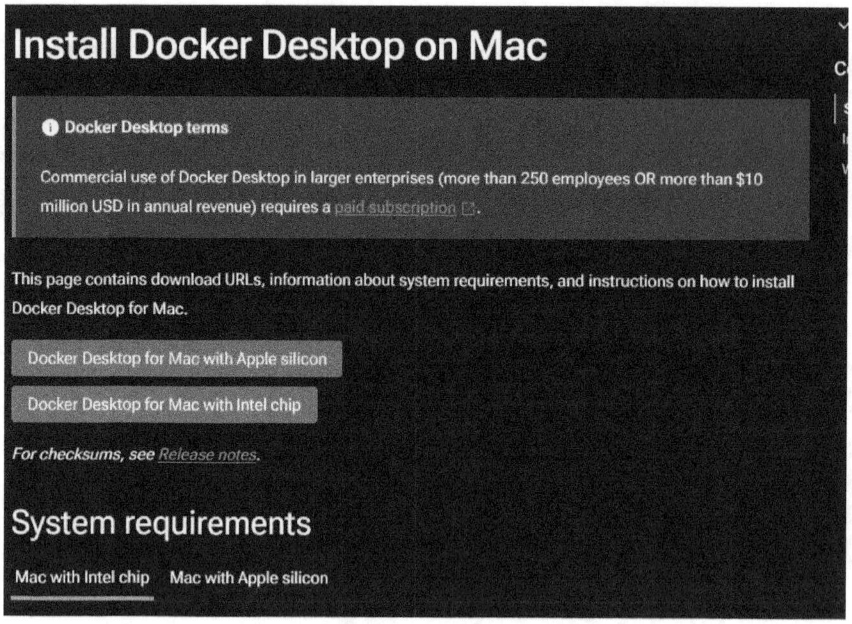

Descargas disponibles para MacOS

Recuerda siempre de ejecutar este archivo que descargaste, ya que si lo descargas y luego no lo ejecutas ninguno de los comandos que ejecutemos te van a funcionar. Recuerda también revisar siempre los requisitos mínimos para poder ejecutar Docker que se encuentran un poco más abajo en esta página, por ejemplo, para las Mac con procesador Intel:

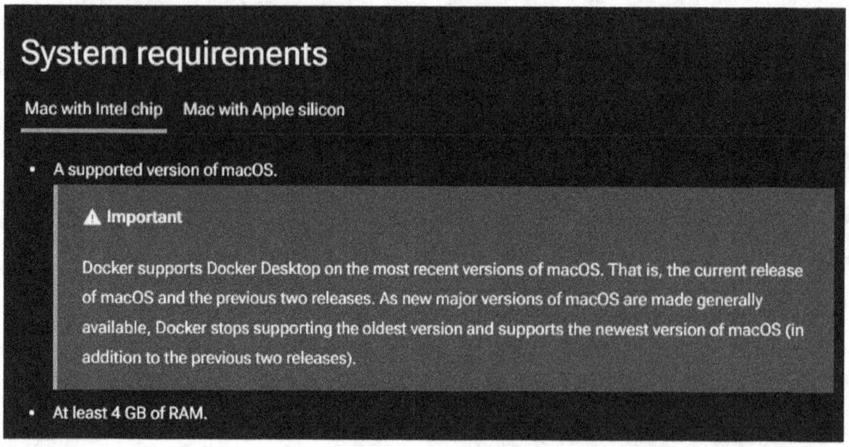

Requisitos para MacOS

Como puedes ver, acá tienes que tener:

1. La versión actual o hasta 2 versiones anteriores de la más actual de MacOS.
2. Y tienes que tener por lo menos 4GB de RAM.

Luego de haberlo instalado tiene que hacer clic 2 veces en el archivo de **Docker.dmg**, luego tienes que ejecutar la aplicación **Docker.app**, una vez que hayas ejecutado la aplicación, arriba en la pantalla deberías ver un icono muy similar a este:

Docker funcionando en MacOS

Este te va a indicar si se encuentra corriendo Docker.

Instalación en Windows

Vamos a seleccionar aquí la versión para Windows en esta solo tenemos un instalador sencillamente lo descargamos e instalamos.

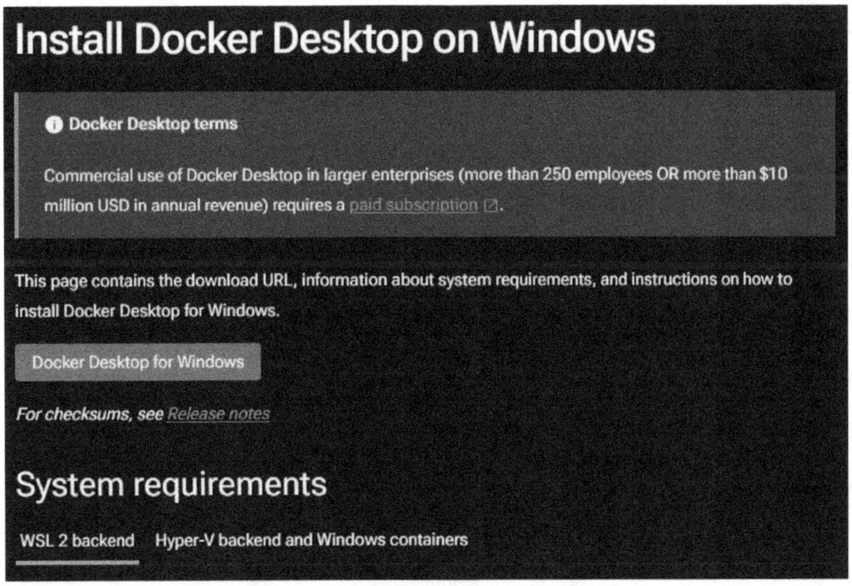

Descargas disponibles para Windows

Vamos a ver en los requisitos básicos que para que puedas seguir con este curso basta con que tengas instalada la versión de WSL 2 que esta ya debería venir con Windows, pero puedes descargarla en la tienda de Microsoft.

En Windows 11, puedes encontrarlo de la siguiente manera:

WSL en la tienda de Microsoft

Instalando esto no deberías tener problema, pero por si alguna razón no llega a funcionar, tienes que permitir la virtualización desde la BIOS de tu tarjeta madre, puedes encontrar este proceso en Internet ya que varía del modelo y la marca de tu tarjeta madre, pero no te preocupes, este proceso es muy sencillo.

Entonces solo nos falta descargar el archivo de instalación e iniciar el proceso de instalación:

Instalando Docker en Windows

Después aceptar los términos y condiciones:

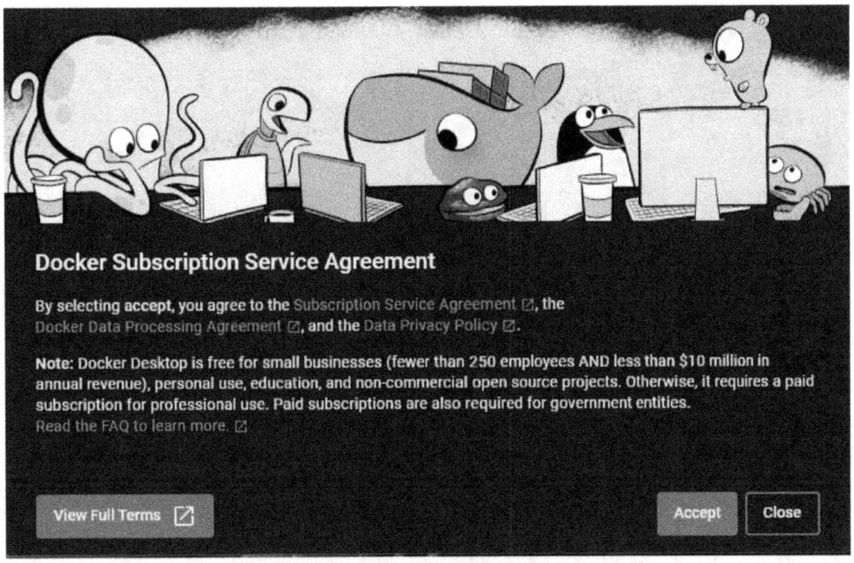

Aceptar términos y condiciones de Docker Desktop

Y finalmente podrás ver la interfaz de **Docker desktop**.

En el caso que también quieras utilizar contenedores Windows vas a tener que activar "Hyper-V" y esto se actualiza derechamente dentro del mismo sistema operativo, lo mismo puedes buscar un artículo, es sumamente fácil, como esto se habilita dentro de las máquinas con Windows.

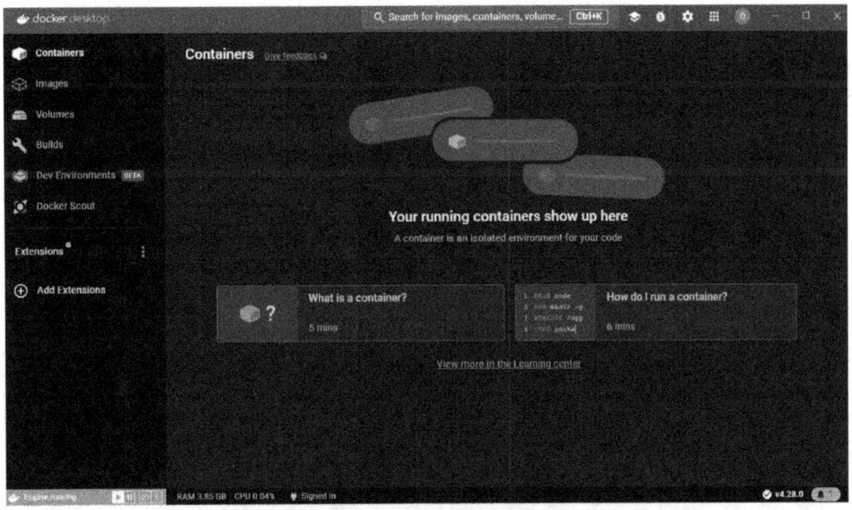

Interfaz de Docker desktop en Windows 11

Además de esto, podría ser que en el proceso de instalación en Windows te arroje un mensaje de error indicando que la instalación se encuentra incompleta y esto podría ser porque tienes una versión más antigua de WSL 2 y si esto te pasa el mismo mensaje de alerta te va a indicar un link para poder llevarte a descargar una versión más actual de doble WSL 2, descárgala, instálala y luego reinicia tu máquina.

Después de esto, vas a tener que tener un poco de paciencia, ya que la primera vez que se ejecuta, Docker va a tomar un par de minutos en iniciar por primera vez.

Instalación Linux

Para el caso de Linux, vamos a tener disponibles esta versión para las distribuciones Ubuntu, Debian y Fedora.

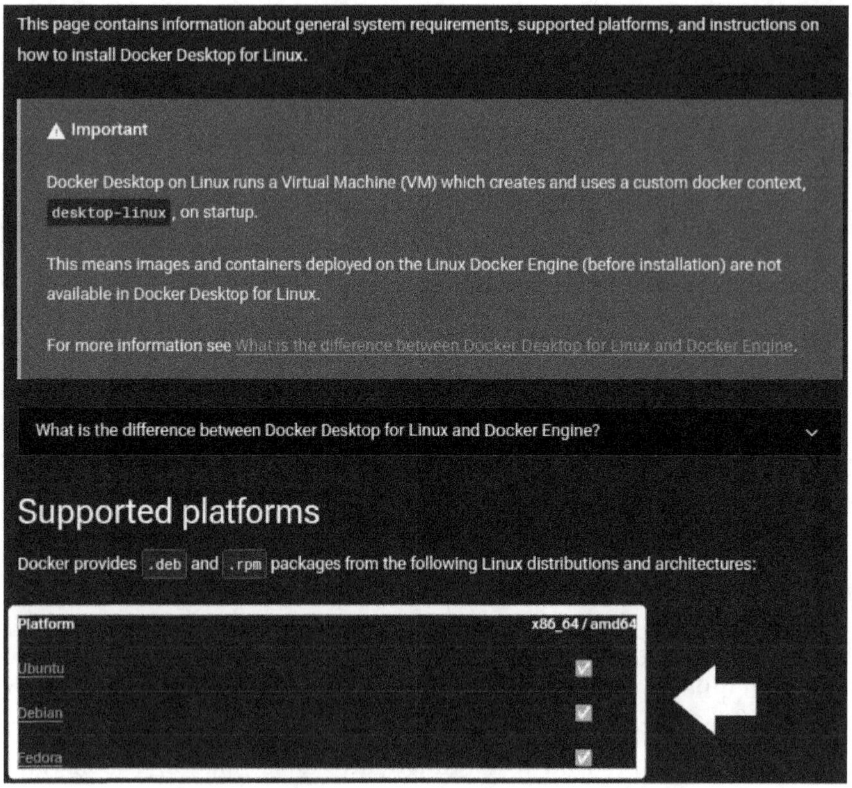

Plataformas soportadas para Linux

Igualmente, más abajo podremos ver los pre requisitos que necesitaremos para que funcione correctamente:

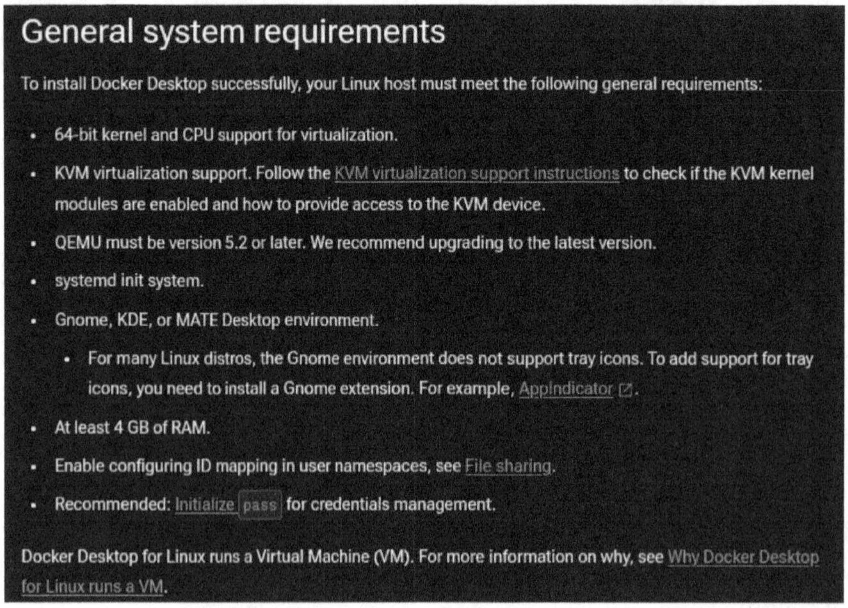

Requisitos para Linux

Así que para que no tengas problemas, vamos a agregar primero el repositorio de Docker siguiendo.

En mi caso, vamos a ver cómo lo instalaríamos en la distribución **Ubuntu**, para lo cual haremos clic en esta distribución:

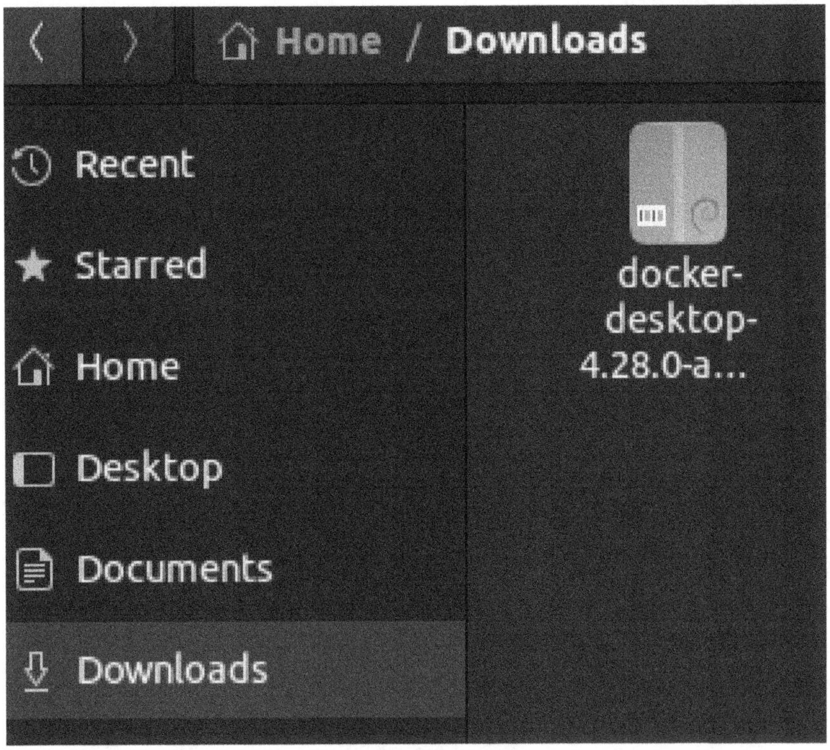

Descarga de Docker

Aqui te describiré los pasos que seguí para la instalación en mi equipo Ubuntu, esto puede ser diferente conforme lleguen nuevas actualizaciones, pero no te preocupes, debes de seguir los pasos que la página de Docker te da, así es que puedes lograr la instalación:

Primero tendremos que instalar el Engine, estos pasos los tendrás en la siguiente URL: https://docs.docker.com/engine/install/ubuntu/#install-using-the-repository

Así que vamos a seguir los pasos para instalar Docker, ejecutando primero estos comandos para instalar desde el repositorio:

Terminal de comandos

```
# Add Docker's official GPG key:
sudo apt-get update
sudo apt-get install ca-certificates curl
sudo install -m 0755 -d /etc/apt/keyrings
sudo curl -fsSL https://download.docker.com/linux/ubuntu/gpg -o /etc/apt/keyrings/do\
cker.asc
sudo chmod a+r /etc/apt/keyrings/docker.asc

# Add the repository to Apt sources:
echo \
"deb [arch=$(dpkg --print-architecture) signed-by=/etc/apt/keyrings/docker.asc] http\
s://download.docker.com/linux/ubuntu \
$(. /etc/os-release && echo "$VERSION_CODENAME") stable" | \
sudo tee /etc/apt/sources.list.d/docker.list > /dev/null
sudo apt-get update
```

Luego instalaremos la última versión:

Terminal de comandos

```
sudo apt-get install docker-ce docker-ce-cli containerd.io docker-buildx-plugin dock\
er-compose-plugin
```

Y para hacer una prueba, podemos correr el siguiente contenedor:

Terminal de comandos

```
sudo docker run hello-world
```

Con esto verás que demora un poco en cargar, pero en la salida de la terminal deberías ver, entre otros, el siguiente texto:

Salida de ejecutar: sudo docker run hello-world

```
Hello from Docker!
This message shows that your installation appears to be working correctly.

To generate this message, Docker took the following steps:
1. The Docker client contacted the Docker daemon.
2. The Docker daemon pulled the "hello-world" image from the Docker Hub.
   (amd64)
3. The Docker daemon created a new container from that image which runs the
   executable that produces the output you are currently reading.
4. The Docker daemon streamed that output to the Docker client, which sent it
   to your terminal.
```

Luego de instalar el engine tenemos que realizar lo siguiente, ya que para correr Docker Desktop, se necesita tener el módulo kvm. Esta información la encontrarás en esta URL: https://docs.docker.com/desktop/install/linux-install/#kvm-virtualization-support

Entonces ejecutaremos este comando

Terminal de comandos

```
modprobe kvm
```

Luego, dependiendo de tu procesador:

Terminal de comandos

```
modprobe kvm_intel  # Intel processors o,

modprobe kvm_amd    # AMD processors
```

Podemos ver si falla, el diagnóstico con el siguiente comando:

Terminal de comandos

```
kvm-ok
```

La siguiente es hacer la instalación con el archivo que acabamos de descargar:

Terminal de comandos

```
sudo apt-get install ./docker-desktop-4.28.0-amd64.deb
```

Con esto verás el icono de Docker en las aplicaciones instaladas:

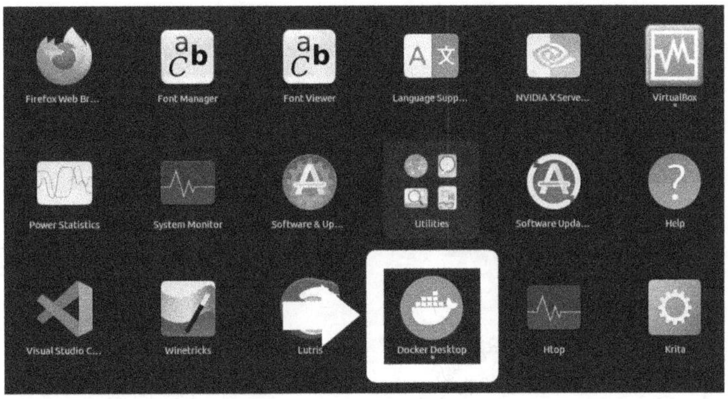

Docker en el listado de aplicaciones en Ubuntu

Y así se verá la interfaz de Docker Desktop en Linux:

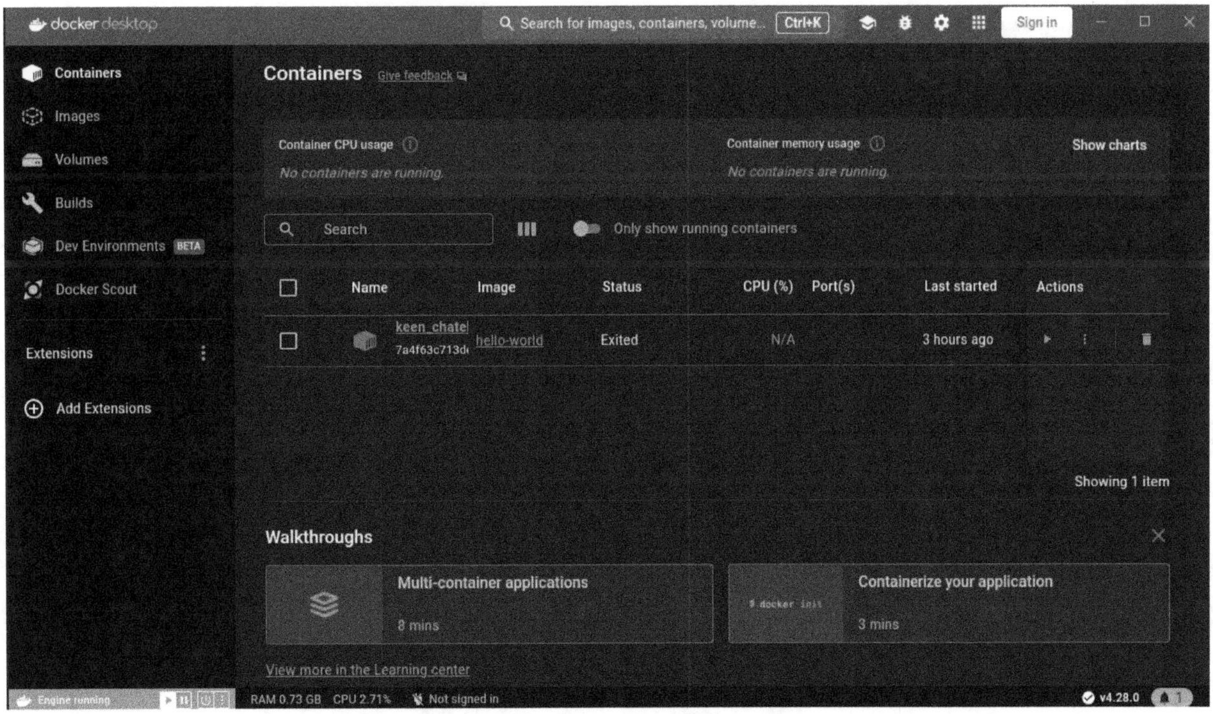

Interfaz de Docker desktop en Ubuntu

Comprobando la instalación

Luego de haber esperado un poco a que se termine de ejecutar Docker, vas a abrir una terminal, en este caso la terminal que vas a abrir puede ser una **powershell** o también una **CMD** en el caso de Windows o también podría ser la terminal integrada de VsCode, en este caso utiliza la que a ti te guste más y en el caso de MacOS o Linux, utiliza también la terminal que viene instalada en el sistema operativo o alguna otra terminal que hayas descargado.

Ahora, dentro de esta terminal, vas a escribir el siguiente comando:

Terminal de comandos

```
docker version
```

Presionamos **enter**. Y vamos a subir al comienzo, y la versión que debes tener instalada o versión superior es la que aparece donde encontramos "Engine":

Salida de ejecutar: docker version

```
. . .
Server: Docker Desktop 4.28.0 (139021)
    Engine:
    Version:             25.0.3
. . .
```

Y aquí vamos a ver la versión en este caso yo tengo las 25.0.3, tú vas a tener que tener instalada una versión igual o superior a esta. Si por alguna razón no te aparece este mensaje, puede significar una de 2 cosas:

1. Docker engine todavía no se encuentra corriendo, o
2. Tuviste un error en el proceso de instalación. Entonces, si quieres una solución, en ese caso puedes buscar el código de error que te va a arrojar la instalación en Google, estoy 99% seguro que el error que te está arrojando la instalación ya la han tenido otros desarrolladores y también de seguro que este error se encuentra documentado y cómo solucionarlo.

Proceso de desarrollo con Docker

Ahora vamos a hablar sobre el flujo de desarrollo con Docker, para empezar lo que hacemos es tomar una aplicación y la "dockerizamos", esto se hace agregando justamente en la raíz del proyecto un archivo que se llama **"Dockerfile"**. Que en este caso es un archivo de texto plano el cual Docker va a utilizar para poder empaquetar nuestras aplicaciones y de esta manera construir **imágenes** con base en a estas.

Y en estas imágenes se encuentra absolutamente todo lo que necesita nuestra aplicación para poder ejecutarse, estas contienen:

1. Una versión pequeña del sistema operativo.
2. Nn ambiente de ejecución como por ejemplo podría ser, Node JS o Python.
3. Este también va a contener los archivos de nuestra aplicación.
4. Las dependencias de terceros.
5. Y a su vez también contiene las variables de entorno.

Y una vez que obtenemos una imagen le podemos indicar a Docker que cree un contenedor en base a la imagen que creamos.

Entonces **un contenedor es sencillamente un proceso**, que si no lo sabías **una aplicación es sencillamente código que se encuentran almacenado en tu disco duro** y **el proceso es la misma aplicación ejecutándose**.

Volviendo con Docker, los contenedores son procesos, pero estos son procesos especiales porque cuentan con su propio sistema de archivos y este sistema de archivos lo provee la imagen, y **la imagen en este caso vendría siendo la aplicación o el código de esta que se encuentra almacenado dentro de nuestro disco duro**, además luego de crear nuestra imagen esta la podemos subir a un sistema de registros como por ejemplo, **"Dockerhub"**, aquí vamos a tener almacenada nuestra imagen. Y luego en otra parte del mundo vamos a tener a otro desarrollador el cual desde **"Dockerhub"** va a poder descargar nuestra imagen, que también podría ser descargado por nuestro ambiente de producción, o de nuestro ambiente de pruebas. Para hacerte una idea **Dockerhub** es como **Github** y **Docker** es como **Git**, finalmente **Dockerhub** es un sistema para poder almacenar imágenes y que cualquiera puede utilizar.

Entonces de regreso nuevamente a **Dockerhub**, es que con este sistema, todos los desarrolladores y también distintos ambientes que descarguen nuestras imágenes van a tener absolutamente todo para poder ejecutar nuestras aplicaciones, y estas van a ser exactamente las mismas independientemente de donde se ejecute. Por lo que ahora ya no es necesario que creamos un documento gigante que indique absolutamente todos los cambios que hemos realizado en la aplicación, ya que todo esto se va a encontrar escrito dentro de nuestro archivo **"Dockerfile"**

El panorama completo

En esta lección veremos cómo funciona Docker en general, algo importante, no intentes memorizar absolutamente nada de lo que veremos ahora, ya que no es el objetivo de esta lección, el objetivo es que puedas ver el panorama completo de que es Docker y cómo se utiliza, y todo lo que vas a ver ahora lo veremos después con lujo de detalles en las secciones posteriores.

Así que lo primero que haremos es ir a nuestra terminal y vamos a crear un directorio que se va a llamar "**workspace**" y dentro de este otro más que se llamará "**hola-mundo**".

Terminal de comandos

```
mkdir -p workspace/hola-mundo
```

Después vamos a ingresar a este directorio estando ubicados desde donde lo creamos con el comando

Terminal de comandos

```
cd workspace/hola-mundo
```

Puedes utilizar el editor de código que tú prefieras en este caso, yo lo voy a abrir utilizando VsCode, puedes abrir la carpeta con el editor o usar el comando:

Terminal de comandos

```
code .
```

Y una vez acá adentro crearemos un nuevo archivo que en este caso se va a llamar "**app.js**":

Estructura de carpetas y archivos en la carpeta hola-mundo

```
hola-mundo/
    |-- app.js
```

En este libro no tienes que saber absolutamente nada de JavaScript, no te vamos a enseñar JavaScript y no importa si lo sabes o no, pero sigue con lo que yo voy a escribir ahora para que puedas seguir con el flujo de la lección, así que acá vamos a escribir:

hola-mundo/app.js

```
console.log("Hola mundo")
```

Aqui usamos la función **console.log**, entre paréntesis redondos, y usando comillas dobles el texto "Hola mundo".

Ahora vamos a guardar y vamos a ver qué es lo que necesitas para poder ejecutar esta aplicación:

1. Y lo primero que vas a necesitar es un sistema operativo que este puede ser Windows, MacOS, o Linux.
2. Vas a tener que instalar **Node JS**.
3. Luego estos mismos archivos que vamos a tener dentro de nuestro proyecto los vas a tener que copiar o descargar de algún lado.
4. Y finalmente vamos a tener que ejecutar el script de node **app.js**

Dockerfile

A continuación vamos a especificar absolutamente todo esto dentro de nuestro archivo de "**Dockerfile**", así es que en el editor creamos un nuevo archivo que se llama "**Dockerfile**":

Estructura de carpetas y archivos en la carpeta hola-mundo

```
hola-mundo/
    |-- app.js
    |-- Dockerfile
```

Aquí podemos ver que VsCode nos estará sugiriendo que instalemos la extensión:

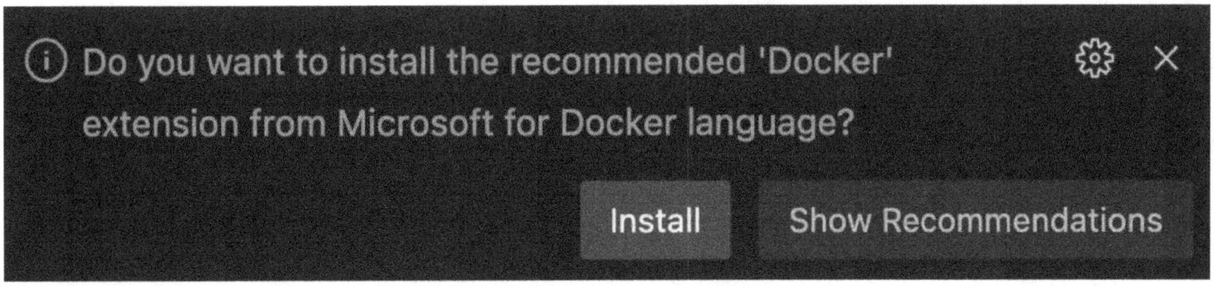

Extensión de Docker en VsCode

Así que la vamos a instalar y como puedes ver esta extensión es de Microsoft:

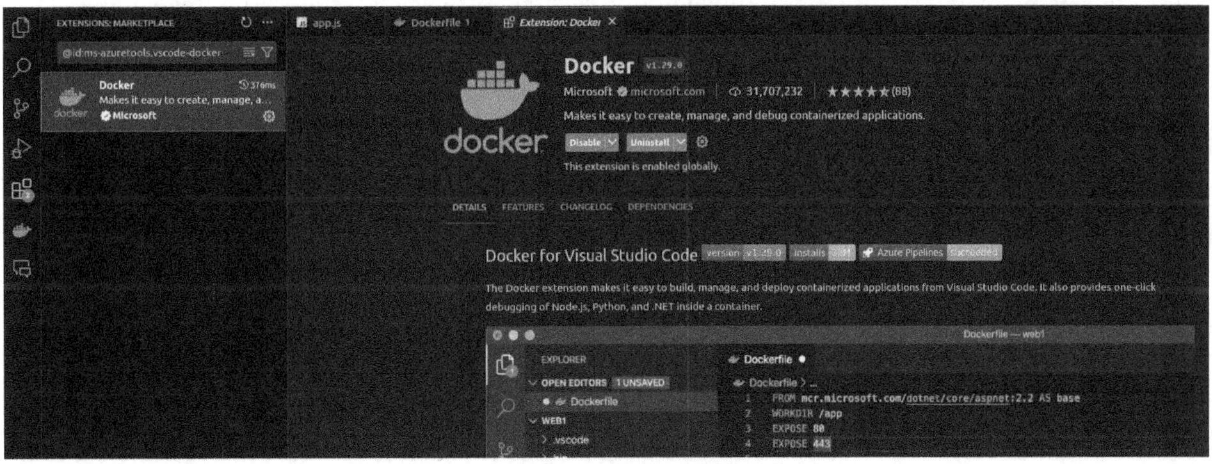

Extensión Docker

Ahora sí nos podemos devolver al archivo **"Dockerfile"** y ahora vamos a comenzar. Lo primero tenemos que especificar es con base en qué sistema operativo queremos, esto lo hacemos con la palabra **FROM** y delante de esta podríamos especificar un sistema operativo Windows o Linux:

hola-mundo/Dockerfile

```
FROM linux
```

Y una vez que tengamos este sistema operativo Linux después tendríamos que instalar node, afortunadamente ya se encuentran un par de imágenes de sistemas operativos que ya tienen instalado node, así es que acá vamos a sencillamente colocar node en esta parte:

hola-mundo/Dockerfile

```
FROM node
```

Y esto, lo que hará será traerme la última versión de node.

Ahora tendremos que ir nuevamente a la pagina de **Dockerhub** y vamos a realizar la busqueda de node:

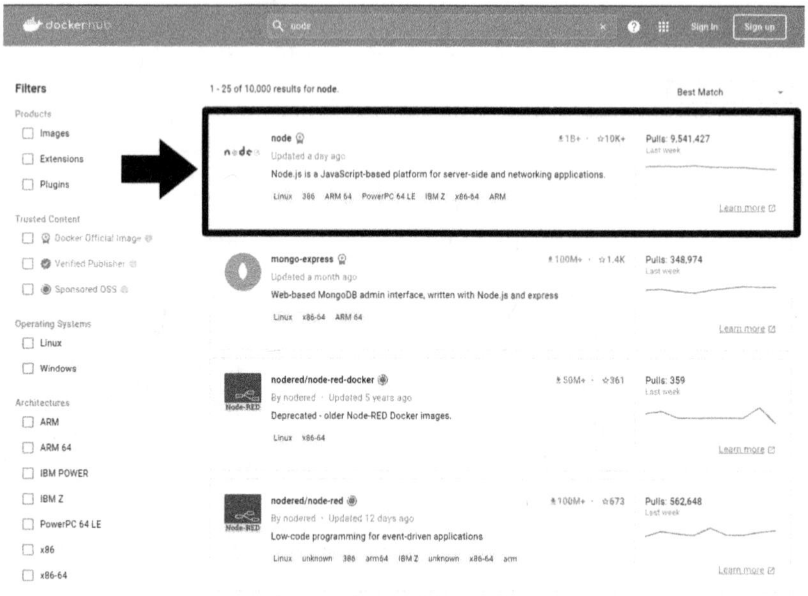

Imagen de node en Docker Hub

Y esto nos arrojó como resultado esta imagen que se encuentra acá, y esta es una imagen que ya contiene una pequeña versión de Linux y sobre esta se instala node, por esta razón no es necesario que especifiquemos Linux y luego sobre este instalemos a node.

Ahora, de regreso al editor, podemos especificar una versión, en este caso de imágenes no versión de node, que se encuentre dentro del repositorio de **DockerHub**, y en este caso la versión que vamos a utilizar es la de **alpine**:

hola-mundo/Dockerfile

```
FROM node:alpine
```

Alpine es una versión de Linux, pero que pesa muy poco, esta es muy pequeña, y la verdad es que no va a ser para nada extraño que tú veas que muchas imágenes de "**Dockerfile**" utilicen **alpine**.

Ahora lo que tenemos que hacer, ya que ya tenemos nuestra versión de node, lo que vamos a tener que hacer ahora es tomar los archivos que se encuentran dentro de nuestro proyecto y copiarlos dentro de nuestra imagen, así que acá vamos a usar a **COPY**:

hola-mundo/Dockerfile

```
COPY . /app
```

Colocando un punto, indicamos que vamos a copiar todos los archivos que se encuentran dentro del directorio actual, y los vamos a copiar dentro de otro directorio que se llama **app**.

Luego lo que podemos hacer es ejecutar inmediatamente node y para eso utilizamos el comando de **CMD** y le pasamos nuestra instrucción para ejecutar el script:

hola-mundo/Dockerfile

```
CMD node /app/app.js
```

Acá le tenemos que indicar la ruta completa de dónde se va a encontrar nuestro archivo de "**app.js**" que lo copiamos dentro de este directorio de "**app**", así es que tenemos que colocar acá la raíz que es "/", y delante la ruta de dónde está el archivo con el script.

Ahora podríamos querer hacer otra cosa como por ejemplo ingresar al directorio de trabajo de "**app**", y eso lo hacemos con la instrucción **WORKDIR**:

hola-mundo/Dockerfile

```
COPY . /app
WORKDIR /app
CMD node /app/app.js
```

Delante de esta instrucción hemos colocado el directorio que usará que es "**/app**", de esta manera no es necesario que después coloquemos la ruta completa de donde se encuentra este archivo de "**app.js**":

hola-mundo/Dockerfile

```
WORKDIR /app
CMD node app.js
```

Construir la imagen

Ahora tenemos que guardar este archivo y nos vamos a devolver a nuestra terminal de comandos y una vez acá tenemos que construir la imagen, esto lo hacemos con el comando:

Terminal de comandos

```
docker build -t hola-mundo .
```

Usamos a **docker build** y le indicamos un nombre que en este caso va a ser "**hola-mundo**" y seguido de eso le tenemos que indicar dónde se encuentra el archivo de "**Dockerfile**" que en este caso se encuentra en el mismo directorio en el cual estamos ubicados en la terminal, así es que acá colocamos un punto que significa la ruta actual.

Presionaremos **enter** para ejecutar el comando

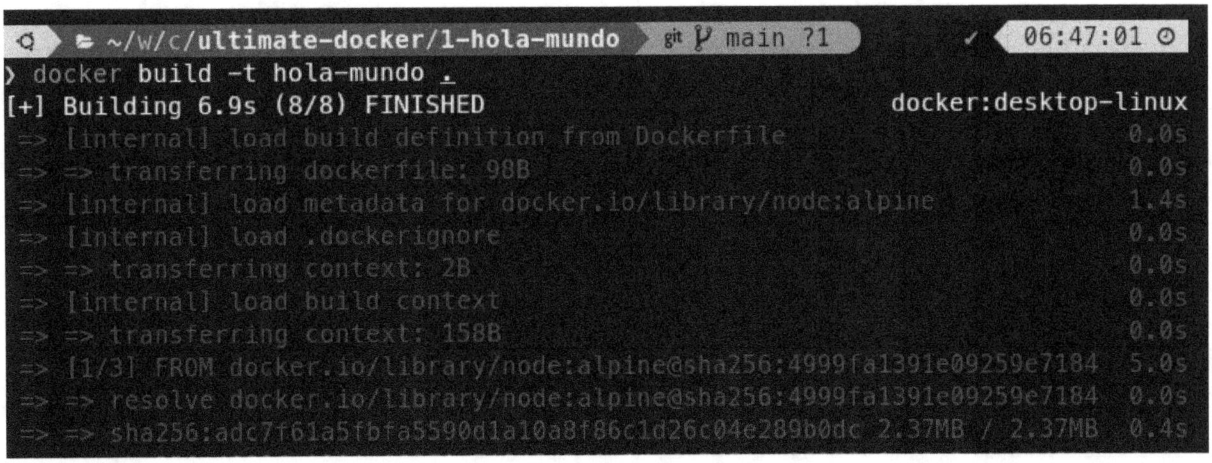

Construcción de imagen

Y acá podemos ver cómo se están bajando las distintas dependencias que especificamos con esto ya se ha terminado de construir nuestra imagen, y ahora vamos a escribir el siguiente comando:

Terminal de comandos

```
docker image ls
```

Al ejecutarlo, vamos a poder listar todas las imágenes que se encuentran dentro de nuestra máquina:

Salida de ejecutar: docker image ls

```
REPOSITORY    TAG       IMAGE ID       CREATED          SIZE
hola-mundo    latest    bbf060d2a021   22 minutes ago   141MB
hello-world   latest    d2c94e258dcb   10 months ago    13.3kB
```

La que nos importa en esta ocasión es esta que le llama hola-mundo.

- A la izquierda tenemos esta columna de “REPOSITORY”, que nos indica el nombre de nuestra imagen.
- Después de eso tenemos una etiqueta que se llama “TAG” y de manera automática cuando creamos una imagen a esta se le asigna las etiqueta de “latest”, vamos a ver más en profundidad después como podemos asignarle una etiqueta personalizada y también porque esta etiqueta “latest” quizás no es la mejor idea para nombrar tus imágenes,
- a continuación vemos que tenemos un IMAGE ID, este es un identificador único para las imágenes.
- Después tenemos la fecha de creación que en este caso esta se creó hace 22 minutos y tenemos la siguiente que de hace 10 meses.
- Y al final tenemos el tamaño que están ocupando en disco duro, y fíjate en esto, tenemos estas 2 imágenes, la que acabamos de crear pesa 141 MB, y si quisiéramos utilizar otra distribución de Linux como por ejemplo podría ser Ubuntu, Debían o cualquier otra distribución de Linux podríamos ver perfectamente cómo este tamaño empieza a crecer y crecer cada vez más y más. Esta es la razón por la cual preferimos utilizar “Alpine Linux” porque esta es una versión minimalista y está enfocada especialmente para ser utilizada con Docker y además, tienes que pensar que cuando quieras subir estas imágenes a Internet, ya sea a “DockerHub” o a algún registro personalizado, necesariamente vas a tener que transferir todos estos datos, es decir, todos estos megas a través de Internet o la red, esta también es otra razón por la cual preferimos utilizar “Alpine Linux”.

Ejecutar un contenedor

Ahora lo que vamos a hacer es ejecutar esta imagen de **hola-mundo**, la vamos a transformar en un contenedor, para poder ejecutarla vamos a escribir el comando:

Terminal de comandos

```
docker run hola-mundo
```

Presionamos **enter**:

Salida de ejecutar: docker run hola-mundo

```
Hola mundo
```

Y como podemos ver este nos ha mostrado aquí en la terminal el texto de "Hola mundo", que significa que la aplicación se ha ejecutado con éxito, ahora lo que podemos hacer es tomar esta misma imagen de **hola-mundo**, subirla a **"DockerHub"**, luego de haberla subido lo que vamos a poder hacer es tomar esta misma imagen y descargarla en otra máquina, para finalmente transformarla en un contenedor.

Es más, sin que lo vieras, previamente, ya subí esta imagen a **"DockerHub"**, entonces si nos venimos a la página de **"DockerHub"** nuevamente para poder ver que se encuentra aquí una imagen que se llama **"hola-mundo"** y esta pertenece al usuario de "nschumann":

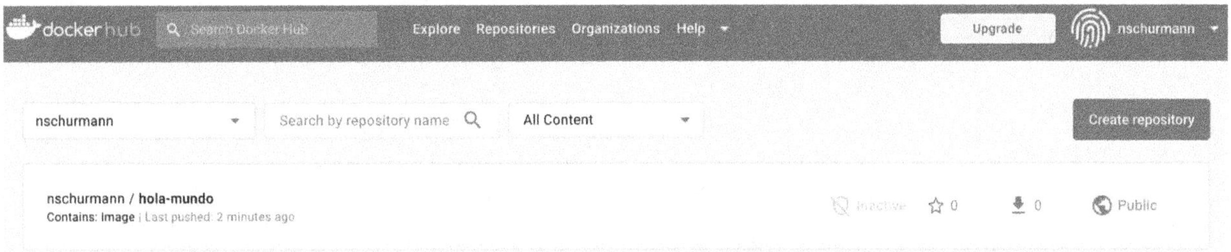

Imagen de hola-mundo en Docker Hub

Ahora, para mostrarte esto como ejemplo en mi terminal, voy a ejecutar el comando:

Terminal de comandos

```
docker image ls
```

Y el resultado de lo que obtuve es:

Salida de ejecutar: docker image ls

```
REPOSITORY     TAG          IMAGE ID         CREATED              SIZE
```

Y vemos que ahora no tengo absolutamente ninguna imagen, las he eliminado absolutamente todas, pero yo de todas maneras igual puedo descargar esta imagen y ejecutarla en un contenedor, así que escribiré el comando:

Terminal de comandos

```
docker run nschumarnn/hola-mundo
```

Al presionar **enter** podemos ver finalmente cómo esta imagen fue descargada desde "nschurmann/hola-mundo":

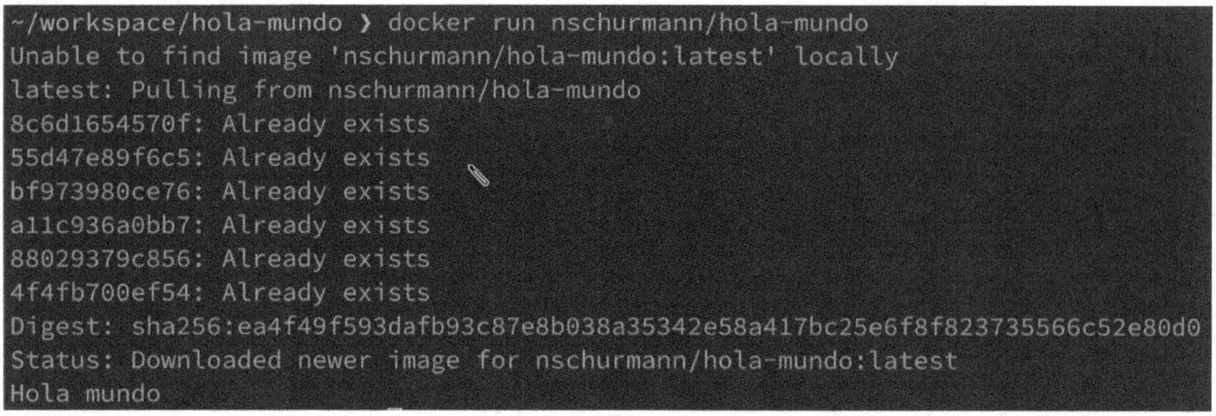

```
~/workspace/hola-mundo ❯ docker run nschurmann/hola-mundo
Unable to find image 'nschurmann/hola-mundo:latest' locally
latest: Pulling from nschurmann/hola-mundo
8c6d1654570f: Already exists
55d47e89f6c5: Already exists
bf973980ce76: Already exists
a11c936a0bb7: Already exists
88029379c856: Already exists
4f4fb700ef54: Already exists
Digest: sha256:ea4f49f593dafb93c87e8b038a35342e58a417bc25e6f8f823735566c52e80d0
Status: Downloaded newer image for nschurmann/hola-mundo:latest
Hola mundo
```

Usando imagen de Docker Hub

Aquí tenemos que en su estatus se ha descargado una imagen más nueva y nos está mostrando finalmente el texto de "Hola mundo" que es su ejecución, ahora sí ejecuto nuevamente:

Terminal de comandos

```
docker image ls
```

Vamos a ver que ahora se encuentra nuevamente la imagen de **hola-mundo**:

Salida de ejecutar: docker image ls

```
REPOSITORY              TAG       IMAGE ID       CREATED          SIZE
nschurmann/-hola-mundo  latest    7b0bc6455333   23 minutes ago   179MB
```

Pero esta tiene algo extra, contiene mi nombre de usuario en "**DockerHub**" y espero que esto te haya servido para poder entender el panorama completo de qué es lo que se trata Docker.

En la sección que viene, vamos a hacer una nivelación en cuanto a los comandos de Linux, si tú ya viste mi curso de Linux en la Academia Hola Mundo o en Udemy, o leíste nuestro libro de Linux, si es que ya está disponible, no es necesario que veas la siguiente sección, derechamente, te la puedes saltar y así llegar inmediatamente a ver la sección de Docker, pero si no sabes Linux y los comandos que usamos como **cd** o **mkdir** te parecen chino en ese caso te sugiero ver la siguiente sección.

Capítulo 2: Terminal Linux

Introducción

En esta sección vamos a estar viendo la terminal de Linux y tú te preguntarás ¿Por qué tengo que aprender Linux? Los fundamentos de Docker se encuentran basados en Linux, además si por alguna razón tienes que llegar a depurar uno de los contenedores, estos se van a encontrar en su mayoría prácticamente todos con un sistema de archivos Linux, por lo que vas a tener que entrar a los contenedores y empezar a ejecutar comandos basados en Linux.

Y la verdad es que en este momento es perfecto para que puedas tener tu primer acercamiento a la terminal, este conocimiento te va a ayudar muchísimo, no solamente para cuando estés trabajando con Docker, sino también cuando estés realizando tus desarrollos en el día a día, así que ya basta de introducciones y vamos a ver la línea de comandos en Linux.

Distribuciones

Vamos a detenernos a hablar un poco sobre las distribuciones de Linux, como probablemente tú ya sabes Linux es de "código abierto" o también del inglés "open source", esto quiere decir que cualquier persona puede acceder al código fuente de Linux y esto por consiguiente lo que ha hecho es que varias personas alrededor de todo el mundo e incluso también empresas se creen su propia versión de Linux que en este caso se les conoce como **distribuciones** o también **distros**.

Las más populares que existen actualmente son Ubuntu, Debian, Alpine Linux, que la vimos brevemente en las lecciones pasadas, también existe Fedora, Slackware, Red Hat, y esto es solo por mencionar algunas, porque existen más de miles de distribuciones de Linux en la actualidad.

Distribuciones Linux

Pero ahora algo importante que tienes que tomar en cuenta, puede ser que algunos de los comandos que veamos dentro de esta sección no funcionan dentro de otras distribuciones Linux como por ejemplo, en Ubuntu o Debian tenemos el comando de **apt** para poder instalar dependencias, sin embargo, en Fedora se utiliza el comando **yum** para poder instalar dependencias. Y a lo largo de esta sección vamos a estar utilizando Ubuntu, ya que es una de las más populares, también es una de las más sencillas de instalar y también es la que tiene por lejos más documentación en Internet.

Ejecutando Linux

Para que podamos ejecutar Ubuntu con Docker para eso lo primero que tenemos que hacer es irnos a **"Docker hub"** y acá mismo vamos a buscar "Ubuntu", y nos tiene que arrojar este resultado con ese logo, que es más que nada un círculo con 3 personas dándose la mano:

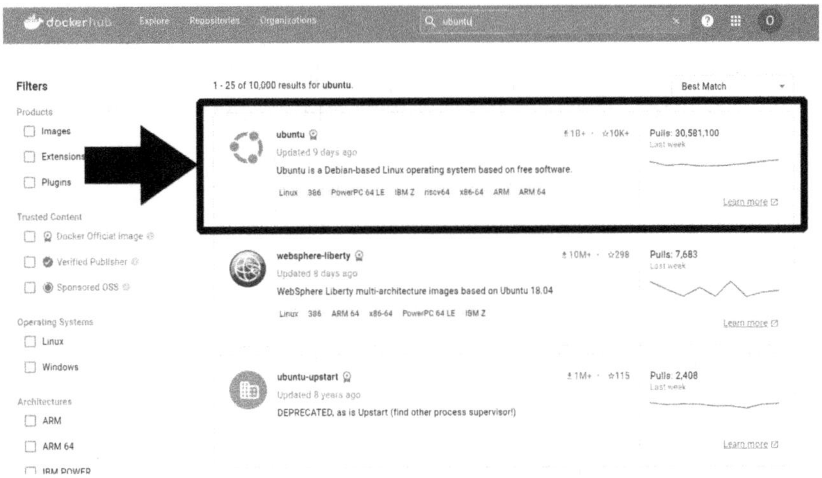

Imagen Ubuntu en Docker Hub

Aquí es a donde vamos a ingresar, y como puedes ver la última actualización fue hace 9 días a la fecha de esta captura, pero tú obviamente vas a ver algo distinto. Vamos a hacer clic acá y nos va a aparecer un comando que nos indica cómo podemos ejecutar Ubuntu con Docker:

Comando para descargar imágenes de Docker Hub

Sin embargo, no vamos a ejecutar este comando, vamos a ejecutar un atajo. Entonces de regreso en la terminal vamos a escribir:

Terminal de comandos

```
docker run ubuntu
```

Lo que va a hacer este comando es buscar la imagen en el local, si es que no se encuentra la va a descargar, y luego al final de todo esto la va a ejecutar; finalmente, esta es la misma manera de cómo podemos conseguir el mismo resultado, pero en lugar de descargarla y luego ejecutarla acá le estamos indicando que si no la encuentra sencillamente la descarga, así que acá presionamos **enter:**

Salida de ejecutar: docker run ubuntu

```
Unable to find image 'ubuntu:latest' locally
latest: Pulling from library/ubuntu
bccd10f490ab: Pull complete
Digest: sha256:77906da86b60585ce12215807090eb327e7386c8fafb5402369e421f44eff17e
Status: Downloaded newer image for ubuntu:latest
```

Puedes ver aquí que nos está mostrando el texto de que no se pudo encontrar la imagen de **Ubuntu:latest** de manera local, y como podemos ver ya la descargó con éxito.

Y si ejecutamos el comando:

Terminal de comandos

```
docker image ls
```

Y presionamos **enter**:

Terminal de comandos

```
hola-mundo     latest    40c3448a3700   6 hours ago     141MB
ubuntu         latest    ca2b0f26964c   2 weeks ago     77.9MB
```

Aca debiésemos ver cómo aparece aquí la imagen de **Ubuntu**, y que esta fue creada hace 2 semanas, tiene su ID y la etiqueta de **latets** y también cómo podemos ver esa solamente 78 megas.

Y ahora algo que ocurrió antes que no nos alcanzamos a dar cuenta, aquí ejecutamos el contenedor, sin embargo, este se detuvo inmediatamente, la razón de esto es porque en este caso este contenedor no está ejecutando una aplicación y estaba esperando a que interactuamos con esta, pero como no interactuamos con esta se detuvo inmediatamente. Como puedes ver, ya tenemos la imagen, y si vamos a ver los procesos que se encuentran corriendo con Docker, eso lo podemos hacer con el comando de:

Terminal de comandos

```
docker ps
```

Vamos a ver que no aparece absolutamente nada:

Salida de ejecutar: docker run ubuntu

```
CONTAINER ID   IMAGE     COMMAND   CREATED   STATUS    PORTS     NAMES
```

Pero si le agregamos la opción de menos **-a**, también nos va a mostrar los contenedores que están detenidos:

Terminal de comandos

```
docker ps -a
```

Y presionamos **enter**:

› docker ps -a
CONTAINER ID IMAGE COMMAND CREATED STATUS PORTS NAMES
53969eb509f0 ubuntu "/bin/bash" 9 minutes ago Exited (0) 9 minutes ago quizzical_keldysh

Ejecución de Docker ps -a

Como podemos ver tenemos a este que dice Ubuntu, ahora este nombre que aparece acá de "quizzical_keldysh", es un nombre que se asigna de manera automática cuando creamos un contenedor, no lo vamos a considerar ahora porque después vamos a ver cómo los podemos cambiar.

Así es que para que podamos **ingresar de manera interactiva al contenedor** vamos a ejecutar el siguiente comando:

Terminal de comandos

```
docker run -it ubuntu
```

-it viene por "interactive" o que esta va a ser interactiva, y luego le indicamos el nombre de la imagen que en este caso es Ubuntu. Presionamos **enter**:

Terminal de comandos ejecutando: docker run -it ubuntu

```
root@c95e77024b27:/#
```

Y aquí ya podemos ver que nos ha arrojado algo "extraño", esto se le conoce como la **shell**. Y la **shell** lo que hace es recibir instrucciones que le vamos a entregar escribiendo y se las va a pasar al kernel para que este las ejecute.

Y ahora vamos a desglosar esto un poco más para que no se vea tan extraño y estés un poco más familiarizado, aquí vemos que aparece escrito **root** después de eso hay una @ y a continuación hay un número.

- Lo primero que vemos acá es a **root** que es un **usuario de súper administrador**.
- La @ es para poder separar lo que viene, que estos números son el nombre de la máquina.
- Y a continuación tenemos ":/", que esto nos indica la ruta de donde nos encontramos actualmente en Linux, en otras palabras el directorio actual. A continuación también tenemos ese pequeño símbolo de numeral #, que quiere decir que lo que ejecutemos lo vamos a hacer como superadministrador.

Ahora acá adentro vamos a empezar a ejecutar nuestros primeros comandos, podemos ejecutar comandos como por ejemplo:

Terminal de comandos del contenedor ubuntu

```
ls
```

Este lo que hará será listar todos los directorios que se encuentran en la ruta en la cual nos encontramos:

Salida de ejecutar: ls

```
bin  boot  dev  etc  home  lib  lib32  lib64  libx32  media  mnt  opt  proc  root  r\
un  sbin  srv  sys  tmp  usr  var
```

También tenemos el comando:

Terminal de comandos del contenedor ubuntu

```
pwd
```

El cual nos va a indicar la ruta donde nos encontramos:

Salida de ejecutar: pwd

```
/
```

Que, como puedes ver, nos está mostrando un slash hacia adelante, en este caso Linux funciona distinto a Microsoft Windows, cuando estamos con Windows vamos a ver las rutas con el estilo "c:\>", como en el siguiente ejemplo:

Terminal de comandos PowerShell

```
pwd
```

```
Path
----
PS C:\Users\tu-usuario>
```

En Linux vamos al navegar siempre desde la raíz. Y cuando empecemos a ingresar dentro de los directorios, vamos a ver que estos van a tener, por ejemplo, el nombre de "**/home**" indicando que nos encontramos dentro del directorio "**home**" que podemos ver acá y acá vamos a colocar nuevamente un slash y si es que existe otro directorio, solo lo vamos a escribir acá también, como por ejemplo: "**/home/videos**".

También algo muy importante que tienes que saber es que Linux es "key sensitive", esto quiere decir que respeta si es que escribimos algo con mayúsculas o minúsculas, si intentamos escribir el mismo comando de antes pero con la "p" en mayúscula:

Terminal de comandos del contenedor ubuntu

```
Pwd
```

Y presionamos **enter**:

Salida de ejecutar: Pwd

```
bash: Pwd: command not found
```

Y acá nos está indicando que este comando no existe. Así es que esto es algo sumamente importante cuando escribas los comandos tienen que asegurarse de escribirlos exactamente como los estamos escribiendo en este libro.

Otro comando que podemos ejecutar es:

Terminal de comandos del contenedor ubuntu

```
whoami
```

Y presionamos **enter**:

Salida de ejecutar: whoami

```
root
```

Este es para saber quiénes somos en la terminal, que en este caso nos aparece que es el usuario **root**.

También podemos ejecutar el comando:

Terminal de comandos del contenedor ubuntu

```
echo hola mundo
```

Y esto nos va a mostrar el texto de "hola mund"o en la terminal, presionamos **enter**:

Salida de ejecutar: echo hola mundo

```
hola mundo
```

Y también un truco un poco interesante, vamos a ejecutar:

Terminal de comandos del contenedor ubuntu

```
echo $0
```

Y presionamos **enter**:

Salida de ejecutar: echo hola mundo

```
/bin/bash
```

Y esto es lo que hará, será indicarnos con qué **shell** estamos ejecutando los comandos, en este caso estamos ocupando **bash** qué significa **"bourne again shell"**, este es un tipo de shell, la cual se encuentra basada en **sh** y es la que vamos a estar utilizando dentro de esta sección de Linux.

Además de eso, atajos interesantes que tienes que saber: si presionamos la tecla de "flecha hacia arriba", vamos a empezar a navegar dentro del historial de todos los comandos que hemos ejecutado y para devolvernos a un comando más reciente, eso lo hacemos con la "flecha hacia abajo", así es que puedes navegar para no tener que escribir un comando que has ejecutado recientemente.

Además, si es que existe algún comando como por ejemplo, **echo** no es necesario que escriba todo el nombre de este comando perfectamente podría escribir en la terminal:

Terminal de comandos del contenedor ubuntu

```
ec
```

Y luego presionas la tecla de **tab**, Linux en este caso nos va a autocompletar el comando:

Terminal de comandos del contenedor ubuntu

```
echo
```

Así que no es necesario que escribamos el comando completo.

Si es que queremos cancelar una ejecución o nos arrepentimos y no queremos ejecutar ese comando que estamos escribiendo en lugar de eliminar todo manualmente, podemos presionar **control** y sin dejar de presionar esta tecla al mismo tiempo la tecla **c**:

Terminal de comandos del contenedor ubuntu

```
root@c95e77024b27:/# echo ^C
root@c95e77024b27:/#
```

Eso es lo que hará será colocarme este pequeño símbolo de caret ^ y una **C** al lado, y en la siguiente línea podremos comenzar a escribir un nuevo comando como podemos ver.

Ahora, si además ingresamos un comando el cual era bastante largo y nos acordamos de solo una parte de lo que ingresamos de este, pero no queremos empezar a presionar flechas hacia arriba o flecha hacia abajo para poder encontrar ese comando, lo que podemos hacer es presionar la combinación de teclas **control** + **r**:

Terminal de comandos del contenedor ubuntu

```
(reverse-i-search)`':
```

Esto ingresara al modo de "búsqueda reversa" y vamos a suponer ahora que queremos buscar el comando **echo hola mundo**, para hacer eso basta con que ingresamos una cadena de caracteres que aparecía dentro de este comando, por ejemplo "mundo", así que vamos a escribir "mun"

Terminal de comandos del contenedor ubuntu

```
(reverse-i-search)`mun': echo hola mundo
```

Como podemos ver acá, Linux, me está resaltando, el texto que hemos escrito también aparece a la izquierda, el texto que hemos escrito que es "mun" y si presionamos **enter**:

Salida de ejecutar: echo hola mundo

```
hola mundo
```

Nos va a ejecutar el comando que buscamos, sin embargo, si es que ese no era el comando, pero hizo "match" solamente con esa cadena de caracteres que vendría siendo "mun", lo que puedo hacer es volver a presionar **control** + **r** y vamos a escribir:

Terminal de comandos del contenedor ubuntu

```
(reverse-i-search)`ec': echo hola mundo
```

Ahí nos ha encontrado un comando, pero supongamos que no queremos que se ejecute ese, así que volvemos a presionar **control** + **r** y empieza a buscar en todo el historial todos los comandos que tengan esa cadena de texto:

Terminal de comandos del contenedor ubuntu

```
(reverse-i-search)`ec': echo $0
```

Hasta que finalmente llega al comienzo y no encuentra nada:

Terminal de comandos del contenedor ubuntu

```
(failed reverse-i-search)`ec': echo hola mundo
```

Para cancelar usamos igualmente **control** + **c**.

Y si es que queremos limpiar lo que aparece dentro de la terminal, vamos a ejecutar el comando de **clear**:

Terminal de comandos del contenedor ubuntu

```
clear
```

Esto, lo que hará es dejarte solamente a la vista la primera línea para poder escribir comandos, igualmente puedes usar el comando **control** + **l**.

Y para poder ver el historial de los comandos que hemos ejecutado, podemos usar el comando de:

Terminal de comandos del contenedor ubuntu

```
history
```

Presionamos **enter**:

Salida de ejecutar: history

```
1  ls
2  pmd
3  pwd
4  Pwd
5  whoami
6  echo hola mundo
7  echo $0
8  clear
9  echo hola mundo
10  history
```

Y acá van a aparecer absolutamente todos los comandos que se han ejecutado con éxito en la terminal.

Si queremos ejecutar algún comando en particular como por ejemplo podría ser el número **6** de nuestro historial, lo podemos hacer de la siguiente manera:

Terminal de comandos del contenedor ubuntu

```
!6
```

Que sería usar el signo **!** y acompañado del numero en este caso **6**, presionamos **enter**:

Salida de ejecutar: !6

```
echo hola mundo
hola mundo
```

Y nos va a indicar primero cuál es el comando que ejecutamos y después de esto nos va a mostrar el resultado de la ejecucion.

Y vamos a dejar esta lección hasta acá, espero que hayas tomado nota de todos los comandos que vimos. Ahora ingresa a la terminal de Linux y empieza a ejecutarlos para que entiendas cómo funcionan cada uno de estos.

Gestión de paquetes

En esta lección vamos a hablar un poco de cómo instalar paquetes en Linux. Para eso utilizaremos nuestra terminal.

Ubuntu, que es la distribución de Linux que tenemos dentro de este contenedor, utiliza una herramienta, que se llama **apt**, esta es una herramienta más nueva porque antiguamente se utilizaba **apt-get** para poder gestionar las dependencias. Acá vamos a tener distintos argumentos que le podemos pasar a este comando como **install**, **remove**, **list**, **autoremove** y **update**.

- **install** por supuesto es para poder instalar las dependencias.
- **remove** es para poder eliminar software.
- **list** nos va a listar lo que se encuentra disponible para que podamos instalar.
- **autoremove** lo que harás será eliminar absolutamente todos los paquetes que no se encuentren siendo utilizados por otros paquetes.
- Y **update**, que lo que va a hacer es sincronizar la base de datos de paquetes disponibles para actualizar.

Esto último significa que cuando intentamos instalar un paquete que en este caso vamos a instalar **nano**, el cual es un editor de texto que vamos a utilizar después:

Terminal de comandos del contenedor ubuntu

```
apt install nano
```

Si presionamos **enter** para ejecutar

Salida de ejecutar: apt install nano

```
Reading package lists... Done
Building dependency tree... Done
Reading state information... Done
Package nano is not available, but is referred to by another package.
This may mean that the package is missing, has been obsoleted, or
is only available from another source

E: Package 'nano' has no installation candidate
```

Aqui vemos que nos indica que no se encuentra un paquete **nano** disponible, y si vamos a ver el listado de paquetes disponibles con:

Terminal de comandos del contenedor ubuntu

```
apt list
```

Y ejecutamos:

Salida de ejecutar: apt list

```
Listing... Done
adduser/now 3.118ubuntu5 all [installed,local]
apt/now 2.4.11 amd64 [installed,local]
base-files/now 12ubuntu4.6 amd64 [installed,local]
base-passwd/now 3.5.52build1 amd64 [installed,local]
. . .
```

Vemos que claro nos aparece un listado, pero este es relativamente pequeño, esto es porque la base de datos que en este caso, no se encuentra actualizada con lo que se encuentra disponible en Internet. Podemos descargar un listado mucho más grande que se encuentra en Internet también con las últimas versiones de los paquetes disponibles para instalar, para poder tener acceso a ese listado basta con que escribamos:

Terminal de comandos del contenedor ubuntu

```
apt update
```

Y esto es lo que hará será descargar esta base de datos y la va a sincronizar con nuestra base de datos local:

Salida de ejecutar: apt update

```
Fetched 30.3 MB in 3s (8953 kB/s)
Reading package lists... Done
Building dependency tree... Done
Reading state information... Done
1 package can be upgraded. Run 'apt list --upgradable' to see it.
```

Después de un momento veremos que ha terminado de traer los paquetes disponibles como verás, queda mucho información en la pantalla, por lo que podemos limpiar la terminal con el comando o atajo que aprendimos la lección pasada que es clear o **control** + **c**, y como recomendación, aprovecha de usar ente atajo para limpiar la información en tu terminal en cada ocasión.

Y ahora vamos a usar de nuevo:

Terminal de comandos del contenedor ubuntu

```
apt list
```

Cuando ejecutes verás que ahora tenemos un listado bastante más grande de todas las aplicaciones que existen disponibles para que podamos instalar, es más, no alcanzamos a ver todo el listado porque el historial solamente nos permite ver hasta cierto número de registros.

Entonces, ahora si vamos a instalar nuevamente a **nano**:

Terminal de comandos del contenedor ubuntu

```
apt install nano
```

Ejecutamos:

Salida de ejecutar: apt install nano

```
Reading package lists... Done
Building dependency tree... Done
Reading state information... Done
Suggested packages:
hunspell
The following NEW packages will be installed:
nano
0 upgraded, 1 newly installed, 0 to remove and 1 not upgraded.
. . .
```

Aquí podemos ver que este se ha instalado con éxito y para poder verificar que efectivamente está instalado **nano** lo que puedes hacer es ejecutar el comando de **nano**:

Terminal de comandos del contenedor ubuntu

```
nano
```

Si ejecutas:

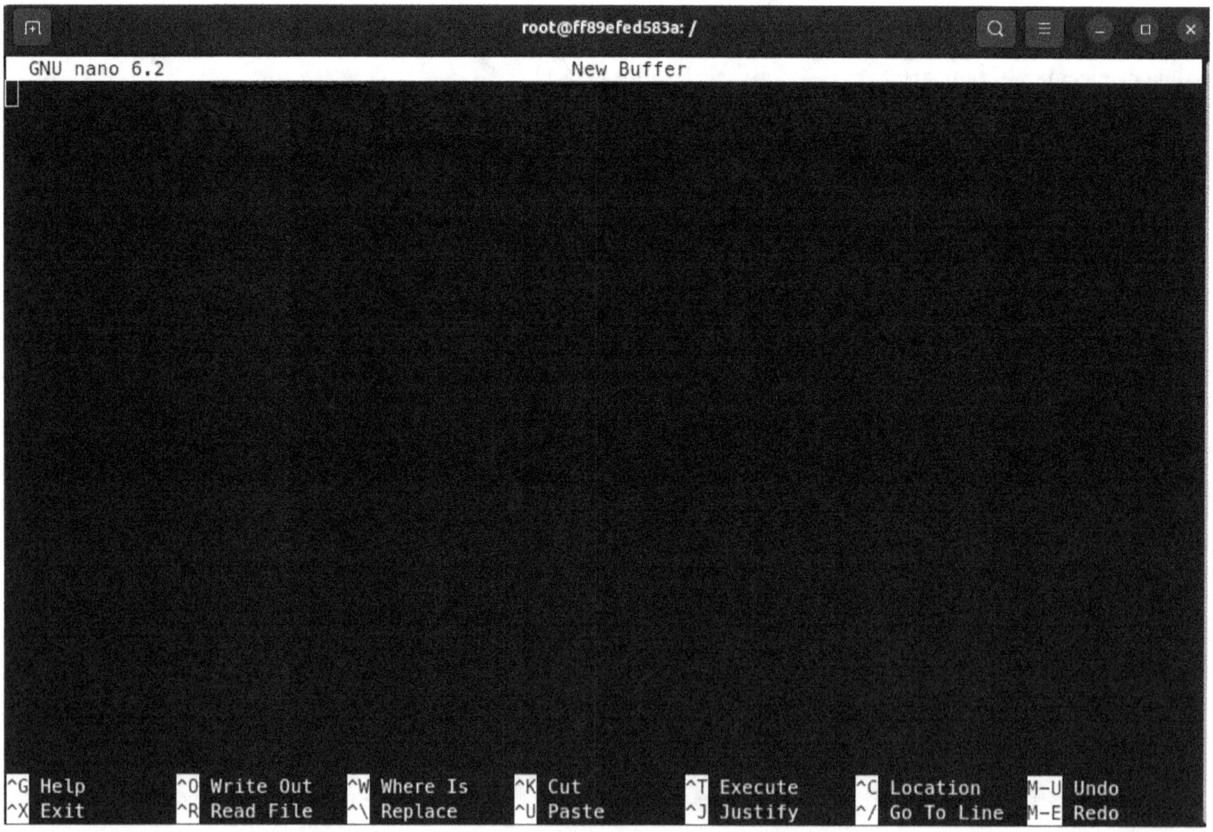

Interfaz de nano

Deberías ver algo muy similar a esta interfaz que nos dice **GNU nano 6.2** y abajo deberías ver una barra de acciones con los comandos que se encuentran disponibles para ejecutar en **nano**, por ejemplo, puedes guardar con **control** + **o**, pero lo queremos hacer ahora es salir, esto se hace con **control** + **x**, y al presionar esto es lo que debería hacer es cerrar **nano** regresándonos la interfaz para seguir escribiendo y ejecutando comandos en la terminal.

Ahora si quisiéramos eliminarlo, eso lo podemos hacer con:

Terminal de comandos del contenedor ubuntu

```
apt remove nano
```

Cuando ejecutes este comando:

Salida de ejecutar: apt remove nano

```
Reading package lists... Done
Building dependency tree... Done
Reading state information... Done
The following packages will be REMOVED:
nano
0 upgraded, 0 newly installed, 1 to remove and 1 not upgraded.
After this operation, 881 kB disk space will be freed.
Do you want to continue? [Y/n]
```

Podemos ver que nos está indicando que se va a eliminar este paquete de **nano** y luego nos entrega la opción de "Si" o "no", si queremos continuar con la desinstalación debemos presionar la tecla **y**, pero como no lo eliminaremos, vamos a presionar la tecla **n**:

Salida de ejecutar: apt remove nano con la opcion n

```
Abort.
```

Obtendremos que la ejecución del comando se canceló.

Ahora podemos limpiar nuestra terminal de nuevo y continuar con nuestra siguiente lección.

Sistema de archivos

En Windows como te había mencionado antes, cuando estamos trabajando sobre su sistema de archivos este se va a encontrar dentro de un directorio como "c:\>" y después de eso vamos a tener otros directorios como por ejemplo "c:\>Archivos de programa", y así sucesivamente. En Linux eso no es así, como vimos en una lección pasada lo que hace es derechamente colocar absolutamente todos sus directorios y también todos sus archivos dentro de una raíz, el símbolo que se utiliza para nombrar la raíz en este caso es un slash hacia adelante o este símbolo / , pero esto también se le puede decir raíz.

Ahora, dentro de este, se encuentran todos estos directorios que aparecen listados cuando usamos el comando **ls**:

Terminal de comandos del contenedor ubuntu

```
ls
```

Ejecutamos:

Salida de ejecutar: ls

```
bin  boot  dev  etc  home  lib  lib32  lib64  libx32  media  mnt  opt  proc  root  r\
un  sbin  srv  sys  tmp  usr  var
```

"**bin**" vendría siendo un directorio que contiene aplicaciones que podemos ejecutar, en este caso los comandos que vimos como por ejemplo **echo** y **ls** y todos los otros comandos se encuentran almacenados dentro del directorio "**bin**".

"**boot**" contiene también todos los archivos asociados con el inicio del sistema.

"**dev**" es por devices, yo pensaba que era development, pero no es por los dispositivos. En Linux absolutamente todo es un archivo, esto quiere decir que los dispositivos, como por ejemplo, un USB, disco duro o procesador absolutamente todos son archivos; al igual que los procesos que ejecutamos también son archivos.

Después de eso, tenemos el directorio "**etc**", que es por "editable text configuration", más que nada donde se van a encontrar todos los archivos de configuración de las aplicaciones que tengas instaladas o que instales.

El siguiente es el directorio "**home**" que si es que tuviésemos múltiples usuarios dentro de nuestra instalación de Linux, todos sus documentos, música o vídeos serían almacenados acá.

También tenemos "**lib**" que en este caso contiene las dependencias de terceros.

"**media**" y "**mnt**" son directorios que se utilizan por convención para poder montar dispositivos de almacenamiento externo, podría ser un disco duro externo o también podría ser un pendrive.

Después vamos a venir a este que se llama "**proc**", y acá se encuentran almacenados todos los procesos que se encuentran en ejecución, recuerda que todo el Linux es un archivo, entonces cuando ejecutamos un proceso, este se va a ver representado con forma de archivos dentro del directorio "**proc**".

"**root**" vendría siendo el directorio "**home**" de nuestro usuario **root** y solamente **root** puede acceder a este directorio.

"**sbin**" contiene también aplicaciones, pero estas solamente las puede ejecutar el usuario "**root**".

Y por último, vamos a ver a "**var**" que contiene archivos que van a estar variando de manera bastante rápida, como por ejemplo pueden ser **logs** del sistema o de aplicaciones que estamos ejecutando.

Navegando sistema de archivos

Ahora vamos a ver cómo podemos navegar el sistema de archivos.

pwd

El primer comando ya lo habíamos visto antes y este es el de **pwd** que este quiere decir "print working directory" o, en otras palabras, "imprime el directorio en el cual me encuentro actualmente":

Terminal de comandos del contenedor ubuntu

```
pwd
```

Ejecutamos:

Salida de ejecutar: pwd

```
/
```

Y como podemos ver, nos está indicando que nos encontramos en el directorio raíz.

ls

El siguiente comando que vimos fue el de **ls**, y este lista absolutamente todos los directorios y archivos que se encuentran donde se encuentra posicionada la terminal en el momento en que se ejecuta.

Terminal de comandos del contenedor ubuntu

```
ls
```

Ejecutamos:

Salida de ejecutar: ls

```
bin  boot  dev  etc  home  lib  lib32  lib64  libx32  media  mnt  opt  proc  root  r\
un  sbin  srv  sys  tmp  usr  var
```

Y como vimos con el comando **pwd** la terminal está posicionada en la raíz, por ende, al ejecutar nos estará mostrando absolutamente todos los archivos y directorios que se encuentran dentro de la raíz.

Ahora si es que no te gusta cómo se está viendo esto y prefieres ver cada uno de estos directorios, pero línea en línea, en ese caso lo podemos hacer con **ls** y agregándole la opción **1**, esto lo hacemos de esta manera:

Terminal de comandos del contenedor ubuntu

```
ls -1
```

Y al ejecutar:

Salida de ejecutar: ls -1

```
bin
boot
dev
etc
home
lib
lib32
lib64
libx32
media
mnt
opt
proc
root
run
sbin
srv
sys
tmp
usr
var
```

Esto es lo que está haciendo es listar de arriba hacia abajo, pero si es que esto no te gusta también podemos usar:

Terminal de comandos del contenedor ubuntu

```
ls -l
```

Al presionar **enter**:

Salida de ejecutar: ls -l

```
total 48
lrwxrwxrwx   1 root root    7 Feb 27 15:59 bin -> usr/bin
drwxr-xr-x   2 root root 4096 Apr 18  2022 boot
drwxr-xr-x   5 root root  360 Mar 19 17:15 dev
drwxr-xr-x   1 root root 4096 Mar 19 17:15 etc
drwxr-xr-x   2 root root 4096 Apr 18  2022 home
lrwxrwxrwx   1 root root    7 Feb 27 15:59 lib -> usr/lib
lrwxrwxrwx   1 root root    9 Feb 27 15:59 lib32 -> usr/lib32
lrwxrwxrwx   1 root root    9 Feb 27 15:59 lib64 -> usr/lib64
lrwxrwxrwx   1 root root   10 Feb 27 15:59 libx32 -> usr/libx32
drwxr-xr-x   2 root root 4096 Feb 27 15:59 media
drwxr-xr-x   2 root root 4096 Feb 27 15:59 mnt
drwxr-xr-x   2 root root 4096 Feb 27 15:59 opt
dr-xr-xr-x 191 root root    0 Mar 19 17:15 proc
drwx------   2 root root 4096 Feb 27 16:02 root
drwxr-xr-x   5 root root 4096 Feb 27 16:03 run
```

```
lrwxrwxrwx   1 root root    8 Feb 27 15:59 sbin -> usr/sbin
drwxr-xr-x   2 root root 4096 Feb 27 15:59 srv
dr-xr-xr-x  11 root root    0 Mar 19 17:15 sys
drwxrwxrwt   2 root root 4096 Feb 27 16:02 tmp
drwxr-xr-x  14 root root 4096 Feb 27 15:59 usr
drwxr-xr-x  11 root root 4096 Feb 27 16:02 var
```

Eso es lo que hará será listar absolutamente todos los archivos y directorios, pero de arriba hacia abajo pero con la diferencia de que esto contiene bastante más información, no te asustes con esto porque es que bastante fácil y lo veremos en unas lecciones posteriores.

De orden de la izquierda a la derecha tenemos los permisos, el usuario al que pertenece el archivo, el grupo al cual pertenece, después tenemos el espacio que está utilizando en disco, la fecha y hora que fue creado, y finalmente el archivo. Vamos a verlo en una captura de pantalla que veremos un detalle interesante:

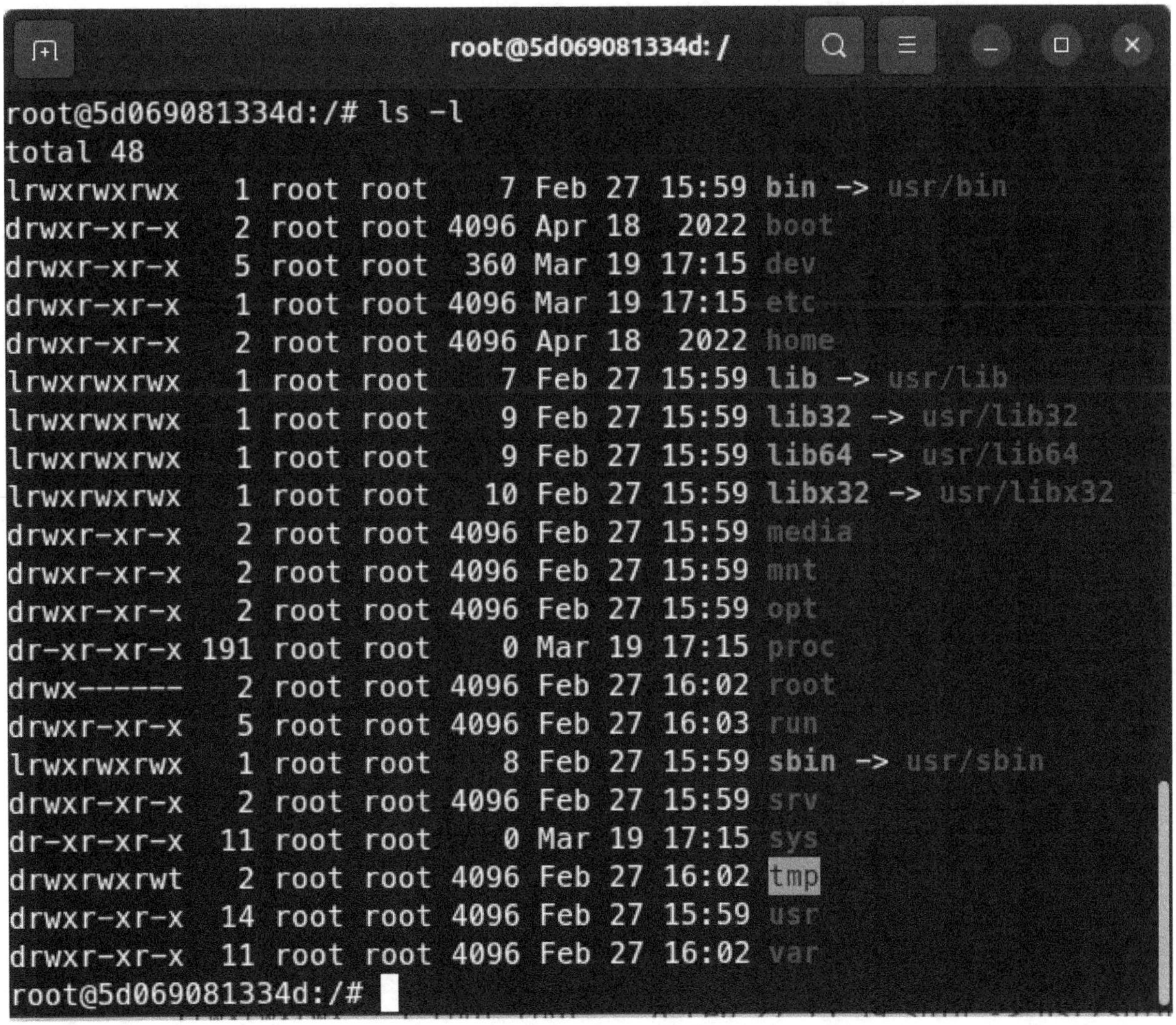

Ejecutando comando ls

En este caso los archivos que tienen este color y con una flechita hacia al lado, que quiere decir que estos son enlaces simbólicos. En otras palabras vendría siendo algo así como un acceso directo de Windows, pero estos son accesos directos de Linux y se llaman enlaces simbólicos. Y en el primer caso **"bin"** hace referencia a un directorio que se encuentra dentro del directorio

"user/bin".

Vamos a volver a ejecutar el comando de **ls**, pero supongamos ahora queremos ver lo que se encuentra dentro de un directorio, pero sin ingresar a este, vamos a usar como ejemplo el directorio de **"var"** para eso podemos ejecutar el comando:

Terminal de comandos del contenedor ubuntu

```
ls var
```

Entonces aquí usamos **ls, un espacio y seguido de la ruta en la cual donde se encuentra este directorio**, la ruta puede ser relativa o puede ser absoluta.

Rutas absolutas y relativas

Una **ruta absoluta** comienza siempre con él hacia adelante "/" y hay que indicarle desde la raíz hasta donde se encuentre.

Por otro lado, una **ruta relativa** que, por ejemplo, podría ser en este caso **"var"** va a depender de dónde se encuentre la terminal con respecto al nombre del directorio.

Suena un poco confuso, así es que lo vamos a ver inmediatamente, en este caso estamos utilizando **ls var**, cuando presionemos **enter**:

Salida de ejecutar: ls var

```
backups  lib    lock  mail  run    tmp    cache    local  log    opt    spool
```

Nos va a mostrar todo el contenido de este directorio.

cd

Ahora, lo que vamos a hacer es que vamos a ingresar dentro de **"var"** y para ingresar dentro de un directorio tienes que utilizar el comando:

Terminal de comandos del contenedor ubuntu

```
cd var
```

Aqui usamos el comando **cd espacio y seguido del nombre del directorio** al presionar **enter**, mira lo que ocurre con la terminal de comandos:

Salida de ejecutar: cd var

```
root@c95e77024b27:/var#
```

Acá ha cambiado lo que aparece a la izquierda, nos está indicando que ahora nos encontramos dentro del directorio **"var"**. Ahora, si es que volvemos a escribir **ls**:

Terminal de comandos del contenedor ubuntu

```
 ls
```

Y ejecutamos:

Salida de ejecutar: ls

```
backups  lib    lock  mail  run    tmp    cache    local  log   opt   spool
```

Fíjate qué cambió lo que está mostrando, porque ahora la terminal se encuentra dentro del directorio "**var**", sin embargo, si es que queremos ver ahora lo que se encuentra dentro del directorio raíz, podemos escribir:

Terminal de comandos del contenedor ubuntu

```
ls /
```

Y esta ya empieza a ser una ruta absoluta, presionamos **enter**:

Salida de ejecutar: ls /

```
bin  boot  dev  etc  home  lib  lib32  lib64  libx32  media  mnt  opt  proc  root  r\
un  sbin  srv  sys  tmp  usr  var
```

Y con todo, nos va a mostrar lo que se encuentra dentro del directorio raíz.

Dentro del directorio "**var**" existe otro directorio que se llama "**log**" y para ver el contenido de este directorio lo podemos hacer con el comando:

Terminal de comandos del contenedor ubuntu

```
ls log
```

Al presionar **enter** este comando funcionará, ya que la terminal está dentro del directorio "**var**":

Salida de ejecutar: ls log

```
alternatives.log  bootstrap.log  dpkg.log  lastlog  apt  btmp      faillog  wtmp
```

Aqui hemos usado la ruta relativa, y podemos acceder al contenido de esta carpeta con el comando **ls**, porque este efectivamente existe en el directorio "**var**". Pero también podemos usar la ruta absoluta, y eso lo haremos con el comando:

Terminal de comandos del contenedor ubuntu

```
ls /var/log
```

Usamos la raíz, luego le indicamos que lo que estamos buscando está en el directorio "**var**", que a su vez contiene un directorio "**log**" y ahora, si presionamos **enter**:

Salida de ejecutar: ls /var/log

```
alternatives.log  bootstrap.log  dpkg.log  lastlog  apt  btmp      faillog  wtmp
```

Vamos a ver qué nos está mostrando lo mismo que antes.

Y ahora un pequeño truco, lo que vamos a hacer ahora es ir directamente al directorio "**home**" del usuario, en este caso el usuario que estamos ejecutando es **root**, así es que a ir aquí directamente a "**/root**", para poder cambiar el directorio, en este caso si queremos navegar a la ruta "**/root**", lo que tendríamos que hacer es escribir:

Terminal de comandos del contenedor ubuntu

```
cd ..
```

Si presionamos **enter**, lo que hará será devolvernos en un directorio hacia atrás, como estamos en la carpeta "**/var**", con esto regresaremos a la raíz, y lo notarás por lo que nos dice la terminal:

Terminal de comandos del contenedor ubuntu

```
root@c95e77024b27:/#
```

Ya no nos muestra que estamos en el directorio "**var**", sino únicamente en la raíz.

Pero si quisieramos ir en más de un directorio tenemos que escribir:

Terminal de comandos del contenedor ubuntu

```
cd ../..
```

Si ejecutáramos esto nos devolvería 2 directorios, pero ahora una vez que estamos en la raíz deberíamos escribir:

Terminal de comandos del contenedor ubuntu

```
cd root
```

Y ahora, cuando presionemos **enter**:

Terminal de comandos del contenedor ubuntu

```
root@c95e77024b27:~#
```

Vamos a darnos cuenta de que el símbolo que se encuentra a la izquierda cambió, nos está mostrando una virgulilla o también conocida como la famosa colita de chancho "~". Y dentro de este directorio vamos a ver que no se encuentra absolutamente nada usando el comando **ls**:

Terminal de comandos del contenedor ubuntu

```
ls
```

Ahora, existe un atajo para que no tengamos que recorrer con **cd** ../.. o la cantidad de cambios que necesitemos para llegar a esta carpeta. Vamos a ir a la carpeta "**var/log**":

Terminal de comandos del contenedor ubuntu

```
cd /var/log
```

Presionamos **enter**:

Terminal de comandos del contenedor ubuntu

```
root@c95e77024b27:/var/log#
```

Aqui para ir a directorio "**/root**", lo haremos con el siguiente comando:

Terminal de comandos del contenedor ubuntu

```
root@c95e77024b27:/var/log# cd ~
```

Y al presionar **enter**:

Terminal de comandos del contenedor ubuntu

```
root@c95e77024b27:~#
```

Y fíjate que nuevamente en cómo ha cambiado este símbolo porque ahora nos encontramos dentro del directorio "**root**", si escribimos:

Terminal de comandos del contenedor ubuntu

```
pwd
```

Y ejecutamos:

Salida de ejecutar: pwd

```
/root
```

Vamos a ver cómo se encuentra ahora el directorio "**/root**" dentro de lo que me imprime este comando y ahora vamos a terminar con esta lección. No continúes inmediatamente con la siguiente lección, utiliza todos estos comandos y vete explorando cada uno de los directorios, por ejemplo puedes continuar con el directorio "**opt**", "**proc**", "**sbin**" o "**bin**".

Así aprovecha de soltar la mano y también vas descubriendo qué es lo que se encuentra dentro del sistema operativo.

Gestión de archivos y directorios

Acá nos vamos a mover directamente al directorio del usuario **root**, eso lo hacemos con:

Terminal de comandos del contenedor ubuntu

```
cd ~
```

Ejecutamos:

Terminal de comandos del contenedor ubuntu

```
root@c95e77024b27:~#
```

Y acá, como podemos ver, que nos ha actualizado este símbolo en la ruta de la terminal.

Crear un nuevo directorio: mkdir

Supongamos que queremos crear un directorio, para hacer esto utilizamos:

Terminal de comandos del contenedor ubuntu

```
mkdir chanchitofeliz
```

Colocamos el comando **mkdir y seguido de eso le tenemos que indicar el nombre que queremos que lleve el directorio**, en este caso es "chanchitofeliz", presionamos **enter**:

Ahora, si ejecutamos el comando de **ls**:

Terminal de comandos del contenedor ubuntu

```
ls
```

Salida de ejecutar: ls

```
chanchitofeliz
```

Vamos a ver qué aparece este directorio.

Ahora supongamos que queremos quiero mover o cambiar el nombre a este directorio, para eso tenemos que utilizar el comando de **mv**:

Terminal de comandos del contenedor ubuntu

```
mv canchi
```

En este caso escribimos chanchi y presionamos **tab**, que lo que hará será autocompletar el nombre del directorio automáticamente:

Terminal de comandos del contenedor ubuntu

```
mv chanchitofeliz/
```

Y después le vamos a asignar el nombre de "holamundo":

Terminal de comandos del contenedor ubuntu

```
mv chanchitofeliz/ holamundo
```

Al ejecutar esto y ahora, si volvemos a usar el comando:

Terminal de comandos del contenedor ubuntu

```
ls
```

Salida de ejecutar: ls

```
holamundo
```

Con esto ya no tenemos el directorio de "**chanchitofeliz**", sino que ahora se llama "**holamundo**". Ahora vamos a ingresar a este directorio, para eso vamos a usar a **cd**:

Terminal de comandos del contenedor ubuntu

```
cd holamundo
```

Recuerda siempre que puedes usar el autocompletado con la tecla de **tab** al escribir comandos. Si ejecutamos, entonces:

Terminal de comandos del contenedor ubuntu

```
ls
```

No vamos a ver absolutamente nada, entonces vamos a empezar a llenar de archivos este mismo directorio. Para hacer eso, vamos a utilizar el comando de **touch** y este comando puede tener múltiples argumentos:

Terminal de comandos del contenedor ubuntu

```
touch holamundo.txt a1.txt a2.txt a3.txt
```

Aqui podemos separar con un espacio a cada uno de los archivos que queremos que el comando **touch** vaya a crear, aquí recuerda que puedes crear uno a varios al mismo tiempo.
Ahora, si ejecutamos a **ls**:

Terminal de comandos del contenedor ubuntu

```
ls
```

Salida de ejecutar: ls

```
a1.txt  a2.txt  a3.txt  holamundo.txt
```

Vamos a ver que aparecen absolutamente todos los archivos que le especificamos al comando de **touch**, además de crear archivos, este comando también nos permite actualizar la fecha de modificación, esto que quiere que si usamos a **ls -l**:

Terminal de comandos del contenedor ubuntu

```
ls -l
```

Salida de ejecutar: ls -l

```
total 0
-rw-r--r-- 1 root root 0 Mar 20 01:21 a1.txt
-rw-r--r-- 1 root root 0 Mar 20 01:21 a2.txt
-rw-r--r-- 1 root root 0 Mar 20 01:21 a3.txt
-rw-r--r-- 1 root root 0 Mar 20 01:21 holamundo.txt
```

Acá vemos que todo ha sido creado a las 0:01:21, pero si ahora ejecutamos **touch** sobre "**holamundo.txt**":

Terminal de comandos del contenedor ubuntu

```
touch holamundo.txt
```

Y volvemos a ejecutar un **ls -l**:

Terminal de comandos del contenedor ubuntu

```
ls -l
```

Salida de ejecutar: ls -l

```
total 0
-rw-r--r-- 1 root root 0 Mar 20 01:21 a1.txt
-rw-r--r-- 1 root root 0 Mar 20 01:21 a2.txt
-rw-r--r-- 1 root root 0 Mar 20 01:21 a3.txt
-rw-r--r-- 1 root root 0 Mar 20 02:02 holamundo.txt
```

Vamos a ver que este archivo todavía existe, pero se ha cambiado la fecha de su última modificación.

Eliminar archivos: rm

Ahora lo que vamos a hacer es eliminar archivos, para esto vamos a utilizar el comando de **rm**:

Terminal de comandos del contenedor ubuntu

```
rm holamundo.txt a3.txt
```

Acá le podemos especificar el nombre de un archivo o también le podríamos especificar múltiples nombres de archivos, como por ejemplo acá le estamos indicando que elimine a "**holamundo.txt**" y también "**a3.txt**".

Ejecutamos de nuevo a **ls** para verificar que se han eliminado con éxito:

Terminal de comandos del contenedor ubuntu

```
ls
```

Salida de ejecutar: ls

```
a1.txt  a2.txt
```

Ahora solo tenemos a los archivos "**a1.txt**" y "**a2.txt**"

También para eliminar le podríamos especificar un patrón, por ejemplo vamos a indicar que queremos eliminar absolutamente todos los archivos que empiecen con una "**a**", no importando qué es lo que viene después, pero tiene que finalizar con "**.txt**":

Terminal de comandos del contenedor ubuntu

```
rm a*.txt
```

Si utilizamos el asterisco, lo que quiere decir es que le estamos indicando que comience el nombre del archivo con "a" y terminas con ".txt", pero lo que se encuentra justamente entre medio puede ser cualquier cosa, pueden ser números, caracteres, letras o incluso también podrían ser múltiples caracteres o múltiples números, eso es lo que quiere decir el asterisco.

Ahora, si ejecutamos de nuevo **ls**:

Terminal de comandos del contenedor ubuntu

```
ls
```

Vamos a ver que todo se ha eliminado.

Ahora saldremos de este directorio, usaremos:

Terminal de comandos del contenedor ubuntu

```
cd ..
```

Y ahora, si quisiéramos eliminar el directorio con **rm** para eliminar a "**holamundo**":

Terminal de comandos del contenedor ubuntu

```
rm holamundo/
```

Y tratamos de ejecutar:

Salida de ejecutar: rm holamundo/

```
rm: cannot remove 'holamundo/': Is a directory
```

No nos va a funcionar, es más nos indica ahora que no lo puede eliminar porque este es un directorio. Para poder eliminar los directorios, tienes que pasarle la opción o opción de **-r** al comando de **rm** y este viene de "recursive" o "recursivo":

Terminal de comandos del contenedor ubuntu

```
rm -r holamundo/
```

Así que ahora vamos a ejecutar este comando. Vamos a usar nuevamente el comando **ls**:

Terminal de comandos del contenedor ubuntu

```
ls
```

Y vemos que no se encuentra absolutamente nada dentro del directorio "**root**" que vendría siendo el directorio "**home**" del usuario "**root**".

Editando y visualizando archivos

Para poder editar archivos, tenemos que asegurarnos de tener la aplicación **nano** instalada, si por alguna razón no la instalaste o no la tienes, puedes instalarla utilizando el comando:

Terminal de comandos del contenedor ubuntu

```
apt install nano
```

Y si ya la tienes instalada, te va a mostrar un mensaje muy parecido a este:

Salida de ejecutar: apt install nano

```
Reading package lists... Done
Building dependency tree... Done
Reading state information... Done
nano is already the newest version (6.2-1).
0 upgraded, 0 newly installed, 0 to remove and 2 not upgraded.
```

Vamos a crear nuestro primer archivo utilizando el comando de **nano** seguido de "**archivo.txt**":

Terminal de comandos del contenedor ubuntu

```
nano archivo.txt
```

Cuando presionamos **enter**, se abrirá la interfaz de **nano**. Ahora podremos escribir en este archivo:

archivo.txt

```
Hola mundo!
```

Aquí podemos agregar todo el texto que queramos, no es necesario que presionamos alguna combinación de teclas extraña para escribir. Y luego, para guardar, vamos a fijarnos en lo que aparece abajo:

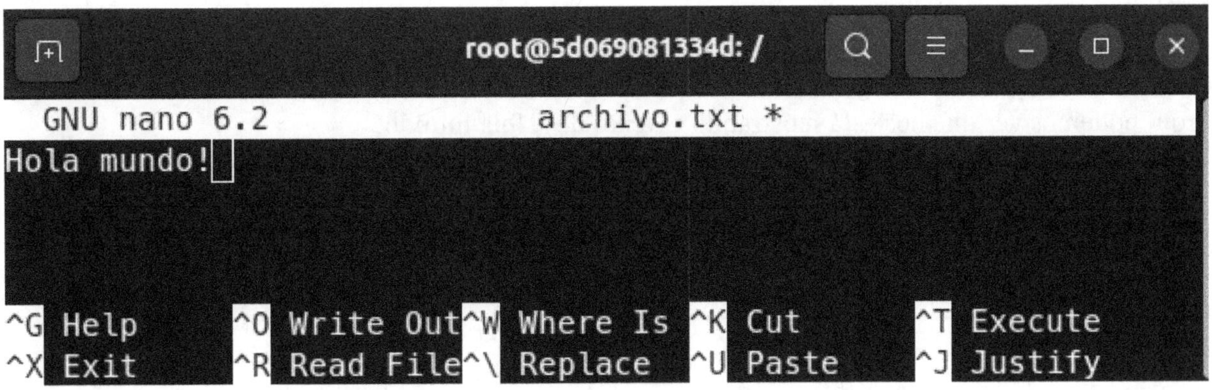

Escribiendo en nano

Aquí podemos ver que aparece este símbolo de caret ^ y significa **control**, o sea, tienes que mantener presionada la tecla de **control**. La opción que usaremos primero será la de guardar que se hace con **control** + **o**, al presionar este atajo, vamos a ver lo siguiente:

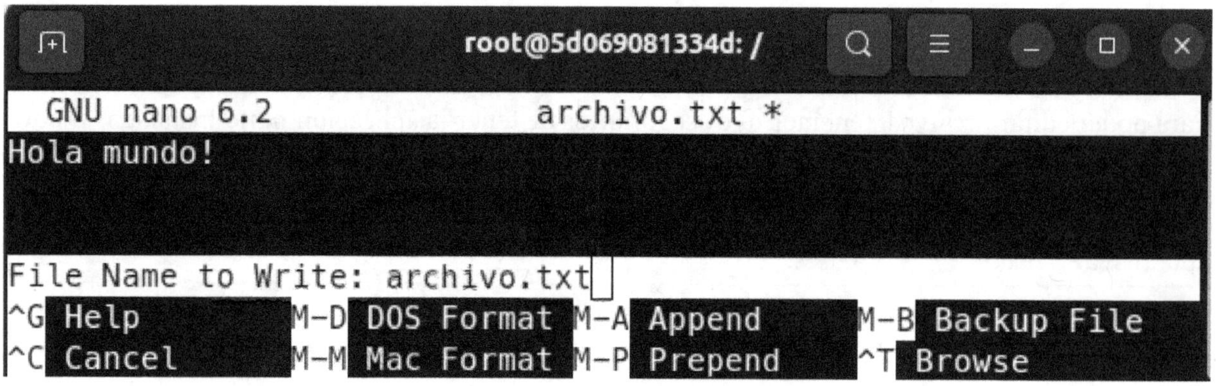

Guardado de archivo

Nos esta preguntando si queremos cambiar el nombre del archivo, pero no lo vamos a cambiar, así que vamos a presionar solamente **enter**. Entre las otras opciones también tenemos para:

- recortar texto con **control** + **k**,
- pegar con **control** + **u**, y
- ejecutar con **control** + **t**.

Pero ahora lo que vamos a hacer es salirnos de **nano** para eso vamos a utilizar **control** + **x**, presionando esto saldremos del editor.

Ver contenido de archivo: cat

Ahora, si queremos ver el contenido de un archivo sin necesariamente entrar a editarlo, podemos utilizar el comando de **cat**, que este comando viene de "concat", esto te va a servir después para poder concadenar 2 o más archivos en uno, pero también lo puedes hacer para poder mostrar el contenido de un archivo en específico, y en este caso va a ser de "**archivo.txt**":

Terminal de comandos del contenedor ubuntu

```
cat archivo.txt
```

Ejecutamos:

Salida de ejecutar: cat archivo.txt

```
Hola mundo!
```

Aquí podemos ver que nos está mostrando el texto de "Hola mundo!".

Ahora, si el texto que contiene el archivo es muy largo como por ejemplo ocurre con el siguiente archivo:

Terminal de comandos del contenedor ubuntu

```
cat /etc/debconf.conf
```

Ver más contenido de un archivo por partes: more

Si ejecutas esto, podrás ver que el contenido de este archivo es bastante largo, por lo general vamos a querer ver el contenido de este pero línea a línea o uno a la vez, en el fondo, poder ver una página que nos muestre todo el contenido dentro de la terminal y luego con las flechas ir navegando. Para eso vamos a utilizar el comando de **more**:

Terminal de comandos del contenedor ubuntu

```
more /etc/debconf.conf
```

En este caso, estamos cambiando a **cat** por **more**, cuando ejecutemos:

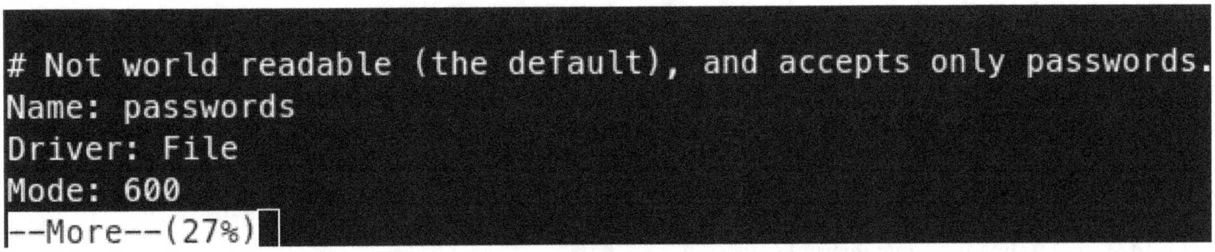

Not world readable (the default), and accepts only passwords.
Name: passwords
Driver: File
Mode: 600
--More--(27%)

Usando comando more

Podemos ver que nos está mostrando abajo **more seguido de qué porcentaje del archivo hasta el momento hemos visto** y para seguir bajando podemos presionar la tecla hacia abajo y lo que hará será avanzar en una página, si solo presionamos **enter** avanza solamente en una línea y si presionamos hacia arriba, nos devolvemos en una página.

Ahora si tú estás en una versión muy antigua de **more** lo más probable es que no te deje volver hacia arriba, así es que en ese caso vas a tener que utilizar otra aplicación, a mí sí me dejo, pero si por alguna razón a ti no te deja el comando que tú tienes que utilizar se llama **less**.

Terminal de comandos del contenedor ubuntu

```
less /etc/debconf.conf
```

Ahora podría ser que no venga instalado, y en el caso que no venga instalado exactamente como ahora:

Salida de ejecutar: cat archivo.txt

```
bash: less: command not found
```

Tenemos que instalarlo con:

Terminal de comandos del contenedor ubuntu

```
apt install less
```

Después de ejecutar, esperamos aquí un poco a que se termine de instalar y ahora volvemos a ejecutar:

Terminal de comandos del contenedor ubuntu

```
less /etc/debconf.conf
```

Y en la interfaz de **less** podemos ir bajando y subiendo sencillamente con las flechas direccionales.

Si nos queremos salir de este modo de vista, ya sea en **more** tanto como **less** tenemos que presionar la tecla **q**, esto nos devuelve a la terminal donde estábamos antes de ejecutar el comando.

Ver primeras líneas de un archivo: head

Ahora van a existir algunos momentos donde no vamos a querer ver absolutamente todo el archivo por ejemplo, podríamos querer ver solamente las primeras 5 o 10 líneas, para eso podemos utilizar el comando de **head**, que esté por defecto muestra las primeras 10 líneas:

Terminal de comandos del contenedor ubuntu

```
head /etc/debconf.conf
```

También podemos cambiar la cantidad de líneas que nos muestra con el argumento de **-n** seguido de eso le indicamos cuántas líneas queremos ver en este caso 5 líneas:

Terminal de comandos del contenedor ubuntu

```
head -n 5 /etc/debconf.conf
```

Presionamos **enter**:

Salida de ejecutar: head -n 5 /etc/debconf.conf

```
# This is the main config file for debconf. It tells debconf where to
# store data. The format of this file is a set of stanzas. Each stanza
# except the first sets up a database for debconf to use. For details, see
# debconf.conf(5) (in the debconf-doc package).
#
```

Y ahí podemos ver que nos está mostrando solamente las primeras 5 líneas del archivo.

Mostrar las últimas líneas de un archivo: tail

También como existe un comando de **head**, existe un comando de **tail** y este nos sirve para poder ver el final del archivo. En este caso, podemos utilizar **tail** seguido del nombre del archivo:

Terminal de comandos del contenedor ubuntu

```
tail /etc/debconf.conf
```

Si presionamos **enter**, nos va a mostrar las últimas líneas. Esto lo podemos cambiar utilizando el argumento también de **-n** seguido de eso cuántas líneas queremos ver, le indicaremos que serán 2:

Terminal de comandos del contenedor ubuntu

```
tail -n 2 /etc/debconf.conf
```

Y nos va a mostrar las últimas 2 líneas de este archivo al ejecutarlo:

Salida de ejecutar: tail -n 2 /etc/debconf.conf

```
# Even more complex and interesting setups are possible, see the
# debconf.conf(5) page for details.
```

Ahora, lo más útil del comando **tail**, es cuando le indicamos que queremos seguir viendo un archivo, incluso si este está siendo modificado, para eso podemos utilizar la opción de **-f** que viene de "follow" y eso nos va a servir para que cuando se empiecen a agregar líneas a ese archivo, vamos a poder ir viéndolas en tiempo real.

Esto sirve mucho sobre todo cuando queremos revisar los logs de nuestras aplicaciones, ya que nuestras aplicaciones, cuando se están ejecutando, van a empezar a introducir **logs** y con **tail -f** es que podemos seguir viendo el contenido de este archivo.

Entonces, lo que vamos a hacer esto:

Terminal de comandos del contenedor ubuntu

```
tail -f /etc/debconf.conf
```

Presionamos **enter**:

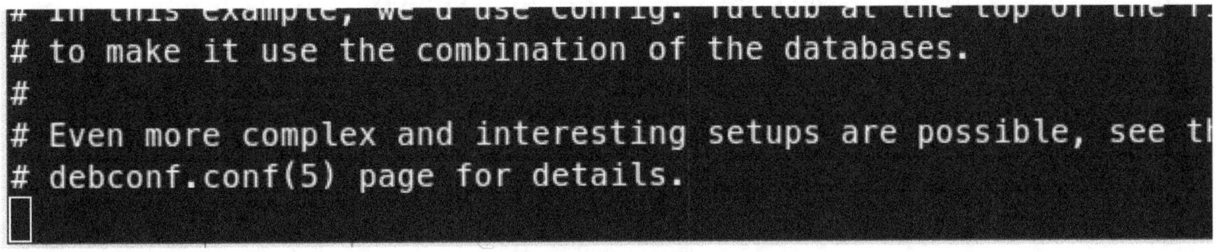

to make it use the combination of the databases.
#
Even more complex and interesting setups are possible, see t
debconf.conf(5) page for details.

Usando comando tail con opción f

Y como puedes ver aquí no nos ha devuelto a ingresar comandos, nos ha dejado como suspendido en el aire, por así decirlo esperando que algo pase, ahora si llegamos a realizar algún cambio sobre este archivo vamos a ir viendo estos cambios o las líneas que vayamos agregando las vamos a ir viendo acá abajo, pero no vamos a hacer eso aquí, lo que haremos será presionar **control** + **c** para detener la ejecución de nuestro script de **tail**.

Redirecciones

Un concepto sumamente importante que tienes que ver cuando está trabajando con Linux son las "redirecciones". Cuando estamos trabajando con Linux, tenemos lo que se llama **standard input** y también **standard output** y estos se escriben como **stdin** y **stdout** respectivamente.

Estos mismos son dispositivos que se encuentran dentro de Linux y tú los puedes ver perfectamente dentro del directorio "**devices**":

Terminal de comandos del contenedor ubuntu

```
ls /dev/
```

Salida de ejecutar: ls /dev/

```
console  fd    mqueue  ptmx  random  stderr  stdout  urandom
core     full  null    pts   shm     stdin   tty     zero
```

Aquí podemos ver **standard output**, a **standard input** y también hay otro que se llama **standard error**, que también vamos a aprovechar de ver dentro de esta misma lección.

- Entonces **standard input** vendría siendo tu teclado.
- **standard output** es tu pantalla.
- Y **standard error** también es la pantalla. Lo que pasa es que antiguamente los sistemas operativos Linux tenían 2 interfaces distintas para poder tratar con los errores y también con las salidas exitosas, sin embargo, si revisamos la ruta de estos archivos te vas a dar cuenta de que todos llegan exactamente al mismo archivo final. Entonces **standard error** y **standard output** ambos son la pantalla.

Ahora, vamos a ver cómo los podemos utilizar y vamos a listar los archivos que tenemos en el "**home**" del usuario **root**:

Terminal de comandos del contenedor ubuntu

```
ls
```

Salida de ejecutar: ls

```
archivo.txt
```

Como puedes ver, tenemos este archivo se llama archivo.txt y cuyo contenido podemos ver con:

Terminal de comandos del contenedor ubuntu

```
cat archivo.txt
```

Salida de ejecutar: cat archivo.txt

```
Hola mundo!
```

Lo que podemos hacer es utilizar el símbolo de mayor que (>), este es el **operador de redireccionamiento** y podemos hacer qué la salida, es decir, lo que entrega este comando dentro del **standard output** lo envíe a otro lado y no lo envíe necesariamente al **standard output**.

Ahora primero vamos a enviar esto al **standard output** de la siguiente manera:

Terminal de comandos del contenedor ubuntu

```
cat archivo.txt > /dev/stdout
```

Vamos a presionar **enter**:

Salida de ejecutar: cat archivo.txt > /dev/stdout

```
Hola mundo!
```

Y como podemos ver, sigue saliendo exactamente el mismo texto en la terminal.

Ahora, si presionamos hacia arriba y en lugar de redireccionar al **standard output** lo redireccionados a otro archivo llamada "**archivo2.txt**":

Terminal de comandos del contenedor ubuntu

```
cat archivo.txt > archivo2.txt
```

Si lo ejecutamos, no nos estará mostrando nada en la terminal, porque lo que hizo esto fue tomar la salida del comando **cat** y la envió directamente al **archivo2.txt**. Si usamos el comando **ls**:

Terminal de comandos del contenedor ubuntu

```
ls
```

Salida de ejecutar: ls

```
archivo.txt archivo2.txt
```

Verás que ahora aparece "**archivo2.txt**" y si vemos su contenido:

Terminal de comandos del contenedor ubuntu

```
cat archivo2.txt
```

Salida de ejecutar: cat archivo2.txt

```
Hola mundo!
```

Vamos a ver qué nos sigue mostrando, "Hola mundo!".

Ahora con el comando de **cat**, podemos tomar estos 2 archivos y redirigir salida de estos 2 archivos a un archivo nuevo, que en este caso vamos a decir que se llama "**nuevo.txt**":

Terminal de comandos del contenedor ubuntu

```
cat archivo.txt archivo2.txt > nuevo.txt
```

Si usamos nuevamente **ls**:

Terminal de comandos del contenedor ubuntu

```
ls
```

Salida de ejecutar: ls

```
archivo.txt  archivo2.txt  nuevo.txt
```

Vamos a ver que ahora tenemos un nuevo archivo y su contenido lo veremos con:

Terminal de comandos del contenedor ubuntu

```
cat nuevo.txt
```

Salida de ejecutar: cat nuevo.txt

```
Hola mundo!
Hola mundo!
```

Este contiene 2 veces el texto de "**Hola mundo!**".

Ahora este operador de red direccionamiento no es específico para usarse con **cat** también se puede utilizar con otros comandos como por ejemplo, puede ser el comando **echo**:

Terminal de comandos del contenedor ubuntu

```
echo "Chanchito feliz" > chanchito.txt
```

Acá vamos a colocar entonces estamos imprimiendo con **echo** al texto de "Chanchito feliz" y esto lo vamos a re direccionar a un archivo que se va a llamar "**chanchito.txt**", y si vemos el contenido:

Terminal de comandos del contenedor ubuntu

```
cat chanchito.txt
```

Salida de ejecutar: cat chanchito.txt

```
Chanchito feliz
```

Vamos a ver que nos muestra "Chanchito feliz".

Esto nos va a servir muchísimo cuando tengamos que crear un archivo que va a contener solamente una línea o cuando queremos tomar la salida de algún comando en específico y la queremos enviar a un archivo, por ejemplo, podríamos querer tomar el listado de todos los archivos que se encuentran dentro del directorio "**etc**":

Terminal de comandos del contenedor ubuntu

```
ls -al /etc/ > listado.txt
```

Si listamos de nuevo nuestros archivos que se encuentran dentro del directorio:

Terminal de comandos del contenedor ubuntu

```
ls
```

Salida de ejecutar: ls

```
archivo.txt  archivo2.txt  chanchito.txt  listado.txt  nuevo.txt
```

Vamos a ver que aquí aparece listado el archivo "**listado.txt**", ahora vamos a ver el contenido de este con:

Terminal de comandos del contenedor ubuntu

```
cat listado.txt
```

Salida de ejecutar: cat listado.txt

```
total 296
drwxr-xr-x 1 root root    4096 Mar 20 15:03 .
drwxr-xr-x 1 root root    4096 Mar 20 19:27 ..
-rw------- 1 root root       0 Feb 27 15:59 .pwd.lock
-rw-r--r-- 1 root root    3028 Feb 27 15:59 adduser.conf
drwxr-xr-x 1 root root    4096 Mar 20 17:24 alternatives
. . .
```

Aquí podemos ver todo lo que este nos devolvió.

Ahora vamos a intentar realizar este mismo redireccionamiento al archivo de "**listado.txt**", pero lo vamos a hacer con un archivo que tengamos dentro de nuestro directorio actual, en este caso lo haremos con "**chanchito.txt**", así es que vamos a escribir:

Terminal de comandos del contenedor ubuntu

```
ls -al chanchito.txt > listado.txt
```

Ahora haremos un **cat** de "**listado**":

Terminal de comandos del contenedor ubuntu

```
cat listado.txt
```

Salida de ejecutar: cat listado.txt

```
-rw-r--r-- 1 root root 16 Mar 20 20:16 chanchito.txt
```

Y vemos ahora que todo el contenido que se encontraba antes en "**listado.txt**" fue reemplazado por lo que nos devolvió el comando que acabamos de ejecutar, pero si volvemos a ejecutar la misma operación:

Terminal de comandos del contenedor ubuntu

```
ls -al chanchito.txt > listado.txt
```

Y volvemos a realizar un **cat**:

Terminal de comandos del contenedor ubuntu

```
cat listado.txt
```

Salida de ejecutar: cat listado.txt

```
-rw-r--r-- 1 root root 16 Mar 20 20:16 chanchito.txt
```

Vemos que el contenido de este no cambia, entonces si queremos agregar más contenido al final del archivo lo que tenemos que hacer es utilizar este mismo operador de redireccionamiento pero 2 veces:

Terminal de comandos del contenedor ubuntu

```
ls -al chanchito.txt >> listado.txt
```

Si hacemos eso y ahora realizamos un **cat**:

Terminal de comandos del contenedor ubuntu

```
cat listado.txt
```

Salida de ejecutar: cat listado.txt

```
-rw-r--r-- 1 root root 16 Mar 20 20:16 chanchito.txt
-rw-r--r-- 1 root root 16 Mar 20 20:16 chanchito.txt
```

Vamos a ver que aparece lo que nos devolvió este comando 2 veces, vamos a suponer un caso vamos a hacer también un **ls -al**, pero de un archivo que no existe:

Terminal de comandos del contenedor ubuntu

```
ls -al noexiste.txt
```

La salida que veremos al ejecutar es:

Salida de ejecutar: ls -al noexiste.txt

```
ls: cannot access 'noexiste.txt': No such file or directory
```

Este nos está mostrando un error.

Lo que haremos será redireccionar esta salida a nuestro archivo de **"listado.txt"**:

Terminal de comandos del contenedor ubuntu

```
ls -al noexiste.txt > listado.txt
```

Salida de ejecutar: ls -al noexiste.txt > listado.txt

```
ls: cannot access 'noexiste.txt': No such file or directory
```

Lo primero que vemos es que nos está mostrando igual en pantalla el error y si vamos a ver el contenido de nuestro archivo con:

Terminal de comandos del contenedor ubuntu

```
cat listado.txt
```

Vemos que no está mostrando absolutamente nada y la razón de esto es que cuando están ocurriendo mensajes de error dentro de nuestra terminal Linux, todos esos mensajes se mandan al "**standard error**" y no se envían al "**standard output**", recuerda que son archivos que se encuentran dentro del directorio de "**devices**". Entonces lo que podemos hacer es nuevamente utilizar este mismo operador de redireccionamiento, pero en lugar de colocar solamente símbolo de "mayor que" antes le vamos a anteponer un 2, cuando hagamos eso le estamos indicando con este mismo operador de redireccionamiento que lo que tiene que hacer es tomar los mensajes de error y enviarlos al archivo del "**listado.txt**":

Terminal de comandos del contenedor ubuntu

```
ls -al noexiste.txt 2> listado.txt
```

Ahora vamos a hacer ver su contenido:

Terminal de comandos del contenedor ubuntu

```
cat listado.txt
```

Salida de ejecutar: cat listado.txt

```
ls: cannot access 'noexiste.txt': No such file or directory
```

Y aquí podemos ver que el archivo no existe, pero también reemplazó el contenido anterior, entonces para que los empiece a agregar al final y no reemplacen lo que ya existe tenemos que utilizar el operador de red direccionamiento 2 veces:

Terminal de comandos del contenedor ubuntu

```
ls -al noexiste.txt 2>> listado.txt
```

Entonces ahora veamos el contenido:

Terminal de comandos del contenedor ubuntu

```
cat listado.txt
```

Salida de ejecutar: cat listado.txt

```
ls: cannot access 'noexiste.txt': No such file or directory
ls: cannot access 'noexiste.txt': No such file or directory
```

Vamos a ver que aparece el contenido 2 veces.

Sin embargo, van a existir momentos donde vamos a querer redireccionar lo que tenga éxito y también lo que tenga fracaso. Eso lo vamos a hacer solamente una vez con el operador de redireccionamiento y al final vamos a utilizar nuevamente el operador de redireccionamiento, pero acá le vamos a indicar el símbolo de ampersand (&) y el número 1:

Terminal de comandos del contenedor ubuntu

```
ls -al noexiste.txt > listado.txt 2>&1
```

Aquí le estamos indicando que los mensajes de error también tienen que ser enviados al archivo anterior, que en este caso es "**listado.txt**" ahora si presionamos **enter**. Y eso es lo que hizo fue redireccionar tanto el éxito como el fracaso, entonces si hacemos de nuevo un **cat**:

Terminal de comandos del contenedor ubuntu

```
cat listado.txt
```

Salida de ejecutar: cat listado.txt

```
ls: cannot access 'noexiste.txt': No such file or directory
```

Vemos que nos aparece en este caso el mensaje de error, pero si intentamos realizar este mismo **ls** a un archivo que si existe, que por ejemplo podría ser "**archivo.txt**":

Terminal de comandos del contenedor ubuntu

```
ls -al archivo.txt > listado.txt 2>&1
```

Vemos que tampoco nos muestra nada en la consola al presionar **enter**, pero si realizamos un **cat** nuevamente:

Terminal de comandos del contenedor ubuntu

```
cat listado.txt
```

Salida de ejecutar: cat listado.txt

```
-rw-r--r-- 1 root root 12 Mar 20 15:46 archivo.txt
```

Vamos a ver que aparece el standard output.

Busqueda de texto: grep

Vamos a ver ahora cómo podemos buscar texto dentro de Linux, para eso vamos a utilizar como ejemplo el **"archivo.txt"**, el cual contiene el texto de "Hola mundo!". Entonces, si queremos buscar algo en particular sobre todo sobre este archivo, tenemos que utilizar el comando de **grep** que significa "global regular expression print", en otras palabras, podemos utilizar expresiones regulares con el comando de **grep** para poder realizar busquedas. Y si el nombre bastante largo, pero no es para nada complicado de utilizar, entonces escribimos:

Terminal de comandos del contenedor ubuntu

```
grep Hola archivo.txt
```

Entonces utilizamos el comando **grep** seguido de eso el texto que queremos buscar, en nuestro ejemplo es **"Hola"** y fíjate que escribí la "H" con mayúscula y luego le indicamos el archivo donde lo vamos a buscar. Al presionar **enter**:

Usando comando grep

Acá, como podemos ver, nos está devolviendo un string donde está resaltando el texto de "Hola". Sin embargo, si utilizáramos el texto de "hola", pero con una "h" minúscula:

Terminal de comandos del contenedor ubuntu

```
grep hola archivo.txt
```

No nos va a mostrar absolutamente nada al ejecutar. Y esto es porque **grep** al igual que todo en Linux es "case sensitive" o sensible a las mayúsculas y minúsculas, entonces si queremos que no sea sensible a las mayúsculas ni minúsculas, tenemos que pasarle la opción de **-i**:

Terminal de comandos del contenedor ubuntu

```
grep -i hola archivo.txt
```

Cuando le pasamos esta opción, da lo mismo como hayamos escrito el texto.

Ahora también podríamos buscar esto mismo dentro de más de un archivo, para eso sencillamente le vamos pasando los archivos dentro de los argumentos al comando **grep**:

Terminal de comandos del contenedor ubuntu

```
grep -i hola archivo.txt archivo2.txt
```

Ejecutamos:

Salida de ejecutar: grep -i hola archivo.txt archivo2.txt

```
archivo.txt:Hola mundo!
archivo2.txt:Hola mundo!
```

Y nos va a mostrar un listado con el nombre del archivo y el texto que encontró, seguido del siguiente nombre del archivo y el texto que encontró.

Lamentablemente, si intentáramos buscar dentro de muchos archivos, tendríamos que indicarle todos los nombres de archivos en los argumentos del comando, afortunadamente **grep** tiene una forma de poder buscar que es bastante más acotada, podemos utilizar en este caso el asterisco seguido del patrón en el cual queremos buscar.

En este caso, yo voy a buscar sobre todos los archivos que tengan una extensión "**.txt**":

Terminal de comandos del contenedor ubuntu

```
grep -i hola *.txt
```

Cuando ejecutemos:

Salida de ejecutar: grep -i hola *.txt

```
archivo.txt:Hola mundo!
archivo2.txt:Hola mundo!
nuevo.txt:Hola mundo!
nuevo.txt:Hola mundo!
```

Ahí nos está mostrando el resultado de todos los archivos:

Podríamos hacerlo también sobre archivos que comiencen con el nombre de "archi" y el resto nos da exactamente lo mismo:

Terminal de comandos del contenedor ubuntu

```
grep -i hola archi*.txt
```

Ejecutamos:

Salida de ejecutar: grep -i hola archi*.txt

```
archivo.txt:Hola mundo!
archivo2.txt:Hola mundo!
```

Y ahí podemos ver que nos está mostrando el resultado de "**archivo.txt**" y también de "**archivo2.txt**".

Ahora también podríamos realizar esta misma búsqueda de "hola" en un directorio, en este caso podremos utilizar una "ruta absoluta" o una "ruta relativa" en este caso le vamos a indicar que queremos buscar donde nos encontramos y para esto tenemos que utilizar el punto:

Terminal de comandos del contenedor ubuntu

```
grep -i hola .
```

Pero si ejecutamos:

Salida de ejecutar: grep -i hola .

```
grep: .: Is a directory
```

Esto nos va a indicar que donde nos encontramos es un directorio así es que tenemos que pasar la opción de **-r**:

Terminal de comandos del contenedor ubuntu

```
grep -ir hola .
```

En este caso como estamos trabajando en Linux podemos combinar distintos argumentos solamente en uno, si no tendríamos que haberlo hecho de esta manera:

Terminal de comandos del contenedor ubuntu

```
grep -i -r hola .
```

Pero como estamos en Linux, se lo pasamos así:

Terminal de comandos del contenedor ubuntu

```
grep -ir hola .
```

Ejecutamos:

Salida de ejecutar: grep -ir hola .

```
./archivo.txt:Hola mundo!
./.bash_history:mv chanchitofeliz/ holamundo
./.bash_history:cd holamundo/
./.bash_history:touch holamundo.txt a1.txt a2.txt a3.txt
./.bash_history:touch holamundo.txt
./.bash_history:rm holamundo.txt a3.txt
./.bash_history:rm holamundo/
./nuevo.txt:Hola mundo!
./nuevo.txt:Hola mundo!
./archivo2.txt:Hola mundo!
```

Y de esta manera podemos ir a buscar dentro de todos estos archivos

Busqueda de archivos y directorios

Para buscar archivos y subdirectorios dentro de Linux, tenemos el comando **find**:

Terminal de comandos del contenedor ubuntu

```
find
```

Si lo ejecutamos sin pasarla absolutamente ningún argumento:

Salida de ejecutar: find

```
.
./.profile
./.bashrc
./archivo.txt
./.bash_history
./.lesshst
./listado.txt
./.local
./.local/share
./.local/share/nano
./nuevo.txt
./chanchito.txt
./archivo2.txt
```

Lo que hará será buscar exactamente dónde nos encontramos, y en este caso nos encontramos dentro del directorio "**root**".

Aquí aparecen un par de archivos más, que si escribimos **ls**:

Terminal de comandos del contenedor ubuntu

```
ls
```

Y ejecutamos:

Salida de ejecutar: ls

```
archivo.txt  archivo2.txt  chanchito.txt  listado.txt  nuevo.txt
```

No nos van a aparecer, y son todos estos archivos que contienen un punto antes del nombre de los archivos, estos se consideran como archivos ocultos en el sistema si los queremos listar con el comando de **ls**, tenemos que utilizar la opción **-a**, y como habíamos mencionado antes, podemos combinar 2 argumentos como, por ejemplo, la opción **l** también la opción **a** para que podamos ver absolutamente todos los archivos y directorios dentro de una lista ordenada donde nos van a aparecer todos estos detalles:

Terminal de comandos del contenedor ubuntu

```
ls -al
```

Ejecutamos:

Salida de ejecutar: ls -al

```
total 48
drwx------ 1 root root 4096 Mar 20 20:50 .
drwxr-xr-x 1 root root 4096 Mar 20 19:27 ..
-rw------- 1 root root  349 Mar 20 02:46 .bash_history
-rw-r--r-- 1 root root 3106 Oct 15  2021 .bashrc
-rw------- 1 root root   20 Mar 20 18:08 .lesshst
drwxr-xr-x 3 root root 4096 Mar 20 15:13 .local
-rw-r--r-- 1 root root  161 Jul  9  2019 .profile
-rw-r--r-- 1 root root   12 Mar 20 15:46 archivo.txt
-rw-r--r-- 1 root root   12 Mar 20 20:04 archivo2.txt
-rw-r--r-- 1 root root   16 Mar 20 20:16 chanchito.txt
-rw-r--r-- 1 root root   51 Mar 20 22:18 listado.txt
-rw-r--r-- 1 root root   24 Mar 20 20:11 nuevo.txt
```

Entonces volviendo al comando **find**, podemos realizar una búsqueda sobre el directorio **etc**:

Terminal de comandos del contenedor ubuntu

```
find /etc/
```

Ejecutamos:

Salida de ejecutar: find /etc/

```
/etc/
/etc/resolv.conf
/etc/pam.conf
/etc/alternatives
/etc/alternatives/which
/etc/alternatives/nawk
. . .
```

Y lo que hará será devolverme absolutamente todos los archivos que se encuentran acá, como pueden ver este me está realizando búsquedas de manera recursiva o sea va a ingresar los directorios y también nos va a mostrar el contenido de estos, ahora si lo que necesitamos es buscar solamente directorios, lo que tenemos que hacer es volver a indicarle dónde va a buscar y seguido de eso le pasamos la opción de **-type** y después de esto le pasamos la **d**:

Terminal de comandos del contenedor ubuntu

```
find /etc/ -type d
```

Si ejecutamos:

Salida de ejecutar: find /etc/ -type d

```
/etc/
/etc/alternatives
/etc/rc0.d
/etc/init.d
/etc/rc5.d
/etc/pam.d
. . .
```

Cuando le estamos indicando la d, le estamos diciendo "directorio" o el símil de las carpetas.

Y si en lugar de buscar carpetas queremos buscar archivos, en ese caso que utilizar la letra **f**, que viene de "file" en inglés y este hace referencia a los archivos:

Terminal de comandos del contenedor ubuntu

```
find /etc/ -type f
```

Salida de ejecutar: find /etc/ -type f

```
/etc/
/etc/resolv.conf
/etc/pam.conf
/etc/alternatives
/etc/alternatives/which
. . .
```

Ahora, si quisiéramos buscar, por ejemplo, por algún patrón, en ese caso podemos utilizar la opción de menos **-name** y seguido de eso, le vamos a indicar que queremos encontrar absolutamente todos los archivos que comiencen con una **a**.

Terminal de comandos del contenedor ubuntu

```
find /etc/ -type f -name "a*"
```

Salida de ejecutar: find /etc/ -type f -name a*

```
/etc/logrotate.d/alternatives
/etc/logrotate.d/apt
/etc/security/access.conf
/etc/cron.daily/apt-compat
/etc/adduser.conf
```

Pero recuerda que Linux es "case sensitive", si le pasamos una "A" mayúscula, no nos va a funcionar a menos que le cambiemos la opción de **name** a **iname**, en ese caso va a tomar la opción de "insensitive":

Terminal de comandos del contenedor ubuntu

```
find /etc/ -type f -iname "A*"
```

```
/etc/logrotate.d/alternatives
/etc/logrotate.d/apt
/etc/security/access.conf
/etc/cron.daily/apt-compat
/etc/adduser.conf
```

Entonces ahí si nos va a volver a mostrar los resultados.

Vamos a suponer que queremos buscar dentro de Linux todos los archivos que sean de tipo "**log**" o que contengan la extensión de "**.log**", pero antes de continuar intenta resolverlo.

Igualmente, aquí veremos cómo se hace, vamos a ejecutar el comando de **find** seguido indicaremos que solamente queremos los archivos y vamos a indicarle que no importa si es que estos van a estar en mayúsculas o en minúsculas, pero que tienen que tener la extensión de "**.log**" y tenemos que indicarle al comienzo dónde queremos que busque, que en este caso le indicaremos que busque en la raíz:

Terminal de comandos del contenedor ubuntu

```
find / -type f -iname "*.log"
```

Ahora, si presionamos **enter**:

Salida de ejecutar: find / -type f -iname *.log

```
/var/log/bootstrap.log
/var/log/apt/history.log
/var/log/apt/term.log
/var/log/dpkg.log
/var/log/alternatives.log
```

Vamos a ver qué nos va a arrojar un listado con todos los archivos que contiene la extensión de "**.log**"

Encadenando comandos

En esta lección veremos cómo podemos encadenar comandos.

Entonces nos encontramos actualmente dentro del directorio "**root**", vamos a suponer ahora que queremos crear un nuevo directorio dentro de este mismo que se va a llamar "**holamundo**" y después de eso vamos a ingresar a este directorio:

Terminal de comandos del contenedor ubuntu

```
mkdir holamundo
cd holamundo/
echo "listo!"
```

Si tenemos éxito al terminar de ejecutar todos estos comandos, vamos a imprimir el texto de "listo!":

Salida de ejecutar: echo listo!

```
"listo!"
```

La forma de hacer esto mismo, pero solamente en una línea para eso nos tenemos que regresar, y después tenemos que eliminar este directorio con **rm**:

Terminal de comandos del contenedor ubuntu

```
cd ..
rm -r holamundo
```

Para poder encadenar exactamente todo esto mismo que acabamos de hacer, vamos a separar con el punto y coma entre cada uno de los comandos, algunas personas prefieren colocar un espacio entre medio porque según su opinión se ve mejor, esto completamente opcional, entonces nuestros comandos quedarían de esta manera:

Terminal de comandos del contenedor ubuntu

```
mkdir holamundo ; cd holamundo ; echo "listo!"
```

Vamos a presionar **enter**:

Salida de ejecutar: mkdir holamundo ; cd holamundo ; echo listo!

```
"listo!"
```

Y varias cosas pasaron cuando ejecutamos esta secuencia, lo primero que es que nos ha mostrado el texto de "listo!", o sea, esto funcionó con éxito, y después de eso nos ha cambiado este prompt de la shell:

Terminal de comandos del contenedor ubuntu

```
root@5d069081334d:~/holamundo#
```

Ahora nos encontramos dentro de la ruta, primero el directorio "**home**" del usuario **root** y después de eso nos encontramos dentro del directorio "**holamundo**".

Ahora, si es que nos regresamos un directorio hacia atrás:

Terminal de comandos del contenedor ubuntu

```
cd ..
```

Y presionamos un par de veces hacia arriba para encontrar el comando encadenado que acabamos de usar:

Terminal de comandos del contenedor ubuntu

```
mkdir holamundo ; cd holamundo ; echo "listo!"
```

Y lo volvemos a ejecutar:

Salida de ejecutar: mkdir holamundo ; cd holamundo ; echo 'listo!'

```
mkdir: cannot create directory 'holamundo': File exists
listo!
```

Vamos a ver qué van a ocurrir otras cosas, lo primero es que nos va a arrojar este error de que no puede crear el directorio **"holamundo"**, y la razón de esto es porque ya existe. Sin embargo, igual nos está mostrando el texto de "listo!", y además de todas maneras está ingresando dentro del directorio, ya que la ruta en la terminal ha cambiado:

Terminal de comandos del contenedor ubuntu

```
root@5d069081334d:~/holamundo#
```

Entonces lo que está ocurriendo acá con este operador de punto y coma, es que independiente del resultado del comando va a pasar a ejecutar el comando siguiente.

and

Si este no es el comportamiento que necesitamos, también podemos hacer es ejecutar los comandos que vienen hacia la derecha siempre y cuando el de la izquierda tenga éxito, eso lo podemos hacer utilizando 2 veces el símbolo de ampersand **(&&)**:

Terminal de comandos del contenedor ubuntu

```
mkdir holamundo && cd holamundo && echo "listo!"
```

Cuando hacemos eso, lo que va a ocurrir es primero vamos a ejecutar **mkdir holamundo**, si es que esto tiene éxito entonces vamos a pasar a ejecutar **cd holamundo**, y si es que este comando tiene éxito ahí vamos a pasar a ejecutar **echo "listo!"**.

Si por alguna razón **mkdir holamundo** fracasa, el resto no se va a ejecutar. Entonces vamos a probar ahora este comando:

Salida de ejecutar: mkdir holamundo && cd holamundo && echo 'listo!'

```
mkdir: cannot create directory 'holamundo': File exists
root@c95e77024b27:~#
```

Como podemos ver no se puede crear el directorio "holamundo", porque ya existe, y no nos ha mostrado tampoco este texto que aparece "listo!", y además seguimos exactamente donde estábamos antes en la carpeta **"home"** del usuario **root**.

or

Si es que quisiéramos ejecutar lo que se encuentra a la derecha siempre y cuando lo de la izquierda falle, en ese caso podemos utilizar el comando de **or** que se hace utilizando 2 barras paralelas que se encuentran en posición vertical (**||**) a esto también se le conoce como **pipeline**, y lo que estamos haciendo es que lo estamos utilizando 2 veces para generar el operador **or**:

Terminal de comandos del contenedor ubuntu

```
mkdir holamundo || cd holamundo || echo "listo!"
```

Entonces se va a ejecutar de la siguiente manera, si es que **mkdir holamundo** falla, se va a ejecutar **cd holamundo**, y si es que esté falla va a pasar a ejecutarse **echo "listo!"**. Pero sí que alguno tiene éxito, el siguiente a la derecha no se va a ejecutar.

Para este ejemplo, como vimos, no se va poder crear la carpeta porque esta ya existe, pero si va a poder entrar, por lo que el comando **echo** no se ejecutaría. Así es que vamos a ejecutar esto:

Salida de ejecutar: mkdir holamundo || cd holamundo || echo 'listo!'

```
mkdir: cannot create directory 'holamundo': File exists
root@5d069081334d:~/holamundo#
```

Vemos que nos arroja el error, enseguida vemos cómo cambiamos de directorio, pero no nos muestra el texto de "listo!".

El tipo de operaciones podríamos utilizar el comando anterior con el operador de **or** es por ejemplo que podríamos intentar crear el directorio de "holamundo", sin embargo, es que este existe vamos a imprimir "existe":

Terminal de comandos del contenedor ubuntu

```
mkdir holamundo || echo "existe"
```

Ejecutamos:

Salida de ejecutar: mkdir holamundo || echo 'existe'

```
mkdir: cannot create directory 'holamundo': File exists
existe
```

Así de fácil entonces se nos muestra un mensaje de error, y luego nos muestra que el directorio "existe".

pipeline

Y ahora vamos a aprovechar de ver otro operador que también podemos utilizar, que es el el **pipeline** pero en vez de utilizarlo 2 veces, lo vamos a colocar solamente una vez (**|**).

Entonces lo que vamos a hacer ahora es listar todo el contenido que se encuentra dentro de "**etc**", si le recuerdas de lecciones anteriores, son bastantes archivos y directorios.

Y ahora si además de esto hacemos un **ls -1** de "**etc**", esto lo que hará será mostrarnos todo el contenido de arriba hacia abajo, entonces lo que podemos hacer es tomar la salida de este comando y se lo podemos pasar al comando de **less**, si recuerdas el comando de **less** nos permitía poder tomar todo un texto para visualizar y luego con las flechas nos podíamos mover hacia abajo y hacia arriba. Entonces escribiremos lo siguiente:

Terminal de comandos del contenedor ubuntu

```
ls -1 /etc/ | less
```

Así que lo vamos a ejecutar:

pam.d
passwd
profile
profile.d
rc0.d
:

Pasando resultado por pipeline a less

Y acá podemos ver el listado de absolutamente todos los archivos y directorios que se encuentran dentro de "**etc**", y por supuesto que con las flechas de abajo o arriba nos podemos mover, y para salir nos vamos a presionar la **q**.

Además de poder encadenarlo con **less**, también lo podemos encadenar con **head**:

Terminal de comandos del contenedor ubuntu

```
ls -1 /etc/ | head
```

Salida de ejecutar: ls -1 /etc/ | head

```
adduser.conf
alternatives
apt
bash.bashrc
bindresvport.blacklist
cloud
cron.d
cron.daily
debconf.conf
debian_version
```

Esto lo que hará será mostrarnos solamente las primeras 10 ocurrencias de archivos o directorios.

Y por supuesto que además de encadenarlo con **tail**:

Terminal de comandos del contenedor ubuntu

```
ls -1 /etc/ | tail
```

Salida de ejecutar: ls -1 /etc/ | tail

```
shells
skel
subgid
subuid
sysctl.conf
sysctl.d
systemd
terminfo
update-motd.d
xattr.conf
```

Acá nos está mostrando las últimas 10 ocurrencias.

Y ahora antes que pasemos a la siguiente lección te voy a mostrar cómo podemos tomar un comando que es muy largo y separarlo en varias líneas, por ejemplo, nos encontramos todavía dentro del directorio ruta del usuario **root** y lo que vamos a intentar hacer ahora es crear un directorio que se va a llamar **"holamundo"**, lo siguiente que haremos será encadenarlo con punto y coma, pero lo que queremos hacer es pasar a la siguiente línea tenemos que utilizar el backslash (\):

Terminal de comandos del contenedor ubuntu

```
mkdir holamundo ;\
```

Entonces, cuando presionamos **enter**:

Terminal de comandos del contenedor ubuntu

```
mkdir holamundo ;\
>
```

Nos va a mostrar este símbolo de "mayor que" y la derecha se va a encontrar el cursor, esto quiere decir que vamos a poder escribir todo lo que queramos de aquí hacia la derecha, entonces vamos a continuar con el comando:

Terminal de comandos del contenedor ubuntu

```
mkdir holamundo ;\
> cd holamundo ;\
```

Aqui entramos al directorio **"holamundo"**, vamos a presionar un espacio, nuevamente punto y coma, y vamos a volver a colocar el "backslash". Ahora presionamos **enter**:

Terminal de comandos del contenedor ubuntu

```
mkdir holamundo ;\
> cd holamundo ;\
>
```

Y para poder terminar, vamos a imprimir "listo":

Terminal de comandos del contenedor ubuntu

```
mkdir holamundo ;\
> cd holamundo ;\
> echo "listo"
```

Y aquí viene la parte interesante, si queremos terminar la ejecución de este comando o sea indicarle a la shell que ya terminamos acá no le indicamos un "backslash" ni nada especial, sencillamente acá presionamos **enter**:

Salida de ejecutar: mkdir holamundo ;\ cd holamundo ;\ echo listo

```
mkdir: cannot create directory 'holamundo': File exists
listo!
root@c95e77024b27:~/holamundo#
```

Y acá podemos ver cómo nos está mostrando el error de antes, el texto de "listo" y que además hemos ingresado a este directorio, o sea que por ende este comando falló con éxito o sea falló con éxito, porque no pudo crear el directorio, pero se ejecutó correctamente.

Variables de entorno

Ahora vamos a pasar a ver las variables de entorno.

¿Qué son las variables de entorno?

Como bien dice su nombre, son variables que podemos utilizar dentro de la shell de Linux.

Para poder ver un listado de todas las variables de entorno que se encuentran dentro de nuestra terminal podemos utilizar el comando de **env**, este comando viene de "environment" que este se traduce a ambiente:

Terminal de comandos del contenedor ubuntu

```
env
```

Si lo ejecutamos:

Salida de ejecutar: env

```
HOSTNAME=5d069081334d
PWD=/root
HOME=/root
LS_COLORS=rs=0:di=01;34:ln=01;36:mh=00:pi=40;33:so=01;35:do=01;35:bd=40;33;01:cd=40;\
33;01:or=40;31;01:mi=00:su=37;41:sg=30;43:ca=30;41:tw=30;42:ow=34;42:st=37;44:ex=01;\
32:*.tar=01;31:*.tgz=01;31:*.arc=01;31:*.arj=01;31:*.taz=01;31:*.lha=01;31:*.lz4=01;\
31:*.lzh=01;31:*.lzma=01;31:*.tlz=01;31:*.txz=01;31:*.tzo=01;31:*.t7z=01;31:*.zip=01\
;31:*.z=01;31:*.dz=01;31:*.gz=01;31:*.lrz=01;31:*.lz=01;31:*.lzo=01;31:*.xz=01;31:*.\
zst=01;31:*.tzst=01;31:*.bz2=01;31:*.bz=01;31:*.tbz=01;31:*.tbz2=01;31:*.tz=01;31:*.\
deb=01;31:*.rpm=01;31:*.jar=01;31:*.war=01;31:*.ear=01;31:*.sar=01;31:*.rar=01;31:*.\
alz=01;31:*.ace=01;31:*.zoo=01;31:*.cpio=01;31:*.7z=01;31:*.rz=01;31:*.cab=01;31:*.w\
im=01;31:*.swm=01;31:*.dwm=01;31:*.esd=01;31:*.jpg=01;35:*.jpeg=01;35:*.mjpg=01;35:*\
.mjpeg=01;35:*.gif=01;35:*.bmp=01;35:*.pbm=01;35:*.pgm=01;35:*.ppm=01;35:*.tga=01;35\
:*.xbm=01;35:*.xpm=01;35:*.tif=01;35:*.tiff=01;35:*.png=01;35:*.svg=01;35:*.svgz=01;\
35:*.mng=01;35:*.pcx=01;35:*.mov=01;35:*.mpg=01;35:*.mpeg=01;35:*.m2v=01;35:*.mkv=01\
;35:*.webm=01;35:*.webp=01;35:*.ogm=01;35:*.mp4=01;35:*.m4v=01;35:*.mp4v=01;35:*.vob\
=01;35:*.qt=01;35:*.nuv=01;35:*.wmv=01;35:*.asf=01;35:*.rm=01;35:*.rmvb=01;35:*.flc=\
01;35:*.avi=01;35:*.fli=01;35:*.flv=01;35:*.gl=01;35:*.dl=01;35:*.xcf=01;35:*.xwd=01\
;35:*.yuv=01;35:*.cgm=01;35:*.emf=01;35:*.ogv=01;35:*.ogx=01;35:*.aac=00;36:*.au=00;\
36:*.flac=00;36:*.m4a=00;36:*.mid=00;36:*.midi=00;36:*.mka=00;36:*.mp3=00;36:*.mpc=0\
0;36:*.ogg=00;36:*.ra=00;36:*.wav=00;36:*.oga=00;36:*.opus=00;36:*.spx=00;36:*.xspf=\
00;36:
LESSCLOSE=/usr/bin/lesspipe %s %s
TERM=xterm
LESSOPEN=| /usr/bin/lesspipe %s
SHLVL=1
PATH=/usr/local/sbin:/usr/local/bin:/usr/sbin:/usr/bin:/sbin:/bin
_=/usr/bin/env
OLDPWD=/root/holamundo
```

Vamos a poder ver que nos está mostrando un listado de muchas variables de entorno, entre estas tenemos a:

- **HOSTNAME**: que vendría siendo el nombre de la máquina donde nos encontramos actualmente,
- el directorio **HOME** del usuario,
- también los colores que está utilizando nuestra terminal,
- la terminal que en este caso es "xterm",
- el nivel de SH,
- después tenemos la variable de **PATH**, que esta variable es sumamente importante y posteriormente tenemos cuál era la ruta anterior a donde nos encontramos actualmente.

Si queremos ver alguna es específico, como por ejemplo la variable de **PATH**, podemos utilizar el comando de **echo** seguido del símbolo de dólar **($)**, y delante le indicamos el nombre de la variable:

Terminal de comandos del contenedor ubuntu

```
echo $PATH
```

Recuerda que si la variable está escrita toda con mayúsculas, tienes que utilizar las mayúsculas, y cuando estamos utilizando el comando de **echo** tenemos que indicar el símbolo de dólar para que nos muestre la variable, ahora si presionamos **enter**:

Salida de ejecutar: echo $PATH

```
/usr/local/sbin:/usr/local/bin:/usr/sbin:/usr/bin:/sbin:/bin
```

Nos muestra el valor con el que contaría esta variable.

Por otro lado, también podemos imprimir el valor de una variable en específico, si es que utilizamos el comando de **printenv**, espacio y el nombre de la variable:

Terminal de comandos del contenedor ubuntu

```
printenv PATH
```

Salida de ejecutar: printenv PATH

```
/usr/local/sbin:/usr/local/bin:/usr/sbin:/usr/bin:/sbin:/bin
```

Y acá nos va a mostrar el valor que tiene esta.

También podemos utilizar el comando de **printenv**, sin absolutamente ningún argumento para que nos liste todas las variables de entorno:

Terminal de comandos del contenedor ubuntu

```
printenv
```

Salida de ejecutar: printenv

```
HOSTNAME=5d069081334d
PWD=/root
HOME=/root
LS_COLORS=rs=0:di=01;34:ln=01;36:mh=00:pi=40;33:so=01;35:do=01;35:bd=40;33;01:cd=40;\
33;01:or=40;31;01:mi=00:su=37;41:sg=30;43:ca=30;41:tw=30;42:ow=34;42:st=37;44:ex=01;\
32:*.tar=01;31:*.tgz=01;31:*.arc=01;31:*.arj=01;31:*.taz=01;31:*.lha=01;31:*.lz4=01;\
31:*.lzh=01;31:*.lzma=01;31:*.tlz=01;31:*.txz=01;31:*.tzo=01;31:*.t7z=01;31:*.zip=01\
;31:*.z=01;31:*.dz=01;31:*.gz=01;31:*.lrz=01;31:*.lz=01;31:*.lzo=01;31:*.xz=01;31:*.\
zst=01;31:*.tzst=01;31:*.bz2=01;31:*.bz=01;31:*.tbz=01;31:*.tbz2=01;31:*.tz=01;31:*.\
deb=01;31:*.rpm=01;31:*.jar=01;31:*.war=01;31:*.ear=01;31:*.sar=01;31:*.rar=01;31:*.\
alz=01;31:*.ace=01;31:*.zoo=01;31:*.cpio=01;31:*.7z=01;31:*.rz=01;31:*.cab=01;31:*.w\
im=01;31:*.swm=01;31:*.dwm=01;31:*.esd=01;31:*.jpg=01;35:*.jpeg=01;35:*.mjpg=01;35:*\
.mjpeg=01;35:*.gif=01;35:*.bmp=01;35:*.pbm=01;35:*.pgm=01;35:*.ppm=01;35:*.tga=01;35\
:*.xbm=01;35:*.xpm=01;35:*.tif=01;35:*.tiff=01;35:*.png=01;35:*.svg=01;35:*.svgz=01;\
35:*.mng=01;35:*.pcx=01;35:*.mov=01;35:*.mpg=01;35:*.mpeg=01;35:*.m2v=01;35:*.mkv=01\
;35:*.webm=01;35:*.webp=01;35:*.ogm=01;35:*.mp4=01;35:*.m4v=01;35:*.mp4v=01;35:*.vob\
=01;35:*.qt=01;35:*.nuv=01;35:*.wmv=01;35:*.asf=01;35:*.rm=01;35:*.rmvb=01;35:*.flc=\
01;35:*.avi=01;35:*.fli=01;35:*.flv=01;35:*.gl=01;35:*.dl=01;35:*.xcf=01;35:*.xwd=01\
;35:*.yuv=01;35:*.cgm=01;35:*.emf=01;35:*.ogv=01;35:*.ogx=01;35:*.aac=00;36:*.au=00;\
36:*.flac=00;36:*.m4a=00;36:*.mid=00;36:*.midi=00;36:*.mka=00;36:*.mp3=00;36:*.mpc=0\
0;36:*.ogg=00;36:*.ra=00;36:*.wav=00;36:*.oga=00;36:*.opus=00;36:*.spx=00;36:*.xspf=\
00;36:
LESSCLOSE=/usr/bin/lesspipe %s %s
TERM=xterm
LESSOPEN=| /usr/bin/lesspipe %s
SHLVL=1
PATH=/usr/local/sbin:/usr/local/bin:/usr/sbin:/usr/bin:/sbin:/bin
_=/usr/bin/env
OLDPWD=/root/holamundo
```

Vamos a volver a hablar un poco sobre la variable de **PATH**, cuando ejecutamos un comando como por ejemplo, **ls** lo que va a hacer es que va a ir a buscar si es que este comando se encuentra dentro del primer directorio, si es que no se llegase a encontrar dentro de ese directorio va a pasar al siguiente que se encuentra delimitado por los dos puntos.

Es decir primero buscara en "**/usr/local/sbin**", luego en "**/usr/local/bin**", después en "**/usr/sbin**" y así sucesivamente.

Entonces, para poder probar el punto que te acabo de explicar, vamos a crear un comando dentro del directorio "**bin**", para poder crearlo vamos a realizar un **echo**:

Terminal de comandos del contenedor ubuntu

```
echo "echo hola mundo!" > /bin/holamundo
```

Con esto hacemos un "echo hola mundo!", o sea este comando, lo que va a hacer es imprimirnos en pantalla al texto de "hola mundo!", vamos a utilizar el operador de redireccionamiento y vamos a apuntar al directorio de "**bin**" y acá vamos a darle el nombre de **holamundo**. Vamos a intentar ejecutar este comando:

Terminal de comandos del contenedor ubuntu

```
holamundo
```

Vamos a presionar **enter**:

Salida de ejecutar: holamundo

```
bash: /usr/bin/holamundo: Permission denied
```

Sin embargo, como podemos ver acá, este nos ha arrojado un error, nos dice que este archivo no tiene permisos para ser ejecutado con "Permission denied", esto está ocurriendo porque cuando creamos los archivos por defecto dentro de Linux estos no tienen permiso para ejecutarse, es por esta misma razón que los virus no pueden funcionar dentro de Linux, el virus se va a descargar, pero este no va a tener permisos para poder ejecutarse. Para que estos funcionen, manualmente le tenemos que entregar permisos de ejecución, por esta misma razón es que dentro de Linux se intentan utilizar otras vulnerabilidades para poder tomar control del sistema, pero en este caso descargando un software y sencillamente intentando ejecutarlo no se va a poder.

Entonces ahora lo que vamos a hacer es asignarle permisos de ejecución, si es que no entiendes algo de esta línea no te preocupes lo vamos a ver en más detalle más adelante, pero por ahora escribe:

Terminal de comandos del contenedor ubuntu

```
chmod +x /bin/holamundo
```

Ahora, si ejecutamos el comando de **holamundo**, vamos a ver cómo aparece este texto:

Terminal de comandos del contenedor ubuntu

```
holamundo
```

Salida de ejecutar: holamundo

```
hola mundo!
```

Crear variables de entorno

Ahora lo que tenemos que ver es cómo podemos crear variables de entorno, poder crear una variable de entorno tenemos que utilizar el comando de **export**:

Terminal de comandos del contenedor ubuntu

```
export HOLAMUNDO="Soy una variable de entorno"
```

Esta variable de entorno se va a llamar **HOLAMUNDO**, y esta va a contener el valor de "Soy una variable de entorno", ahora presionamos **enter**.

Y para poder ver el valor de esta variable sencillamente podemos utilizar:

Terminal de comandos del contenedor ubuntu

```
printenv HOLAMUNDO
```

Salida de ejecutar: printenv HOLAMUNDO

```
Soy una variable de entorno
```

O también podemos utilizar el comando:

Terminal de comandos del contenedor ubuntu

```
echo $HOLAMUNDO
```

Salida de ejecutar: echo $HOLAMUNDO

```
Soy una variable de entorno
```

El problema que tenemos cuando estamos creando las variables de entorno de esta manera es que estas no van a persistir entre sesiones, que quiere decir que si cerramos la sesión, que eso es lo que vamos a hacer ahora con el comando de **exit**:

Terminal de comandos del contenedor ubuntu

```
exit
```

Si presionamos **enter** y, como podemos ver, nos hemos devuelto a nuestra terminal sin ejecutar ningún contenedor de Docker, este ha terminado su ejecución vamos a ejecutar el comando:

Terminal de comandos

```
docker ps
```

Salida de ejecutar: docker ps

```
CONTAINER ID   IMAGE      COMMAND    CREATED    STATUS     PORTS      NAMES
```

Podemos ver no se encuentra absolutamente nada, le vamos a pasar el argumento de **-a** para poder ver este contenedor en particular:

Terminal de comandos

```
docker ps -a
```

Salida de ejecutar: docker ps -a

```
CONTAINER ID   IMAGE      COMMAND        CREATED       STATUS                      PORTS\
     NAMES
5d069081334d   ubuntu     "/bin/bash"    3 days ago    Exited (0) 18 seconds ago        \
      elated_elio
```

Acá podemos ver cuál es el que nos interesa qué es este que aparece acá, y lo sabemos porque aparece que nos salimos de este contenedor hace 18 segundos, esto porque yo acabo de cerrar este contenedor. Entonces lo que vamos a hacer ahora es iniciar este contenedor, para esto vamos a utilizar el comando:

Terminal de comandos

```
docker start -i 5d0
```

Recuerda que debes de colocar los primeros 3 dígitos de tu contenedor para que esto funcione, pero si existiera otro contenedor que también empezara con 5d0, en ese caso la tenemos que asignar el cuarto dígito. Y si es que hay otro contenedor con cuatro dígitos exactamente iguales le pasa 5 dígitos, y así sucesivamente.

Entonces vamos a presionar **enter**:

Terminal de comandos del contenedor ubuntu

```
root@5d069081334d:/#
```

Con esto podemos ver que nos hemos devuelto al contenedor, ahora vamos a intentar realizar:

Terminal de comandos del contenedor ubuntu

```
printenv HOLAMUNDO
```

Pero verás que al ejecutar no nos está mostrando absolutamente nada.

Entonces para persistir las variables de entorno dentro de nuestra terminal vamos a ir primero al directorio "**root**" y luego un **ls -al** para ver absolutamente todo lo que se encuentra dentro de este:

Terminal de comandos del contenedor ubuntu

```
cd ~ && ls -al
```

Salida de ejecutar: docker ps -a

```
drwx------ 1 root root 4096 Mar 22 19:32 .
drwxr-xr-x 1 root root 4096 Mar 20 19:27 ..
-rw------- 1 root root  876 Mar 22 23:34 .bash_history
-rw-r--r-- 1 root root 3106 Oct 15  2021 .bashrc
-rw------- 1 root root   20 Mar 22 19:32 .lesshst
drwxr-xr-x 3 root root 4096 Mar 20 15:13 .local
-rw-r--r-- 1 root root  161 Jul  9  2019 .profile
-rw-r--r-- 1 root root   12 Mar 20 15:46 archivo.txt
-rw-r--r-- 1 root root   12 Mar 20 20:04 archivo2.txt
-rw-r--r-- 1 root root   16 Mar 20 20:16 chanchito.txt
drwxr-xr-x 3 root root 4096 Mar 22 17:49 holamundo
-rw-r--r-- 1 root root   51 Mar 20 22:18 listado.txt
-rw-r--r-- 1 root root   24 Mar 20 20:11 nuevo.txt
```

Acá podemos ver que existe un archivo que se llama "**.bashrc**". Y vamos a ver el contenido de este archivo:

Terminal de comandos del contenedor ubuntu

```
cat .bashrc
```

Salida de ejecutar: cat .bashrc

```
. . .
# enable color support of ls and also add handy aliases
if [ -x /usr/bin/dircolors ]; then
    test -r ~/.dircolors && eval "$(dircolors -b ~/.dircolors)" || eval "$(dircolors\
 -b)"
    alias ls='ls --color=auto'
    #alias dir='dir --color=auto'
    #alias vdir='vdir --color=auto'

    alias grep='grep --color=auto'
    alias fgrep='fgrep --color=auto'
    alias egrep='egrep --color=auto'
fi

# some more ls aliases
alias ll='ls -alF'
alias la='ls -A'
alias l='ls -CF'
. . .
```

Acá podemos ver que este contiene varias cosas como, por ejemplo **alias**, que puedes ejecutar dentro de la terminal y que son en el fondo para poder realizar una misma acción, pero de una manera más corta, por ejemplo, acá tenemos **ll** que lo que hace es ejecutar a **ls -alf**.

Entonces, si quisiéramos agregar la variable de entorno, necesariamente la tenemos que agregar dentro de este archivo, para poder hacerlo podríamos editarlo directamente con **nano**, pero vamos a utilizar el operador de redireccionamiento para poder agregar esta variable de entorno a la última línea:

Terminal de comandos del contenedor ubuntu

```
echo HOLAMUNDO="la variable de entorno" >> .bashrc
```

Aqui estamos utilizando el operador de redireccionamiento para enviar este contenido al archivo "**.bashrc**", e importante tienes que acordarse de utilizar los 2 símbolos de mayor que, ya que si utilizas solamente uno te va a reemplazar todo el contenido que se encuentra dentro de ese archivo.

Ahora vamos a presionar **enter** y vamos a aprovechar de ver el contenido de un "**.bashrc**" con el comando de **tail**:

Terminal de comandos del contenedor ubuntu

```
tail .bashrc
```

Salida de ejecutar: tail .bashrc

```
. ~/.bash_aliases
fi

# enable programmable completion features (you don't need to enable
# this, if it's already enabled in /etc/bash.bashrc and /etc/profile
# sources /etc/bash.bashrc).
#if [ -f /etc/bash_completion ] && ! shopt -oq posix; then
#    . /etc/bash_completion
#fi
HOLAMUNDO=la variable de entorno
```

Y ahora podemos ver que acá se encuentra nuestra variable de entorno con su valor, sin embargo, si es que intentamos ver el valor de esta variable de entorno.

Terminal de comandos del contenedor ubuntu

```
echo $HOLAMUNDO
```

Vemos que no nos está mostrando absolutamente nada, esto pasa porque la hemos agregado al archivo, pero no la hemos cargado en nuestras variables de entorno, esto se hace de 2 formas, la primera es que vamos a cerrar nuestro contenedor tal cual, como lo hicimos antes presionamos **exit** y luego lo volvemos a cargar o la otra forma que podemos hacer es utilizando el comando de **source** y pasándole como argumento el archivo de "**.bashrc**":

Terminal de comandos del contenedor ubuntu

```
source .bashrc
```

Si ejecutamos:

Salida de ejecutar: source .bashrc

```
bash: variable: command not found
```

Nos va a mostrar como está intentando ejecutar este código, sin embargo, cómo podemos ver en esta indicando que "**variable** no es un comando que funcione", así es que vamos a ingresar a editar "**.bashrc**" y vamos a bajar hasta el final de este archivo:

Terminal de comandos del contenedor ubuntu

```
nano .bashrc
```

Y una vez acá vamos a agregar comillas dobles al comienzo y al final del texto de "la variable de entorno", tenemos que agregarle comillas:

.bashrc

```
#fi
HOLAMUNDO="la variable de entorno"
```

Vamos a guardar con **control** + **o** y después salir con **control** + **x**

Ahora volvemos a ejecutar:

Terminal de comandos del contenedor ubuntu

```
source .bashrc
```

Y ahora vamos a ejecutar:

Terminal de comandos del contenedor ubuntu

```
echo $HOLAMUNDO
```

Salida de ejecutar: echo $HOLAMUNDO

```
la variable de entorno
```

Y ahora sí podemos ver el valor de la variable de entorno.

Algo sumamente importante:

> No importa qué es lo que pase nunca guardes contraseñas dentro de las variables de entorno, ya que cualquier otra persona que ingrese dentro de este contenedor o dentro de esta máquina va a poder ver la contraseña que se encuentra guardada dentro de la variable dentro.

Gestión de procesos

Para que podamos ver y gestionar los procesos que se encuentran dentro de Linux, vamos a utilizar el comando de **ps**:

Terminal de comandos del contenedor ubuntu

```
ps
```

Si presionamos **enter** veremos algunos datos:

Salida de ejecutar: ps

```
PID   TTY        TIME     CMD
1     pts/0     00:00:00  bash
22    pts/0     00:00:00   ps
```

ps lo que va a hacer es entregarnos cuatro columnas:

1. la primera vendría siendo el identificador del proceso, acá podemos ver el id de **1** para **bash**, que vendría siendo el intérprete de nuestra línea de comandos, y luego de eso tenemos el 22 que es para **ps**,
2. después, acá tenemos **TTY** que significa "TeleTYpewriter", que en otras palabras significa cuál es la terminal que estamos ejecutando en este momento, y ahora se está indicando que bash está siendo ejecutada en la terminal 0, si volviésemos a ingresar a este contenedor desde otro terminal este número cambiaría por 1 para hacer referencia que son terminales distintas,
3. y después tiene el tiempo que esta está utilizando de procesamiento de nuestro procesador.

Ahora vamos a hablar sobre lo última columna 4 en concreto de este proceso que se llama **ps** y tiene el id de 22, es un proceso que está viviendo de manera momentánea, de hecho vive muy poco tiempo, vive solamente el tiempo que se demora en mostrarnos esta información y después el proceso muere. Para poder verificar esto vamos a ejecutar nuevamente **ps**:

Terminal de comandos del contenedor ubuntu

```
ps
```

Si presionamos **enter** veremos algunos datos:

Salida de ejecutar: ps

```
PID   TTY        TIME     CMD
1     pts/0     00:00:00  bash
23    pts/0     00:00:00   ps
```

Ahora podemos ver cómo este proceso ahora tiene un **id** diferente.

Existe dentro de Linux un comando que se llama **sleep** y a este comando le podemos pasar, por ejemplo, el argumento de **2** y lo que va a hacer es que va a enviar a dormir la terminal por la cantidad de segundos que especifiquemos. Si quisiéramos enviar este proceso a segundo plano para que nos deje libre la terminal para que así podamos ejecutar más comandos, vamos a utilizar el comando de ampersand **(&)** así que acá vamos a enviar a dormir este proceso durante 500 segundos:

Terminal de comandos del contenedor ubuntu

```
sleep 500 &
```

Salida de ejecutar: sleep 500 &

```
[1] 24
```

Y lo que va a hacer este operador, es que va a enviar esto al segundo plano y nos va a devolver la terminal inmediatamente así que acá vamos a presionar **enter**, y fíjate cómo ya podemos inmediatamente empezar a ingresar comandos, además nos devolvió un identificador que en este caso es **24**, y además tenemos un número entre corchetes (**[]**). Que si vamos a ver el listado de procesos nuevamente con **ps**:

Terminal de comandos del contenedor ubuntu

```
ps
```

Salida de ejecutar: ps

```
PID   TTY       TIME     CMD
1     pts/0    00:00:00  bash
24    pts/0    00:00:00  sleep
25    pts/0    00:00:00   ps
```

Vamos a ver que ahora aparece también sleep, el cual tiene un id de **24** en este caso, el mismo que aparece cuando lo ejecutamos.

Sin embargo, este número de **[1]** no lo estamos viendo acá, esto podemos verlo con otro comando que se llama **jobs**, con este comando sabremos cuáles son las aplicaciones que se encuentran corriendo en segundo plano:

Terminal de comandos del contenedor ubuntu

```
jobs
```

Salida de ejecutar: jobs

```
[1]+  Running                    sleep 500 &
```

Que en este caso es **sleep 500** más el símbolo de ampersand.

Si quisiéramos retomar el control de este comando basta con que utilizamos el comando de **fg**, y a continuación tenemos que pasarle este número que nos devuelve **jobs** que en este caso es el **1** o también acordarnos del identificador que nos devuelve el comando cuando lo ejecutamos, siempre y cuando le pongamos el **ampersand** como lo hicimos en la ejecución de este comando: **sleep 500 &**, si no le colocamos este símbolo, no nos va a devolver este numero. Por eso pienso que es mejor para ver los procesos que están en segundo plano utilizar el comando de **jobs**:

Terminal de comandos del contenedor ubuntu

```
fg %1
```

Y al ejecutar:

Salida de ejecutar: jobs

```
sleep 500
```

fg es de "foreground" y cuando presionamos **enter** ya podemos ver cómo estamos nuevamente con el comando de **sleep 500** en la terminal, ahora lo vamos a cancelar con **control** + **c**, y esto es lo que hace es que matar el proceso, lo detiene, y eso lo podemos verificar volviendo ejecutar **ps**:

Terminal de comandos del contenedor ubuntu

```
ps
```

Salida de ejecutar: ps

```
PID   TTY       TIME     CMD
1     pts/0    00:00:00  bash
27    pts/0    00:00:00   ps
```

Entonces lo que vamos a hacer ahora es que lo vamos a volver a ejecutar con el símbolo de ampersand, pero ahora en lugar de volver a tomar el control de este proceso, lo que haremos es derechamente matarlo:

Terminal de comandos del contenedor ubuntu

```
sleep 500 &
```

Salida de ejecutar: sleep 500 &

```
[1] 28
```

Así es que ya sabemos que 28 es el **id** de este proceso, y para poder matarlo tenemos que llamar al comando de **kill** espacio **28**:

Terminal de comandos del contenedor ubuntu

```
kill 28
```

Ahora si presionamos **enter** dos veces aquí nos va a mostrar que ha terminado este comando con éxito, sin embargo, si este comando de **kill más el id** no llegase a funcionar, siempre puedo optar por usar:

Terminal de comandos del contenedor ubuntu

```
kill -9 44
```

Y esté comando, con esta opción lo que va a hacer es forzar el comando a que se detenga, no le va a dar la oportunidad de guardar ni de absolutamente nada más. Así es que esto tratar de no utilizarlo, siempre hay que preferir el comando **kill** solamente con el **id**

Gestión de usuarios

Para gestionar usuarios dentro de Linux, vamos a ver 3 comandos:

- El primero es **useradd**, que este por supuesto sirve para **agregar usuarios**.
- Después tenemos **usermod**, que es para poder **modificar usuarios**.
- Y **userdel**, que es para poder **eliminar usuarios**.

Entonces vamos a comenzar con **useradd**.

useradd: agregar usuarios

Escribiremos en nuestra terminal:

Terminal de comandos del contenedor ubuntu

```
useradd
```

Presionamos **enter**:

Salida de ejecutar: useradd

```
Usage: useradd [options] LOGIN
       useradd -D
       useradd -D [options]

Options:
      --badnames                do not check for bad names
  -b, --base-dir BASE_DIR       base directory for the home directory of the
                                  new account
. . .
```

Esto nos va a mostrar un listado de un montón de opciones que podemos agregar al momento de crear usuarios, por ejemplo:

- Con **–comment** podemos agregar un comentario,
- Con **–home-dir** indicamos cuál vendría siendo su directorio **"home"** o directorio de inicio, en este caso donde se van a guardar todos sus datos,
- Con **–gid** podemos asignarle un **group id**, que eso lo vamos a ver en las lecciones que vienen,
- y también podemos asignarle más grupos con **–groups**, y así sucesivamente.

Ahora la opción que nos interesa es la de **-m** o de **–create-home**, que esta nos va a permitir que cuando creemos un usuario este tenga un directorio.

Así es que vamos a hacer eso, después del comando **useradd** con la opción **-m** le tendremos que asignar un nombre:

Terminal de comandos del contenedor ubuntu

```
useradd -m felipe
```

Y ahora presionamos **enter**.

Esto es lo que hará será derechamente agregarme el usuario, pero no estamos viendo absolutamente nada de si tuvimos éxito o si fracasamos, entonces para poder ver si efectivamente este usuario se agregó tenemos que realizar comando de **cat** sobre "**/etc/passwd**":

Terminal de comandos del contenedor ubuntu

```
cat /etc/passwd
```

Si presionamos **enter**:

Salida de ejecutar: cat /etc/passwd

```
root:x:0:0:root:/root:/bin/bash
daemon:x:1:1:daemon:/usr/sbin:/usr/sbin/nologin
bin:x:2:2:bin:/bin:/usr/sbin/nologin
sys:x:3:3:sys:/dev:/usr/sbin/nologin
sync:x:4:65534:sync:/bin:/bin/sync
games:x:5:60:games:/usr/games:/usr/sbin/nologin
man:x:6:12:man:/var/cache/man:/usr/sbin/nologin
lp:x:7:7:lp:/var/spool/lpd:/usr/sbin/nologin
mail:x:8:8:mail:/var/mail:/usr/sbin/nologin
news:x:9:9:news:/var/spool/news:/usr/sbin/nologin
uucp:x:10:10:uucp:/var/spool/uucp:/usr/sbin/nologin
proxy:x:13:13:proxy:/bin:/usr/sbin/nologin
www-data:x:33:33:www-data:/var/www:/usr/sbin/nologin
backup:x:34:34:backup:/var/backups:/usr/sbin/nologin
list:x:38:38:Mailing List Manager:/var/list:/usr/sbin/nologin
irc:x:39:39:ircd:/run/ircd:/usr/sbin/nologin
gnats:x:41:41:Gnats Bug-Reporting System (admin):/var/lib/gnats:/usr/sbin/nologin
nobody:x:65534:65534:nobody:/nonexistent:/usr/sbin/nologin
_apt:x:100:65534::/nonexistent:/usr/sbin/nologin
felipe:x:1000:1000::/home/felipe:/bin/sh
```

Deberíamos ver cómo este usuario aparece justamente al final.

A continuación, vamos a ver qué es cada una de estas cosas:

- Lo primero es el nombre de usuario "**felipe**".
- Después de eso tenemos una **x**, que lo que quiere decir que la contraseña de este usuario está haciendo guardada en otro lado, sin embargo, cuando creamos este usuario, este no tiene una contraseña, después se la podemos agregar si queremos, pero no lo vamos a hacer en esta lección.
- El siguiente es el identificador del usuario, su "id" que comienza con 1000 y después tenemos el "id" del grupo, que eso ya lo vamos a ver en la siguiente lección,
- Tenemos su directorio home que es "**home/felipe**".
- Y también tenemos la shell que está utilizando en este caso, la shell que está utilizando es ese **sh**, sin embargo, no queremos utilizar **sh** queremos utilizar **bash** para este mismo usuario, así que lo que vamos a hacer es modificar este usuario para que utilice la shell de **bash**.

usermod: modificar usuarios

Así es que vamos a utilizar el comando de **usermod**:

Terminal de comandos del contenedor ubuntu

```
usermod
```

Al igual si presionamos **enter** nos va a mostrar todas las opciones que tiene este comando, y la opción que nos interesa es la de **-s** que es la de **–shell**, eso nos va a entregar una nueva login shell para la cuenta de usuario, así es que acá vamos a escribir:

Terminal de comandos del contenedor ubuntu

```
usermod -s /bin/bash felipe
```

Tenemos primero el uso de nuestro comando con la opción **-s**, después le tenemos que indicar cuál es la shell que este va a utilizar y esta se encuentra dentro del directorio "**bin/bash**", y al final tenemos que indicarle qué usuario vamos a afectar, en este ejemplo es "**felipe**", una vez que ejecutemos ahora sí que vamos a realizar un **cat** nuevamente sobre el archivo de password:

Terminal de comandos del contenedor ubuntu

```
cat /etc/passwd
```

Si presionamos **enter**:

Salida de ejecutar: cat /etc/passwd

```
. . .
_apt:x:100:65534::/nonexistent:/usr/sbin/nologin
felipe:x:1000:1000::/home/felipe:/bin/bash
```

Vamos a ver ahora que la shell que este va a utilizar es **bash**.

Y ahora, aprovechando de que ya creamos este usuario, vamos a ver dónde se almacenan las contraseñas, estas se almacenan en un archivo que se llama "**shadow**":

Terminal de comandos del contenedor ubuntu

```
cat /etc/shadow
```

Salida de ejecutar: cat /etc/shadow

```
. . .
irc:*:19780:0:99999:7:::
gnats:*:19780:0:99999:7:::
nobody:*:19780:0:99999:7:::
_apt:*:19780:0:99999:7:::
felipe:!:19807:0:99999:7:::
```

Si vemos el listado de todos los usuarios, nos vamos a dar cuenta de varias cosas: primero, ninguno de estos tiene visible una contraseña. Todas las contraseñas se encuentran encriptadas y se encuentran delante de los 3 dobles puntos, a menos que le asignemos una contraseña al usuario, allí deberíamos de ver una cadena texto encriptada, si, por ejemplo, la contraseña es 123456 acá no vamos a ver 123456.

Cambiar de usuario

Y para poder cambiarnos de usuario una vez que hayamos ingresado ya dentro de este contenedor, lo que podemos hacer es utilizar el comando de **su** que viene de "switch user":

Terminal de comandos del contenedor ubuntu

```
su felipe
```

Ejecutamos **su**, seguido le indicamos el nombre de usuario al cual nos queremos cambiar en este caso es "**felipe**", vamos a presionar **enter**:

Terminal de comandos del contenedor ubuntu

```
felipe@5d069081334d:/root$
```

Y fíjate en la terminal que cambiaron algunos detalles.

- Lo primero que cambio es lo que se encuentra a la izquierda por supuesto ya no estamos utilizando **root**, ahora estamos utilizando el usuario **felipe**.
- Después de eso seguimos manteniendo la misma estructura con la arroba y el mismo nombre de la máquina.
- Posteriormente nos está indicando que ya no nos encontramos en el directorio "**home**" del usuario "**root**", porque "**root**" no es el directorio home del usuario, sino que nos encontramos ahora en el directorio "**root**".
- Y además ha cambiado el símbolo que se encuentra a la derecha, ahora nos está mostrando un símbolo de dólar **($)** en lugar del símbolo numeral **(#)** que nos mostraba anteriormente.

El numeral significa que todos los comandos que se van a ejecutar como "administrador" o como "super administrador", y el símbolo de dólar significa que se van a ejecutar como "user" o sea como un "usuario común y corriente".

Entonces, ahora que estamos como usuario, si intentamos ver el archivo "**shadow**" que vimos anteriormente con el usuario de "root":

Terminal de comandos del contenedor ubuntu

```
cat /etc/shadow
```

Salida de ejecutar: cat /etc/shadow

```
cat: /etc/shadow: Permission denied
```

Nos va a arrojar que no tenemos permiso para poder verlo, y la razón de eso es que si hacemos un:

Terminal de comandos del contenedor ubuntu

```
ls -l /etc/shadow
```

Salida de ejecutar: ls -l /etc/shadow

```
-rw-r----- 1 root shadow 529 Mar 25 17:50 /etc/shadow
```

Vamos a ver que no tenemos permisos, ya que este archivo es propietario, el usuario **root** y el grupo **shadow**, esto va a tener bastante mas sentido en la lección de permisos, así es que no te preocupes, pero por ahora lo que tienes que ver es que el usuario no tiene permisos para poder leerlo.

Vamos a ir al directorio "**home**" del usuario, para eso volvemos a utilizar:

Terminal de comandos del contenedor ubuntu

```
cd ~
```

Salida de ejecutar: cd ~

```
felipe@5d069081334d:~$
```

Y ahora podemos ver que nos ha cambiado el icono de y ahora tiene en lugar del slash tiene virgulilla o tilde (~), sí que ejecutamos **pwd**:

Terminal de comandos del contenedor ubuntu

```
pwd
```

Salida de ejecutar: pwd

```
/home/felipe
```

Vamos a ver que ahora no solo nos encontramos dentro del directorio con "**/home/felipe**".

userdel: eliminar usuarios

Ahora lo último que nos faltaría ver es cómo podemos eliminar el usuario, lamentablemente este usuario de Felipe, no puede agregar ni quitar usuarios ,eso solamente lo puede hacer el usuario "**root**", entonces para poder salirnos de este usuario de "**felipe**" tenemos que utilizar el comando de **exit**:

Terminal de comandos del contenedor ubuntu

```
exit
```

Salida de ejecutar: exit

```
exit
```

Y ahora, si nos devolvimos al usuario root, y para poder eliminar el usuario, tenemos que ejecutar el comando de **userdel**, un espacio y seguido del nombre del usuario, pero no lo ejecutes, porque vamos a utilizar este mismo usuario en las lecciones que vienen:

Terminal de comandos del contenedor ubuntu

```
userdel felipe
```

Iniciar sesion con un usuario especifico

Y ahora veremos cómo iniciar sesión en un contenedor con un usuario en específico, en este caso con el usuario "**felipe**".

Esete usuario no tiene contraseña, así que no vamos a tener que ingresar la contraseña.

Vamos primero a escribir **exit** para poder salirnos del contenedor:

Terminal de comandos del contenedor ubuntu

```
exit
```

Vamos a ver que los contenedores se hayan detenido con:

Terminal de comandos

```
docker ps
```

Salida de ejecutar: docker ps

```
CONTAINER ID   IMAGE     COMMAND   CREATED   STATUS    PORTS     NAMES
```

Vemos que no está nuestro contenedor activo, ahora lo que tenemos que hacer es ver todos los contenedores para poder sacar el "id":

Terminal de comandos

```
docker ps -a
```

Salida de ejecutar: docker ps -a

```
CONTAINER ID   IMAGE     COMMAND       CREATED      STATUS                     PORTS\
     NAMES
5d069081334d   ubuntu    "/bin/bash"   6 days ago   Exited (0) 9 minutes ago        \
     elated_elion
```

Que es "**5d0**", así es que vamos a iniciar el contenedor con el siguiente comando:

Terminal de comandos

```
docker exec -it -u felipe 5d0 bash
```

Aca estamos agregando la opción de **-u** e indicándole que el usuario que es "felipe",y a continuación la tenemos que pasar los primeros dígitos del "id", después de manera opcional le podemos indicar con que shell vamos a iniciar, en este caso le voy a indicar que voy a iniciar con **bash** al ejecutar:

Salida de ejecutar: docker exec -it -u felipe 5d0 bash

```
Error response from daemon: container 5d069081334d0ec85cccd267c833ccf724506d3cbedbcd\
6f3c41e0c9888e9846 is not running
```

Aqui vamos a encontrar un error y en este caso el contenedor no se encuentra corriendo, así que lo vamos a ejecutar para eso volvemos a ejecutar este comando de Docker:

Terminal de comandos

```
docker start -i 5d0
```

Y lo que vamos a hacer es abrir una nueva pestaña dentro de nuestra terminal o abrimos una nueva venta da lo mismo, y aquí vamos a ejecutar nuestro comando:

Terminal de comandos en otra ventana

```
docker exec -it -u felipe 5d0 bash
```

Ahora lo vamos a ejecutar:

Salida de ejecutar: docker exec -it -u felipe 5d0 bash

```
felipe@5d069081334d:/$
```

Y ahora sí hemos ingresado al contenedor.

¿Para qué sirve el comando docker exec?

docker exec nos va a servir para poder ingresar a un contenedor, pero siempre y cuando este se encuentre corriendo y con la opción de **-u** vamos a poder ingresar a este contenedor, pero con el usuario que seleccionemos.

Y ahora, como última cosa que vamos a aprovechar de ver es que si ejecutamos el comando de **ps**:

Terminal de comandos del contenedor ubuntu

```
ps
```

Salida de ejecutar: ps

```
PID  TTY       TIME     CMD
13   pts/1    00:00:00  bash
25   pts/1    00:00:00   ps
```

Vamos a ver ahora que nuestra **pts** que significa pseudoterminal es la 1 y ya no es la 0, porque la cero la está utilizando el usuario de **root**:

Gestion de grupos

Ahora vamos a hablar acerca de los grupos.

Por un lado, vamos a tener un usuario, y por el otro vamos a tener un listado de grupos podríamos tener a los grupos:

- desarrolladores,
- admin, y
- devops.

La gracia de los grupos es que un usuario puede pertenecer a un grupo y de esta manera elevar los privilegios que este va a tener sobre un sistema, por ejemplo:

- Los desarrolladores que podrían tener acceso solamente a sus carpetas de usuario.
- Los administradores además podrían tener acceso a tareas administrativas del usuario, como por ejemplo poder ver el contenido del archivo **shadow**.
- Y Los **devops** podrían también tener acceso a unos comandos especiales que le permitan desplegar las aplicaciones del sistema.

Entonces un usuario, podría ser por ejemplo "desarrollador" pero también podría tener permisos para poder ejecutar tareas de "devops", entonces para eso es que existen los grupos para poder asignar distintos privilegios. Entonces esto es lo que vamos a estar viendo en el transcurso de esta lección.

Para poder gestionar los grupos podemos utilizar grupos, pero también, si es que escribimos **group** y presionamos dos veces la tecla **tab**, vamos a ver el siguiente listado de opciones:

- groupadd
- groupdel
- groupmems
- groupmod
- groups

Esta vamos a ver qué podemos ver además del **groupadd**, **groupdel** y **groupmod**, pero además de que existe otro comando que se llaman **groups** que te permite ver los grupos por el usuario que le indiquemos, por ejemplo acá podemos utilizar groups para ver los grupos a los cuales pertenece el usuario:

Terminal de comandos del contenedor ubuntu

```
groups felipe
```

Salida de ejecutar: ps

```
felipe : felipe
```

Vemos que "felipe" pertenece al grupo de "felipe", esto ocurre porque **cada vez que creamos un usuario este automáticamente se le va a crear un grupo, el cual tiene exactamente el mismo nombre que el usuario y este se le asigna al usuario**, y esto es por defecto.

Entonces lo que vamos a hacer ahora es tomar este usuario de **felipe** y lo vamos a agregar al grupo de **"devs"**, entonces vamos a ejecutar el comando:

Terminal de comandos del contenedor ubuntu

```
groupadd devs
```

Y para poder ver si efectivamente este grupo ha sido agregado, vamos a ver el contenido del archivo **group** utilizando el comando de **cat**:

Terminal de comandos del contenedor ubuntu

```
cat /etc/group
```

Salida de ejecutar: cat /etc/group

```
. . .
nogroup:x:65534:
felipe:x:1000:
devs:x:1001:
```

Y aquí ahora podemos ver que tenemos el grupo de **felipe** que, por supuesto, porque lo que habíamos comentado, a todo **usuario** se le crea un grupo exactamente igual, y después de eso tenemos el grupo que acabamos de crear que es el de devs, y a la derecha de este tenemos el identificador de ese grupo. Acá podemos ver que contiene una **x** que quiere decir que posiblemente los grupos podrían tener contraseña, pero la verdad es que no existe ningún caso práctico donde los grupos deban tener una contraseña para poder ingresar a este, así es que eso la verdad es que no tiene mucho sentido, antes tenía más sentido, pero actualmente ya no lo tiene.

Entonces, ahora que ya tenemos el grupo de **devs**, lo que vamos a hacer es agregar este usuario de "**felipe**", recuerda que hay un grupo, pero también hay un usuario que se llama "**felipe**", lo vamos a agregar al grupo de "**devs**".

Opción -g y-G

Entre las opciones que tenemos para modificar los grupos de los usuarios tenemos a **-G** y es **-g**, donde:

- **-g** lo que hace es que fuerza al usuario a tener un nuevo grupo principal.
- Y -G agrega el grupo a una lista de grupos suplementarios.

Vamos a aprovechar de ver un comando nuevo para poder explicar esto que es:

Terminal de comandos del contenedor ubuntu

```
id
```

Salida de ejecutar: id

```
uid=0(root) gid=0(root) groups=0(root)
```

Y acá podemos ver que en el caso del usuario "**root**", podemos ver su identificador, nombre de usuario, su grupo principal y también los grupos secundarios a los cuales pertenece.

Entonces, supongamos ahora que el usuario root va a ejecutar el comando de **touch**, cuando este archivo se cree, que supongamos que se llamará "**holamundo.txt**", este va a tener un propietario que será el usuario y también un grupo, entonces el propietario usuario va a ser "**root**", por supuesto, y **el propietario grupo va a ser el grupo principal**, que en este caso también va a ser "**root**".

Si cambiáramos el grupo principal del usuario "**root**" a, por ejemplo al grupo "**devs**". En ese caso, cuando nosotros creemos este archivo de "**holamundo.txt**", en lugar de ser del grupo "**root**", el dueño vendría siendo "**devs**".

Esta es la razón por la cual se utiliza un grupo principal en Linux.

Entonces la de poder agregar al usuario "**felipe**" al grupo "**devs**" es con:

Terminal de comandos del contenedor ubuntu

```
usermod -G devs felipe
```

Y ahora, para verificar que se ha agregado al grupo usaremos:

Terminal de comandos del contenedor ubuntu

```
groups felipe
```

Salida de ejecutar: groups felipe

```
felipe : felipe devs
```

Y ahora, podemos ver que el usuario de **felipe** pertenece al grupo de **felipe**, que vendría siendo su grupo principal, pero también pertenece a **devs**. Y si usamos el comando de "**id**" sobre este usuario:

Terminal de comandos del contenedor ubuntu

```
id felipe
```

Salida de ejecutar: id felipe

```
uid=1000(felipe) gid=1000(felipe) groups=1000(felipe),1001(devs)
```

Vamos a ver que tenemos el **id** del usuario felipe, el **id** del grupo de Felipe, que vendría siendo su grupo principal, y además pertenece de manera secundaria al grupo de **felipe** y también al grupo de **devs**.

Sin embargo, si después da haber ejecutado este comando, notas que este grupo **groups =1000 (felipe)** no aparece, es porque ese comando de esa versión tuya del sistema operativo que estás utilizando, debes agregar la opción **-a** que es de **–append** y lo que va a hacer es agregar el usuario a este grupo suplementario, ya que si no, lo que va a hacer como bien nos está indicando acá va a eliminar a este usuario de todos los otros grupos, el comando en este caso debiese ser:

Terminal de comandos del contenedor ubuntu

```
usermod -a -G devs felipe
```

Y ahí sí deberías ver el comportamiento de la manera correcta, pero esto solo lo debes de hacer si es que sin la opción de **-a** te funciona de manera incorrecta.

Permisos

Ahora vamos a ver cómo podemos gestionar los permisos en Linux, para eso vamos a crear un nuevo archivo y vamos a intentar ejecutarlo.

Entonces vamos a escribir:

Terminal de comandos del contenedor ubuntu

```
echo "echo hola mundo" > archivo.sh
```

Entonces esto es lo que va a hacer es que cuando ejecutemos el archivo al cual le vamos a redireccionar esta salida, nos va a mostrar en pantalla "hola mundo", entonces la salida la vamos a guardar en "**archivo.sh**" que en este caso **sh** es la extensión que tienen los scripts escritos en bash, también conocido como "bash scripting". Vamos a presionar **enter** para ejecutar este comando.

Y para ejecutar scripts para ejecutarlos en bash scripting, la que tenemos que hacer es colocar un punto para indicar que vamos a ejecutar algo donde nos encontramos actualmente, un slash hacia adelante (/) y seguido del nombre del archivo en conjunto con su extensión:

Terminal de comandos del contenedor ubuntu

```
./archivo.sh
```

Y si presionamos **enter**:

Salida de ejecutar: ./archivo.sh

```
Permission denied
```

Nos va a indicar que no tenemos permisos, y aquí alcanzamos a ver algo bastante similar en una lección pasada, así es que ahora lo que vamos a hacer es que lo vamos a analizar un poco más en detalle.

Y vamos a ejecutar el comando:

Terminal de comandos del contenedor ubuntu

```
ls -l archivo.sh
```

Vamos a presionar **enter**:

Salida de ejecutar: ls -l archivo.sh

```
-rw-r--r-- 1 root root 16 Mar 26 15:38 archivo.sh
```

- El primer guion que vemos en esta salida nos va a indicar si es que lo que estamos viendo es un directorio o si es un archivo, **si es que es un guion en ese caso es archivo** pero si **tiene una letra "d" en ese caso es un directorio**, y eso vendría siendo lo que nos muestra el primer dígito.
- después de esto, tenemos conjuntos de 3 caracteres tenemos a **rw-**, **r - -** y nuevamente **r - -**, en este caso, estas agrupaciones de 3 caracteres.

1. El primer conjunto de 3, nos indica que estos son los permisos del **usuario**, lo que el usuario puede realizar sobre este archivo.

2. El siguiente que nos indica los permisos del grupo, o sea los usuarios que pertenecen a un grupo y que acciones pueden realizar sobre este archivo.
3. Y el último que tenemos es el resto del mundo, o le vamos a decir que se llaman "otros" o sea usuarios que no son el usuario dueño y que tampoco pertenecen al grupo en cuestión.

Además de eso tenemos que el dueño de este archivo es el usuario "**root**" y también el grupo al cual pertenece este archivo que tambien es "**root**", y recuerda que cuando creamos un archivo este va a tener el grupo principal del usuario que lo creó, en este caso el grupo principal del usuario **root** es **root**.

Anatomía de los permisos en Linux

Ahora para el usuario, el grupo y también para otros los permisos funcionan de la siguiente manera:

- **r** significa lectura, viene del inglés "read" o "leer",
- **w** significa escritura, y que también viene del inglés "write", y
- el último guion que aparece acá, que en este ejemplo no nos está mostrando nada es una **x** y este viene de "ejecutar" o "ejecución", y esto también viene del inglés de "execute".

Entonces lo que vamos a hacer ahora es asignarle permisos de ejecución para el usuario **root**, para hacer eso tenemos que utilizar el comando:

Terminal de comandos del contenedor ubuntu

```
chmod
```

Y después de eso, tenemos 3 opciones:

1. la primera opción es **u** para modificar los permisos del usuario,
2. **g** para modificar los permisos del grupo, y
3. **o** para modificar los permisos de otros.

Entonces vamos a indicar que queremos modificar los permisos del usuario y lo que vamos a hacer es que con el símbolo de suma, le vamos a agregar permisos de ejecución. Si quisiéramos quitarle permisos tenemos que utilizar el símbolo de resta, pero como le vamos a agregar vamos a colocar el símbolo de suma. Y al final le tenemos que indicar el archivo en cuestión.

Terminal de comandos del contenedor ubuntu

```
chmod u+x archivo.sh
```

Y ahora sí podremos presionar **enter** y vamos de nuevo a ver los permisos que tiene este archivo:

Terminal de comandos del contenedor ubuntu

```
ls -l archivo.sh
```

Vamos a presionar **enter**:

Salida de ejecutar: ls -l archivo.sh

```
-rwxr--r-- 1 root root 16 Mar 26 15:38 archivo.sh
```

Y acá podemos ver que tenemos "lectura", "escritura", y también esa **x** que es de "ejecución" y también podemos ver que el nombre del archivo ha cambiado de color:

img

Esto quiere decir que ahora lo podremos ejecutar, entonces vamos a intentar ejecutarlo de nuevo:

Terminal de comandos del contenedor ubuntu

```
./archivo.sh
```

Y si presionamos **enter**:

Salida de ejecutar: ./archivo.sh

```
hola mundo
```

Y ahora sí podemos ver que nos está mostrando el texto de "hola mundo".

Sin embargo, si es que nos cambiamos de usuario a **felipe** con:

Terminal de comandos del contenedor ubuntu

```
su felipe
```

Al presionar **enter** vemos que tenemos cambiada la terminal:

Terminal de comandos del contenedor ubuntu

```
ls -l archivo.sh
```

Presionamos **enter**:

Salida de ejecutar: ls -l archivo.sh

```
-rwxr--r-- 1 root root 16 Mar 26 15:38 archivo.sh
```

Con esto tenemos que recordar que en este caso tenemos, permiso de lectura pero no de escritura, ni de ejecución. Quiere decir que vamos a poder ver el contenido de archivo, pero no vamos a poder ejecutarlo, ni tampoco modificarlo:

Terminal de comandos del contenedor ubuntu

```
cat archivo.sh
```

Presionamos **enter**:

Salida de ejecutar: cat archivo.sh

```
echo hola mundo
```

Vamos a intentar ejecutar este archivo:

Terminal de comandos del contenedor ubuntu

```
./archivo.sh
```

Y si presionamos **enter**:

Salida de ejecutar: ./archivo.sh

```
bash: ./archivo.sh: Permission denied
```

Nos está arrojando exactamente el mismo problema que antes, entonces lo que tenemos que hacer es agregarle a "**otros**" los permisos para que **felipe** en este caso lo pueda ejecutar, entonces vamos a hacer eso, salimos de la terminal de este usuario:

Terminal de comandos del contenedor ubuntu

```
exit
```

Y vamos a ejecutar de nuevo:

Terminal de comandos del contenedor ubuntu

```
ls -l archivo.sh
```

Esto para poder ver los permisos:

Salida de ejecutar: ls -l archivo.sh

```
-rwxr--r-- 1 root root 16 Mar 26 15:38 archivo.sh
```

Y ahora vamos a revisar de manera rápida todas las opciones que esto tiene, entonces para agregarle permisos a los usuarios es con **u** para agregarle permisos, a los grupos es con **g**, para agregarle o quitarle permisos a otros es con **o**, lo que vamos a hacer ahora es agregarle permisos de ejecución y también de escritura al **grupo**:

Terminal de comandos del contenedor ubuntu

```
chmod g+xw archivo.sh
```

Vamos a ver los permisos para ver que se hayan aplicado los cambios:

Terminal de comandos del contenedor ubuntu

```
ls -l archivo.sh
```

Salida de ejecutar: ls -l archivo.sh

```
-rwxrwxr-- 1 root root 16 Mar 26 15:38 archivo.sh
```

Ahora lo vamos a hacer con **otros**:

Terminal de comandos del contenedor ubuntu

```
chmod o+xw archivo.sh
```

Y ahora presionamos **enter** y volveremos a ver los permisos:

Salida de ejecutar: ls -l archivo.sh

```
-rwxrwxrwx 1 root root 16 Mar 26 15:38 archivo.sh
```

Y ahora podemos ver que todos tienen permisos de lectura, escritura y ejecución.

Y ahora que otros usuarios que no son los pertenecientes al grupo, ni tampoco el mismo usuario tenga permisos de lectura, escritura y ejecución, es un poco inseguro, así es que lo que vamos a hacer es quitarle esos permisos.

Así que vamos a realizar un:

Terminal de comandos del contenedor ubuntu

```
chmod o-xrw archivo.sh
```

Entonces aquí le estamos quitando permisos de ejecución, lectura y de escritura sobre "**archivo.sh**", ahora, cuando volvamos a ver el archivo con **ls -l**:

Terminal de comandos del contenedor ubuntu

```
ls -l archivo.sh
```

Salida de ejecutar: ls -l archivo.sh

```
-rwxrwx--- 1 root root 16 Mar 26 15:38 archivo.sh
```

Vamos a ver que solamente aparecen estos 3 guiones.

Y ahora como otro tip, también podemos asignarle los permisos específicamente a cada usuario o a cada grupo la siguiente manera:

Terminal de comandos del contenedor ubuntu

```
chmod u-w,g-wr,o+x archivo.sh
```

Aqui utilizamos **chmod** y vamos a indicarle:

- Que al usuario le queremos quitar los permisos de "escritura.
- Para el grupo lo que queremos hacer es quitarle los permisos de "escritura" y "lectura".
- Mientras que para otros le vamos a agregar los permisos de "ejecución".

Si realizamos un:

Terminal de comandos del contenedor ubuntu

```
ls -l archivo.sh
```

Salida de ejecutar: ls -l archivo.sh

```
-r-x--x--x 1 root root 16 Mar 26 15:38 archivo.sh
```

Vamos a ver que los permisos se han asignado.

Y el último tip que podemos utilizar con **chmod** es que sí queremos asignarle los permisos de manera inmediata y no queramos ir agregando o quitando permisos, sino que le queramos indicar inmediatamente si es que va a tener permisos, por ejemplo de lectura, escritura y ejecución, en ese caso se lo vamos a asignar al usuario, pero en lugar de utilizar el símbolo de suma o resta, vamos a utilizar el símbolo de igual:

Terminal de comandos del contenedor ubuntu

```
chmod u=rwx archivo.sh
```

Y ahora sí volvemos a realizar:

Terminal de comandos del contenedor ubuntu

```
ls -l archivo.sh
```

Salida de ejecutar: ls -l archivo.sh

```
-rwxr-x--x 1 root root 16 Mar 26 15:38 archivo.sh
```

Vemos a ver de qué los permisos de usuario van a ser exactamente iguales a lo que indicamos.

Y si es que solo quisiéramos que solamente tuviese un tipo de permiso como por ejemplo, podría ser solamente de ejecución, lo que hacemos es que le quitamos la "r" y la "w":

Terminal de comandos del contenedor ubuntu

```
chmod u=x archivo.sh
```

Ahora, cuando vayamos a ver los permisos del usuario:

Terminal de comandos del contenedor ubuntu

```
ls -l archivo.sh
```

Salida de ejecutar: ls -l archivo.sh

```
---x--x--x 1 root root 16 Mar 26 15:38 archivo.sh
```

Vamos a ver que solamente tiene los permisos de ejecución.

Y listo con esto, ya hemos visto todo lo básico que necesitas saber sobre Linux para poder meterte dentro del mundo de Docker y no confundirte en lo absoluto cuando lo estemos viendo en profundidad, así que nos vemos ya en la siguiente sección donde vamos a ver Docker en profundidad.

Capítulo 3: Construcción de imágenes

Introducción

La construcción de imágenes es un paso fundamental cuando estamos utilizando Docker, quizás uno de los más importantes, si la imagen se construye mal nos va a traer problemas en el futuro, así que dentro de esta sección nos vamos a dedicar a ver en profundidad la forma correcta de crear imágenes en Docker.

Dentro de lo que veremos es:

- crear archivo Docker o también conocido como el "**Dockerfile**",
- versionar nuestras imágenes,
- compartir las imágenes,
- guardar y cargar las imágenes,
- reducir su tamaño, y
- también vamos a acelerar el tiempo que toma construir estas imágenes.

Y ahora comencemos.

Imagen vs contenedor

Antes de continuar primero, nos vamos a asegurar que entendemos la diferencia entre contenedores e imágenes.

¿Qué diferencia hay entre aplicación y proceso?

Y para esto vamos a ver la comparación entre una aplicación vs un proceso, vamos a suponer que estás viendo un video dentro de un explorador web, como Chrome.

La aplicación en este caso es la que se llama Chrome, y esta contiene absolutamente todo el código necesario para poder ejecutarse, luego tenemos los procesos de Chrome que en este caso vamos a decir que estos son los hijos, cada vez que abrimos una ventana de Chrome o incluso cuando abrimos una pestaña de Chrome lo que estamos haciendo es que con nuestra aplicación estamos creando procesos.

Entonces lo que estás viendo en tu pantalla cuando estás navegando con Chrome, no es la aplicación, lo que estás haciendo es que estás viendo un proceso de la aplicación Chrome, **la aplicación es el código y el proceso es la ejecución de este**.

Y también puedes correr tantos procesos como tú quieras basados en una aplicación, esto quiere decir que podríamos tener perfectamente 10 ventanas de Chrome corriendo, o sea que de una aplicación pueden salir múltiples procesos.

Ahora lo que vamos a hacer es llevar esto mismo a Docker, en este caso **una imagen vendría siendo algo así como la aplicación**, esta no se encuentra en ejecución, pero contiene todo lo necesario para poder crear un proceso basado en esta imagen. Dentro de las cosas que este contiene:

- un sistema operativo,
- sus dependencias, como por ejemplo, podría ser node JS, Python, PHP o MySQL,
- los archivos de tu aplicación, y
- las variables de entorno.

En cambio **un contenedor es un proceso** y **este proceso se inicia a partir de una imagen**, aunque este es un proceso especial porque contiene su propio sistema de archivos y este provee un ambiente aislado, y con esto nos referimos a que este no va a intervenir con otros contenedores o con tu sistema operativo anfitrión. Este también puede detenerse o volver a iniciarse, y también se pueden crear múltiples contenedores con base en la misma imagen.

Hay algo muy importante que te tengo que mencionar con respecto a los contenedores, si tú tienes un contenedor "A" y uno "B", y los tienes a los 2 corriendo, ya sea al mismo tiempo, o ejecutas uno antes y uno después, y tú agregas un archivo dentro de "A", este archivo y todos los otros archivos que tú crees dentro del contenedor "A" no van a aparecer dentro del contenedor "B", estos son completamente independientes.

Por supuesto que existen formas para que el contenedor "A" pueda compartir información con el contenedor "B" pero esas formas las vamos a ver más adelante, lo importante de sacar de esta lección es lo siguiente: **cada contenedor es su propio universo, y lo que se haga sobre un contenedor no va a afectar en lo absoluto a otros contenedores, y tampoco a tu sistema operativo anfitrión.**

Aplicación de ejemplo

Para este ejemplo vamos a utilizar una aplicación construida con React, es más, esta es la plantilla base que se crea una vez que tú inicializas el proyecto, no tiene absolutamente nada del código nuevo, esto es solamente lo que crea en un comienzo, pero al saber que es sumamente importante:

> ⚠ Da exactamente lo mismo que ahora estemos utilizando una aplicación creada con React, tú en este caso no tienes que saber Node JS, tampoco tienes que saber React, ni tampoco tienes que saber JavaScript, lo importante es que tú sigas el proceso mental que vamos a seguir en el transcurso de esta sección, de hecho ni siquiera vamos a tocar código JavaScript.

Así es que en este momento tú tienes 2 opciones para poder continuar con esta sección, la primera es crear una plantilla desde cero aquí la puedes crear con **create-react-app**, a pesar de que se encuentra deprecado da lo mismo el concepto que vamos a tomar esta aplicación y la vamos a meter dentro de un contenedor, o también lo puedes hacer como yo que la cree con **vite**, pero te repito lo que se construya da exactamente lo mismo para este proyecto vamos a necesitar node, pero esto perfectamente podría funcionar con Python, con Java, con C#, PHP, en este caso el intérprete o el compilador que vamos a utilizar o también el ambiente de ejecución da exactamente lo mismo lo que importa es el proceso mental que vamos a seguir.

O puedes usar el repositorio de este libro, donde en el commit: "3.Construcción de imágenes - Clase 31. Aplicación de ejemplo" con el hash "b3b77eb56d76cf2" es que vas a poder comenzar con esta sección.

Pero si quieres instalar este proyecto desde tu terminal con **vite** lo primero que tienes que tener es **Node Js** instalado. Pero si no lo tienes instalado, tienes que venir acá a este sitio web de Node JS:

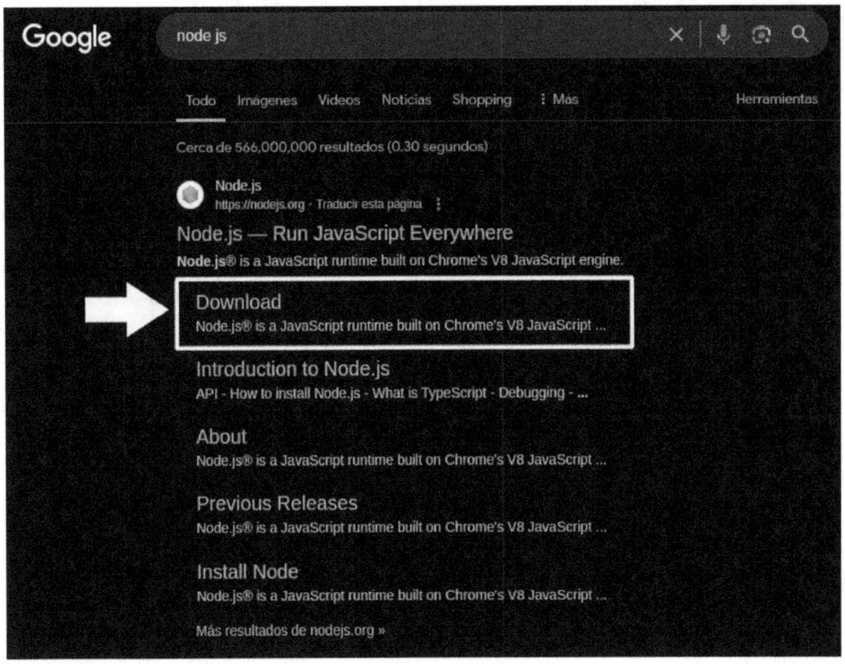

Descarga de Node

Específicamente, en este botón de "download", descárgalo e instálalo es sumamente sencillo. Y al terminar la instalación, si es que tenías alguna terminal abierta, ciérrala y vuélvela a abrir para que te cargue Node.

Y entonces, luego de haber descargado e instalado node, ahora en la terminal de comandos vamos a crear el proyecto que utilizaremos el siguiente comando:

Terminal de comandos

```
npm create vite@latest
```

Terminal de comandos al ejecutar: npm create vite@latest

```
Need to install the following packages:
create-vite@5.2.3
Ok to proceed? (y)
```

Aqui nos preguntará si queremos instalar esta versión de vite, escribiremos la letra "**y**" y presionaremos **enter**, se instalará y después comenzará a crear el proyecto preguntándonos algunos datos, vamos a colocar lo siguiente en estos campos, en cada uno deberemos escribir la respuesta y presionar la tecla **enter**:

Terminal de comandos al ejecutar: npm create vite@latest

```
□ Project name: … holamundo
□ Select a framework: › React
□ Select a variant: › JavaScript + SWC
```

Salida de ejecutar: npm create vite@latest

```
Scaffolding project in /home/user/workspace/cursos/ultimate-docker/holamundo...

Done. Now run:

cd holamundo
npm install
npm run dev
```

Entonces este proyecto se habrá creado en la carpeta donde ejecutaste el comando, en mi caso fue en la carpeta del curso, y este es su contenido:

Estructura de carpetas y archivos en la carpeta ultimate-docker

```
|-- ultimate-docker/
    |-- holamundo/
        |-- public/
        |-- src/
        |-- .eslintrc.cjs
        |-- .gitignore
        |-- index.html
        |-- package.json
        |-- README.md
        |-- vite.config.js
```

Abrir proyecto

En este momento puedes utilizar la misma terminal para poder llegar hasta la ruta donde tienes el proyecto, esto lo hemos visto en nuestra sección pasada, pero igualmente puedes ir a VsCode, abrir este directorio y usar la terminal integrada que nos ofrece este editor.

Esto lo hacemos haciendo clic en **archivo** o **file** y despues en **abrir carpeta** u **open folder**:

img

Despues seleccionaremos la carpeta donde se encuentra el proyecto, que puedes ver en esta captura que se llama "**3-holamundo**" ya que asi se llevo en el repositirio para diferenciar entre las secciones:

img

Y luego de que esté abierto el proyecto, podemos usar la terminal integrada siguiendo los pasos de esta imagen:

img

Una vez que tengas la terminal ubicada en esta carpeta podremos usar:

Terminal de comandos

```
ls
```

Salida de ejecutar: ls

```
index.html  package.json  public  README.md  src  vite.config.js
```

Indiferente, si estás en Linux, Windows o Mac, el comando debe servir para ver exactamente esto mismo.

Así es que ahora vamos a escribir:

Terminal de comandos

```
npm install
```

Para instalar todas las dependencias del proyecto, y con esto vas a obtener un mensaje similar a este:

Salida de ejecutar: npm install

```
added 227 packages, and audited 228 packages in 21s

100 packages are looking for funding
run `npm fund` for details

found 0 vulnerabilities
```

El siguiente comando que ejecutaremos es:

Terminal de comandos

```
npm dev
```

Salida de ejecutar: npm install

```
Unknown command: "dev"

Did you mean this?
    npm run dev # run the "dev" package script

To see a list of supported npm commands, run:
    npm help
```

Pero si es que por alguna razón no te llega a funcionar como este mensaje de error, entonces tienes que ejecutar:

Terminal de comandos

```
npm run dev
```

Salida de ejecutar: npm install

```
VITE v5.2.6  ready in 200 ms

□  Local:   http://localhost:5173/
□  Network: use --host to expose
□  press h + enter to show help
```

Y te va a mostrar esto y esta es la URL para el proyecto, así que hacemos acá, manteniendo presionada la tecla de **control** o **command** en el caso de MacOS hacemos clic en este enlace, o puedes copiarla y pegarla en el navegador, y esto es lo que te debería mostrar esto:

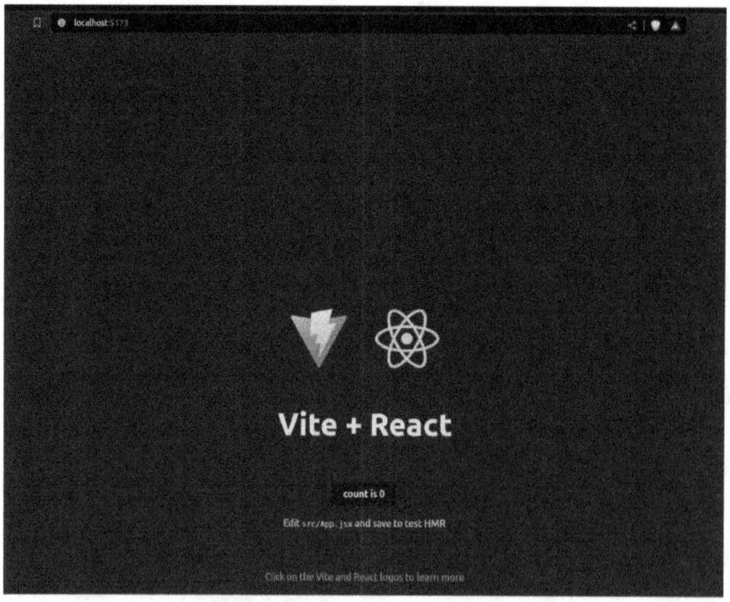

Servidor de React con Vite

Como puedes ver, no he hecho absolutamente nada contiene exactamente lo mismo que cuando tú inicies el proyecto desde cero, como te contaba el objetivo de esto no es la aplicación sino lo que vamos a hacer con esta, entonces hasta ahora hemos visto los siguientes conceptos:

- Instalar un **runtime**, que en este caso fue **Node Js**, pero perfectamente podría ser Python, PHP o el lenguaje con el cual tú te encuentres programando, da lo mismo.
- Después lo que hicimos fue instalar dependencias.
- Y finalmente ejecutamos el proyecto.

Estos pasos existen en absolutamente todos los proyectos en los cuales vas a trabajar, así es que la verdad la herramienta que utilicemos como en este caso es **Node Js** la verdad es que no es relevante, lo importante es el proceso que estamos siguiendo instalar runtime, instalar dependencias y ejecutar el proyecto.

A continuación, lo que vamos a hacer es crear nuestro archivo de "**Dockerfile**" para que no tengamos que realizar estos pasos una y otra vez.

Dockerfile

Entonces para que podamos "dockerizar" una aplicación, tenemos que crear un archivo que se llama **"Dockerfile"**, así que en nuestra carpeta **"holamundo"** vamos a crear un nuevo archivo:

Estructura de carpetas y archivos en la carpeta holamundo

```
|-- holamundo/
    |-- node_modules/
    |-- public/
    |-- src/
    |-- .eslintrc.cjs
    |-- .gitignore
    |-- Dockerfile
    |-- index.html
    |-- package.lock.json
    |-- package.json
    |-- README.md
    |-- vite.config.js
```

Ahora un archivo **"Dockerfile"**, contiene instrucciones que podemos indicarle para que este pueda construir imágenes, las instrucciones que vamos a ver son:

- **FROM** que nos sirve a para poder indicar la imagen base.
- **WORKDIR**, que nos sirve para cambiar el directorio de trabajo.
- **COPY** y **ADD** que nos van a servir para poder agregar archivos.
- **RUN** nos va a servir para ejecutar comandos.
- **ENV** para poder agregar variables de entorno.
- **EXPOSE** que nos sirve para exponer los puertos de nuestra aplicación.
- **USER** para que podamos asignarle un usuario y que este contenga privilegios acotados.
- **CMD** y **ENTRYPOINT** que estos 2 especifican el comando que se va a ejecutar cuando iniciamos el contenedor, pero con la diferencia es que **CMD** vamos a poder reescribirlo desde la línea de comandos, eso no lo podemos hacer con **ENTRYPOINT**.

Eligiendo la imagen correcta

Con la instrucción **FROM** podemos indicar qué sistema operativo vamos a utilizar, como decíamos en las primeras lecciones podría ser un sistema operativo Windows o Linux, o también le podemos indicar una imagen base que podemos utilizar, por ejemplo, si es que tú eres un dev Python vas a querer una imagen basada en Python, si que tú eres un dev JavaScript vas a querer una imagen basada en Node, si eres un dev PHP también vas a querer una imagen basada en PHP. Pero como en nuestro caso es que nuestra aplicación está basada en JavaScript, vamos a utilizar una imagen basada en Node (que es JavaScript del lado del servidor), sin embargo, antes que empecemos a ver las imágenes que podemos utilizar para poder construir nuestras aplicaciones quiero que veamos lo siguiente, vamos a buscar "Docker samples" en Google:

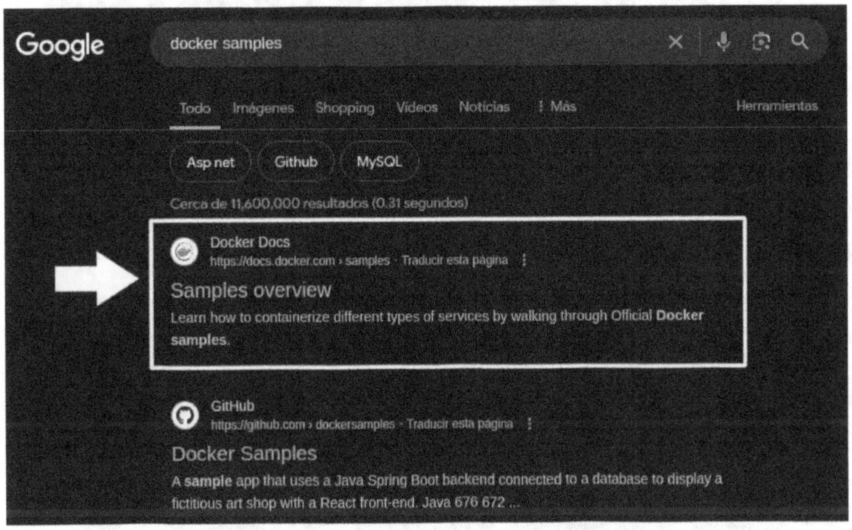

Buscando Docker Samples en Google

Y vamos a ingresar a este link y una vez que entres acá te vas a dar cuenta de lo siguiente, acá tenemos distintas plantillas con distintas tecnologías como por ejemplo MariaDB, MongoDB, también tenemos distintos frameworks, lenguajes y plataformas, para que podamos empezar a desarrollar inmediatamente con Docker, por ejemplo, si es que tú estás desarrollando con Django aquí se encuentra el framework de Django:

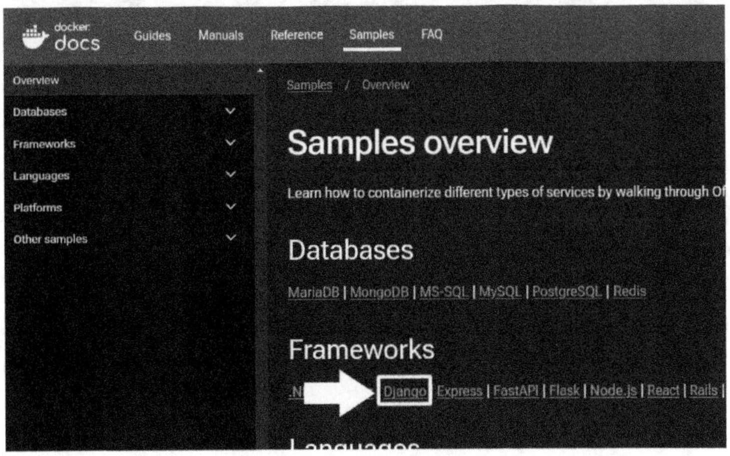

Página de Docker Samples

Y si lo seleccionamos:

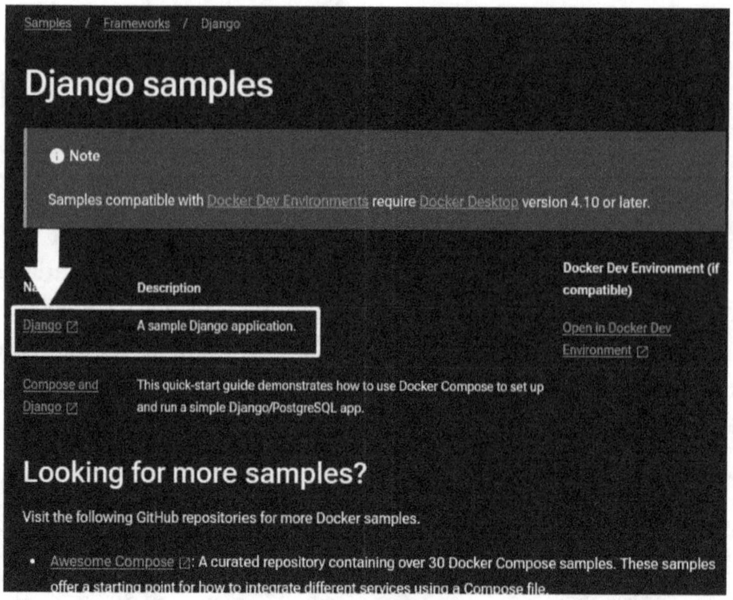

Opciones de Django

Vamos a ver que nos entrega un par de opciones, tenemos una aplicación Django, y también tenemos otra que es con "compose y Django", vamos a hacer clic en la primera:

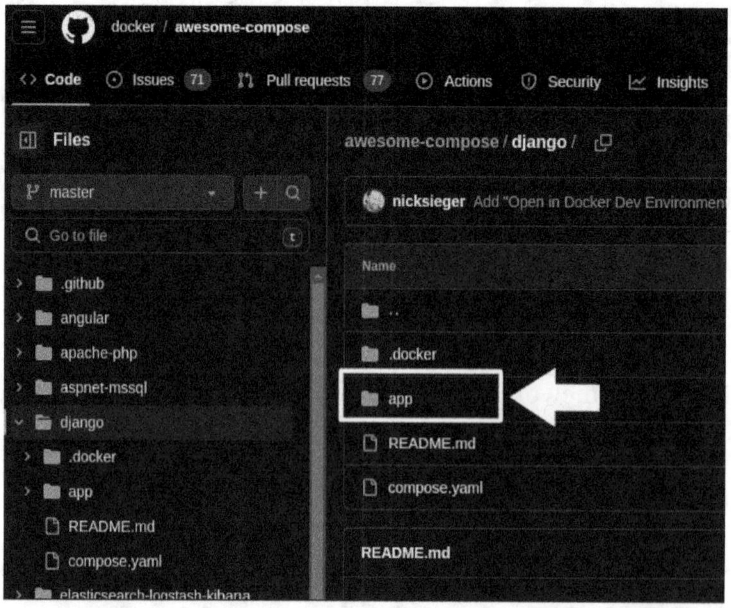

Repositorio de opción de Django

Acá podemos ver que tenemos el repositorio de GitHub. Que entre sus archivos contiene un archivo de "**README.md**", un archivo de "**compose.yaml**", "**.docker**" y la aplicación en la carpeta "**app**", vamos a hacer clic en esta carpeta:

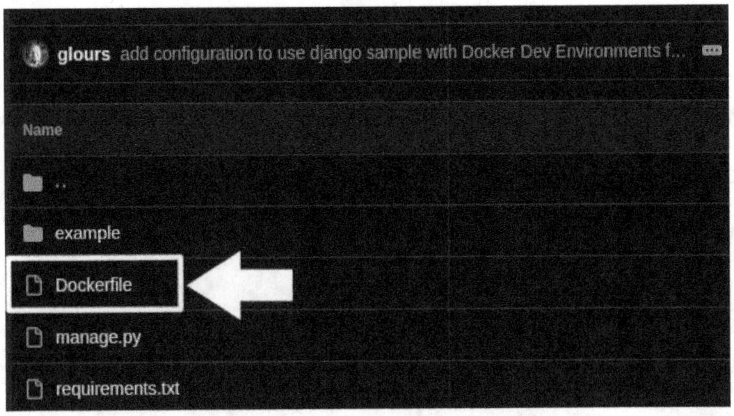

Archivo Dockerfile en el repositorio

Aqui podemos ver el **"Dockerfile"** y que contiene:

Dockerfile

```
# syntax=docker/dockerfile:1.4

FROM --platform=$BUILDPLATFORM python:3.7-alpine AS builder
EXPOSE 8000
WORKDIR /app
COPY requirements.txt /app
RUN pip3 install -r requirements.txt --no-cache-dir
COPY . /app
ENTRYPOINT ["python3"]
CMD ["manage.py", "runserver", "0.0.0.0:8000"]

FROM builder as dev-envs
RUN <<EOF
apk update
apk add git
EOF

RUN <<EOF
addgroup -S docker
adduser -S --shell /bin/bash --ingroup docker vscode
EOF
# install Docker tools (cli, buildx, compose)
COPY --from=gloursdocker/docker / /
CMD ["manage.py", "runserver", "0.0.0.0:8000"]
```

Ahora esto es muy importante, tú no llegues y copies esto así porque sí, tienes que realizar una investigación y también tienes que terminar primero este libro, para saber qué es lo que hace cada una de estas cosas.

Podría pasar que por ejemplo, la versión de Python se encuentra desactualizada. En este archivo se está viendo que se está utilizando la version **3.7**, pero a la fecha de escritura de este libro, la última versión de Python es la **3.12.2**, esto es para mostrarte más que nada que una vez que hayas terminado el libro, puedes utilizar estas plantillas para basarte en estas, y así poder empezar a desarrollar rápidamente.

Ahora nos vamos a ir para atrás y vamos a ver otra más, en la parte de **frameworks** y vamos a seleccionar a .NET y vamos a seleccionar alguna opción, por ejemplo la primera:

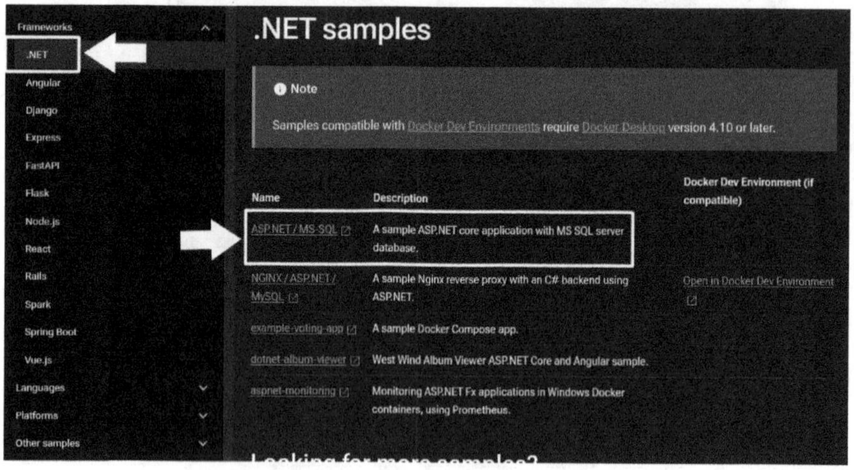

Opciones de .NET

Estando de nuevo en el repositorio, iremos a la carpeta **"app"**, después a la carpeta **aspnetapp** y aquí se encuentra el archivo de **"Dockerfile"**:

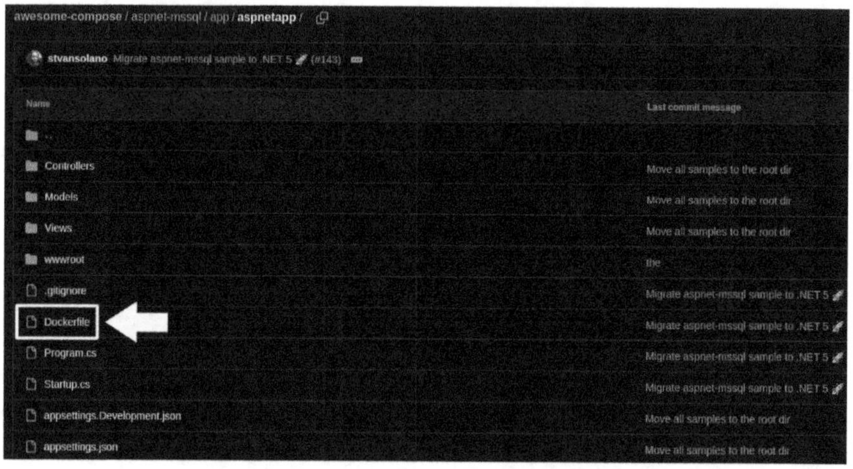

Dockerfile en el repositorio para aspnet

Dockerfile

```
FROM mcr.microsoft.com/dotnet/aspnet:5.0 as base
WORKDIR /app
. . .
```

Y fíjate en lo que incluye esta instrucción de **FROM** que contiene una URL completa,en la cual **mcr** viene de "Microsoft container registry" donde se van a encontrar almacenadas imágenes basadas en Docker, esto es para decirte que cuando veas una URL completa significa que esta imagen no se encuentra dentro de Docker Hub, sino que se encuentra dentro de un repositorio privado que en este caso es el repositorio de Microsoft.

Y como comentábamos no llegues y copies esto porque perfectamente la versión podría ser que ya cambio, además de eso si te metes a ver estos repositorios y empiezas a ver la fecha de modificación vas a ver que estos fueron mantenidos la última vez, por ejemplo, estos archivos hace 3 años.

Ya que vimos esto, ahora si tenemos que ir a buscar una imagen basada en Node, vamos a escribir nuestro archivo desde cero, así que iremos a la página de Docker Hub y dentro lo que vamos a buscar Node:

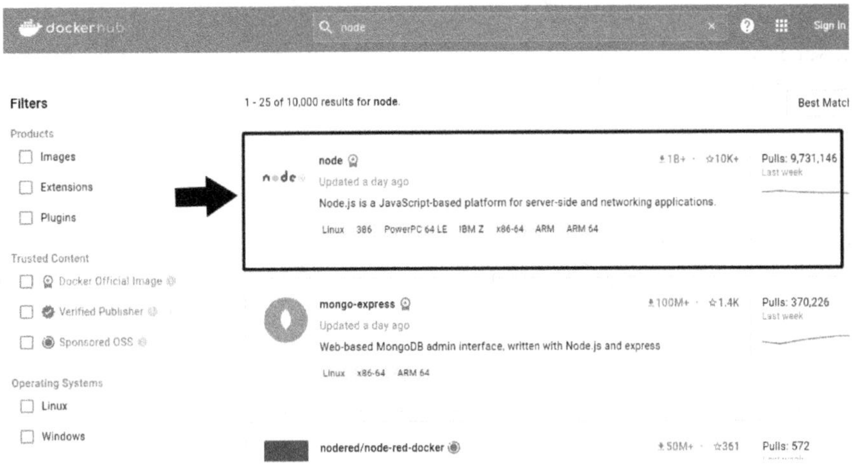

Node en DockerHub

Y vamos a hacer clic en este:

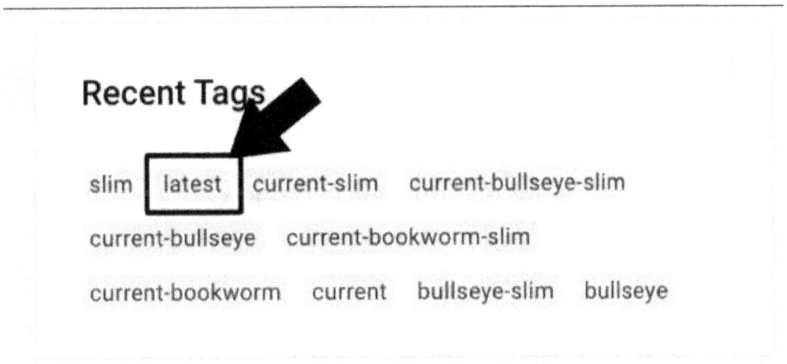

Tags en la Imagen de Node

Y ahora acá vamos a aprovechar de mencionar algo, fíjate arriba a la derecha de esta página que acá se encuentran las "tags" o "etiquetas" y aparece esta de **latest**.

Etiqueta Latest

Para ver este tema, vamos a devolvernos a VsCode a al archivo "**DockerFile**". Si acá especificamos una imagen de Node:

Dockerfile

```
FROM node
```

Y no le indicamos absolutamente nada más, lo que va a ocurrir es que por defecto nuestro archivo lo que iba a ocurrir es que por defecto va a utilizar la etiqueta de "**latest**", **esto es una pésima práctica** y tú jamás deberías utilizarla. La razón de esto, es que cada vez que construyamos una imagen, Docker va a buscar la imagen que contenga esta etiqueta de "latest", y esto puede ocurrir en tú máquina local o cuando estés desplegando en producción. Lo que quiere decir que si es que estás trabajando con la versión 14, pero acaba de salir la 16, entonces cuando ejecutemos esto en lugar de descargar la versión 14 que es con la que estabas trabajando va a ir a descargar la 16. En la mayoría de las veces no pasa nada, pero podría pasar algo raro con tu aplicación y podría presentarse un comportamiento errático en tus aplicaciones, así que procura nunca utilizar "latest", tienes que ser muy específico con la versión que utilizarás y si decides actualizar tienes que encargarte de probar tu aplicación antes de pasar a la siguiente versión.

De regreso a Dockerhub, vamos a buscar una que nos interese. En este caso, la última versión que existe pareciera ser la **21.7**:

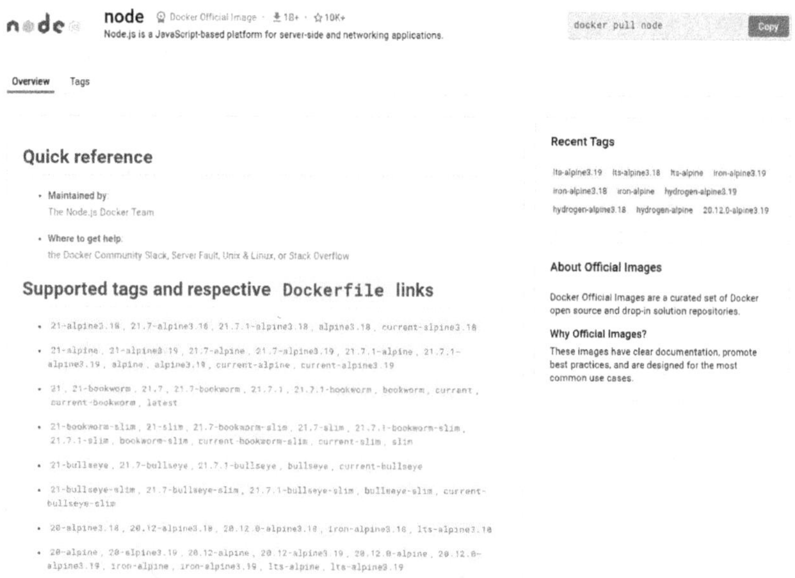

Node en Dockerfile

Si continuamos haciendo scroll hacia abajo, aquí nos está indicando dentro de la documentación, no todas las imágenes podrían hacerlo, él cómo podemos especificar la versión:

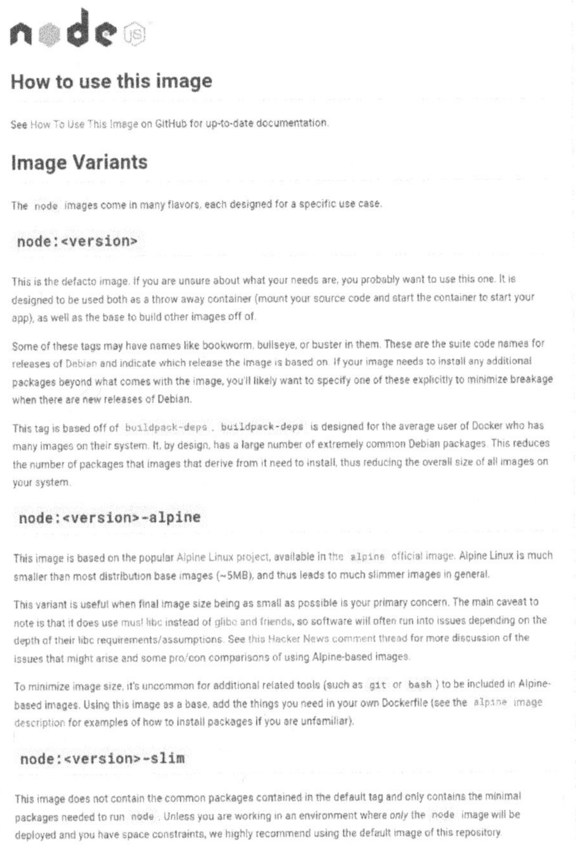

node

How to use this image

See How To Use This Image on GitHub for up-to-date documentation.

Image Variants

The `node` images come in many flavors, each designed for a specific use case.

node:<version>

This is the defacto image. If you are unsure about what your needs are, you probably want to use this one. It is designed to be used both as a throw away container (mount your source code and start the container to start your app), as well as the base to build other images off of.

Some of these tags may have names like bookworm, bullseye, or buster in them. These are the suite code names for releases of Debian and indicate which release the image is based on. If your image needs to install any additional packages beyond what comes with the image, you'll likely want to specify one of these explicitly to minimize breakage when there are new releases of Debian.

This tag is based off of `buildpack-deps`. `buildpack-deps` is designed for the average user of Docker who has many images on their system. It, by design, has a large number of extremely common Debian packages. This reduces the number of packages that images that derive from it need to install, thus reducing the overall size of all images on your system.

node:<version>-alpine

This image is based on the popular Alpine Linux project, available in the `alpine` official image. Alpine Linux is much smaller than most distribution base images (~5MB), and thus leads to much slimmer images in general.

This variant is useful when final image size being as small as possible is your primary concern. The main caveat to note is that it does use musl libc instead of glibc and friends, so software will often run into issues depending on the depth of their libc requirements/assumptions. See this Hacker News comment thread for more discussion of the issues that might arise and some pro/con comparisons of using Alpine-based images.

To minimize image size, it's uncommon for additional related tools (such as `git` or `bash`) to be included in Alpine-based images. Using this image as a base, add the things you need in your own Dockerfile (see the `alpine` image description for examples of how to install packages if you are unfamiliar).

node:<version>-slim

This image does not contain the common packages contained in the default tag and only contains the minimal packages needed to run `node`. Unless you are working in an environment where *only* the `node` image will be deployed and you have space constraints, we highly recommend using the default image of this repository.

Como usar imágenes de Node

Nos está indicando qué es usando **node**: seguido del número de la versión que queremos. Subiremos nuevamente en esta página y haremos clic en donde dice **tags**:

Pestaña de Tags

Si bajamos un poco, vamos a ver que aquí se encuentran estas versiones, y que cada una de estas es para diferentes arquitecturas, esto quiere decir que esta distribución de Linux que se encuentra acá, está construida para amd64, arm v6, arm v7, arm 64 V8, ppc64l. y s390:

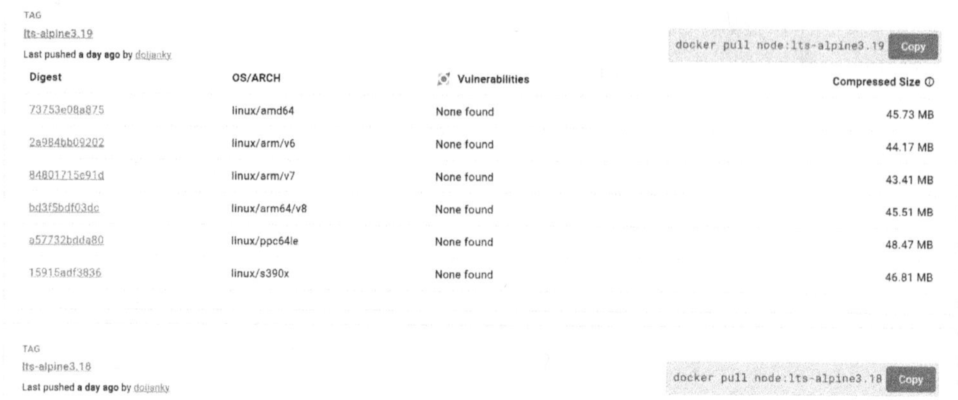

Arquitecturas soportadas

Esta no es la versión que vamos a utilizar, así que vamos a bajar más en esta página, hasta encontrar la versión **20.5.0-slim**:

Versión 20.5.0 slim

Esta versión nos interesa más, con esta información vamos a colocar en el buscador que hay en esta pestaña tags de esta versión:

Versión de alpine 3.18

Y aquí vamos a encontrar esta versión **20.5.0-alpine3.18**. Esta versión eventualmente podría cambiar. Pero antes de avanzar, vamos a hacer una diferenciación acá abajo aparece una versión de alpine sin su número la podrías ver como **20.5.0-alpine**:

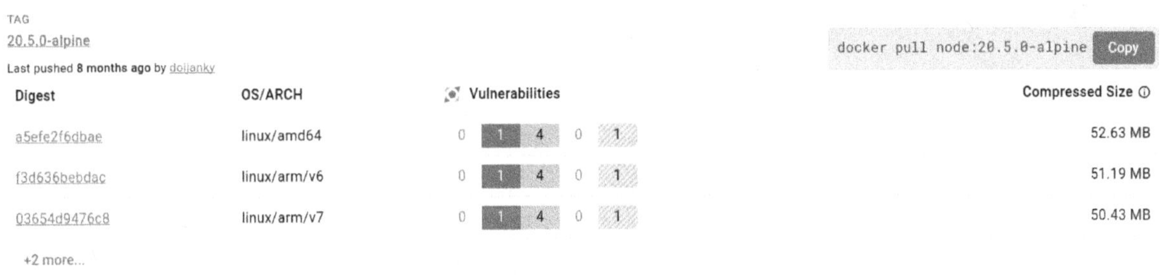

Versión de alpine

Esto quiere decir que esta versión podría ser otra, en este caso podemos saber qué es la nueva, ya que la versión para la arquitectura amd64 en el caso de la versión **3.18** pesa **52.63MB** y esta que no tiene número de versión también pesa **52.63MB**

Pero recuerda que si usamos aquella que no tiene versión, la **20.5.0-alpine**, eventualmente podría cambiar si es que se llega a generar una nueva imagen que contenga la nueva versión de alpine por ejemplo, la **3.19**, y eso también podría afectar el comportamiento de nuestras aplicaciones, así es que si vamos a usar alguna esta si, o si debería tener el número de su versión.

Así que vamos a utilizar esta que vimos anteriormente, la: **20.5.0-alpine3.18**, lo que significa que va a instalar esta versión en específico. Si esta imagen no tuviese el último 0, como sería la **20.5-alpine3.18** que puedes encontrar entre todas estas versiones, y después sale la versión **20.5.1**, la siguiente vez va a instalar esta versión, así es que tenemos que ser lo más específicos posible para no tener problemas en un futuro.

Vamos a copiar haciendo clic en esta parte:

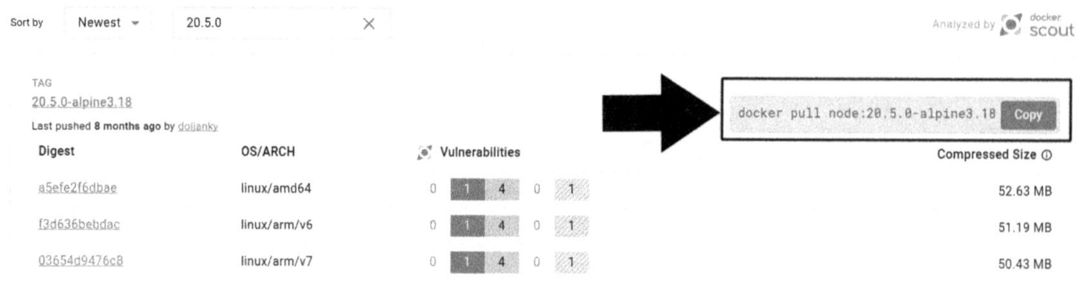

Copiar versión

Y ahora, de regreso en VsCode en nuestro archivo de "**Dockerfile**":

holamundo/Dockerfile

```
FROM node:20.5.0-alpine3.18
```

Dejando la línea de **FROM** de esta manera.

Y con esto, ya tenemos la etiqueta que vamos a utilizar, así es que vamos a guardar. Y ahora de regreso en nuestra terminal nos aseguramos que estamos en el mismo directorio, y ahora vamos a construir nuestra imagen.

Construyendo la imagen

Para eso vamos a utilizar el siguiente comando:

Terminal de comandos

```
docker build -t app-react .
```

Donde:

- **docker build**: Este es el comando principal que le indica a Docker que debe construir una imagen a partir de un archivo "**Dockerfile**".
- **-t**: La opción **-t** o **–tag** se utiliza para especificar una etiqueta para la imagen que se está construyendo.
- "**app-react**" vendría siendo el nombre de la imagen.
- Y seguido de este nombre, le tenemos que indicar dónde se encuentra el archivo "**Dockerfile**" que en este caso es la ruta se encuentra donde está posicionada la terminal.

Ahora presionamos **enter** y esperamos a que termine de construirse.

Vamos a ejecutar nuestro contenedor, pero de forma interactiva:

Terminal de comandos

```
docker run -it app-react
```

Y vamos a presionar **enter**:

Terminal de comandos Node Alpine

```
Welcome to Node.js v20.5.0.
Type ".help" for more information.
>
```

Acá nos encontramos dentro de un REPL de Node, pero esto no es lo que queremos. Como ejemplo, acá podemos hacer un:

Terminal de comandos Node Alpine

```
> console.log("hola mundo")
```

Y se presionamos **enter**, vamos a ver qué nos estará mostrando:

Terminal de comandos Node Alpine

```
hola mundo
undefined
>
```

Esto no es lo que queremos, lo que de verdad necesitamos hacer es acceder al sistema operativo, así es que vamos a presionar **control** + **c** y nos dirá que para salir, tenemos que volver a presionar **control** + **c**.

Y ahora le vamos a indicar la shell con la cual vamos a iniciar, en la sección pasada vimos **bash**, así que esto es lo que vamos a indicar:

Terminal de comandos

```
docker run -it app-react bash
```

Al presionar **enter**:

Salida de ejecutar: docker run -it app-react bash

```
node:internal/modules/cjs/loader:1051
throw err;
^

Error: Cannot find module '/bash'
    at Module._resolveFilename (node:internal/modules/cjs/loader:1048:15)
    at Module._load (node:internal/modules/cjs/loader:901:27)
    at Function.executeUserEntryPoint [as runMain] (node:internal/modules/run_main:8\
3:12)
    at node:internal/main/run_main_module:23:47 {
code: 'MODULE_NOT_FOUND',
requireStack: []
}

Node.js v20.5.0
```

Y vemos que estará arrojando un error, indicando que no encuentra el módulo de **bash** y esto es porque **alpine** en Linux no cuenta con **bash**, cuenta con otra shell que es muy parecida que en lugar de llamarse **bash** se llama **sh**, así que usaremos esto:

Terminal de comandos

```
docker run -it app-react sh
```

Al presionar **enter**:

Terminal de comandos alpine

```
/ #
```

Como podemos ver nos encontramos dentro de Linux nuevamente, podemos ejecutar el comando:

Terminal de comandos del contenedor

```
node -v
```

Presionamos **enter**:

Salida de ejecutar: docker run -it app-react bash

```
v20.5.0
```

Y acá tenemos que estamos de manera exitosa ejecutando la versión **20.5.0**

Copiando archivos

Ahora vamos a ver cómo podemos copiar archivos desde nuestra máquina local al contenedor, para eso vamos a ver la instrucción de **COPY**. A esta le podemos indicar un archivo en específico, como por ejemplo podría ser: "**package.json**", y después le tenemos que indicar la ruta de dónde queremos copiar estos archivos, y en este caso vamos a indicar que lo vamos a pegar dentro de un directorio que se llama a "**app**":

holamundo/Dockerfile

```
COPY package.json /app
```

Ahora también le podemos pasar múltiples archivos, también le podríamos pasar a "**README.md**", sin embargo, esto es lo que hará será mostrarnos un error nos indicará que cuando estamos utilizando **COPY** con más de un archivo tenemos que colocarle al final un slash hacia adelante de la siguiente manera para indicar que esto es un directorio:

holamundo/Dockerfile

```
FROM node:20.5.0-alpine3.18
COPY package.json README.md /app/
```

Pero para este ejercicio no vamos a copiar los archivos de esta manera, lo que también le podemos pasar es un patrón por ejemplo, si quisiéramos copiar "**package.json**" y "**package-lock.json**", así que le podemos pasar perfectamente ahí un asterisco de esta manera:

holamundo/Dockerfile

```
FROM node:20.5.0-alpine3.18
COPY package*.json /app/
```

Eso es lo que hará será copiar "**package.json**" y también "**package-lock.json**".

Ahora vamos a continuar con el ejercicio, no solo vamos a copiar estos archivos, sino que copiaremos absolutamente todo, así es que le vamos a colocar un punto:

holamundo/Dockerfile

```
FROM node:20.5.0-alpine3.18
COPY . /app/
```

Y esto es lo que va a hacer es que va a copiar todos los archivos que se encuentran dentro del directorio actual y lo va a copiar dentro del directorio "**app**" del contenedor, entonces este **punto** es tu ruta actual y este "**/app/**" es la ruta de destino en el contenedor.

Aqui existe otra opción para señalar esto, perfectamente podríamos cambiar la ruta de donde nos encontramos trabajando, entonces supongamos que queremos hacer un "**cd app**" pero dentro del contenedor, para hacer eso podemos utilizar el comando de **WORKDIR** y luego de eso le tenemos que indicar la ruta de cuál va a ser nuestro nuevo espacio de trabajo, que en este caso es "**app**":

holamundo/Dockerfile

```
FROM node:20.5.0-alpine3.18
WORKDIR /app/
COPY . .
```

Cuando hacemos eso, ya no es necesario que le indiquemos la ruta completa, sencillamente se la podemos indicar con un punto.

Pero si es que tenemos un archivo que contiene espacios, en ese caso también podemos utilizar la instrucción de **COPY**, pero en lugar de utilizar esta sintaxis, lo que hacemos es que eso lo pasamos como un arreglo:

holamundo/Dockerfile

```
COPY ["hola mundo.txt", .]
```

Entonces, dentro de las comillas dobles, le vamos a pasar el nombre del archivo, que en este ejemplo es un archivo que se llama "**hola mundo.txt**", después como segundo argumento le pasamos el directorio de destino, sin embargo, no vamos a hacer esto, así que vamos a eliminarlo:

holamundo/Dockerfile

```
COPY ["hola mundo.txt", .]
```

Y ahora vamos a ver la diferencia con el comando de **ADD**.

Entonces la diferencia que tiene **ADD** con **COPY** es que le podemos especificar una URL de donde se encuentran los archivos como, por ejemplo, podría ser:

Dockerfile

```
ADD http://www.miweb.com/archivos .
```

Y después lo podemos copiar derechamente en el directorio actual con el punto, que vendría siendo "**app**". Podemos pasarle URLs, o también lo que podemos hacer es pasarle archivos que se encuentran comprimidos, y **ADD** en este caso lo que hará será descomprimirlos. Sin embargo, este comando de **ADD** no lo deberías utilizar, debido a que viene con esas funcionalidades extras, entonces a menos que tengas que sacar archivos desde una URL o desde un archivo comprimido, lo mejor es que siempre te mantengas utilizando **COPY** porque es más específico y no viene con esas "magias" incluidas. Así que vamos a borrar también esta línea:

Dockerfile

```
ADD http://www.miweb.com/archivos .
```

Ahora lo que vamos a hacer es guardar este archivo, de regreso en nuestra terminal, vamos a volver a crear nuestra imagen con el comando:

Terminal de comandos

```
docker build -t app-react .
```

Aquí esperamos a que termine de construir, y en la salida podemos ver que aparecieron 2 pasos nuevos tenemos el de **WORKDIR** y **COPY**:

Salida de ejecutar: docker build -t app-react .

```
. . .
=> [1/3] FROM docker.io/library/node:20.5.0-alpine3.18@sha256:efcfc9e818  0.0s
=> [internal] load build context                                          0.3s
=> => transferring context: 55.23MB                                      0.2s
=> [2/3] WORKDIR /app/                                             0.0s
=> [3/3] COPY . .
. . .
```

Vamos a ejecutar nuestro contenedor de manera interactiva le pasamos el nombre de nuestra imagen, seguido de la **shell**:

Terminal de comandos

```
docker run -it app-react sh
```

Al presionar **enter**:

Terminal de comandos del contenedor

```
/app #
```

Nos encontramos ya inmediatamente dentro del directorio de **app** en la terminal y listamos todos los archivos:

Terminal de comandos del contenedor

```
ls
```

Salida de ejecutar: ls

```
Dockerfile          node_modules        public
README.md           package-lock.json   src
index.html          package.json        vite.config.js
```

Vamos a ver que aparecen todos nuestros archivos que tenemos en nuestro proyecto.

Código completo de la lección

Para terminar, te dejaré el código del archivo **"holamundo/Dockerfile"**

holamundo/Dockerfile

```
FROM node:20.5.0-alpine3.18
WORKDIR /app/
COPY . .
```

Excluyendo archivos

Existen 2 razones por las cuales necesitaremos ignorar archivos para que no se incluyan dentro de las imágenes:

1. Toma menos tiempo en crearse.
2. Las imágenes pesan menos, esto quiere decir que las imágenes van a ser más fáciles de transferir por la red, van a tomar también menos tiempo vas a utilizar menos tráfico y todos los beneficios que tienen que algo pese menos.

Así es que lo que vamos a hacer ahora es excluir el directorio "**node_modules**", así que de regreso en nuestro proyecto lo más probable es que tú ya estés familiarizado con el archivo de "**.gitignore**", este nos sirve para que cuando queramos agregar nuestro proyecto a un repositorio, ignore todos estos archivos que se encuentren listados en este archivo "**.gitignore**":

holamundo/.gitignore

```
# Logs
logs
*.log
npm-debug.log*
yarn-debug.log*
yarn-error.log*
pnpm-debug.log*
lerna-debug.log*

node_modules
dist
dist-ssr
*.local
. . .
```

Y entre los archivos ignorados se encuentra el directorio de "**node_modules**" y este mismo directorio es el que vamos también a ignorar para que Docker no lo incluya cuando construyamos la imagen, así que vamos a crear un nuevo archivo que se llamará "**.dockerignore**":

Estructura de carpetas y archivos en la carpeta holamundo

```
|-- holamundo/
    |-- node_modules/
    |-- public/
    |-- src/
    |-- .dockerignore
    |-- .eslintrc.cjs
    |-- .gitignore
    |-- Dockerfile
    |-- index.html
    |-- package.lock.json
    |-- package.json
    |-- README.md
    |-- vite.config.js
```

En el editor dependiendo de tus extensiones, pero el icono de este archivo debería ser igualmente icono de "**docker**", y ahora en este archivo tenemos que escribir:

holamundo/.dockerignore

```
node_modules/
```

Agregamos al final del nombre un "/" para indicarle que este es un directorio.

Y ahora de regreso en nuestra terminal vamos a construir nuevamente la imagen:

Terminal de comandos

```
docker build -t app-react .
```

Ya que haya terminado con éxito, así que ahora la vamos a ejecutar:

Terminal de comandos

```
docker run -it app-react sh
```

Y ya que estamos en el contenedor, vamos a ejecutar un:

Terminal de comandos del contenedor

```
ls
```

Salida de ejecutar: ls

```
Dockerfile          index.html          package.json        src
README.md           package-lock.json   public              vite.config.js
```

Acá tenemos absolutamente todos nuestros archivos, pero falta la carpeta "**node_modules**", y cómo nos falta este directorio, por supuesto que nuestra aplicación no va a poder ejecutarse, así que la siguiente instrucción que tiene que realizar Docker es la de **npm install**, y eso es lo que vamos a hacer en la siguiente lección.

Comandos RUN

De regreso en nuestro archivo de "**Dockerfile**" vamos a llamar a la instrucción de **RUN**, esta instrucción nos va a permitir a poder ejecutar comandos con sus respectivos argumentos, así es que acá vamos a escribir:

holamundo/Dockerfile

```
RUN npm install
```

Además, también podríamos instalar una dependencia como por ejemplo, podríamos ejecutar perfectamente un comando al más estilo de:

holamundo/Dockerfile

```
RUN apt install php
```

Lo que si tienes que considerar es que alpine Linux no utiliza **apt** para poder instalar las dependencias, utiliza otro que se llama **apk** que este es muy similar **apt**, vamos a ir al sitio de la wiki de alpine Linux para saber más de esto, en la siguiente URL:

https://wiki.alpinelinux.org/wiki/Alpine_Package_Keeper

Acá nos encontramos dentro de la wiki alpine Linux como podemos ver aquí abajo, aparecen todos los comandos que son compatibles con el comando de **apk**, que se llama "alpine package keeper", de ahí viene a **apk**, entonces si que bajamos acá:

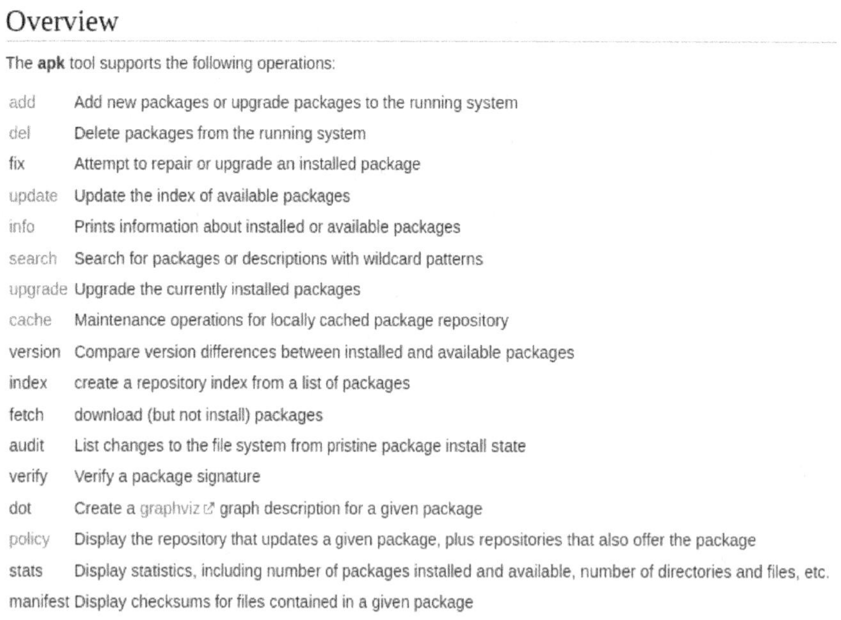

Overview

The **apk** tool supports the following operations:

add	Add new packages or upgrade packages to the running system
del	Delete packages from the running system
fix	Attempt to repair or upgrade an installed package
update	Update the index of available packages
info	Prints information about installed or available packages
search	Search for packages or descriptions with wildcard patterns
upgrade	Upgrade the currently installed packages
cache	Maintenance operations for locally cached package repository
version	Compare version differences between installed and available packages
index	create a repository index from a list of packages
fetch	download (but not install) packages
audit	List changes to the file system from pristine package install state
verify	Verify a package signature
dot	Create a graphviz graph description for a given package
policy	Display the repository that updates a given package, plus repositories that also offer the package
stats	Display statistics, including number of packages installed and available, number of directories and files, etc.
manifest	Display checksums for files contained in a given package

Opciones de apk

Podemos ver entre estos el comando de **add** que permite agregar o actualizar paquetes, **del** para eliminar, update para actualizar el índice, esto es muy similar a **apt update**.

Entonces de regreso en nuestro archivo "**Dockerfile**" Vamos a eliminar esta última línea, ya que no la ocuparemos:

holamundo/Dockerfile

```
RUN apt install php
```

En nuestra terminal vamos a construir nuevamente la imagen:

Terminal de comandos

```
docker build -t app-react .
```

Salida de ejecutar: docker build -t app-react .

```
. . .
 => [4/4] RUN npm install
. . .
```

Y entre la información que nos da la salida de ejecutar este comando vemos un nuevo paso que es **RUN npm install**, ingresaremos al contenedor:

Terminal de comandos

```
docker run -it app-react sh
```

Ya que estemos en la terminal, vamos a ejecutar:

Terminal de comandos del contenedor

```
ls
```

Salida de ejecutar: ls

```
Dockerfile          node_modules        public
README.md           package-lock.json   src
index.html          package.json        vite.config.js
```

Ahora podemos ver cómo aparece nuestro directorio de "**node_modules**".

Código completo de la lección

Para terminar, te dejaré el código del archivo "**holamundo/Dockerfile**"

holamundo/Dockerfile

```
FROM node:20.5.0-alpine3.18
WORKDIR /app/
COPY . .
RUN npm install
```

Acelerando imágenes

Para que podamos entender cómo podemos optimizar la construcción de las imágenes, primero tenemos que entender el sistema por capas.

Cada una de estas líneas del archivo **"Dockerfile"**, desde **FROM**, **WORKDIR**, **COPY** y **RUN**, todas y cada una de estas van a ser una capa:

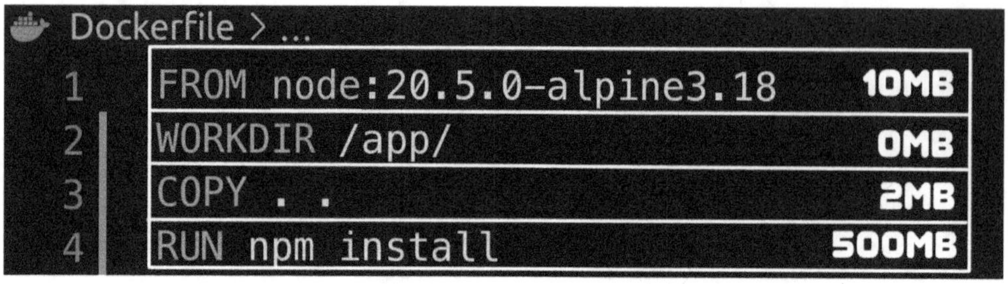

Representación de capas

Ahora en verdad estas son múltiples capas, porque son varias cosas pero sígueme la corriente. Cada vez que creemos una capa, esta se va a crear con un espacio que por supuesto está utilizando, entonces vamos a suponer que la primera va a utilizar, por ejemplo, 10 MB, no utiliza eso, pero vamos a suponer que utiliza 10MB, después cuando ejecutemos esta acción, se va a generar una capa intermedia con la diferencia de archivos que tiene una capa con respecto a la otra, en el caso de la línea 2 donde utilizamos **WORKDIR**, como estamos solamente cambiando de directorio, esto va a pesar 0MB en la siguiente, cuando copiamos absolutamente todos los archivos de nuestro proyecto con **COPY**, esta capa que se va a generar que contiene solamente la diferencia de los archivos va a pesar, vamos a suponer algo así como 2MB y finalmente cuando ejecutemos con **RUN npm install** esta va a crear una nueva capa la cual va a pesar mucho, digamos unos 500MB.

Ahora para que podamos ver estos representados de mejor manera nos vamos a devolver a la terminal, y vamos a ejecutar el comando de **docker history** pasándole el nombre de la imagen:

Terminal de comandos

```
docker history app-react
```

Entre la información que vamos a ver cuando ejecutemos este comando está:

Salida de ejecutar: docker history app-react

```
CREATED BY                                          SIZE
RUN /bin/sh -c npm install # buildkit               209MB
COPY . . # buildkit                                 141kB
WORKDIR /app/                                       0B
/bin/sh -c #(nop)  CMD ["node"]                     0B
/bin/sh -c #(nop)  ENTRYPOINT ["docker-entry...     0B
/bin/sh -c #(nop) COPY file:4d192565a7220e13...     388B
/bin/sh -c apk add --no-cache --virtual .bui...     7.76MB
/bin/sh -c #(nop)  ENV YARN_VERSION=1.22.19         0B
/bin/sh -c addgroup -g 1000 node     && addu...     166MB
/bin/sh -c #(nop)  ENV NODE_VERSION=20.5.0          0B
/bin/sh -c #(nop)  CMD ["/bin/sh"]                  0B
/bin/sh -c #(nop) ADD file:32ff5e7a78b890996...     7.34MB
```

Vamos a comenzar a interpretar esta información de abajo hacia arriba con respecto al "**docker-file**":

- Acá tenemos que se ejecutó este comando de **npm installl**, cuando se ejecutó este comando se generó una capa intermedia que pesa 209MB.
- Después lo que hicimos fue la instrucción del **COPY**, o sea, no después, pero tú me entiendes, hicimos esta instrucción de **COPY** que lo que hizo fue copiar los archivos de nuestro proyecto dentro del contenedor, y eso es lo que hizo fue generar una capa de 141 kilobytes.
- Antes nos cambiamos de directorio y esta capa pesa 0 bytes, porque no agregamos ni modificamos ningún archivo.
- Y todas estas otras capas que se encuentran descritas abajo son con respecto a la imagen que seleccionamos.

Ahora regresaremos a VsCode y vamos a aprovechar de explicar una ventaja que tiene Docker. Si es que tenemos una instrucción que no cambia, como por ejemplo es esta en la línea 1:

holamundo/Dockerfile

```
1 FROM node:20.5.0-alpine3.18
2 . .
```

Lo que hará Docker será reutilizar la misma imagen o la misma capa que este creo, en este caso acá tenemos una imagen, pero esta también recuerda que es una capa, en este caso estas capas van a ser reutilizadas y no se van a tener que generar de nuevo ni tampoco descarga.

Después, cuando nos cambiemos de directorio en:

holamundo/Dockerfile

```
2 WORKDIR /app/
```

Esta capa tampoco no ha cambiado en lo absoluto, así es que está lo que hará será reutilizarse.

Y a continuación tenemos esta capa de **COPY**:

holamundo/Dockerfile

```
3 COPY . .
```

Esta es la capa que a nos va a molestar muchísimo cuando la estemos utilizando, porque cada vez que realicemos un pequeño cambio, aunque sea muy pequeñito, lo que hará Docker será eliminar absolutamente todas las capas que se encuentran hacia abajo y las va a empezar a reconstruir desde 0. Esto significa que si estamos trabajando en un proyecto, el que sea, que por supuesto que vamos a modificar código y cuando lo hagamos todo lo que viene después se va a anular y se va a tener que generar de nuevo, y acá es donde empiezan los problemas. Porque en el 99,999% de los casos de todo desarrollador, siempre que vayas a construir una imagen se va a ver modificado un archivo de tu proyecto, y esto quiere decir que las dependencias se van a tener que instalar completamente todas de nuevo.

holamundo/Dockerfile

```
COPY . .
RUN npm install
```

Esto que se encuentra aquí, es nuestro cuello de botella y hace que tome tanto tiempo generar las imágenes.

Afortunadamente, existe una forma muy sencilla de poder optimizar esto. Nos vamos a venir justamente después que la línea de **WORKDIR** y lo que vamos a hacer es copiar los archivos "**package.json**" incluyendo también "**package-lock.json**" y eso los vamos a copiar a la ruta de nuestro proyecto, y después de esto vamos a ejecutar **npm install**

holamundo/Dockerfile

```
WORKDIR /app/
COPY package*.json .
RUN npm install
COPY . .
```

Entonces el proceso vendría siendo primero copiamos las especificaciones de nuestras dependencias, en Python este archivo se llama "**requirements**" y en JavaScript se llama "**package**". Entonces a menos que hayamos cambiado una dependencia, cuando estas se instalen, como esta capa donde copiamos a "**package.json**" no cambió, la que instala las dependencias tampoco va a cambiar y se va a crear de manera bastante más rápida. Y después de eso, es que vamos a copiar los archivos de nuestro proyecto.

Entonces recapitulando, si especificamos todo de esta manera, lo primero que se van a hacer es copiar el archivo de las dependencias, **en este paso aún no se copia el proyecto**, después se instalan las dependencias y ahora si se copia el resto del proyecto.

Entonces de regreso en nuestra terminal, vamos a construir nuevamente la imagen:

Terminal de comandos

```
docker build -t app-react .
```

Esto va a tomar un par de segundos y en la salida:

Salida de ejecutar: docker build -t app-react .

```
. . .
=> CACHED [2/5] WORKDIR /app/
=> [3/5] COPY package*.json .
=> [4/5] RUN npm install
=> [5/5] COPY . .
. . .
```

Aquí termino, como podemos ver aparecen unos nuevos pasos acá, tenemos que **WORKDIR** se encuentra cacheado pero todos lo demás no.

Vamos a subir un poco en la salida de la terminal, porque al comienzo nos debería mostrar el tiempo completo que tardó en crearse:

Salida de ejecutar: docker build -t app-react .

```
[+] Building 11.8s (11/11) FINISHED
. . .
```

Acá vemos que tomo 11.8 segundos, lo que vamos a hacer ahora es crear la imagen de nuevo, volvemos a ejecutar:

Terminal de comandos

```
docker build -t app-react .
```

Salida de ejecutar: docker build -t app-react .

```
[+] Building 1.4s (11/11) FINISHED
. . .
```

Y esto fue bastante más rápido, ahora solo tomo 1.4 segundos, entonces pasamos de 11.8 a 1.4 segundos, recortamos el tiempo al 12%, imagínate ahora si es que tu carpeta de **node_modules** o de todas tus dependencias pesará bastante más de lo que pesa ahora.

Código completo de la lección

Para terminar, te dejaré el código del archivo "**holamundo/Dockerfile**"

holamundo/Dockerfile

```
FROM node:20.5.0-alpine3.18
WORKDIR /app/
COPY package*.json .
RUN npm install
COPY . .
```

Variables de entorno

A veces cuando estamos trabajando con nuestras aplicaciones de frontend vamos a necesitar que estas se conecten con una API, o si tenemos una aplicación de backend vamos a necesitar que estas se conecten con algún servicio o con algo, entonces es cuando utilizamos las variables de entorno, porque eventualmente podríamos querer cambiar esa variable de entorno a lo largo de toda la aplicación y así no tener que ir de manera granular en cada uno de los archivos cambiando estos valores, para eso utilizamos las variables de entorno.

Entonces para poder usarlas dentro del "**Dockerfile**", utilizamos la instrucción de **ENV**, seguido de eso la llave o cómo se va a llamar esta variable:

holamundo/Dockerfile

```
ENV API=https://apiv1.miweb.com
```

Vamos a decir que este se va a llamar API y luego de eso con el símbolo de igual le indicamos cuál es el valor que va a tener.

Existe también otra forma en la cual le puedes asignar los valores a las variables de entorno y es que en lugar de tu colocar un símbolo de igual, solamente colocamos un espacio:

holamundo/Dockerfile

```
COPY . .
ENV API https://apiv1.miweb.com
```

Utiliza la que a ti te guste, las 2 son completamente válidas y no existe una que sea mejor que la otra, entonces ahora nos vamos a devolver a la terminal y vamos a reconstruir nuestra imagen:

Terminal de comandos

```
docker build -t app-react .
```

Como podemos ver, fue bastante rápida debido a la optimización que hicimos, y ahora vamos a ejecutar nuestro contenedor con:

Terminal de comandos

```
docker run -it app-react sh
```

Y una vez que estemos en la terminal del contenedor, vamos a imprimir las variables de entorno con **printenv**:

Terminal de comandos alpine

```
printenv
```

Salida de ejecutar: printenv

```
NODE_VERSION=20.5.0
HOSTNAME=d732cefff87b
YARN_VERSION=1.22.19
SHLVL=2
HOME=/root
API=https://apiv1.miweb.com
TERM=xterm
PATH=/usr/local/sbin:/usr/local/bin:/usr/sbin:/usr/bin:/sbin:/bin
PWD=/app
```

Aquí podemos ver el valor de esta variable de entorno.

Recuerda que también la puedes imprimir con **printenv** seguido del nombre de esta variable de entorno:

Terminal de comandos alpine

```
printenv API
```

Salida de ejecutar: printenv API

```
https://apiv1.miweb.com
```

Y también lo puedes hacer con **echo**, pero recuerda agregar también el símbolo de dólar:

Terminal de comandos alpine

```
echo $API
```

Salida de ejecutar: echo $API

```
https://apiv1.miweb.com
```

Código completo de la lección

Para terminar, te dejaré el código del archivo **"holamundo/Dockerfile"**

holamundo/Dockerfile

```
FROM node:20.5.0-alpine3.18
WORKDIR /app/
COPY package*.json .
RUN npm install
COPY . .
ENV API=https://apiv1.miweb.com
```

Comandos CMD

El comando para poder ejecutar nuestra aplicación en modo de desarrollo, después vamos a ver producción, pero en este caso es:

Terminal de comandos

```
npm run dev
```

Si lo ejecutamos en nuestra terminal, vamos a ver la siguiente información:

Salida de ejecutar: npm run dev

```
VITE v5.2.6  ready in 280 ms

□ Local:   http://localhost:5173/
□ Network: use --host to expose
□ press h + enter to show help
```

Vamos a ver que nos habilita este link: http://localhost:5173/, que si hacemos clic en él, por supuesto nos va a enviar a la aplicación, pero también nos agrega esta opción de "network", que si queremos disponibilizar esta versión de desarrollo para otras máquinas que se encuentran en la red, vamos a tener que utilizar el argumento de – **host**, para poder exponerlo. Esto mismo lo vamos a ver en la sección que viene cuando ya expongamos nuestra aplicación para que podamos acceder a esta desde los contenedores.

Entonces vamos a cancelar la ejecución de este servidor con **control** + **c**, y vamos a asegurarnos de tener nuestra imagen construida con el comando:

Terminal de comandos

```
docker build -t app-react .
```

Y ahora vamos a ejecutar:

Terminal de comandos

```
docker run app-react npm run dev
```

Salida de ejecutar: docker run -it app-react npm run dev

```
> 3-holamundo@0.0.0 dev
> vite


VITE v5.2.6  ready in 444 ms

□ Local:   http://localhost:5173/
□ Network: use --host to expose
□ press h + enter to show help
```

Y ahora podemos ver que nos está mostrando en la terminal el mismo mensaje que vimos antes. Esto que estamos viendo acá **es la ruta de la aplicación de desarrollo, pero dentro del contenedor**, si intentamos acceder a esto no vamos a ver absolutamente nada, esto lo vamos a ver después cuando podamos ingresar a la aplicación, en la parte de uso de contenedores.

Entonces, lo que queremos hacer ahora es no tener que estar ejecutando este comando cada vez que ejecutemos **docker run -it app-react**, queremos incluir esto dentro de nuestro archivo **"Dockerfile"**. Para hacer esto lo primero que más vamos a hacer es cancelar la ejecución del contenedor, por lo que tendremos que abrir otra terminal, y vamos a ejecutar el comando:

Terminal de comandos

```
docker ps
```

Salida de ejecutar: docker ps

```
CONTAINER ID   IMAGE       COMMAND                  CREATED              STATUS      \
          PORTS      NAMES
ed3e358b9493   app-react   "docker-entrypoint.s…"   About a minute ago   Up About a \
minute               sleepy_stonebraker
```

Y verás, una información similar a esta en la que podemos ver cómo nuestro contenedor se está ejecutando. Para detenerlo, vamos a ejecutar:

Terminal de comandos

```
docker stop ed3
```

Entonces estamos deteniendo el contenedor usando **docker stop** y luego los 3 primeros dígitos del id del contenedor que en mi caso es "ed3", presionamos **enter**, y tendremos que esperar un poco. Cuando se termine de ejecutar este comando, regresaremos a la otra pestaña de la terminal vamos a ver como ahora retomamos nuevamente este terminal para poder escribir comandos, es decir, el servidor de desarrollo que teníamos en el contenedor se ha detenido con éxito.

Y ahora nos vamos a devolver a VsCode, y al final de nuestro archivo vamos a agregar:

holamundo/Dockerfile

```
CMD ["npm", "run", "dev"]
```

Aqui nuestro comando se debe envolver dentro de un arreglo o paréntesis de corchetes, y después cada una de estas palabras las vamos a envolver entre comillas y las vamos a separar por una coma.

Ahora esta vendría siendo la forma que vamos a ejecutar los comandos para poder comenzar nuestros contenedores. Sin embargo, existe otra forma de poder ejecutar estos comandos, no es solamente con esta forma de arreglo, y la cual es esta:

holamundo/Dockerfile

```
CMD npm run dev
```

Y cuando ejecutamos los comandos de esta manera lo que va a hacer es levantar una nueva shell, por ende, va a estar utilizando más recursos, por lo que esta forma no vendría siendo la práctica recomendada, la práctica recomendada es lo primera forma usando los paréntesis de corchetes que lo que hará será ejecutarse dentro del mismo contenedor y no levantará una nueva shell para realizar esto.

Así es que vamos a eliminar esta última línea que escribimos:

holamundo/Dockerfile

```
CMD npm run dev
```

Diferencia entre CMD y RUN

Ahora vamos a ver cuál es la diferencia entre **CMD** y **RUN**.

RUN es un comando que se ejecuta cuando se están construyendo las imágenes, mientras que **CMD** es un comando cuando se inician los contenedores.

ENTRYPOINT

Además de poder utilizar **CMD**, existe otra instrucción que se llama **ENTRYPOINT**, en este caso, también tenemos que utilizar la misma sintaxis que vendría siendo con un arreglo y después indicarle cada uno de los comandos con sus argumentos separados por coma y, por supuesto, cada uno como string:

holamundo/Dockerfile

```
ENTRYPOINT ["npm", "run", "dev"]
```

La diferencia entre **"ENTRYPOINT"** y **CMD**, es que **CMD** es sumamente fácil de reemplazar cuando ejecutamos un contenedor, por ejemplo, aquí guardamos el archivo y ahora en la terminal vamos a ejecutar nuestro contenedor, pero en lugar de ejecutar en el comando **npm run dev** vamos a ejecutar con:

Terminal de comandos

```
docker run app-react echo holamundo
```

Salida de ejecutar: docker run -it app-react echo holamundo

```
holamundo
```

Si ejecutas verás que nuestro contenedor se inició, ejecutó **echo holamundo** y después, este se detuvo, pero si queremos reemplazar el **"ENTRYPOINT"** necesariamente vamos a tener que pasar el argumento de **–entrypoint** y ahí podemos realizar un **echo hola mundo**:

Ejemplo en la terminal

```
docker run app-react --entrypoint echo holamundo
```

Esto a algunas personas se les olvida agregar este argumento, pero la verdad es que independiente de la forma que tú utilices, independiente de la instrucción, siempre vas a poder reemplazar el comando que se utiliza para iniciar el contenedor, así es que en verdad da exactamente lo mismo si es que tú utilizas **CMD** o **ENTRYPOINT**, acá es completamente preferencia. Así que vamos a eliminar **ENTRYPOINT** de nuestro archivo, y vamos a dejar **CMD**:

holamundo/Dockerfile

```
ENTRYPOINT ["npm", "run", "dev"]
```

Código completo de la lección

Para terminar, te dejaré el código del archivo “**holamundo/Dockerfile**”

holamundo/Dockerfile

```
FROM node:20.5.0-alpine3.18
WORKDIR /app/
COPY package*.json .
RUN npm install
COPY . .
ENV API=https://apiv1.miweb.com
CMD ["npm", "run", "dev"]
```

Puertos

Cada vez que ejecutamos nuestra aplicación con **npm run dev**:

Terminal de comandos

```
docker run -it app-react npm run dev
```

Salida de ejecutar: docker run -it app-react npm run dev

```
> 3-holamundo@0.0.0 dev
> vite


VITE v5.2.6  ready in 444 ms

□  Local:   http://localhost:5173/
□  Network: use --host to expose
□  press h + enter to show help
```

Vamos a ver que esta va a exponer un puerto, que en este caso es el **5173**, además nos indica que si queremos poder ver nuestra aplicación en nuestra red tenemos que utilizar **–host** para poder exponer nuestra aplicación, esto recuerda va a ser tema de la sección que viene, por ahora nos vamos a enfocar solamente en esto.

Así es que, de regreso en VsCode en nuestro archivo "**Dockerfile**", tenemos que indicar cuál es el puerto que queremos exponer, para hacer eso, nos vamos a venir justamente antes del comando y vamos a colocar **EXPOSE** y le indicaremos el puerto que es **5173**:

holamundo/Dockerfile

```
ENV API=https://apiv1.miweb.com
EXPOSE 5173
CMD ["npm", "run", "dev"]
```

Ahora algo sumamente importante, esto le va a indicar a Docker que este puerto va a ser expuesto eventualmente, esto no expone el puerto para que podamos acceder a este desde nuestra máquina, esto solamente sirve como documentación de manera que cuando estés desarrollando o sea la persona que ejecuta los contenedores, sepas cuál es el puerto que se va a exponer porque la persona que construyó la imagen o que está construyendo las imágenes coloca esto dentro del "**Dockerfile**", entonces cuando estés trabajando con Docker y quieres saber cuál es el puerto que se está utilizando tú lo que haces es que te vienes acá a "**Dockerfile**" y si la persona que construyó la imagen agregó esta instrucción, entonces tú ya sabes que hay que utilizar el puerto que dice ahí, pero te repito **esto que aparece acá no va a exponer el puerto** esto lo vamos a ver en la sección que viene.

Código completo de la lección

Para terminar, te dejaré el código del archivo "**holamundo/Dockerfile**"

holamundo/Dockerfile

```
FROM node:20.5.0-alpine3.18
WORKDIR /app/
COPY package*.json .
RUN npm install
COPY . .
ENV API=https://apiv1.miweb.com
EXPOSE 5173
CMD ["npm", "run", "dev"]
```

Usuarios

Cuando ejecutamos nuestros contenedores, vamos a ver apenas ingresemos es que estamos conectados como el usuario "root", esto lo vamos a ver porque en la terminal cuando ingresamos al contenedor de manera interactiva veremos el símbolo de numeral (**#**), pero si queremos estar seguros podemos utilizar el comando de:

Terminal de comandos del contenedor alpine

```
whoami
```

Salida de ejecutar: whoami

```
root
```

Y este nos va a indicar que somos **root**, esto significa que este usuario puede hacer absolutamente de todo dentro de este contenedor, eliminarlo si es que así quiere o cambiar las conexiones, los archivos y así sucesivamente.

Además de eso, si hacemos un:

Terminal de comandos del contenedor alpine

```
ls -l
```

Salida de ejecutar: ls -l

```
-rw-rw-r--    1 root    root        121 Mar 30 00:27 Dockerfile
-rw-rw-r--    1 root    root        451 Mar 27 16:00 README.md
-rw-rw-r--    1 root    root        361 Mar 27 16:00 index.html
drwxr-xr-x  215 root    root      12288 Mar 29 23:54 node_modules
-rw-rw-r--    1 root    root     130277 Mar 27 18:00 package-lock.json
-rw-rw-r--    1 root    root        660 Mar 27 16:00 package.json
drwxrwxr-x    2 root    root       4096 Mar 27 16:00 public
drwxrwxr-x    3 root    root       4096 Mar 27 16:00 src
-rw-rw-r--    1 root    root        167 Mar 27 16:00 vite.config.js
```

Para poder listar todos los archivos que contiene nuestro proyecto, vamos a ver que el dueño es el usuario **root** y el grupo sigue siendo el usuario **root**, entonces si algún hacker llegase a modificar alguno de estos archivos, él va a tener acceso a absolutamente todo el contenedor, y esto por supuesto que puede presentar problemas de seguridad.

Entonces lo que tenemos que hacer es que cuando estemos creando nuestras imágenes, todos estos archivos no pertenezcan al usuario de **root**, sino que pertenezcan al usuario "nico", "app" o "react", después vamos a decidir un nombre.

Lo que vamos a hacer es que dentro de este mismo contenedor, vamos a intentar crear un nuevo usuario, pero si intentamos usar **useradd**.

Terminal de comandos del contenedor alpine

```
useradd
```

Salida de ejecutar: useradd

```
sh: useradd: not found
```

Vamos a ver que al ejecutar que este comando no existe, el comando que existe en esta shell se llama **adduser**:

Terminal de comandos del contenedor alpine

```
adduser
```

Si presionamos **enter**:

Salida de ejecutar: adduser

```
BusyBox v1.36.1 (2023-07-27 17:12:24 UTC) multi-call binary.

Usage: adduser [OPTIONS] USER [GROUP]

Create new user, or add USER to GROUP

    -h DIR              Home directory
    -g GECOS        GECOS field
    -s SHELL        Login shell
    -G GRP              Group
    -S                Create a system user
    -D                Don't assign a password
    -H                Don't create home directory
    -u UID              User id
    -k SKEL              Skeleton directory (/etc/skel)
```

Vamos a ver que nos entrega un par de opciones, en este caso las opciones que nos interesan es esta de **-G** para poder asignarle un grupo y también esta de **-S** para que el usuario sea un usuario de sistema, no queremos que tenga contraseña, iniciar sesión con este, ni tampoco queremos que este tenga un directorio de home; lo único que queremos es que este usuario sea el encargado de manipular nuestra aplicación y nada más.

Para eso, por supuesto que vamos a tener que crear un **grupo** para este, vamos a ejecutar lo siguiente en la terminal de nuestro contenedor:

Terminal de comandos del contenedor alpine

```
addgroup react
adduser -S -G react react
```

Aqui ejecutamos **addgroup** para añadir un nuevo grupo y le indicamos que el grupo se va a llamar "**react**" y luego de eso vamos a agregar al usuario con **adduser** con -S para que sea del sistema y **-G** para asignarle el grupo, y el grupo va a ser "**reac**"**t** y el nombre del usuario también va a ser "**react**". Y con el comando de **id** vamos a ver si es que este se encuentra:

Terminal de comandos del contenedor alpine

```
id react
```

Salida de ejecutar: adduser

```
uid=100(react) gid=1001(react) groups=1001(react),1001(react)
```

Con esto podemos ver los datos del usuario **react**, podemos ver que su **userid** es 100, su **groupid** es 1001, y este pertenece a los grupos de **react**.

Ahora vamos a ejecutar exactamente esto mismo, pero lo vamos a hacer solamente en una línea con:

Terminal de comandos del contenedor alpine

```
addgroup nico && adduser -S -G nico nico
```

Aca usamos las dobles ampersand para poder encadenar ambos los comandos.

Y ahora vamos a hacer un, id de nico:

Terminal de comandos del contenedor alpine

```
id nico
```

Salida de ejecutar: adduser

```
uid=101(nico) gid=1002(nico) groups=1002(nico),1002(nico)
```

Podemos ver que se ha agregado el usuario con éxito, ahora esto mismo lo vamos a agregar dentro de nuestro **"Dockerfile"**. Entonces, justamente antes de la línea que contiene **CMD** vamos a agregar lo siguiente:

holamundo/Dockerfile

```
EXPOSE 5173
RUN addgroup react && adduser -S -G react react
CMD ["npm", "run", "dev"]
```

Y luego lo que haremos será cambiarnos de usuario, así es que acá, luego con la instrucción de **USER** ahí vamos a indicar el usuario el cual es "react":

holamundo/Dockerfile

```
RUN addgroup react && adduser -S -G react react
USER react
CMD ["npm", "run", "dev"]
```

Y de regreso en la terminal tenemos que construir nuevamente nuestra imagen, así es que realizamos un:

Terminal de comandos

```
docker build -t app-react .
```

Y cuando se haya terminado de construir, vamos a ejecutar el contenedor:

Terminal de comandos

```
docker run -it app-react sh
```

Ahora podemos ver que nos está mostrando un símbolo de dólar (**$**), ya no nos muestra él numeral (**#**) que nos indicaba que éramos el usuario "**root**", y ahora en esta terminal vamos a ejecutar:

Terminal de comandos del contenehor alpine

```
whoami
```

Salida de ejecutar: whoami

```
react
```

Vemos ahora que somos el usuario de "**react**", pero vamos a realizar otra cosa, vamos a usar en la terminal:

Terminal de comandos del contenehor alpine

```
ls -l
```

Salida de ejecutar: ls -l

```
total 168
-rw-rw-r--    1 root     root           218 Apr  1 20:42 Dockerfile
-rw-rw-r--    1 root     root           451 Mar 27 16:00 README.md
-rw-rw-r--    1 root     root           361 Mar 27 16:00 index.html
drwxr-xr-x  215 root     root         12288 Mar 29 23:54 node_modules
-rw-rw-r--    1 root     root        130277 Mar 27 18:00 package-lock.json
-rw-rw-r--    1 root     root           660 Mar 27 16:00 package.json
drwxrwxr-x    2 root     root          4096 Mar 27 16:00 public
drwxrwxr-x    3 root     root          4096 Mar 27 16:00 src
-rw-rw-r--    1 root     root           167 Mar 27 16:00 vite.config.js
```

Y vemos que todavía todos estos archivos pertenecen al usuario "**root**", lo que quiere decir que si intentamos realizar una operación dentro de este directorio, es más vamos a confirmarlo viendo el contenido de la raíz:

Terminal de comandos del contenehor alpine

```
ls -al /
```

Salida de ejecutar: ls -al /

```
total 80
drwxr-xr-x    1 root     root          4096 Apr  1 20:42 .
drwxr-xr-x    1 root     root          4096 Apr  1 20:42 ..
-rwxr-xr-x    1 root     root             0 Apr  1 20:42 .dockerenv
drwxr-xr-x    1 root     root          4096 Apr  1 20:42 app
drwxr-xr-x    1 root     root          4096 Aug  9  2023 bin
drwxr-xr-x    5 root     root           360 Apr  1 20:42 dev
drwxr-xr-x    1 root     root          4096 Apr  1 20:42 etc
drwxr-xr-x    1 root     root          4096 Apr  1 20:42 home
drwxr-xr-x    1 root     root          4096 Aug  9  2023 lib
drwxr-xr-x    5 root     root          4096 Aug  7  2023 media
drwxr-xr-x    2 root     root          4096 Aug  7  2023 mnt
drwxr-xr-x    1 root     root          4096 Aug  9  2023 opt
dr-xr-xr-x  191 root     root             0 Apr  1 20:42 proc
drwx------    1 root     root          4096 Aug  9  2023 root
drwxr-xr-x    2 root     root          4096 Aug  7  2023 run
drwxr-xr-x    2 root     root          4096 Aug  7  2023 sbin
drwxr-xr-x    2 root     root          4096 Aug  7  2023 srv
dr-xr-xr-x   11 root     root             0 Apr  1 20:42 sys
drwxrwxrwt    1 root     root          4096 Aug  9  2023 tmp
drwxr-xr-x    1 root     root          4096 Aug  9  2023 usr
drwxr-xr-x   12 root     root          4096 Aug  7  2023 var
```

Aqui vemos el directorio de "**app**", pero este es del usuario y del grupo "**root**", pero nuestro usuario pertenece al grupo "**react**", el cual no es propietario de este directorio, entonces los permisos que tenemos son de lectura y de ejecución, pero no podemos escribir dentro de esto, por ende si es que por nuestra aplicación tiene que generar algún tipo de caché, que lo va a tener que hacer, e intentamos crear algo como un archivo "**cache.txt**":

Terminal de comandos del contenehor alpine

```
touch cache.txt
```

Salida de ejecutar: ls -al

```
touch: cache.txt: Permission denied
```

Nos va a indicar que no tenemos permisos para poder realizar esta operación y la razón de esto se encuentra dentro de nuestro "**Dockerfile**", así que nos vamos a devolver a este.

Y lo que está ocurriendo es que todo lo que está antes de nuestra línea 9, la que contiene **USER react** se está ejecutando como el usuario "**root**", y luego de eso nos cambiamos de usuario y ejecutamos nuestra aplicación como el usuario "**react**", entonces para solucionar esto vamos a cambiar el orden en que se ejecutan estas instrucciones quedando de la siguiente manera:

holamundo/Dockerfile

```
FROM node:20.5.0-alpine3.18
RUN addgroup react && adduser -S -G react react
USER react
WORKDIR /app/
COPY package*.json .
RUN npm install
COPY . .
ENV API=https://apiv1.miweb.com
EXPOSE 5173
CMD ["npm", "run", "dev"]
```

Con este hecho, vamos a volver a crear nuestra imagen:

Terminal de comandos

```
docker build -t app-react .
```

Pero te darás cuenta que la construcción de nuestra imagen falla y entre el mensaje de error podemos ver que aquí se encuentra la razón:

Salida de ejecutar: docker build -t app-react .

```
. . .
6.321 npm ERR! the command again as root/Administrator.
. . .
```

Y es que tenemos que ejecutar este comando como el usuario "root" o "administrador", incluso nos muestra dónde está el error:

Salida de ejecutar: docker build -t app-react .

```
. . .
Dockerfile:6
--------------------
4 |     WORKDIR /app/
5 |     COPY package*.json .
6 | >>> RUN npm install
7 |     COPY . .
8 |     ENV API=https://apiv1.miweb.com
--------------------
. . .
```

Que es en **npm run install**, vamos de nuevo al archivo "**Dockerfile**" para ver qué está pasando, cuando agregamos este usuario y luego asignamos el usuario de contexto con la instrucción de **USER**, este solamente nos va a servir para lo siguiente: los comandos de **RUN**, **CMD** y **ENTRYPOINT**. Esto quiere decir que todo el resto de las instrucciones se van a ejecutar como el usuario **root**, incluso si le especificamos hemos cambiado el usuario arriba.

Entonces, lo que tenemos que hacer es indicarle a nuestro "**Dockerfile**" que cuando copie estas imágenes, les cambie los permisos al usuario que creamos antes que en este caso es el usuario de "**react**", entonces para que podamos hacer eso nos vamos a modificar a la instrucción de **COPY**:

holamundo/Dockerfile

```
WORKDIR /app/
COPY --chown=react package*.json .
RUN npm install
COPY --chown=react . .
ENV API=https://apiv1.miweb.com
. . .
```

Aqui con –**chown**, estamos escribiendo que tanto el usuario como el grupo sean "**react**". Pero si tuviésemos este usuario y además necesitamos asignarle un propietario que sea otro grupo, en este caso podríamos hacerlo con los ":" y si el otro grupo se llama "**lala**" le colocaríamos.

Ejemplo de código en Docker

```
COPY --chown=react:lala . .
```

Pero en este caso queremos que el dueño y también el grupo sean de "**react**".

Vamos a construir nuevamente nuestra imagen:

Terminal de comandos

```
docker build -t app-react .
```

Vemos como ahora esta se construyó con éxito vamos y ahora vamos a ingresar a esta en modo interactivo:

Terminal de comandos

```
docker run -it app-react sh
```

Vemos que todavía tenemos el símbolo de dólar (**$**) esto no ha cambiado, pero ahora sí ejecutamos de nuevo:

Terminal de comandos del contenehor alpine

```
ls -al
```

Salida de ejecutar: ls -al

```
total 188
drwxr-xr-x    1 react    react         4096 Apr  1 22:25 .
drwxr-xr-x    1 root     root          4096 Apr  2 13:43 ..
-rw-rw-r--    1 react    react           13 Mar 29 20:58 .dockerignore
-rw-rw-r--    1 react    react          566 Mar 27 16:00 .eslintrc.cjs
-rw-rw-r--    1 react    react          253 Mar 27 16:00 .gitignore
-rw-rw-r--    1 react    react          246 Apr  1 22:25 Dockerfile
-rw-rw-r--    1 react    react          451 Mar 27 16:00 README.md
-rw-rw-r--    1 react    react          361 Mar 27 16:00 index.html
drwxr-xr-x  215 react    react        12288 Apr  1 22:25 node_modules
-rw-rw-r--    1 react    react       130277 Mar 27 18:00 package-lock.json
-rw-rw-r--    1 react    react          660 Mar 27 16:00 package.json
drwxrwxr-x    2 react    react         4096 Mar 27 16:00 public
drwxrwxr-x    3 react    react         4096 Mar 27 16:00 src
-rw-rw-r--    1 react    react          167 Mar 27 16:00 vite.config.js
```

Vamos a ver lo siguiente el directorio en el cual nos encontramos pertenece a "**react**" y todos los archivos que este contiene también pertenecen al usuario de "**react**". Excepto una que es el que son dos puntos que pertenece al usuario "root" y la razón de eso es que si ingresamos a ese directorio con:

Terminal de comandos del contenehor alpine

```
cd ..
```

Nos vamos a dar cuenta de que vamos a llegar a la raíz, y la raíz por supuesto que pertenece al usuario de "root" y, ya que estamos acá vamos a ejecutar:

Terminal de comandos del contenehor alpine

```
ls -al
```

Terminal de comandos del contenehor alpine

```
total 68
drwxr-xr-x    1 react    react         4096 Apr  1 22:25 app
drwxr-xr-x    1 root     root          4096 Aug  9  2023 bin
drwxr-xr-x    5 root     root           360 Apr  2 13:43 dev
. . .
```

Vamos a ver aquí el directorio "**app**" el cual le pertenece al usuario y al grupo "**react**", ahora tus aplicaciones las vas a ejecutar con el contexto y el usuario que corresponde.

Código completo de la lección

Para terminar, te dejaré el código del archivo "**holamundo/Dockerfile**"

holamundo/Dockerfile

```
FROM node:20.5.0-alpine3.18
RUN addgroup react && adduser -S -G react react
USER react
WORKDIR /app/
COPY --chown=react package*.json .
RUN npm install
COPY --chown=react . .
ENV API=https://apiv1.miweb.com
EXPOSE 5173
CMD ["npm", "run", "dev"]
```

Eliminando imágenes

En esta lección vamos a ver cómo podemos eliminar las imágenes de Docker creadas a lo largo de toda esta sección.

Entonces, en nuestra terminal escribimos el comando:

Terminal de comandos

```
docker images
```

Salida de ejecutar: docker images

```
REPOSITORY   TAG      IMAGE ID       CREATED              SIZE
<none>       <none>   2b18362f345a   About an hour ago    390MB
app-react    latest   e3da0bab9ad6   16 hours ago         390MB
<none>       <none>   a49cb316b2fa   18 hours ago         390MB
<none>       <none>   fddcbd03a082   3 days ago           390MB
<none>       <none>   da0c638c877a   3 days ago           390MB
<none>       <none>   0452d891f90f   3 days ago           390MB
<none>       <none>   838a71e8ec84   3 days ago           181MB
<none>       <none>   90c259f2a1cf   3 days ago           341MB
hola-mundo   latest   40c3448a3700   2 weeks ago          141MB
<none>       <none>   ddd621963bdb   2 weeks ago          141MB
<none>       <none>   bbf060d2a021   2 weeks ago          141MB
ubuntu       latest   ca2b0f26964c   4 weeks ago          77.9MB
<none>       <none>   4cb0e4f75ca2   7 months ago         181MB
```

Aqui vamos a ver algo sumamente interesante, acá tenemos a **app-react**, que es la imagen con la cual hemos estado trabajando, también tenemos la de **hola-mundo** que es la que vimos antes, y también tenemos la **ubuntu** que esta es de la sección de la terminal Linux. Pero también nos aparecen todas estas que nos está mostrando **none**. Todas estas imágenes se crearon con base en el archivo de "**Dockerfile**" pero que como lo estuvimos cambiando a lo largo de las lecciones con cada cambio, después empezaron a quedar completamente sueltas y ya no hacen referencia a absolutamente a nada que tengamos.

Entonces lo que tenemos que hacer es deshacernos de todas estas que dicen **none**, para que podamos deshacernos de estas vamos a describir el comando:

Terminal de comandos

```
docker image
```

Salida de ejecutar: docker image

```
Usage:  docker image COMMAND

Manage images

Commands:
build       Build an image from a Dockerfile
history     Show the history of an image
import      Import the contents from a tarball to create a filesystem image
inspect     Display detailed information on one or more images
load        Load an image from a tar archive or STDIN
ls          List images
prune       Remove unused images
pull        Download an image from a registry
push        Upload an image to a registry
rm          Remove one or more images
save        Save one or more images to a tar archive (streamed to STDOUT by default)
tag         Create a tag TARGET_IMAGE that refers to SOURCE_IMAGE

Run 'docker image COMMAND --help' for more information on a command.
```

Todos los comandos que estén relacionados a las imágenes van a comenzar con el comando **docker image**, aquí vamos a ver absolutamente todas las opciones que este nos permite realizar, podemos utilizar **build** que este es lo mismo que el comando **docker build** que finalmente es un atajo a **docker image build**. Podemos ver el historial, importar, inspeccionar, load, ls y así sucesivamente, la siguiente opción que estamos viendo es la de **prune**, y lo que hace es que elimina absolutamente todas las imágenes que no están siendo utilizadas.

Sin embargo, si es que intentamos utilizar este comando:

Terminal de comandos

```
docker image prune
```

Nos vamos a dar cuenta primero que nos va a preguntar que sí o que no:

Terminal de comandos al ejecutar: docker image prune

```
WARNING! This will remove all dangling images.
Are you sure you want to continue? [y/N] y
```

Obviamente, le tenemos que indicar que sí:

Salida de ejecutar: docker image

```
Deleted Images:
deleted: sha256:2b18362f345a85873e5c43fc7ffd85f86159243d277db72986a7a2697190a482
deleted: sha256:bbf060d2a021989099ece7fe7ac0594f857439f43ce59ae33032bae6198d0851
deleted: sha256:ddd621963bdb3369022dc62d5bc9bf7ea84c8c7ecadf06d6b48ea3bc723db734
deleted: sha256:da0c638c877a65cb669124b97e0a4e981f0571eb51794a670f44212b6274e7dc

Total reclaimed space: 0B
```

Y esto es lo que va a hacer es que nos va a indicar que no elimino absolutamente nada, la razón de esto es que estas imágenes se encuentran vinculadas a contenedores que actualmente se encuentran creados, no están en ejecución, sino que están creados; entonces vamos a ver todos nuestros contenedores. Para ver los contenedores es con el comando:

Terminal de comandos

```
docker ps -a
```

Salida de ejecutar: docker ps -a

```
CONTAINER ID   IMAGE          COMMAND                  CREATED          STATUS         \
               PORTS     NAMES
1b3b1eb54618   app-react      "docker-entrypoint.s…"   2 hours ago      Exited (0) 2 s\
econds ago               elated_dijkstra
5c487c5c29bc   a49cb316b2fa   "docker-entrypoint.s…"   19 hours ago     Exited (1)
. . .
```

Vamos a ver un listado de muchos contenedores, todos estos se encuentran detenidos, así es que lo que tenemos que hacer es eliminar estos contenedores, que el comando es muy similar al que usamos anteriormente para las imágenes, pero en lugar de escribir **image** vamos a describir **container**:

Terminal de comandos

```
docker container
```

Vamos a presionar **enter**:

Salida de ejecutar: docker container

```
Usage:  docker container COMMAND

Manage containers

Commands:
attach      Attach local standard input, output, and error streams to a running cont\
ainer
. . .
```

Y acá va a ocurrir exactamente lo mismo, acá nos está entregando todas las acciones que podemos realizar con algún contenedor en particular, y la opción que estamos buscando es la misma de **prune** y lo que hace es que elimina todos los contenedores que se encuentran detenidos.

Así que vamos a ejecutar esto:

Terminal de comandos

```
docker container prune
```

Terminal de comandos al ejecutar: docker container prune

```
WARNING! This will remove all stopped containers.
Are you sure you want to continue? [y/N] y
```

Aqui nos estará entregando una alerta, esto es lo que va a hacer es eliminar absolutamente todos los contenedores que se encuentran detenidos así que le vamos a indicar en este ejemplo que sí. Fíjate que la opción por defecto es no, así que si tú sencillamente presionas **enter** no va a pasar nada, tienes que indicarle que si:

Salida de ejecutar: docker container

```
Deleted Containers:
1b3b1eb54618a3ae37f3174be7600e589a4b8ce9b8fcafcba9ae9ab9780b6cef
5c487c5c29bca4f95c36d8edbb5df5cbeeac228cd8060527e2f71f8944c11ba5
. . .
Total reclaimed space: 57.08MB
```

Y ahora podemos ver que hemos recuperado casi 50 MB, entonces ahora si podemos ir a eliminar las imágenes, así es que escribimos:

Terminal de comandos

```
docker image prune
```

Presionamos **enter**

Terminal de comandos al ejecutar: docker image prune

```
WARNING! This will remove all dangling images.
Are you sure you want to continue? [y/N] y
```

Al igual que antes, presionaremos la tecla **y** y después **enter**:

Salida de ejecutar: docker image prune

```
deleted Images:
deleted: sha256:0452d891f90f6077faf522dc212d6a9a5c3da6523e92e87e481517e442f9ee43
deleted: sha256:4cb0e4f75ca2da714344ffe306ca1789b9a86b1e37b4342fd239061146006656
deleted: sha256:a49cb316b2fa157811e8312540821395 6aafb34f31f19143f046a9c671c93827
deleted: sha256:90c259f2a1cf4049fb7e2c7f67f1bf235eca991230c555c5c785f6d892441d20
deleted: sha256:838a71e8ec84b3f58a49bba1923dd87de7fe9fd8ee8d0879433fae2a0e83d041
deleted: sha256:fddcbd03a082c0088db3a1f8ecf2103a37b8d81889bf8f16a91c479a526147bf

Total reclaimed space: 0B
```

Y ahora podemos ver que todas estas imágenes han sido eliminadas:

Vamos a escribir:

Terminal de comandos

```
docker images
```

Recordemos que cuando usamos **images** nos sirve para listar, mientras que con **image** es cuando queremos realizar una acción en particular. Presionaremos **enter**:

Salida de ejecutar: docker images

```
REPOSITORY    TAG      IMAGE ID       CREATED        SIZE
app-react     latest   e3da0bab9ad6   18 hours ago   390MB
hola-mundo    latest   40c3448a3700   2 weeks ago    141MB
ubuntu        latest   ca2b0f26964c   4 weeks ago    77.9MB
```

Acá tenemos 3 imágenes que hemos estado trabajando a lo largo del libro, entonces lo que vamos a hacer es que vamos a eliminar estas imágenes, pero de manera granulada, vamos a eliminar a **app-react** y a **hola-mundo**, entonces para poder hacerlo vamos a comenzar escribiendo:

Terminal de comandos

```
docker image rm
```

Y en frente de esto tenemos 2 opciones:

1. Indicándole el nombre del **REPOSITORY** cómo aparece en la salida de usar **docker images**, por ejemplo "hola-mundo" o "app-react".
2. O le podemos indicar los primeros dígitos del **IMAGE ID**, así es que en mi caso le voy a indicar **e3d**.

Terminal de comandos

```
docker image rm e3d
```

Pero si queremos eliminar otra imagen más, lo que tenemos que hacer es separar cada una de las imágenes a eliminar con un espacio seguido del nombre del repositorio o id siguiente:

Terminal de comandos

```
docker image rm e3d 40c
```

Y otra cosa, puedo estar diciendo "nombre de la imagen" o "repositorio", pero me estoy refiriendo a lo mismo y es a la columna de **REPOSITORY**. Ahora, si vamos a presionar **enter**:

Salida de ejecutar: docker image rm e3d 40c

```
Untagged: app-react:latest
Deleted: sha256:e3da0bab9ad631195456c3d5f024f79e88780115e9380902e50146f570efc1fc
Untagged: hola-mundo:latest
Deleted: sha256:40c3448a37005fed809b86ebfea9516e522e655d984d7233db4e5cfa555e1219
```

Vemos que nos ha arrojado este mensaje con éxito.

Y escribimos de nuevo:

Terminal de comandos

```
docker images
```

Presionamos **enter**:

Salida de ejecutar: docker images

```
REPOSITORY   TAG      IMAGE ID       CREATED       SIZE
ubuntu       latest   ca2b0f26964c   4 weeks ago   77.9MB
```

Con esto comprobamos que hemos eliminado las imágenes y también los contenedores detenidos con éxito.

Etiquetas

Vamos a continuar viendo las etiquetas, para eso vamos a crear nuevamente nuestra imagen con:

Terminal de comandos

```
docker build -t app-react .
```

Y ahora vamos a listar nuestras imágenes:

Terminal de comandos

```
docker images
```

Salida de ejecutar: docker images

```
REPOSITORY   TAG      IMAGE ID       CREATED        SIZE
app-react    latest   e3da0bab9ad6   18 hours ago   390MB
ubuntu       latest   ca2b0f26964c   4 weeks ago    77.9MB
```

Ya te había mencionado antes que lo peor que tú puedes hacer es utilizar la etiqueta de "**latest**" en tus imágenes, si llegase a ocurrir algún problema en producción y tienes que hacer rollback, es decir volver a una versión anterior de tu código, ¿a cuál vas a volver?, "latest" no te dice absolutamente nada, perfectamente podría existir otra imagen que es más nueva que esa. Las 2 formas más populares para poder versionar tus aplicaciones son "**semver**" que para esta se van a tener códigos al estilo: "**3.2.5**",

Donde en este ejemplo el **3**, vendría siendo un cambio demasiado grande. El **2** vendría siendo un cambio mediano, y el **5** ya es un cambio pequeño, cuando tienes que corregir errores pero no agregar funcionalidades:

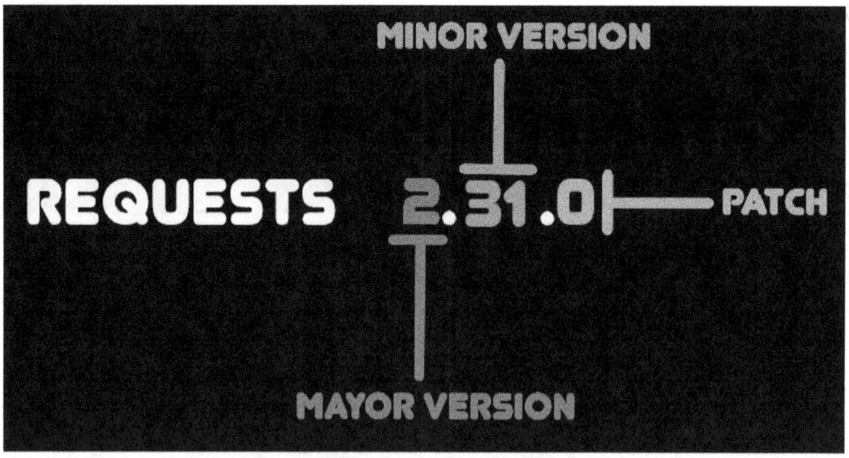

Anatomía del versionado semver

Esto va en números incrementales, esto quiere decir que le vas a colocar a la versión primero el número 1, luego el 2, posteriormente el 3 y así sucesivamente.

Y también tienes otras formas donde los desarrolladores le colocan nombres a sus aplicaciones como, por ejemplo, con códigos como podría ser por ejemplo "**icytea**" o "**darkcoffee**" y así sucesivamente.

El sistema de versionado que tú utilices da exactamente lo mismo eso va a ser una discusión entre tú y tu equipo, y la verdad es que no tiene ningún sentido discutir cuál de estas es la mejor, lo importante es que el equipo tenga claro qué sistema de versiones van a utilizar, lo importante es que por lo menos utilices alguno.

Y ahora volviendo a Docker, como te decía **"latest"** no significa absolutamente nada, esto es solamente una etiqueta. La forma de asignarle etiquetas a las imágenes que creamos lo puedes hacer de 2 maneras:

1. Asignarle la etiqueta cuando estás creando la imagen.
2. O asignarle una etiqueta a una imagen que ya fue creada.

Asignar etiqueta cuando se crea la imagen:

Entonces, para asignarle una etiqueta al momento de crearla, escribimos:

Terminal de comandos

```
docker build -t app-react:
```

Usamos los dos puntos y después de esto le vamos a asignar la etiqueta, aquí podríamos una etiqueta tipo:

Terminal de comandos

```
docker build -t app-react:maverickhunter
```

o

Terminal de comandos

```
docker build -t app-react:3.2.5
```

También podría ser una versión incremental, por ejemplo:

Terminal de comandos

```
docker build -t app-react:1
```

Después de eso, dejamos un espacio y le colocamos un punto para indicarle dónde se encuentra el **"Dockerfile"**:

Terminal de comandos

```
docker build -t app-react:1 .
```

Y presionamos **enter**. Nuestra imagen obviamente se construyó demasiado rápido, porque todo se encontraba "cacheado", así es que vamos a ejecutar nuevamente **docker images**, y fíjate en esto:

Terminal de comandos

```
docker images
```

Salida de ejecutar: docker images

```
REPOSITORY   TAG      IMAGE ID       CREATED        SIZE
app-react    1        e3da0bab9ad6   19 hours ago   390MB
app-react    latest   e3da0bab9ad6   19 hours ago   390MB
ubuntu       latest   ca2b0f26964c   4 weeks ago    77.9MB
```

Acá tenemos 2 imágenes que se llaman **app-react** una tiene la etiqueta de **1** y otra tiene la etiqueta de **"latest"**: pero fíjate en el **IMAGE ID**, ambos tienen exactamente el mismo id, en este caso la imagen es exactamente la misma, pero tienen nombres distintos.

Y si quisiéramos eliminar alguna de estas 2, necesariamente le vamos a tener que indicar el nombre más la etiqueta así es que acá tendríamos que escribir:

Terminal de comandos

```
docker image rm app-react:1
```

O también puedes utilizar **remove**:

Terminal de comandos

```
docker image remove app-react:1
```

Presionamos **enter**:

Salida de ejecutar: docker image remove app-react:1

```
Untagged: app-react:1
```

En este caso vemos que la eliminó, así que ahora vamos a ejecutar nuevamente **docker images**:

Terminal de comandos

```
docker images
```

Salida de ejecutar: docker images

```
REPOSITORY   TAG      IMAGE ID       CREATED        SIZE
app-react    latest   e3da0bab9ad6   20 hours ago   390MB
ubuntu       latest   ca2b0f26964c   5 weeks ago    77.9MB
```

Y como podemos ver ya no se encuentra. Ahora, vamos a crearla completamente de nuevo:

Terminal de comandos

```
docker build -t app-react:1 .
```

Vamos a listar de nuevo:

Terminal de comandos

```
docker images
```

Salida de ejecutar: docker images

```
REPOSITORY   TAG      IMAGE ID       CREATED        SIZE
app-react    1        e3da0bab9ad6   20 hours ago   390MB
app-react    latest   e3da0bab9ad6   20 hours ago   390MB
ubuntu       latest   ca2b0f26964c   5 weeks ago    77.9MB
```

Cambiar la etiqueta de una imagen:

Lo que vamos a hacer ahora es que manualmente cambiaremos la etiqueta a esta imagen de **app-react**, le vamos a cambiar este **1** por un **2**. Para eso tenemos que escribir:

Terminal de comandos

```
docker image tag app-react:1 app-react:2
```

Tenemos que incluir la etiqueta y después le indicamos la nueva etiqueta que va a tener. Vamos a presionar **enter** y listaremos nuevamente las imágenes:

Terminal de comandos

```
docker images
```

Salida de ejecutar: docker images

```
REPOSITORY   TAG      IMAGE ID       CREATED        SIZE
app-react    1        e3da0bab9ad6   20 hours ago   390MB
app-react    2        e3da0bab9ad6   20 hours ago   390MB
app-react    latest   e3da0bab9ad6   20 hours ago   390MB
ubuntu       latest   ca2b0f26964c   5 weeks ago    77.9MB
```

Y acá vemos cómo nos ha creado una nueva etiqueta para exactamente la misma imagen, la **1**, la **2** y la **latest**.

Eliminar etiqueta

Ahora, lo que vamos a hacer es eliminar la versión 2 con:

Terminal de comandos

```
docker image remove app-react:2
```

Y ahora lo que vamos a hacer es que vamos a simular un cambio dentro de la aplicación regresaremos a nuestro editor y vamos a abrir del explorador de archivos para abrir el archivo "**README.md**" y vamos a modificar la línea 1:

README.md

```
# React + Vite + Docker

This template provides a minimal setup to get React working in Vite with HMR and som\
e ESLint rules.
. . .
```

Y ahora, de regreso en la terminal, vamos a construir una nueva imagen:

Terminal de comandos

```
docker build -t app-react:2 .
```

Aqui le asignamos la etiqueta número 2 y vamos a listar de nuevo las imágenes:

Terminal de comandos

```
docker images
```

Salida de ejecutar: docker images

```
REPOSITORY   TAG      IMAGE ID       CREATED         SIZE
app-react    2        f9ec10cb0973   7 seconds ago   390MB
app-react    1        e3da0bab9ad6   21 hours ago    390MB
app-react    latest   e3da0bab9ad6   21 hours ago    390MB
ubuntu       latest   ca2b0f26964c   5 weeks ago     77.9MB
```

Y ahora fíjate que acá tenemos una etiqueta que se llama latest, pero esta no es la ultima etiqueta, esta fue creada hace 21 horas finalmente la ultima etiqueta que creamos es esta de la versión 2, entonces tu nunca, jamás, tienes que utilizar "**latest**", porque vas a tener una etiqueta que va a decir que es la última versión, pero en verdad no lo es. Perfectamente, podría ser como es en este caso la versión 1, así es que nuevamente, **esta etiqueta de latest es mala práctica, no la utilices, utiliza siempre algún versionado, el que quieras, puede ser el versionado semántico, el número de incremental o incluso dándole nombre a la versión de tu aplicación.**

Publicando imágenes

En esta lección vamos a subir nuestra imagen a **Docker hub**.

Te voy a explicar un poco el funcionamiento de esta plataforma para que puedas compartir estas imágenes con cualquier otro desarrollador en todo el mundo. Para eso tienes que ir a la URL de Docker hub la cual es https://hub.docker.com/ y tienes que crearte una cuenta, esto es completamente gratis, así que créate una cuenta y luego de que te la crees nos vamos a ver dentro en el panel de administración.

Crear repositorio

Una vez acá adentro vamos a tener que crear nuevo repositorio, en este caso vendría siendo donde se van a almacenar las imágenes que creemos en Docker, así es que vamos a hacer clic en el botón que dice "create repository":

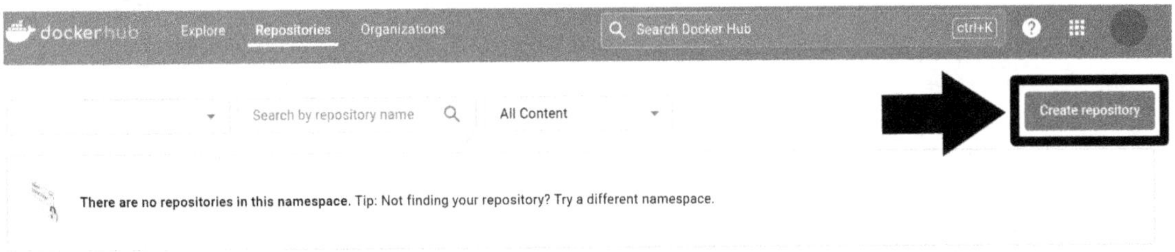

Crear repositorio en Docker Hub

Nos va a preguntar por el namespace que debiese ser nuestro nombre de usuario, y después el nombre del repositorio, acá yo voy a indicar que esta es "app-react", posteriormente le podemos agregar una descripción, esta es opcional, y más abajo le podemos indicar la visibilidad, podemos indicar que este va a ser un repositorio público, o también le podemos indicar que va a ser un repositorio privado. En el caso de un repositorio privado, solamente lo vamos a poder ver nosotros y, lo más importante, solamente tenemos acceso dentro de la cuenta gratuita a un repositorio privado.

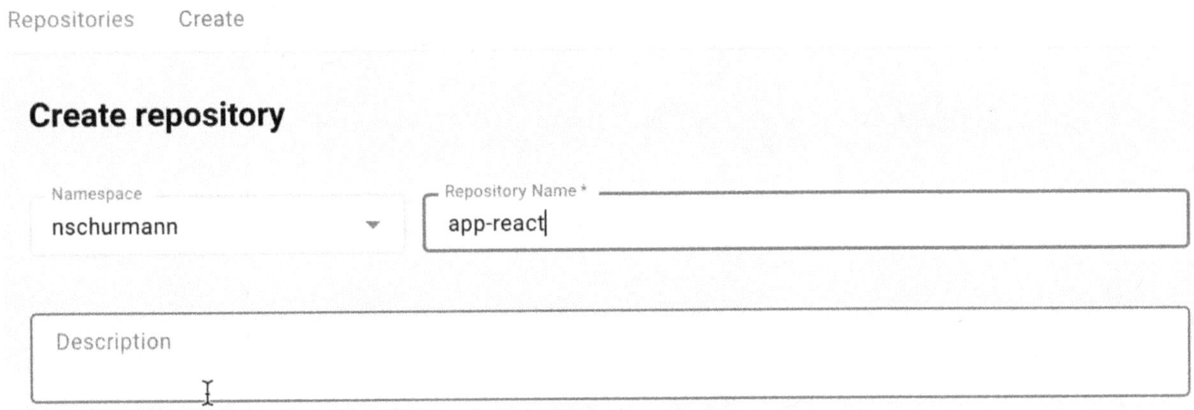

Creando el repositorio

Por supuesto, si es que lo deseamos, vamos a poder aumentar el plan de nuestra cuenta en este botón de "upgrade":

Mejorar plan en Docker Hub

Pero por ahora para el alcance de este curso con la versión pública va a estar bien, así que luego de eso vamos a hacer clic en el botón de **create**, y con esto ya hemos creado el repositorio:

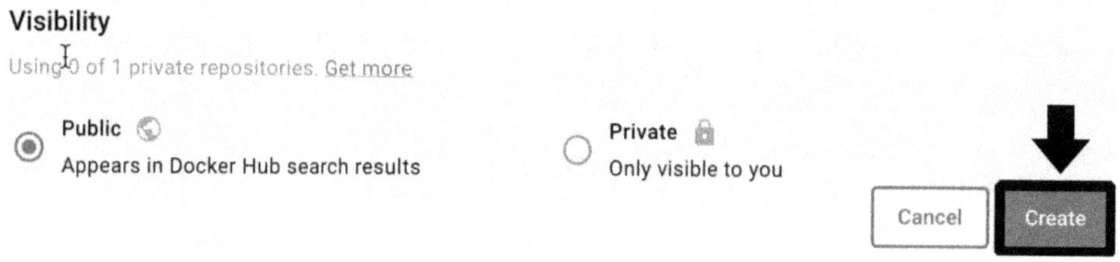

Crear nuevo repositorio

Subir imagen al repositorio

Para poder subir la imagen a este mismo repositorio, vamos a tener que asignarle un nombre y una etiqueta tal cual como aparece acá o sea nombre de "usuario/nombre-de-la-imagen":

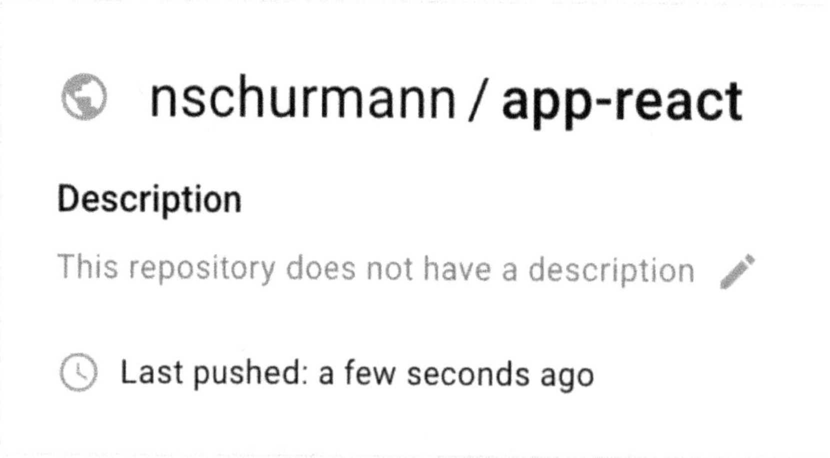

Nombre de mi repositorio

Así es que, de regreso en nuestra terminal, vamos a ver nuestras imágenes de nuevo:

Terminal de comandos

```
docker images
```

Salida de ejecutar: docker images

```
REPOSITORY   TAG      IMAGE ID       CREATED         SIZE
app-react    2        f9ec10cb0973   7 seconds ago   390MB
app-react    1        e3da0bab9ad6   21 hours ago    390MB
app-react    latest   e3da0bab9ad6   21 hours ago    390MB
ubuntu       latest   ca2b0f26964c   5 weeks ago     77.9MB
```

Y lo que vamos a hacer es tomar la versión 2, y le vamos a cambiar el nombre para que sea exactamente el mismo que aparece en nuestro repositorio, que en mi caso es **nschurmann/app-react** así es que ejecutaremos el comando:

Terminal de comandos

```
docker image tag app-react:2 nschurmann/app-react:2
```

Aqui estoy cambiando el nombre de la etiqueta con y tenemos que indicar nuestro nombre de usuario, en este caso, tú tienes que colocar tu nombre de usuario, pero yo voy a colocar "nschurmann/app-react", y después le indicamos el número de la etiqueta que en este caso va a ser 2, ahora presionamos **enter**y vamos a volver a listar las imágenes:

Terminal de comandos

```
docker images
```

Salida de ejecutar: docker images

```
REPOSITORY             TAG      IMAGE ID       CREATED              SIZE
app-react              2        f9ec10cb0973   About an hour ago    390MB
nschurmann/app-react   2        f9ec10cb0973   About an hour ago    390MB
app-react              1        e3da0bab9ad6   23 hours ago         390MB
app-react              latest   e3da0bab9ad6   23 hours ago         390MB
ubuntu                 latest   ca2b0f26964c   5 weeks ago          77.9MB
```

Y ahora nos aparece esta nueva imagen que como pueden ver es exactamente la misma que la de **app-react**, están apuntando exactamente al mismo id. Finalmente, cuando realizamos **docker images** lo que va a hacer es que nos va a mostrar un listado de etiquetas.

Iniciar sesión en el Dockerfile

Ahora vamos a tener que iniciar sesión, así que limpiamos la terminal y ejecutamos:

Terminal de comandos

```
docker login
```

Terminal de comandos al ejecutar: docker login

```
Log in with your Docker ID or email address to push and pull images from Docker Hub.\
 If you don't have a Docker ID, head over to https://hub.docker.com/ to create one.
You can log in with your password or a Personal Access Token (PAT). Using a limited-\
scope PAT grants better security and is required for organizations using SSO. Learn \
more at https://docs.docker.com/go/access-tokens/
Username:
```

Tenemos que colocar nuestro nombre de usuario de "Docker Hub", después nuestra contraseña y con estos datos correctos, presionando **enter** para qué iniciaremos sesión y veremos:

Salida de ejecutar: docker login

```
Login Succeeded
```

Hemos iniciado sesión, el mensaje de alerta anterior nos está diciendo que sí que iniciamos con nuestra contraseña esto es lo que hará será darnos acceso completo a nuestra cuenta de Docker, y que en este caso lo mejor que podemos hacer es crear un token en este caso un "personal access token" si es que queremos ver cómo podemos hacer eso, podemos ir al link de la documentación https://docs.docker.com/go/access-tokens/ y luego utilizamos ese token para poder iniciar sesión, lo ingresamos acá en password, pero eso no lo vamos a hacer en esta lección.

Ahora vamos a subir la imagen que creamos acá, vamos a escribir:

Terminal de comandos

```
docker push nschurmann/app-react:2
```

Aqui usamos el comando **docker push** y le tenemos que indicar enseguida cuál va a ser la imagen con su etiqueta que queremos subir que en mi caso es "nschurmann/app-react:2", pero tú debes de colocar la tuya con su respectivo nombre.

Y antes de presionar **enter**, debes de saber que se van a empezar a subir todas estas capas que hemos estado creando:

Salida de ejecutar: docker push nschurmann/app-react:2

```
57e65499d84f: Pushed
528e996a6040: Pushing  198.8MB/209.2MB
b26a2138dd9c: Pushed
4ddf986ef56d: Pushed
5fb34b704190: Pushed
9841711cc266: Mounted from library/node
b748d0576055: Mounted from library/node
f866f7afbf16: Mounted from library/node
4693057ce236: Mounted from library/node
2: digest: sha256:020adf19ebb48940fa7f62aeb8e5c12902d0a7bccd3d28c152e83183c0f6cd94 s\
ize: 2202
```

Vemos cómo cada una de estas tienen un ID, lo más probable es que esta que pesa 209.2MB es la capa de los **node_modules** de nuestra aplicación, ahora la siguiente vez que subamos nuestra imagen a Docker, muchas de estas que ya se van a encontrar dentro de un caché, entonces esas derechamente no se van a volver a subir, pero si realizamos un cambio, por ejemplo, en la parte del código de nuestra aplicación solamente se va a subir esa capa en particular.

Vamos a ir de regreso a la página de "Docker Hub" y vamos a recargarla, haciendo scroll hacia abajo y ahora aquí dentro de esta sección de "tags" podemos ver que tenemos una nueva etiqueta:

Tags

This repository contains 1 tag(s).

Tag	OS	Type	Pulled	Pushed
● 2	△	Image	---	14 minutes ago

See all

Imagen subida con éxito

Esta es la "tag 2" para el sistema operativo Linux, este tipo es imagen y esto fue publicado en mi caso hace 17 minutos.

Ahora, de regreso en VsCode vamos a realizar un cambio de nuevo en el archivo "**README.md**":

README.md

```
1  # React + Vite + Docker + Docker hub
2
3  This template provides a minimal setup to get React working in Vite with HMR and som\
4  e ESLint rules.
5  . . .
```

Guardamos y de regreso en nuestra terminal tenemos que volver a crear esta imagen:

Terminal de comandos

```
1  docker build -t nschurmann/app-react:3 .
```

Para no tener que cambiarle el nombre posteriormente a esta imagen, le colocamos directamente el nombre del repositorio que en este caso es en "nschurmann/app-react:3" a esta le estamos dando el valor de la versión 3, presionamos **enter** y esperaremos a que termine de construir nuestra imagen. Para verificar que esta se encuentra, usaremos:

Terminal de comandos

```
1  docker images
```

Salida de ejecutar: docker images

```
REPOSITORY              TAG       IMAGE ID       CREATED          SIZE
nschurmann/app-react    3         09e66ae65a56   12 minutes ago   390MB
app-react               2         f9ec10cb0973   27 hours ago     390MB
nschurmann/app-react    2         f9ec10cb0973   27 hours ago     390MB
app-react               1         e3da0bab9ad6   2 days ago       390MB
app-react               latest    e3da0bab9ad6   2 days ago       390MB
ubuntu                  latest    ca2b0f26964c   5 weeks ago      77.9MB
```

Y acá la tenemos listada y ahora lo que tenemos que hacer es subirla, para esto tenemos que ejecutar nuevamente:

Terminal de comandos

```
docker push nschurmann/app-react:3
```

Salida de ejecutar: docker push nschurmann/app-react:3

```
ed3b628f829a: Pushed
528e996a6040: Layer already exists
b26a2138dd9c: Layer already exists
4ddf986ef56d: Layer already exists
5fb34b704190: Layer already exists
9841711cc266: Layer already exists
b748d0576055: Layer already exists
f866f7afbf16: Layer already exists
4693057ce236: Layer already exists
3: digest: sha256:b409f03e323b66814b477cf161a8350e659698a679099713c0004e67d349f9e7 s\
ize: 2202
```

Fíjate ahora que nos está entregando que la capa ya existe y que solo está haciendo push de una, así que esto va a tomar mucho menos tiempo.

De regreso en el navegador en Docker Hub vamos a recargar nuevamente, bajaremos de nuevo hasta la sección de "tags":

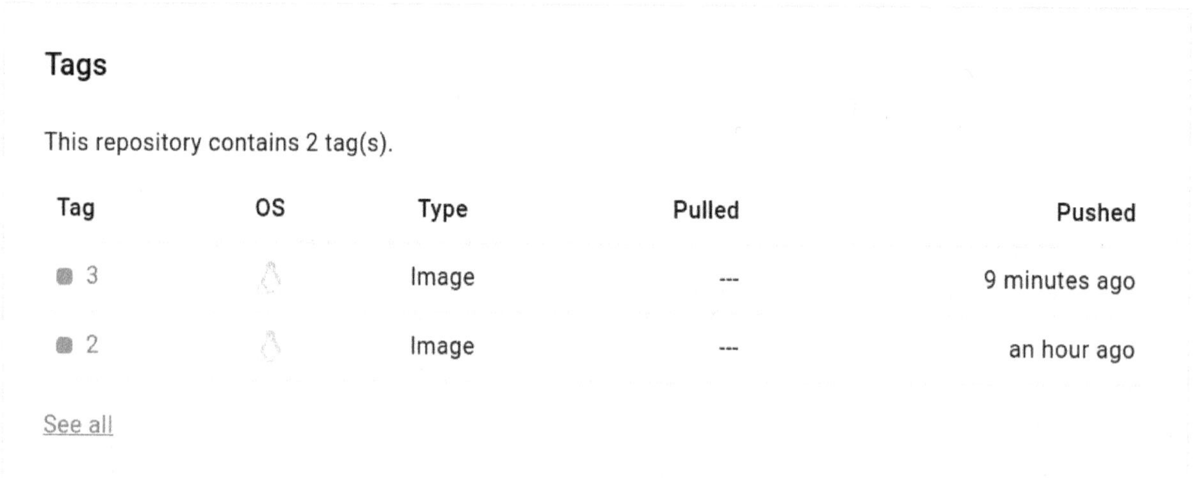

Tags
This repository contains 2 tag(s).
Tag
OS
Type
Pulled
Pushed
3
Image
---
9 minutes ago
2
Image
---
an hour ago
See all

Version 3 en Docker Hub

Y vemos que ahora se ha agregado la versión 3, y ahora da exactamente lo mismo donde tú te encuentres, sencillamente con el comando **docker pull** y el nombre de la etiqueta.

Guardar y compartir imágenes

No siempre vamos a querer pasar por Docker Hub para compartir las imágenes con desarrolladores, así es que vamos a ver un método alternativo para poder realizar esta tarea. El comando que vamos a necesitar usar es **docker image save**, pero vamos a usar la opción de **–help** para ver cómo se usa:

Terminal de comandos

```
docker image save --help
```

Salida de ejecutar: docker image save –help

```
Usage:  docker image save [OPTIONS] IMAGE [IMAGE...]

Save one or more images to a tar archive (streamed to STDOUT by default)

Aliases:
docker image save, docker save

Options:
-o, --output string   Write to a file, instead of STDOUT
```

Aqui nos está entregando las opciones que podemos utilizar, que en este caso es la de **-o** o **–output**. Seguido de eso, le tenemos que indicar una cadena de texto que lo que hará será crear un archivo comprimido con extensión **tar**, que vendría siendo como un archivo **zip**, así que no nos fijaremos mucho en la extensión y al final vamos a colocar el nombre del repositorio que vamos a guardar.

También si lo deseamos, en lugar de usar el comando completo, podemos usar **docker save**. Entonces vamos a utilizar:

Terminal de comandos

```
docker image save -o app-react.tar nschurmann/app-react:3
```

Presionamos **enter**.

Y cuando termine, dentro del directorio de la aplicación que en este caso se llama "**holamundo**" debería aparecer nuestro archivo comprimido, vamos a comprobarlo:

Archivo comprimido generado

Aqui entre nuestros archivos podemos ver a archivo "**app-react.tar**". Ahora vamos a descomprimirlo:

Contenido del archivo comprimido

Y aquí podemos ver qué contiene, si inspeccionas dentro de las carpetas verás están empezando a aparecer unas cosas extrañas:

Carpetas y contenido

Si descomprimimos algunos de estos:

Descomprimido ejemplo 1

Descomprimido ejemplo 2

Descomprimido ejemplo 3

Podemos ver que contiene en este caso directorios que hacen referencia al sistema operativo y a la aplicación, entonces lo que está ocurriendo es que cada uno de estos directorios lo que hace es que contiene cada una de las capas de nuestra imagen, de esa manera Docker después cuando las quiere empezar a aplicar sabe exactamente qué capa tiene que ir y cuándo tiene que aplicar una y posteriormente la otra.

Ahora de regreso en nuestra terminal lo que vamos a hacer es que vamos a asegurarnos de que vamos a cargar este repositorio de manera correcta, así es que lo primero que tenemos que hacer es eliminar esta imagen de las que hemos creado con Docker, ejecutaremos primero:

Terminal de comandos

```
docker images
```

Salida de ejecutar: docker images

```
REPOSITORY              TAG      IMAGE ID       CREATED         SIZE
nschurmann/app-react    3        09e66ae65a56   2 hours ago     390MB
app-react               2        f9ec10cb0973   29 hours ago    390MB
nschurmann/app-react    2        f9ec10cb0973   29 hours ago    390MB
app-react               1        e3da0bab9ad6   2 days ago      390MB
app-react               latest   e3da0bab9ad6   2 days ago      390MB
ubuntu                  latest   ca2b0f26964c   5 weeks ago     77.9MB
```

Y vamos a verificar que no exista ninguna otra imagen con este mismo ID, el **09e66ae65a56**, vemos que efectivamente no hay ninguna. Así que vamos a proceder a eliminar esta, y luego la vamos a cargar del archivo comprimido. Ejecutamos:

Terminal de comandos

```
docker image rm 09e
```

Presionamos **enter**, vamos a listar nuevamente nuestras imágenes:

Terminal de comandos

```
docker images
```

Salida de ejecutar: docker images

```
REPOSITORY              TAG       IMAGE ID       CREATED         SIZE
app-react               2         f9ec10cb0973   29 hours ago    390MB
nschurmann/app-react    2         f9ec10cb0973   29 hours ago    390MB
app-react               1         e3da0bab9ad6   2 days ago      390MB
app-react               latest    e3da0bab9ad6   2 days ago      390MB
ubuntu                  latest    ca2b0f26964c   5 weeks ago     77.9MB
```

Y perfecto, ahora vemos que nuestra imagen no se encuentra.

Entonces, lo que tenemos que hacer ahora es cargar esta imagen dentro de Docker. Para hacer eso, tenemos que utilizar **docker image load**, pero vamos a ver primero su manual de ayuda:

Terminal de comandos

```
docker image load --help
```

Salida de ejecutar: docker image load –help

```
Usage:  docker image load [OPTIONS]

Load an image from a tar archive or STDIN

Aliases:
docker image load, docker load

Options:
-i, --input string   Read from tar archive file, instead of STDIN
-q, --quiet          Suppress the load output
```

Vemos que nos está indicando que nos sirve a para poder cargar las imágenes desde un archivo **tar** o también desde el **standard input**, vamos a utilizar el archivo **tar** y para poder leer este archivo tenemos que utilizar la opción **-i**, ya que esta nos permite a poder leer de un archivo con extensión "**.tar**" en lugar del "**STDIN**", así es que vamos a ejecutar:

Terminal de comandos

```
docker image load -i app-react.tar
```

Ahora presionamos **enter**:

Salida de ejecutar: docker image load –help

```
Loaded image: nschurmann/app-react:3
```

Vemos que nos está entregando un mensaje de éxito y la imagen se cargó. Así que vamos a listar las imágenes de nuevo:

Terminal de comandos

```
docker images
```

Salida de ejecutar: docker images

```
REPOSITORY             TAG      IMAGE ID       CREATED        SIZE
nschurmann/app-react   3        09e66ae65a56   2 hours ago    390MB
app-react              2        f9ec10cb0973   29 hours ago   390MB
nschurmann/app-react   2        f9ec10cb0973   29 hours ago   390MB
app-react              1        e3da0bab9ad6   2 days ago     390MB
app-react              latest   e3da0bab9ad6   2 days ago     390MB
ubuntu                 latest   ca2b0f26964c   5 weeks ago    77.9MB
```

Y ahora podemos ver que aparece nuestra imagen que creamos antes y contiene exactamente el mismo ID.

Y esto fue todo de esta sección, sé que fue bastante larga, sé que fue bastante intensa, pero con estos fundamentos ya tienes todo listo para continuar trabajando con Docker.

En la sección que viene, vamos a ver todo lo que necesitas saber acerca de los contenedores.

Capítulo 4: Contenedores

Introducción

En la sección pasada ya vimos los fundamentos necesarios para poder construir nuestras imágenes y en esta sección vamos a ver cómo podemos trabajar con contenedores, cómo ejecutarlos y los distintos parámetros que podemos utilizar para que estos funcionen de manera correcta dentro de nuestro entorno de desarrollo.

Algo importante que veremos a lo largo de toda esta sección que estaremos utilizando muchos comandos, pero lo más importante es que no te tienes que acordar de absolutamente todos, ya que después de esta sección vamos a ver cómo podemos escribir un archivo de configuración que nos va a ayudar a utilizar todos estos parámetros que vamos a ver ahora, pero para que nuestro ambiente de desarrollo y también nuestro ambiente de producción se ejecuten solamente con un comando.

Iniciando contenedores

Hasta ahora para ejecutar nuestros contenedores hemos utilizado el comando **docker run**, sin embargo, este comando es la combinación de 3 comandos:

1. **docker pull**: siempre y cuando la imagen no se encuentre en local,
2. **docker create**: que nos permite crear una imagen con base en un archivo "**dockerfile**",
3. **docker start**: Que va a tomar el contenedor que acabamos de crear y lo va a iniciar.

Ahora vamos a ver cómo podemos utilizar estos últimos 2 comandos, pero de manera más granular, **docker pull** no lo veremos, ya que este es bastante específico, escribimos este comando seguido del nombre de la imagen y este va a ir a buscarlo a Docker Hub o el sistema de registro que le hayamos indicado, recuerda que tiene que ser una URL completa.

docker create

Vamos a comenzar con el comando de **docker create**, para ver la documentación de este comando le agregaremos la opción **–help**:

Terminal de comandos

```
docker create --help
```

Salida de ejecutar: docker create –help

```
Create a new container

Aliases:
docker container create, docker create

Options:
    --add-host list                    Add a custom host-to-IP mapping
. . .
```

Aqui vas a poder ver todas las opciones que este comando tiene, vamos a ver las que más nos interesan. Comenzaremos por ver las imágenes que tenemos con:

Terminal de comandos

```
docker images
```

Salida de ejecutar: images

```
REPOSITORY   TAG        IMAGE ID       CREATED        SIZE
app-react    2          f9ec10cb0973   42 hours ago   390MB
```

Como puedes notar, solo tengo una imagen, ya que he realizado una limpieza, te recomiendo que hagas lo mismo y te quedes con la que tiene el "tag" 2.

Entonces, para poder crear un contenedor con base a una imagen, vamos a utilizar el comando:

Terminal de comandos

```
docker create app-react:2
```

El comando es **docker create** y seguido de este le indicamos la imagen con su etiqueta después de los 2 puntos, si no le indicamos la etiqueta recuerda que va a usar "latest". Entonces aquí presionamos **enter**.

Salida de ejecutar: docker create app-react:2

```
4926fb6be8548c05fe85151d1a958a4555948647d57522f23bddac30b8fdd761
```

Este nos regresa el id del contenedor. Y algo importante es que este comando va a crear el contenedor, pero no lo va a ejecutar, si usamos el comando:

Terminal de comandos

```
docker ps
```

Salida de ejecutar: docker ps

```
CONTAINER ID   IMAGE     COMMAND   CREATED   STATUS    PORTS     NAMES
```

No vamos a ver a nuestro contenedor, ya que para verlo necesitaremos usar la opción **-a**:

Terminal de comandos

```
docker ps -a
```

Salida de ejecutar: docker ps -a

```
CONTAINER ID   IMAGE         COMMAND                  CREATED         STATUS    PORT\
S     NAMES
4926fb6be854   app-react:2   "docker-entrypoint.s…"   4 minutes ago   Created        \
      loving_raman
```

Con esta opción veremos todos los contenedores que se encuentran listados, pero no en ejecución.

La columna al final, la que está más a la derecha de este listado vemos que se llama **NAMES**, y esta es para indicar el nombre que vamos a asignarle a los contenedores, si no se lo asignamos un nombre Docker se va a encargar de asignarle uno, en mi caso es el de "loving_raman", y lo más seguro es que el tuyo tenga un nombre diferente.

A veces no vamos a querer este comportamiento, entonces para que podamos asignarle un nombre a los contenedores, vamos a tener que pasarle la opción de **–name**, así es que escribimos:

Terminal de comandos

```
docker create --name
```

Seguido de esto, le tenemos que asignar el nombre que queremos para el contenedor:

Terminal de comandos

```
docker create --name holamundo
```

Y al final le indicamos el nombre de la imagen seguido de la etiqueta:

Terminal de comandos

```
docker create --name holamundo app-react:2
```

Vamos a ejecutar:

Salida de ejecutar: docker create –name holamundo app-react:2

```
52f8d496ec169891ca77a830279e2cdb4095bbf1828a164214fc0a9baf4657a7
```

Nos ha devuelto el "id" nuevamente y si vamos a ver el listado de nuestros contenedores:

Terminal de comandos

```
docker ps
```

Salida de ejecutar: docker ps

```
CONTAINER ID   IMAGE     COMMAND   CREATED   STATUS    PORTS     NAMES
```

Vemos que este no se encuentra en ejecución, pero si le pasamos la opción de **-a**:

Terminal de comandos

```
docker ps -a
```

Salida de ejecutar: docker ps -a

```
CONTAINER ID   IMAGE         COMMAND                  CREATED          STATUS    PORT\
S      NAMES
52f8d496ec16   app-react:2   "docker-entrypoint.s…"   6 minutes ago    Created        \
       holamundo
4926fb6be854   app-react:2   "docker-entrypoint.s…"   2 hours ago      Created        \
       loving_rama
```

Acá vemos los 2 contenedores que fueron creados, tenemos el anterior el de "loving_rama" y después tenemos acá el de "holamundo".

docker start

Entonces ya que tenemos creados nuestros contenedores, la manera en que tenemos para poder iniciar un contenedor en particular, que por supuesto se encuentra detenido, es con el comando de **docker start**, si queremos ver las opciones que este nos entrega en su documentación, podemos pasar igualmente la opción de **–help**:

Terminal de comandos

```
docker start --help
```

Salida de ejecutar: docker start –help

```
Usage:  docker start [OPTIONS] CONTAINER [CONTAINER...]

Start one or more stopped containers

Aliases:
docker container start, docker start

Options:
-a, --attach               Attach STDOUT/STDERR and forward signals
    --detach-keys string   Override the key sequence for detaching a container
-i, --interactive          Attach container's STDIN
```

Y acá vemos que solo tenemos 2 opciones, la de **-a** e **-i** para poder ingresar de manera interactiva a este contenedor.

Vamos a iniciar nuestro contenedor de "holamundo" usando este comando:

Terminal de comandos

```
docker start holamundo
```

Vamos a presionar **enter**, y quiero que te fijes en qué es lo que ocurrió:

Salida de ejecutar: docker start –help

```
holamundo
```

La terminal inmediatamente nos devolvió el nombre del contenedor y luego nos devolvió el control de la terminal, cosa que no ocurre con el comando de **run**, si ejecutamos con **run** nos va a mostrar inmediatamente los "logs" que tiene esta, que en la siguiente lección vamos a ver cómo podemos ver los "logs", así es que calma.

Detener contenedores

Y ahora, para poder detener un contenedor que se encuentra en ejecución, vamos a ejecutar a:

Terminal de comandos

```
docker ps
```

Salida de ejecutar: docker ps

```
CONTAINER ID   IMAGE         COMMAND                  CREATED          STATUS          \
   PORTS     NAMES
52f8d496ec16   app-react:2   "docker-entrypoint.s…"   55 minutes ago   Up 36 minutes\
   5173/tcp   holamundo
```

Esto lo hicimos para poder ver el nombre del contenedor y también su id. Y si queremos detenerlo, tenemos que utilizar el comando de **docker stop** seguido del id del contenedor, que en mi caso es el que comienza con "52f":

Terminal de comandos

```
docker stop 52f
```

O derechamente, podemos indicarle el nombre que le acabamos de asignar, que en este caso es "holamundo":

Terminal de comandos

```
docker stop holamundo
```

Presionamos **enter**, y vamos a tener que esperar un par de segundos a que se detenga completamente el contenedor.

Salida de ejecutar: docker stop 52f

```
52f
```

Ahora te voy a mostrar cómo podemos ejecutar estos mismos contenedores creándolos desde cero con el comando de **docker run**, así que vamos a ejecutar:

Terminal de comandos

```
docker run --name holarun app-react:2
```

Con **docker run** también le podemos pasar la opción de **–name** para asignar un nombre, que en este caso no puede ser el mismo nombre de un contenedor que ya existe, por ende no podemos utilizar el nombre "holamundo" así es que vamos a utilizar "holarun" y después el nombre de la imagen. Sin embargo, si ejecutamos este comando, lo que va a hacer Docker es que nos va a dejar la terminal tomada por este proceso, donde no vamos a poder continuar interactuando con ella. La forma para poder salirse y volver a retomar el control de la terminal es con **control** + **c**, el problema con esto es que va a detener el contenedor.

Para solucionar esto y que nos devuelva inmediatamente el control de la terminal es que vamos a tener que pasarle la opción de **-d** justamente después de la opción **run**:

Terminal de comandos

```
docker run -d --name holarun app-react:2
```

Y aquí, cuando presionamos **enter**:

Salida de ejecutar: docker run -d –name holarun app-react:2

```
aedffbb597dafeb69fc3e3dadfd2a94f7205f183f057dc676d86caddff8a32f6
```

Vamos a ver que nos vuelve nuevamente el "id" y tenemos el control de la terminal. Ahora podemos ejecutar:

Terminal de comandos

```
docker ps
```

Salida de ejecutar: docker ps

```
CONTAINER ID   IMAGE          COMMAND                  CREATED              STATUS      \
             PORTS      NAMES
aedffbb597da   app-react:2    "docker-entrypoint.s…"   About a minute ago   Up About \
a minute   5173/tcp    holarun
```

Lo que él vamos a ver que aparece nuestro contenedor de **holarun** corriendo y para detenerlo nuevamente es con:

Terminal de comandos

```
docker stop holarun
```

Salida de ejecutar: docker stop holarun

```
holarun
```

Nos devolvió el nombre y veremos de nuevo todos los contenedores que se encuentran detenidos es con:

Terminal de comandos

```
docker ps -a
```

Salida de ejecutar: docker ps

```
CONTAINER ID   IMAGE          COMMAND                  CREATED              STATUS      \
                        PORTS   NAMES
aedffbb597da   app-react:2    "docker-entrypoint.s…"   3 minutes ago        Exited (13\
7) 55 seconds ago               holarun
52f8d496ec16   app-react:2    "docker-entrypoint.s…"   About an hour ago    Exited (13\
7) 19 minutes ago               holamundo
4926fb6be854   app-react:2    "docker-entrypoint.s…"   3 hours ago          Created     \
                                loving_raman
```

Y aquí podemos ver que tenemos 3 contenedores y para poder eliminar absolutamente todos los contenedores que se encuentran detenidos, vamos a utilizar el comando de:

Terminal de comandos

```
docker container prune
```

Cuando presionamos **enter**:

Terminal de comandos al ejecutar: docker container prune

```
WARNING! This will remove all stopped containers.
Are you sure you want to continue? [y/N] y
```

Nos va a entregar esta alerta, presionamos **y** le presionamos **enter** de nuevo:

Salida de ejecutar: docker container prune

```
Deleted Containers:
aedffbb597dafeb69fc3e3dadfd2a94f7205f183f057dc676d86caddff8a32f6
52f8d496ec169891ca77a830279e2cdb4095bbf1828a164214fc0a9baf4657a7
4926fb6be8548c05fe85151d1a958a4555948647d57522f23bddac30b8fdd761

Total reclaimed space: 5.626MB
```

Y esto es lo que va a hacer, es que va a eliminar absolutamente todos los contenedores que hemos creado hasta ahora.

Logs

Entonces el problema que tenemos ahora es que como estamos corriendo nuestros contenedores en segundo plano, no podemos ver los "logs" que este tiene, afortunadamente existe un comando que podamos utilizar en Docker que se llama **docker logs**, y si le pasamos la opción de **–help** vamos a poder ver todas las opciones que este contiene:

Terminal de comandos

```
docker logs --help
```

Salida de ejecutar: docker logs –help

```
Usage:  docker logs [OPTIONS] CONTAINER

Fetch the logs of a container

Aliases:
docker container logs, docker logs

Options:
      --details        Show extra details provided to logs
-f, --follow           Follow log output
      --since string   Show logs since timestamp (e.g. "2013-01-02T13:23:37Z") or rela\
tive (e.g. "42m" for 42 minutes)
-n, --tail string      Number of lines to show from the end of the logs (default "all")
-t, --timestamps       Show timestamps
      --until string   Show logs before a timestamp (e.g. "2013-01-02T13:23:37Z") or r\
elative (e.g. "42m" for 42 minutes)
```

La primera opción vendría siendo **-f**, esta nos va a permitir a poder seguir constantemente los "logs", esto quiere decir a medida que se vayan agregando cada vez más y más líneas dentro de los "logs" vamos a ir viendo en tiempo real cómo estos van apareciendo.

Después tenemos la opción de **-n**, que esta nos va a servir a para poder mostrar solamente la cola de los "logs" como cuando vimos el comando de **tail**, esto es exactamente lo mismo y le vamos a poder indicar también cuántas líneas son las que queremos ver, por defecto como podemos ver en la salida de nuestro comando nos muestra absolutamente todas las líneas que se encuentran dentro del "log" y eso por supuesto, que no necesariamente es lo que vamos a querer. Le podemos indicar por ejemplo 10 o 15, y además si es que queremos ver un timestamp o la fecha de cuando se guardó ese "log", lo podemos ver con la opción de **-t**.

Así es que vamos a ir viendo cada una de estas opciones, primero vamos a asegurarnos que no tengamos ningún contenedor ejecutándose:

Terminal de comandos

```
docker ps
```

Salida de ejecutar: docker ps

```
CONTAINER ID   IMAGE      COMMAND   CREATED   STATUS    PORTS     NAMES
```

Y con:

Terminal de comandos

```
docker ps -a
```

Salida de ejecutar: docker ps -a

```
CONTAINER ID   IMAGE      COMMAND   CREATED   STATUS    PORTS     NAMES
```

Y vemos también que no se encuentra en ninguno creado, con esto podemos continuar y vamos a ejecutar:

Terminal de comandos

```
docker images
```

Salida de ejecutar: images

```
REPOSITORY   TAG        IMAGE ID       CREATED        SIZE
app-react    2          f9ec10cb0973   42 hours ago   390MB
```

Por supuesto tenemos nuestra imagen **app-react**, entonces vamos a ejecutar:

Terminal de comandos

```
docker run -d --name holamundo app-react:2
```

Aqui usamos **docker run** con la opción **-d** para ejecutarlo en modo "detach" y vamos a dar el nombre de **holamundo** y vamos a indicarle que vamos a ejecutar **app-react**:**2**, ahora presionamos **enter**:

Vamos a esperar a que se termine de ejecutar nuestro servidor, porque el servidor de la aplicación va a tomar por un par de segundos:

Salida de ejecutar: docker run -d –name holamundo app-react:2

```
9afe289db1b6092ba6dc24df326f7b1069c5e1c81b899933a3b22e8e32e9258d
```

Y vamos a verificar que este se encuentre corriendo con:

Terminal de comandos

```
docker ps
```

Salida de ejecutar: docker ps

```
CONTAINER ID   IMAGE          COMMAND                  CREATED            STATUS   \
               PORTS       NAMES
9afe289db1b6   app-react:2   "docker-entrypoint.s…"   27 minutes ago   Up 27 minutes\
   5173/tcp   holamundo
```

Aquí ya se encuentra, y ahora para poder ver los logs de un contenedor en particular lo vamos a hacer con **docker logs** seguido del id o también podría ser el nombre del contenedor:

Terminal de comandos

```
docker logs holamundo
```

Salida de ejecutar: docker logs holamundo

```
> 3-holamundo@0.0.0 dev
> vite

VITE v5.2.6  ready in 490 ms

□  Local:   http://localhost:5173/
□  Network: use --host to expose
```

Y con esto podemos ver sus "logs".

Vamos ahora a utilizar la opción nuevamente con **docker logs** de **-f** para que siga al contenedor así que ejecutaremos:

Terminal de comandos

```
docker logs -f holamundo
```

Salida de ejecutar: docker logs -f holamundo

```
> 3-holamundo@0.0.0 dev
> vite

VITE v5.2.6  ready in 490 ms

□  Local:   http://localhost:5173/
□  Network: use --host to expose
```

Y la diferencia es que no nos regresará a la terminal, o sea, esta instancia de la terminal estará ahí pendiente, escuchando por si eventualmente llegan a parecer mas "logs". Y para salir de acá hacemos un **control** + **c**.

Y lo que vamos a hacer es utilizar nuevamente este comando, pero lo vamos a hacer con la opción de **-n** y le vamos a indicar 5:

Terminal de comandos

```
docker logs -n 5 holamundo
```

Salida de ejecutar: docker logs -n 5 holamundo

```
VITE v5.2.6  ready in 490 ms

□ Local:   http://localhost:5173/
□ Network: use --host to expose
```

Y vemos que estamos imprimiendo solamente las últimas 5 líneas, si queremos ser más explícitos para ver el funcionamiento de este comando le vamos a decir que nos muestre solamente 1 línea:

Terminal de comandos

```
docker logs -n 1 holamundo
```

Terminal de comandos

```
□ Network: use --host to expose
```

Y ya solo nos faltaría ver la última opción, que vendría siendo por **-t**, para poder ver los "timestamps", estas 2 opciones la de **-n** y **-t** por supuesto que también las podemos combinar, aquí le voy a indicar que queremos ver las últimas 10 líneas:

Terminal de comandos

```
docker logs -t -n 10 holamundo
```

Salida de ejecutar: docker logs -n 5 holamundo

```
2024-04-04T19:10:25.365673086Z
2024-04-04T19:10:25.365761086Z > 3-holamundo@0.0.0 dev
2024-04-04T19:10:25.365766030Z > vite
2024-04-04T19:10:25.365768185Z
2024-04-04T19:10:25.930357886Z
2024-04-04T19:10:25.930398840Z   VITE v5.2.6  ready in 490 ms
2024-04-04T19:10:25.930403496Z
2024-04-04T19:10:25.931079699Z   □ Local:   http://localhost:5173/
2024-04-04T19:10:25.931128221Z   □ Network: use --host to expose
```

Y aquí podemos ver cómo nos está mostrando todos los "timestamp" y el "log" a la derecha de estos.

Y para poder mostrarte que también podemos ejecutar exactamente estos mismos comandos con el ID, vamos a ir a buscar el "id" con:

Terminal de comandos

```
docker ps
```

Salida de ejecutar: docker ps

```
9afe289db1b6   app-react:2   "docker-entrypoint.s…"   27 minutes ago   Up 27 minutes\
   5173/tcp   holamundo
```

El mío tiene el id "9af", a ti te va a mostrar otro "id", pero yo voy a utilizar los primeros 3 caracteres que contiene el "id" así que vamos a ejecutar:

Terminal de comandos

```
docker logs -t -n 10 9af
```

Salida de ejecutar: docker logs -t -n 10 9af

```
2024-04-04T19:10:25.365673086Z
2024-04-04T19:10:25.365761086Z > 3-holamundo@0.0.0 dev
2024-04-04T19:10:25.365766030Z > vite
2024-04-04T19:10:25.365768185Z
2024-04-04T19:10:25.930357886Z
2024-04-04T19:10:25.930398840Z   VITE v5.2.6  ready in 490 ms
2024-04-04T19:10:25.930403496Z
2024-04-04T19:10:25.931079699Z   □  Local:   http://localhost:5173/
2024-04-04T19:10:25.931128221Z   □  Network: use --host to expose
```

Y aquí podemos ver cómo nos está mostrando los logs exactamente igual que si hacemos referencia al nombre del contenedor.

Puertos

En esta lección vamos a ver cómo podemos mapear los puertos de nuestra máquina anfitrión a nuestros contenedores que tenemos en Docker.

Cuando tenemos un contenedor en Docker realmente este se puede conectar utilizando cualquier puerto, en este caso la aplicación que estamos corriendo usa el 5173, para que podamos conectarnos a este y con esto acceder al ambiente de desarrollo. Sin embargo, desde nuestra máquina anfitrión, si es que llega un usuario a conectarse a este puerto 5173, Docker no sabe a dónde tiene que enviar esto, entonces lo que vamos a hacer es tomar todas estas conexiones y se las vamos a enviar a este contenedor.

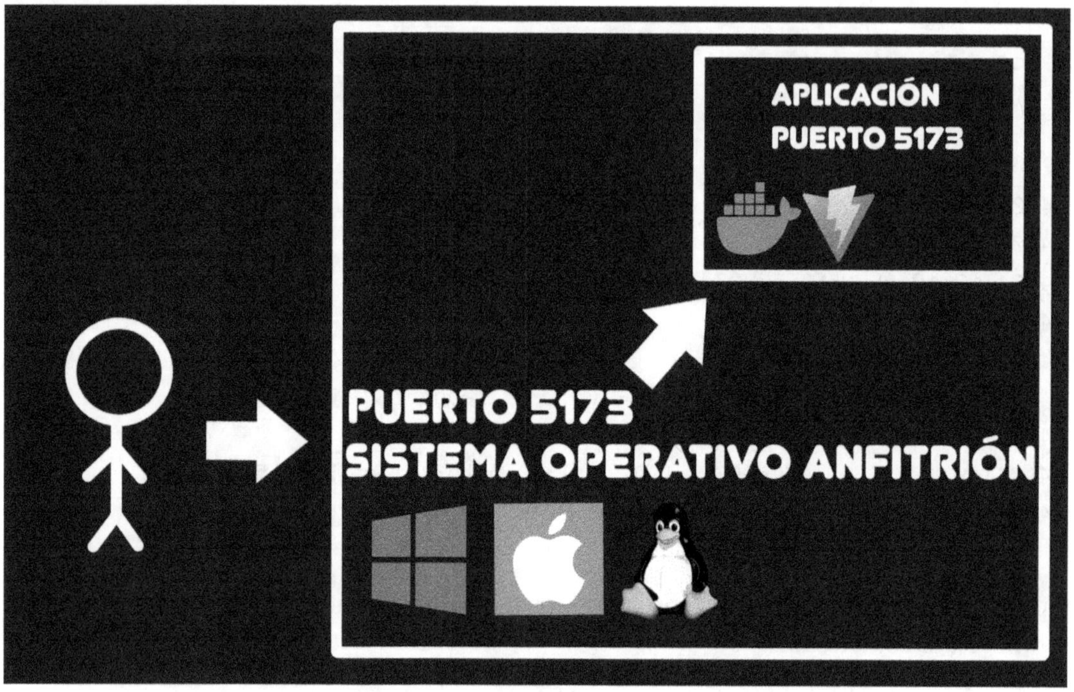

Representación de cómo funcionarían los puertos con los contenedores

Antes de que hagamos esto, tenemos que realizar unas cuantas modificaciones a nuestro proyecto, ya que si recuerdas, cuando ejecutamos dentro de nuestras propias máquinas:

Terminal de comandos

```
npm run dev
```

Salida de ejecutar: npm run dev

```
VITE v5.2.6  ready in 490 ms

□  Local:   http://localhost:5173/
□  Network: use --host to expose
```

Nos dice que tenemos que usar la opcion **–host** para poder exponer esto a la red. Si es que no habilitamos esta opción, que es específica de la biblioteca que estamos utilizando es que es **vite**, no vamos a poder acceder a esta, porque va a considerar que desde nuestro host al contenedor es que estamos accediendo a través de la red, por eso tenemos que habilitar esta opción primero.

Entonces de regreso en el VsCode, tenemos que ir archivo "**package.json**", probablemente pensaste que lo teníamos que agregar en el archivo "**Dockerfile**" en la línea en la que colocamos el **CMD** pero esto no nos va a funcionar. Así es que en el archivo "**package.json**" en la línea 7 es donde vamos a agregar el script:

holamundo/package.json

```
6 "scripts": {
7     "dev": "vite --host",
8     "build": "vite build",
9 . . .
```

Ahora, si no has eliminado el archivo comprimido y su carpeta descomprimida de la lección pasada, vamos a eliminarlos, para que tu imagen no tome mucho espacio en disco duro:

Estructura de carpetas y archivos en la carpeta holamundo

```
|-- holamundo/
    |-- app-react
    |-- node_modules/
    |-- public/
    |-- src/
    |-- .dockerignore
    |-- app-react.tar
    |-- .eslintrc.cjs
    |-- .gitignore
    |-- Dockerfile
    |-- index.html
    |-- package.lock.json
    |-- package.json
    |-- README.md
    |-- vite.config.js
```

Con esto, estaremos listos para volver a crear la imagen, que como hemos realizado un cambio tenemos que volver a crear la esta imagen. Primero veremos qué imágenes tenemos con:

Terminal de comandos

```
docker images
```

Salida de ejecutar: docker logs holamundo

```
REPOSITORY   TAG      IMAGE ID       CREATED      SIZE
app-react    2        f9ec10cb0973   3 days ago   390MB
```

Vemos que tenemos la etiqueta número 2 para **app-react**:

Terminal de comandos

```
docker build -t app-react:3 .
```

Esperaremos que se acabe de construir, y vamos a ver las imágenes de nuevo para comprobar que se encuentre:

Terminal de comandos

```
docker images
```

Salida de ejecutar: docker logs holamundo

```
REPOSITORY   TAG   IMAGE ID       CREATED              SIZE
app-react    3     79c908ccc311   About a minute ago   388MB
app-react    2     f9ec10cb0973   3 days ago           390MB
```

Ahora tenemos nuestra imagen con la etiqueta 3 y que se ha generado con el ID 79c, recuerda que en tu caso será diferente.

Para que podamos entonces mapear los puertos de la máquina anfitrión a nuestro contenedor vamos a tener que hacerlo utilizando **docker run**, porque este va a ser bastante más rápido, pero es exactamente lo mismo que tienes que hacer con **docker create** así es que vamos a ejecutar:

Terminal de comandos

```
docker run -d -p 80:5173 --name holarun 79c
```

Entonces ejecutamos el comando **docker-run**, la opción **-d** para que se ejecute en modo "detach", **-p** que esta es la opción del puerto a la cual le indicamos los puertos de la máquina anfitriona, en este caso utilizaremos **80** y después dos puntos, seguido del puerto del contenedor que le estamos colocando el **5173**, después de esto le vamos a asignar un nombre que va a ser **holarun** y finalizamos indicando el "id" de la imagen que es e **79c**, con todo esto listo presionamos **enter**:

Salida de ejecutar: docker run -d -p 80:5173 –name holamrun 79c

```
030a9e8d65abb3961b603e589d12f7f505572cdbb9950b20c805c2564da4ecb4
```

Vemos que nos devolvió el "ID" y vamos a ejecutar:

Terminal de comandos

```
docker ps
```

Salida de ejecutar: docker ps

```
CONTAINER ID   IMAGE     COMMAND                    CREATED          STATUS          POR\
TS                   NAMES
030a9e8d65ab   79c        "docker-entrypoint.s…"   4 minutes ago    Up 4 minutes    0.0\
.0.0:80->5173/tcp    holarun
aedffbb597da   app-react:2   "docker-entrypoint.s…"   10 minutes ago   Up 10 minutes   \
  5173/tcp   holarun
```

Nuestro contenedor se está ejecutando con éxito.

Ahora aprovecharemos de ver la columna que se llama PORTS. En el contenedor anterior que creamos vemos que aparece este puerto de 5173, a diferencia que si nos vamos al contenedor que acabamos de crear nos va a aparecer **0.0.0.0:80** vendría siendo la máquina de anfitrión y que lo estamos mapeando al puerto 5173.

Entonces lo que nos toca hacer ahora es ingresar a esta misma ruta. Así es que en nuestro explorador vamos a escribir "localhost" y acá deberíamos indicarle el puerto, el cual es 80, sin embargo, el puerto 80 no es necesario indicárselo a nuestro explorador, ya que él va a detectar inmediatamente que si no lo indicamos el puerto este automáticamente es el 80, así que presionamos **enter**:

Dirección para entrar al servidor de desarrollo

Y debemos ver que aparece nuestra aplicación:

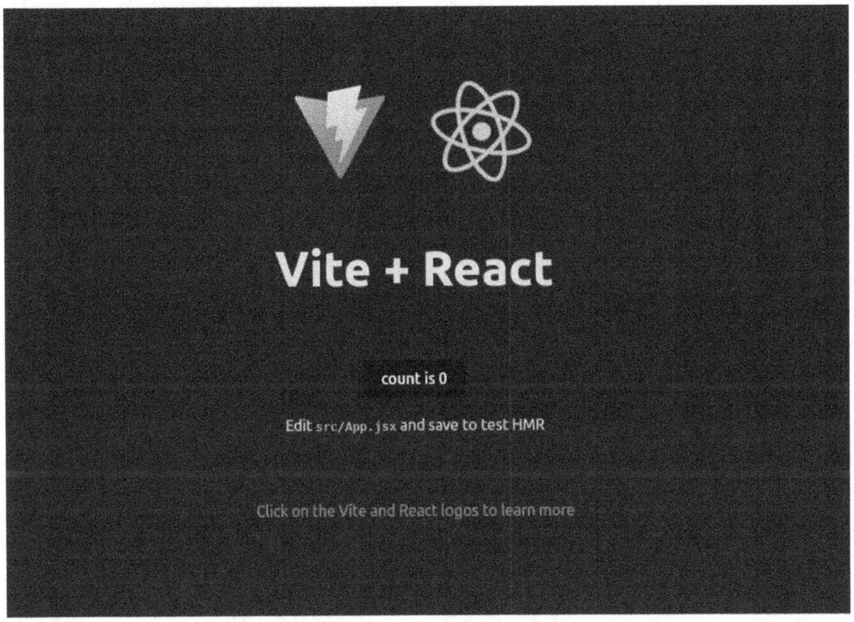

Aplicación funcionando correctamente en localhost

Deteniendo contenedores

Hasta el momento hemos estado iniciando contenedores con el comando de **run**, en esta lección vamos a ver cómo los puedes detener y cómo los puedes volver a reiniciar.

Entonces vamos a ver los contenedores que se encuentran corriendo con:

Terminal de comandos

```
docker ps
```

Salida de ejecutar: docker ps

```
CONTAINER ID   IMAGE     COMMAND                    CREATED         STATUS         POR\
TS                       NAMES
030a9e8d65ab   79c       "docker-entrypoint.s…"    4 minutes ago   Up 4 minutes   0.0\
.0.0:80->5173/tcp   holarun
```

Y vamos a detener el contenedor que creamos en nuestra lección pasada, así es que vamos a utilizar el "id" del contenedor, acá no tenemos que utilizar el "id" de la imagen, así que vamos a utilizar "030" para poder detenerlo vamos a ejecutar:

Terminal de comandos

```
docker stop 030
```

Presionamos **enter** y esperamos un poco:

Salida de ejecutar: docker stop 030

```
030
```

Vemos que ahora se detuvo con éxito, así es que vamos a ir al explorador ahora para verificarlo, ya que nos encontramos en la ventana que habíamos abierto en la lección pasada o tratando de ingresar a la dirección localhost, vamos a recargar la página:

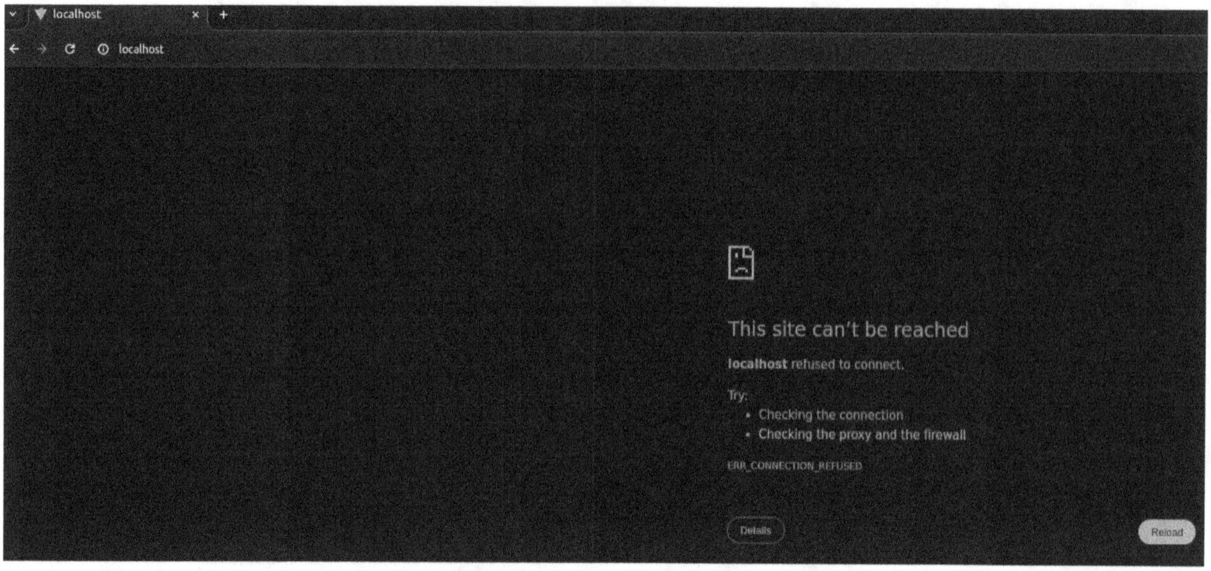

Aplicación detenida porque se detuvo el contenedor

Y vemos que ya no podemos acceder a la aplicación.

Regresamos a la terminal y vamos a volver a iniciar nuestro contenedor, así es que tenemos que escribir **docker start 030**.

La diferencia de **start** con el comando de **run**, es que **run** es una combinación de comandos, este mezcla **docker pull**, **docker create** y **docker start**, y **start** es la manera más granular. Entonces **run** es para crear nuevos contenedores y **start** es para iniciar contenedores que se encuentran detenidos.

Así es que vamos a revisar eso mismo con:

Terminal de comandos

```
docker ps -a
```

Salida de ejecutar: docker ps -a

```
CONTAINER ID   IMAGE          COMMAND                  CREATED             STATUS       \
                     PORTS     NAMES
030a9e8d65ab   79c            "docker-entrypoint.s…"   About an hour ago   Exited (13\
7) 2 minutes ago               holamrun
```

Vemos que tiene un estatus de que se detuvo más o menos hace 2 minutos Ahora sí ejecutaremos nuestro comando para iniciar el contenedor:

Terminal de comandos

```
docker start 030
```

Entonces esperamos un poco después de haber presionado **enter**:

Salida de ejecutar: docker start 030

```
030
```

Vemos que nos ha devuelto el "ID" 030, ejecutamos:

Terminal de comandos

```
docker ps
```

Salida de ejecutar: docker ps

```
CONTAINER ID   IMAGE     COMMAND                  CREATED             STATUS          \
PORTS                    NAMES
030a9e8d65ab   79c       "docker-entrypoint.s…"   About an hour ago   Up 1 second     \
0.0.0.0:80->5173/tcp     holarun
```

Aquí aparece nuevamente nuestro contenedor que se está ejecutando y si vamos de regreso al navegador, vemos que yo ni siquiera tuvimos que refrescar la página que tiene nuestra app, ya que la aplicación que tenemos acá de ejemplo cuenta con **"hot reload"** que quiere decir que no tenemos que refrescar, ya que se conecta inmediatamente con nuestro navegador.

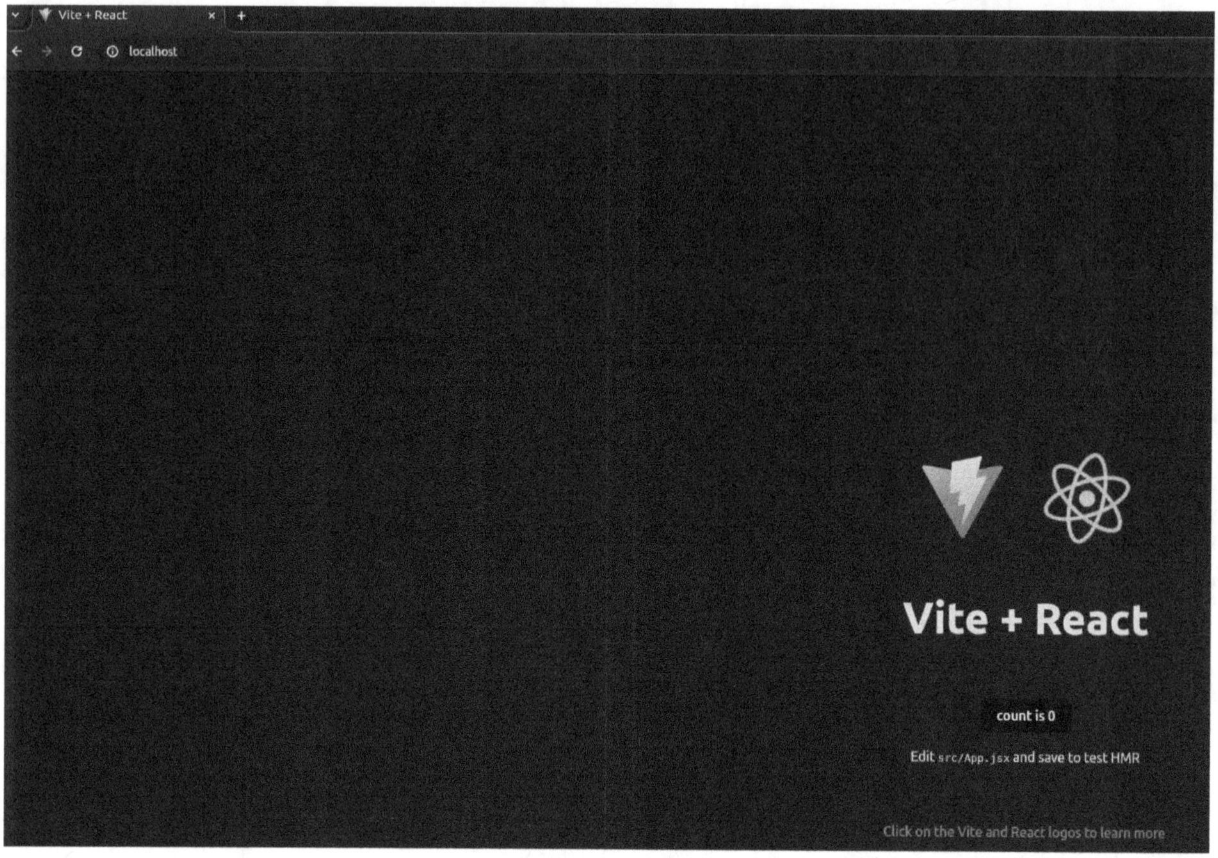

Aplicación funcionando nuevamente

Eliminando contenedores

Vamos a ver ahora cómo podemos eliminar contenedores. Para eso tenemos 2 opciones:

1. Podemos forzar eliminar el contenedor.
2. O también podemos detenerlo primero y luego eliminarlo.

Vamos a ver el primero, listaremos nuestros contenedores:

Terminal de comandos

```
docker ps -a
```

Salida de ejecutar: docker ps -a

```
CONTAINER ID   IMAGE         COMMAND                  CREATED      STATUS          P\
ORTS                  NAMES
030a9e8d65ab   79c           "docker-entrypoint.s…"   5 days ago   Up 4 seconds    0\
.0.0.0:80->5173/tcp   holamrun
9afe289db1b6   app-react:2   "docker-entrypoint.s…"   7 days ago   Up 10 seconds   5\
173/tcp               holamundo
```

Y lo que vamos a hacer es eliminar el contenedor cuyo nombre es **holamundo** ya que el de **holarun** es el que tiene el puerto mapeado y vendría siendo la aplicación funcionando correctamente, así es que vamos a hacer un:

Terminal de comandos

```
docker stop 9af
```

Presionamos **enter**. Y ahora vamos a ejecutar el comando:

Terminal de comandos

```
docker container --help
```

Salida de ejecutar: docker container –help

```
. . .
restart     Restart one or more containers
rm          Remove one or more containers
run         Create and run a new container from an image
. . .
```

Y vemos que tenemos una opción de **rm** que nos sirve para poder eliminar uno o más contenedores, así es que vamos a eliminar este contenedor por su ID, que en mi caso es el **9af**:

Terminal de comandos

```
docker container rm 9af
```

Salida de ejecutar: docker container rm 9af

```
9af
```

Ahora vamos a eliminar a nuestro contenedor que se encuentra corriendo, estos lo vemos con:

Terminal de comandos

```
docker ps
```

Salida de ejecutar: docker container –help

```
CONTAINER ID   IMAGE     COMMAND                    CREATED      STATUS             P\
ORTS                     NAMES
030a9e8d65ab   79c       "docker-entrypoint.s…"   6 days ago   Up About a minute  0\
.0.0.0:80->5173/tcp      holamrun
```

Entonces tenemos un contenedor corriendo que tiene el puerto mapeado, y si lo tratamos de eliminar con:

Terminal de comandos

```
docker container rm 030
```

Salida de ejecutar: docker container rm 030

```
Error response from daemon: cannot remove container "/holamrun": container is runnin\
g: stop the container before removing or force remove
```

Nos muestra nos está indicando que no eliminarlo porque este se encuentra corriendo, así es que le vamos a pasar la opción de -f,

Terminal de comandos

```
docker container rm -f 030
```

Y ahora, cuando presionamos **enter**:

Salida de ejecutar: docker container rm -f 030

```
030
```

Vamos a verificar que lo ha eliminado con éxito, entonces ahora ejecutamos:

Terminal de comandos

```
docker ps -a
```

Salida de ejecutar: docker ps -a

```
CONTAINER ID   IMAGE     COMMAND   CREATED   STATUS    PORTS     NAMES
```

Vemos que ya no existe ningún contenedor dentro de Docker.

Ejecutando comandos

Van a haber ocasiones dónde queremos ingresar a un contenedor que se encuentre ejecutando para que podamos depurar a algún problema que este haya tenido.

Para hacer eso, vamos primero a verificar que no tenemos ningún contenedor corriendo con:

Terminal de comandos

```
docker ps
```

Salida de ejecutar: docker ps

```
CONTAINER ID   IMAGE      COMMAND   CREATED   STATUS    PORTS     NAMES
```

Entonces vamos a ejecutar uno, así es que ejecutamos:

Terminal de comandos

```
docker images
```

Salida de ejecutar: docker images

```
REPOSITORY   TAG       IMAGE ID       CREATED       SIZE
app-react    3         79c908ccc311   6 days ago    388MB
app-react    2         f9ec10cb0973   9 days ago    390MB
```

Y vamos a iniciar la que tiene la etiqueta 3, así que acá ejecutamos:

Terminal de comandos

```
docker run -d -p 80:5173 --name holamundo app-react:3
```

Presionamos **enter** y esperamos a que se termine de ejecutar:

Salida de ejecutar: docker run -d -p 80:5173 –name holamundo app-react:3

```
8c0a061a52c7923360ba1172ff3f431d2c4d44638cce33970a49741cdc47592f
```

Listaremos de nuevo nuestros contenedores:

Terminal de comandos

```
docker ps
```

Salida de ejecutar: docker ps

```
CONTAINER ID   IMAGE         COMMAND                  CREATED          STATUS          \
 PORTS                  NAMES
8c0a061a52c7   app-react:3   "docker-entrypoint.s…"   8 minutes ago    Up 8 minutes    \
 0.0.0.0:80->5173/tcp   holamundo
```

Y vamos a decir que vamos a ingresar al que se llama **holamundo** que acabamos de crear, por lo que vamos a ejecutar el comando:

Terminal de comandos

```
docker exec -it holamundo sh
```

exec viene por ejecutar un comando dentro del contenedor, después vamos a ver un poco más en detalle esto, y le vamos a pasar la opción de **-it** para entrar en modo interactivo, después de eso le indicamos el nombre que va a ser **holamundo** y seguido de eso le tenemos la ** Shell ** que queremos utilizar, si esta fuera una máquina de Ubuntu le podríamos pasar **bash**, pero en este caso esta se encuentra basada en **Alpine Linux** así que le vamos a pasar **sh**.

Presionamos **enter**, y ya que hemos ingresado veremos que nuestra terminal ha cambiado y vemos:

Terminal de comandos del contenedor holamundo

```
/app $
```

Aqui nos encontramos dentro del directorio de **app**, ya que dentro de nuestro archivo **"Dockerfile"** le indicamos que el **WORKDIR** era a **"app"**.

En nuestro contenedor podemos ejecutar **ls**, cambiarnos de directorio con **cd** y podemos hacer prácticamente lo que queramos dentro del contenedor. Y si queremos salir del contenedor, sencillamente usamos el comando:

Terminal de comandos del contenedor holamundo

```
exit
```

Presionamos **enter** y ahí nos debe haber devuelto directamente a nuestro directorio de nuestra máquina anfitriona. Y esto no va a afectar en lo absoluto la ejecución del contenedor, vamos a ejecutar nuevamente el comando:

Terminal de comandos

```
docker ps
```

Salida de ejecutar: docker ps

```
CONTAINER ID   IMAGE          COMMAND                    CREATED          STATUS           \
   PORTS                   NAMES
8c0a061a52c7   app-react:3    "docker-entrypoint.s…"    51 minutes ago   Up 51 minutes\
   0.0.0.0:80->5173/tcp    holamundo
```

Y vemos que nuestro contenedor todavía está corriendo, vamos a suponer que está bien nos gusta mucho la idea de poder ejecutar comandos en la terminal, pero no queremos ingresar al contenedor para poder ejecutar un comando, a veces podría querer el saber solamente listar los directorios y nada más. En ese caso, lo que podemos hacer es un **ls** de esta manera:

Terminal de comandos

```
docker exec holamundo ls
```

Aqui le quitamos lo interactivo y ahora vamos a presionar **enter**:

Salida de ejecutar: docker exec holamundo ls

```
Dockerfile
README.md
index.html
node_modules
package-lock.json
package.json
public
src
vite.config.js
```

Y como podemos ver, aquí nos ha devuelto absolutamente todos los archivos y directorios que se encuentran dentro del directorio de **app**.

Volúmenes

En una lección pasada hablamos que si tú tienes 2 contenedores que se está ejecutando y realizas una acción en uno de estos contenedores, como por ejemplo, agregar un archivo llamado "**data.txt**" no va a aparecer en el otro contenedor que tengas corriendo.

No vamos a realizar directamente esta prueba, pero si deseas comprobarlo puedes crear y ejecutar 2 contenedores, ingresas a uno y creas este archivo, luego sales e ingresas al otro para comprobar si existe el archivo, pero un spoiler...no se encuentra.

Y esta es la razón por la que no tienes que guardar datos dentro de un contenedor, para esto es que se utilizan los **volúmenes**.

¿Qué es un volumen?

Estos son un link entre tú máquina host y tu contenedor.

Estoy mencionando que esto es un host, pero también puede ser un link entre un servicio, otra máquina que se encuentre en la red, y así sucesivamente.

Para nuestro ejercicio vamos a crear este volumen dentro del mismo host, entonces vamos a ejecutar el siguiente comando:

Terminal de comandos

```
docker volume
```

Salida de ejecutar: docker volume

```
Usage:  docker volume COMMAND

Manage volumes

Commands:
create      Create a volume
inspect     Display detailed information on one or more volumes
ls          List volumes
prune       Remove unused local volumes
rm          Remove one or more volumes

Run 'docker volume COMMAND --help' for more information on a command.
```

Podemos crear, inspeccionar, listar, eliminar los que no se están usando, y también podemos crear uno en específico.

Entonces, para crear un volumen, ejecutamos:

Terminal de comandos

```
docker volume create datos
```

Entonces usamos a **create** y enseguida le tenemos que pasar el nombre del volumen, que en este caso se llamará **datos**, presionaremos **enter**:

Salida de ejecutar: docker volume create datos

```
datos
```

Ahora, para poder inspeccionarlo y ver de qué se trata esto, vamos a ejecutar el comando:

Terminal de comandos

```
docker volume inspect datos
```

Salida de ejecutar: docker volume create datos

```
[
    {
        "CreatedAt": "2024-04-12T20:40:06Z",
        "Driver": "local",
        "Labels": null,
        "Mountpoint": "/var/lib/docker/volumes/datos/_data",
        "Name": "datos",
        "Options": null,
        "Scope": "local"
    }
]
```

Aqui comenzamos a ver cosas interesantes. Lo primero es que si estás en Linux vas a ver una ruta similar a esto, pero si estás en Windows comenzarás a ver una ruta que comienza seguramente con: "c:\". Pero para los usuarios de MacOS , **esta ruta no existe**, o sea si existe, pero si recuerdas al comienzo de este libro, mencionamos que Docker corre dentro de una pequeña máquina virtual de Linux, esta ruta pertenece a esta máquina virtual.

Además de esto, podemos ver que está ocupando un driver que se llama local, dependiendo del proveedor que estés utilizando por ejemplo, podría ser "Amazon", tú puedes indicar otro driver para que se conecte con ese proveedor en particular, desafortunadamente existen muchos proveedores los cuales tienen soporte para poder conectarse con Docker y con sus volúmenes, por lo que dependiendo de tu proveedor vas a tener que hacer una investigación independiente para crear un volumen dentro de ese servicio.

Entonces, ahora lo que vamos a hacer es crear un contenedor que tenga un volumen:

Terminal de comandos

```
docker run -d -p 3000:3000 -v datos:/app/datos app-react:3
```

En el puerto hemos indicado el puerto 3000:3000, este puerto es muy utilizado, si estás haciendo desarrollos con node y luego, para indicarle el volumen hacemos opción **-v**, seguido de esto le indicamos el nombre del volumen, que en nuestro caso es datos, después, con los dos puntos le tenemos que indicar en qué ruta dentro del contenedor se va a montar este volumen, así que le indicaremos qué va a ser en el fichero **app** del contenedor en otro fichero llamado "**datos**", y luego le tenemos que indicar la imagen que vamos a utilizar para ejecutar este contenedor. Ahora presionamos **enter** y esperamos un rato que se termine de cargar nuestro contenedor.

Salida de ejecutar: docker run -d -p 3000:3000 -v datos:/app/datos app-react:3

```
f3ac4204182702481b9b42ada157a6634a0087e2e606a185a4747cb180acdbbc
```

Ahora ejecutamos:

Terminal de comandos

```
docker ps
```

Salida de ejecutar: docker ps

```
CONTAINER ID   IMAGE         COMMAND                  CREATED         STATUS        POR\
TS                                 NAMES
f3ac42041827   app-react:3   "docker-entrypoint.s…"   2 hours ago     Up 2 hours    0.0\
.0.0:3000->3000/tcp, 5173/tcp   zen_ardinghelli
8c0a061a52c7   app-react:3   "docker-entrypoint.s…"   4 hours ago     Up 4 hours    0.0\
.0.0:80->5173/tcp               holamundo
```

Vemos que se está ejecutando con éxito y ahora vamos a ingresar a nuestro contenedor, ejecutaremos:

Terminal de comandos

```
docker exec -it f3a sh
```

Usamos a **exec**, con la opción de **-it** para entrar en modo interactivo, luego le tenemos que indicar el id que en este caso vendría siendo **f3a**, y al final escribimos la shell que queremos utilizar que va a ser **sh**, presionamos **enter**:

Terminal de comandos del contenedor f3a

```
/app $
```

Y aquí hemos ingresado al contenedor.

El problema que tiene el crear volúmenes como lo acabamos de hacer, es que cuando el volumen se monte se va a montar dentro de un directorio al cual le pertenece al usuario **root**, esto lo con:

Terminal de comandos del contenedor f3a

```
ls -l
```

Salida de ejecutar: ls -l

```
total 164
-rw-rw-r--    1 react    react          246 Apr  2 13:14 Dockerfile
-rw-rw-r--    1 react    react          473 Apr  3 22:59 README.md
drwxr-xr-x    2 root     root          4096 Apr 12 20:40 datos
-rw-rw-r--    1 react    react          361 Mar 27 16:00 index.html
. . .
```

Acá podemos ver que todos los archivos le pertenecen al usuario **react**, que eso está bien, ya que es lo que queríamos hacer, sin embargo, este directorio de **datos** le pertenece a **root**. Que significa que si queremos crear algún archivo o modificar algo, no vamos a poder, ya que el usuario de **react** tiene permisos de "otros" en este fichero, y los otros, como podemos ver en este no tienen permiso de escritura. Así es que lo que tenemos que hacer es crear este directorio, pero como el usuario **react** y para que podamos hacer eso, nos vamos a devolver a nuestro archivo **"Dockerfile"** y justamente después de nuestra instrucción de **WORKDIR** escribiremos lo siguiente:

holamundo/Dockerfile

```
WORKDIR /app/
RUN mkdir datos
COPY --chown=react package*.json .
. . .
```

Aqui estamos a ejecutando a **RUN** y acá, solo le vamos a indicar que queremos que cree un directorio con el comando **mkdir datos**, y como nos encontramos dentro del directorio de "**app**" por la instruccion **WORKDIR** va a crear un directorio de "**datos**" dentro de este directorio de "**app**", pero recuerda que cuando estamos cambiando el contexto de **USER** este solamente va a funcionar para comandos ejecutados con **RUN**, **CMD** y con **ENTRYPOINT**.

Ahora tenemos un problema, acabamos de cambiar nuestro "**Dockerfile**", así que lo que vamos a tener que hacer es crear otra imagen a partir de este nuevo "**Dockerfile**", así que de vuelta en nuestra terminal, vamos a salir del contenedor con:

Terminal de comandos del contenedor f3a

```
exit
```

Y vamos a crear una nueva imagen con:

Terminal de comandos

```
docker build -t app-react:4 .
```

Ahora esta nueva imagen tendrá la etiqueta 4, y esperamos a que termine de crear nuestra imagen.

Y antes de crear nuestro contenedor, vamos a detener los otros contenedores que tenemos corriendo, primero para encontrar los ID:

Terminal de comandos

```
docker ps
```

Salida de ejecutar: docker ps

```
CONTAINER ID   IMAGE          COMMAND                   CREATED        STATUS        POR\
TS                                      NAMES
f3ac42041827   app-react:3    "docker-entrypoint.s…"   4 hours ago    Up 4 hours    0.0\
.0.0:3000->3000/tcp, 5173/tcp   zen_ardinghelli
8c0a061a52c7   app-react:3    "docker-entrypoint.s…"   6 hours ago    Up 6 hours    0.0\
.0.0:80->5173/tcp                       holamundo
```

Vamos a pasar los 2 ID para detener ambos contenedores:

Terminal de comandos

```
docker stop f3a 8c0
```

Salida de ejecutar: docker stop f3a 8c0

```
8c0
f3a
```

Y ahora vamos a ejecutar el contenedor con:

Terminal de comandos

```
docker run -d -p 3000:3000 --name holavolumen -v datos:/app/datos app-react:4
```

Donde estamos mapeando el volumen con **datos:app/datos**, algo también sumamente importante es que no es necesario que creemos en primera instancia el volumen, si ejecutamos este comando Docker va a crear el volumen por nosotros y lo mismo que antes si es que no creamos el directorio "app/datos" **Docker** lo va a crear por nosotros, pero lo va a hacer con el usuario de **root**, esta es la razón por la cual lo agregamos dentro del "**Dockerfile**" y luego de haber realizado el mapeo, ahora le tenemos que indicar el nombre de la imagen. Presionamos **enter**:

Salida de ejecutar: docker run -d -p 3000:3000 –name holavolumen -v datos:/app/datos app-react:4

```
51b3fb8a2ac326071376be24f9f2b6f9756a33ce2f8481792eee44a417df43e2
```

Vemos que se haya ejecutado con éxito con:

Terminal de comandos

```
docker ps
```

Salida de ejecutar: docker ps

```
CONTAINER ID   IMAGE         COMMAND                  CREATED              STATUS    \
          PORTS                              NAMES
51b3fb8a2ac3   app-react:4   "docker-entrypoint.s…"   About a minute ago   Up About \
a minute   0.0.0.0:3000->3000/tcp, 5173/tcp   holavolumen
```

Así es que ahora vamos a ingresar al contenedor con:

Terminal de comandos

```
docker exec -it 51b sh
```

Listamos nuestros archivos y directorios:

Terminal de comandos del contenedor f3a

```
ls -l
```

Salida de ejecutar: docker exec -it 51b sh

```
total 164
-rw-rw-r--    1 react    react          262 Apr 13 00:21 Dockerfile
-rw-rw-r--    1 react    react          473 Apr  5 23:59 README.md
drwxr-xr-x    2 react    react         4096 Apr 13 00:21 datos
-rw-rw-r--    1 react    react          361 Mar 27 16:00 index.html
drwxr-xr-x    1 react    react         4096 Apr 13 01:05 node_modules
-rw-rw-r--    1 react    react       130277 Mar 27 18:00 package-lock.json
-rw-rw-r--    1 react    react          667 Apr  5 23:59 package.json
drwxrwxr-x    2 react    react         4096 Mar 27 16:00 public
drwxrwxr-x    3 react    react         4096 Mar 27 16:00 src
-rw-rw-r--    1 react    react          167 Mar 27 16:00 vite.config.js
```

Y ahora vemos que el directorio de datos le pertenece al usuario de **react**, entonces ahora perfectamente podemos crear un archivo dentro de este directorio de "**datos**" que se va a llamar "**holamundo.txt**":

Terminal de comandos

```
touch datos/holamundo.txt
```

Y ahora viene algo interesante, si es que por alguna razón llegásemos a eliminar este contenedor y luego creamos otro donde también lo vinculemos con este volumen que acabamos de crear, nos vamos a dar cuenta de que si realizamos un **ls** sobre el directorio de "**datos**", vamos a ver que sigue apareciendo este archivo de "**holamundo.txt**", así que como ejercicio lo que tienes que hacer es:

- detener este contenedor,
- eliminarlo,
- crear otro que también tenga este volumen montado,
- ingresar al modo interactivo, y
- realizar un **ls** al directorio de datos para que tu veas que este archivo de "**holamundo.txt**" aún aparece.

Compartiendo codigo

Hasta ahora hemos visto cómo podemos crear contenedores y con base en estos pasar el código que estamos editando dentro de nuestro proyecto y meterlo dentro del contenedor, sin embargo, puede que ya te hayas percatado de un problema y que este es sumamente importante.

Si venimos dentro de nuestro proyecto y, por ejemplo, en el archivo que se llama "**app.jsx**", vamos a editar la siguiente línea:

holamundo/src/App.jsx

```
      </div>
      <h1>Vite + React + Docker</h1>
      <div className="card">
. . .
```

Con este cambio realizado vamos a ver que esto no se va a ver reflejado inmediatamente dentro de nuestra aplicación, esto pasa porque estos archivos que se encuentran dentro del directorio "**src**", debido a la instrucción que colocamos dentro de nuestro archivo de "**Dockerfile**":

holamundo/Dockerfile

```
COPY --chown=react package*.json .
RUN npm install
COPY --chown=react . .
```

En estos **COPY** es que los archivos fueron copiados, entonces lo que estamos haciendo es que estamos modificando los archivos originales y no las copias que se encuentran dentro del contenedor.

Entonces, la forma de solucionar este problema es que cuando nos encontramos trabajando con Docker, vamos a tener 2 posibles instancias:

1. Si estamos trabajando en **producción**, siempre vamos a querer generar una nueva imagen, esto es siempre.
2. Pero en desarrollo, si es que intentamos copiar archivos que se encuentran fuera del contenedor de Docker hacia dentro del contenedor eso va a tomar mucho tiempo, y la verdad es que es molesto. Si, por el contrario, queremos crear una imagen constantemente cada vez que realizamos un pequeño cambio eso también es sumamente molesto. Afortunadamente, podemos utilizar los mismos volúmenes para poder vincular nuestro directorio de trabajo y desarrollo con el contenedor de Docker, pero **esto solamente si tú te encuentras desarrollando en tu aplicación, no para ambientes de producción**.

Vamos a regresar esta línea a como estaba:

holamundo/src/App.jsx

```
      </div>
      <h1>Vite + React</h1>
      <div className="card">
. . .
```

Entonces para esto último que mencionamos, tenemos que ejecutar nuevamente un contenedor lo vamos a hacer con:

Terminal de comandos

```
docker run -d -p 80:5173 --name holamundo -v .:/app/datos app-react:4
```

- Entonces el comando es **docker run**,
- **-d** para modo detach.
- Con **-p** vamos a vincular los puertos 80 en la máquina local, en este la del anfitrión, y después el puerto que queremos mapear de nuestra aplicación en mi caso el 5173.
- Con **–name** le vamos a asignar un nombre para que este sea más fácil de referenciar.
- Y lo siguiente con **-v** es donde le indicamos el volumen y a continuación lo que haremos será utilizar los volúmenes anónimos, en este caso quiere decir que no le vamos a indicar un nombre a este volumen y para hacer eso necesariamente le podemos indicar la ruta de qué directorio queremos vincular dentro de nuestro contenedor. En este caso utilizamos un punto y un slash hacia adelante y esto lo vamos a meter dentro del directorio de "**app/datos**, esto solamente para que veas el comportamiento que tiene.
- Y después le indicamos la imagen que es **app-react:4**.

Ahora presionamos **enter**.

Salida de ejecutar: docker run -d -p 80:5173 –name holamundo -v .:/app/datos app-react:4

```
6f7ec57a787255ecd392c4e7f05e639a8e311fcf4768e16de902a1a56fdb8819
```

Y vamos a ingresar dentro de este contenedor en modo interactivo con:

Terminal de comandos

```
docker exec -it holamundo sh
```

Salida de ejecutar: docker exec -it holamundo sh

```
/app $
```

Ahora, si ejecutamos un **ls**:

Terminal de comandos del contenedor holamundo

```
ls
```

Salida de ejecutar: ls

```
Dockerfile          datos               node_modules        package.json        src
README.md           index.html          package-lock.json   public              vite.con\
fig.js
```

Debemos ver cómo aparece el directorio de "**datos**". Si ingresamos a este para ejecutar un **ls**:

Terminal de comandos del contenedor holamundo

```
cd datos && ls
```

```
Dockerfile          index.html          package-lock.json  public              vite.con\
fig.js
README.md           node_modules        package.json       src
```

Vamos a ver que aparecen todos estos archivos, que son los de nuestro proyecto que derechamente los estamos vinculando dentro del directorio de "**datos**" entonces, con esta misma estrategia podemos seleccionar qué archivos y qué directorios queremos vincular dentro de Docker.

Que ahora no vamos a vincular a absolutamente todo el contenido de nuestro proyecto, porque si llegásemos a por ejemplo, vincular la carpeta de "**node_modules**" y tu usas por ejemplo, MacOS o Windows, puede ser que tú tengas instalado algunos módulos que se tengan que compilar al momento de instalar, por ejemplo, un módulo que funcione en específico para arquitectura Linux, y si tú tienes Windows vas a copiar una carpeta que se llama "**node_modules**" que contiene un módulo que fue construido para Windows y por ende cuando lo intentes Linux no te va a funcionar. Así es que lo que vamos a hacer es seleccionar el directorio de "**src**" lo vamos a vincular con el directorio "**src**" que se encuentra dentro del contenedor.

Así es que nos vamos a salir del contenedor:

Terminal de comandos del contenedor holamundo

```
exit
```

Vamos a ejecutar:

Terminal de comandos

```
docker ps
```

```
CONTAINER ID   IMAGE         COMMAND                  CREATED       STATUS            \
   PORTS                  NAMES
6f7ec57a7872   app-react:4   "docker-entrypoint.s…"   2 hours ago   Up About an hour\
   0.0.0.0:80->5173/tcp   holamundo
```

Y vamos a detener este contenedor:

Terminal de comandos

```
docker stop 6f7
```

Salida de ejecutar: docker stop 6f7

```
6f7
```

Ahora lo vamos a eliminar con:

Terminal de comandos

```
docker container rm 6f7
```

Salida de ejecutar: docker container rm 6f7

```
6f7
```

Compartiendo la carpeta "src"

Sistema operativo Windows

Antes de seguir con los comandos que aplicaremos para que podamos compartir el codigo y que veamos los cambios, para el sistema operativo Windows para aplicaciones que usen Node tendremos que hacer un paso adicional.

Y es que tenemos que agregar la opción **CHOKIDAR_USEPOLLING** con el valor de **true** Esta opción permitirá que podamos "**observar**" los cambios en los archivos para que cambien en nuestro servidor de desarrollo. Y hay dos maneras en la que podemos usarla. La primera es agregándola a nuestro archivo "**package.json**" a nuestro script para activar nuestro servidor de desarrollo:

holamundo/src

```
"scripts": {
"dev": "CHOKIDAR_USEPOLLING=true vite --host",
"build": "vite build",
. . .
```

Recuerda que si haces este cambio, tendrás que crear una nueva imagen para que se refleje este cambio en el contenedor.

Te tengo que mencionar que esta opción en Linux no afecta o cambia el comportamiento, así que puedes tenerla sin problema si vas a compartir una imagen que tenga esta opción con desarrolladores que usen Linux en lugar de Windows.

La segunda forma es cuando vayamos a crear nuestro contenedor, la veremos en este siguiente apartado:

Proceso para crear el contenedor

Y ahora lo que vamos a hacer es que vamos a crear uno nuevo, puedes presionar hacia arriba en la terminal un par de veces hacia arriba hasta llegar a nuestro comando que usamos anteriormente para crear el contenedor y vamos a cambiar lo siguiente:

Terminal de comandos

```
docker run -d -p 80:5173 --name holamundo -v ./src:/app/src app-react:4
```

Y para Windows tendremos que usar este comando con la estructura de carpetas correspondiente a este sistema operativo, usando los backslash (****):

Terminal de comandos

```
docker run -d -p 80:5173 --name holamundo -v .\src:/app/src app-react:4
```

Y si no agregaste la opción **CHOKIDAR_USEPOLLING** al "**package.json**", esta es la segunda opción que tendremos disponible, y es usarla de la siguiente manera en el comando:

Terminal de comandos

```
docker run -d -e CHOKIDAR_USEPOLLING=true -p 80:5173 --name holamundo -v .\src:/app/\
src app-react:4
```

Entonces aquí hemos modificado la parte en la que definimos los volúmenes, este punto vendría significando la ruta donde tú te encuentras y le vamos a indicar que vamos a ver directorio de "**src**", después de los dos puntos en lugar de vincular directorio de "**datos**" dentro de la aplicación, lo vamos a hacer al directorio de ese "**src**".

Y si quisiéramos agregar además otro volumen, lo podemos realizar añadiendo de nuevo la opción **-v** y el otro volumen ya sea nombrado o anónimo como lo hicimos ahora:

Ejemplo para multiples volumenes

```
docker run -d -p 80:5173 --name holamundo -v ./src:/app/src -v <ruta del volumen> ap\
p-react:4
```

Pero en este caso no lo necesitamos porque esta aplicación de React no guarda nada, así que acá vamos a presionar **enter**:

Salida de ejecutar: docker run -d -p 80:5173 –name holamundo -v ./src:/app/src app-react:4

```
0d27d3eae1986aec14286972425dbf2a71a4683f079099ec32fca2848ba21138
```

Ahora nos vamos a ir al explorador a la URL de nuestro servidor:

http://localhost/

Contenedor funcionando

Vemos que se está ejecutando con éxito.

Y ahora lo que vamos a hacer es cambiar este texto, así que iremos de regreso a nuestro proyecto en VsCode en nuestro directorio "**src**" a nuestro archivo "**app.jsx**" y vamos a modificarlo de esta manera, como lo hicimos al principio:

holamundo/src/App.jsx

```
      </div>
      <h1>Vite + React + Docker</h1>
      <div className="card">
```

Guardamos este cambio y de regreso en el explorador web, vemos:

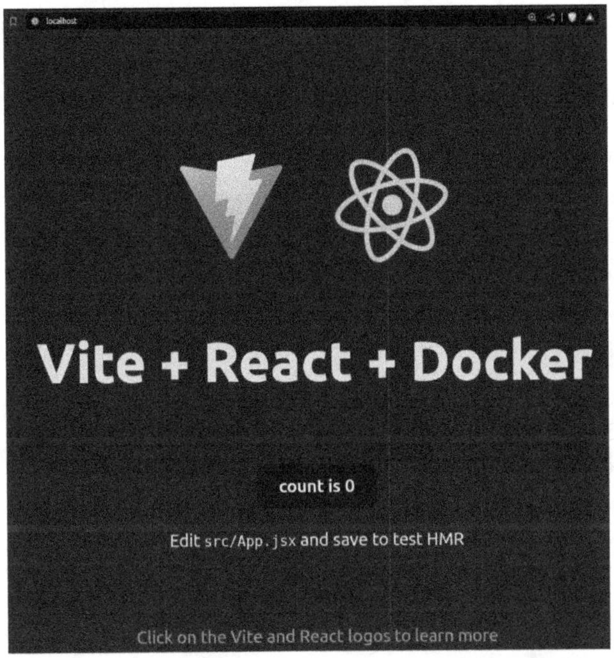

Contenedor aplicando los cambios por hot reload

Y como por arte de magia, apareció el texto que cambiamos sin siquiera refrescar el explorador, ya que este proyecto cuenta con "hot reload".

Para terminar, los puntos claves que tú te tienes que llevar de haber leído esta lección, tienes que pensar muy bien cuáles son los directorios de tu proyecto que tú quieras vincular, comenzar con el directorio que mantiene el código fuente de tu aplicación es una excelente idea, y luego vas construyendo sobre ese, y esto tú lo puedes hacer para poder acelerar el desarrollo cuando estás trabajando con Docker.

Copiando archivos

A veces van a existir momentos donde vas a querer poder obtener un archivo dentro del contenedor para luego poder analizarlo con alguna otra herramienta que por supuesto no se va a encontrar dentro del contenedor, afortunadamente lo que tiene un comando exactamente para poder copiar archivos de un contenedor al sistema operativo anfitrión, y también con este mismo comando podemos tomar un archivo que se encuentra dentro de tu sistema operativo anfitrión y pegarlo dentro del contenedor.

Entonces para eso tenemos que ver primero si tenemos algún contenedor corriendo:

Terminal de comandos

```
docker ps
```

Salida de ejecutar: docker container rm 6f7

```
CONTAINER ID   IMAGE          COMMAND                    CREATED        STATUS            \
PORTS                   NAMES
0d27d3eae198   app-react:4    "docker-entrypoint.s..."   2 hours ago    Up 48 minutes     \
0.0.0.0:80->5173/tcp    holamundo
```

Acá tenemos este, así que lo que vamos a hacer es que vamos a ingresar a este contenedor:

Terminal de comandos

```
docker exec -it holamundo sh
```

Salida de ejecutar: docker exec -it holamundo sh

```
/app $
```

Ahora que nos encontramos en la shell del contenedor, vamos a crear un nuevo archivo usando el operador de redireccionamiento:

Terminal de comandos del contenedor holamundo

```
echo contenedor > contenedor.txt
```

Vamos a crear un archivo que va a contener el texto de "contenedor" y este se va a llamar "**contenedor.txt**". Presionamos **enter**, ahora nos vamos a salir de este contenedor.

Terminal de comandos del contenedor holamundo

```
exit
```

Lo que queremos hacer ahora es obtener este archivo, que se llama "**contenedor.txt**" y copiarlo dentro de nuestra máquina, así es que vamos a usar el comando:

Terminal de comandos

```
docker cp 0d27d3eae198:/app/contenedor.txt .
```

- El comando es **docker cp**, este se utiliza para copiar.

- Seguido le tenemos que indicar el origen de donde se encuentra el archivo en este caso, como nos vamos a referir a un contenedor del cual vamos a colocar su ID, y después de eso le tenemos que indicar la ruta de donde se encuentra este archivo en el contenedor, separando el contenedor de la ruta con 2 puntos.
- Y al final le indicamos la ruta de donde lo queremos copiar en este caso utiliza un punto si lo quieres copiar en tu directorio actual y en este caso mi directorio actual es este que dice "**holamundo**",

Así que presionamos **enter**:

Salida de ejecutar: docker cp 0d27d3eae198:/app/contenedor.txt .

```
Successfully copied 2.05kB to /home/workspace/cursos/ultimate-docker/holamundo/.
```

Vemos que se ha copiado con éxito y vamos a ejecutar el comando:

Terminal de comandos

```
ls
```

Salida de ejecutar: ls

```
contenedor.txt  index.html    package.json       public     src
Dockerfile      node_modules  package-lock.json  README.md  vite.config.js
```

Y miramos que aquí se encuentra el archivo del "**contenedor.txt**", vamos a ver su contenido ahora con :

Terminal de comandos

```
cat contenedor.txt
```

Salida de ejecutar: cat contenedor.txt

```
contenedor
```

Y ahí vemos que este aparece de manera exitosa.

Ahora lo que vamos a hacer es crear un archivo dentro de nuestro sistema operativo anfitrión y lo vamos a pegar dentro del contenedor, así es que vamos a usar:

Terminal de comandos

```
echo anfitrion > anfitrion.txt
```

Este comando yo sé que funciona en Linux y en MacOS, pero si este comando no te funciona, deberías ingresar a este directorio, abrir un editor de texto agrega este texto de "anfitrion" y guardarlo como "**anfitrión.txt**". Ahora presionamos **enter**.

Y ahora vamos a ejecutar el mismo comando, pero para copiar desde nuestra máquina local hasta el contenedor, así es que vamos a escribir:

Terminal de comandos

```
docker cp anfitrion.txt 0d27d3eae198:/app/
```

Este es el mismo comando que hace un momento, le tenemos que indicar el archivo que queremos copiar el cual es "**anfitrión.txt**", luego le indicamos el destino es con el ID, seguido de 2 puntos y luego le indicamos la ruta, y esta va a ser en el directorio "**app**" del contenedor. Y esto es lo que hará será tomar este archivo de anfitrión y luego a pegar dentro de este directorio. Presionamos **enter**.

Salida de ejecutar: cat contenedor.txt

```
Successfully copied 2.05kB to 0d27d3eae198:/app/
```

Vemos que se cumplió con éxito.

Y ahora lo que vamos a hacer es entrar a nuestro contenedor en modo interactivo:

Terminal de comandos

```
docker exec -it holamundo sh
```

Salida de ejecutar: docker exec -it holamundo sh

```
/app $
```

Ejecutamos un **ls**:

Terminal de comandos del contenedor holamundo

```
ls
```

Salida de ejecutar: ls

```
anfitrion.txt   Dockerfile   node_modules   package-lock.json   README.md   vite.config.\
js
contenedor.txt  index.html   package.json   public              src
```

Con esto podemos ver que aparece el archivo de "**anfitrion.txt**" que se encontraba dentro de la aplicación. Vamos a ver su contenido:

Terminal de comandos del contenedor holamundo

```
cat anfitrion.txt
```

Salida de ejecutar: cat anfitrion.txt

```
anfitrion
```

Vemos que aparece con éxito el texto que escribimos en este archivo.

Esta es la manera en la cual tú puedes copiar distintos archivos entre sistema operativo anfitrión y también tus contenedores.

Esta sección fue bastante cortita y ligera, pero lo más probable es que tú ahora te estés preguntando: "oye, Nicolás ¿me voy a tener que acordar de absolutamente todos estos comandos? Afortunadamente no, porque en la sección que viene vamos a ver **docker compose** y todos estos comandos los vamos a poder especificar en un archivo de configuración para que nos cree contenedores bajo demanda y con todos estos parámetros que aprendimos en esta sección.

Capítulo 5: trabajando con múltiples contenedores

Aplicación de ejemplo:

En esta sección estaremos trabajando con una aplicación de ejemplo. Acá los patrones, el orden y la funcionalidad de la aplicación no importan. El objetivo es conocer cómo trabajar con Docker con múltiples contenedores. Así que descarga este archivo y descomprímelo en algún lugar que recuerdes y puedas acceder a él.

- El archivo se encuentra en esta liga:

https://drive.google.com/drive/folders/1YHEf3D8e5u33h2F07p86KjfK6TR7YK8t?usp=sharing

- O desde el repositorio en GitHub:

https://github.com/HolaMundoDev/ultimate-docker

Iniciando contenedores

En esta sección vamos a estar trabajando con múltiples contenedores al mismo tiempo.

Las aplicaciones que vamos a estar trabajando son estas:

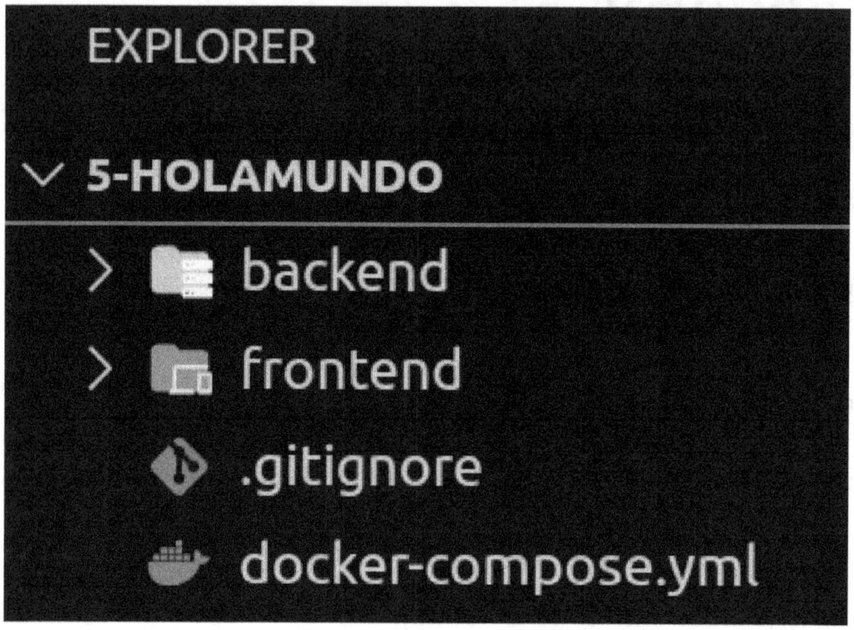

Proyecto ejemplo en VsCode

Tenemos un backend, un frontend y una base de datos; en este caso, la base de datos que vamos a estar utilizado es MongoDB.

Ahora, si quisiéramos empezar a ejecutar nuestra aplicación, deberíamos necesariamente:

1. Descargar MongoDB e instalarlo.
2. Ingresar cada uno de estos directorios y ejecutar el comando **npm install**, para instalar todas las dependencias, tanto para el frontend como para el backend.

Sin embargo, como estamos utilizando Docker basta con que ejecutemos una línea de comandos, esto gracias a nuestro archivo "**docker-compose.yml**" y esto nos permitirá poder ejecutar nuestra aplicación sin necesidad de realizar todos los pasos que hemos visto en la sesión pasada.

Para hacer esto, primero nos tenemos que asegurar que la terminal está ubicada en el directorio del proyecto, es decir, en la carpeta que lo hayas descargado, si ejecutas el comando:

Terminal de comandos

```
ls
```

Salida de ejecutar: ls

```
backend  docker-compose.yml  frontend
```

Tienes que ver una salida con estos 3 elementos, los directorios "**backend**", "**frontend**" y más importante el archivo "**docker-compose.yml**".

Entonces para que podamos levantar nuestra aplicación, en este caso basta con que escribamos:

Terminal de comandos

```
docker compose up
```

Antiguamente, el comando de **docker compose** se realizaba con un guión entre medio, de esta manera: **docker-compose up**, pero ahora no es necesario. Presionamos **enter** y esto debería ejecutar nuestra aplicación:

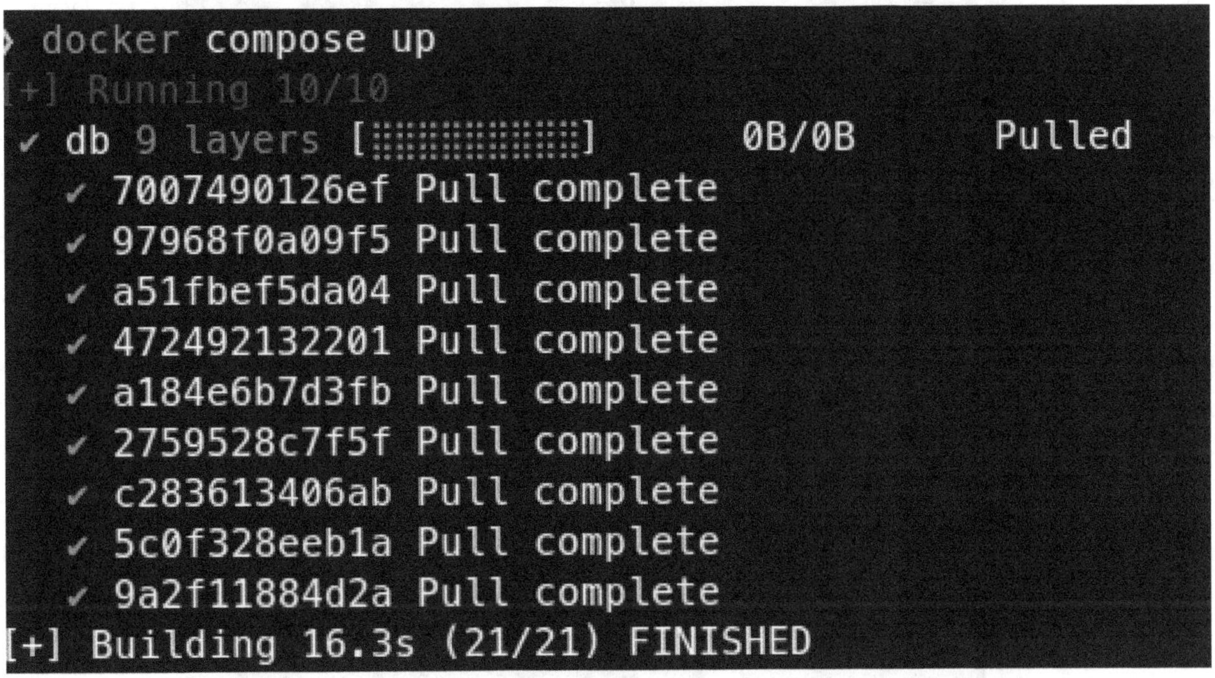
docker compose up
[+] Running 10/10
✓ db 9 layers [⣿⣿⣿⣿⣿⣿⣿⣿⣿] 0B/0B Pulled
✓ 7007490126ef Pull complete
✓ 97968f0a09f5 Pull complete
✓ a51fbef5da04 Pull complete
✓ 472492132201 Pull complete
✓ a184e6b7d3fb Pull complete
✓ 2759528c7f5f Pull complete
✓ c283613406ab Pull complete
✓ 5c0f328eeb1a Pull complete
✓ 9a2f11884d2a Pull complete
[+] Building 16.3s (21/21) FINISHED

Ejecutando docker compose up

Lo primero que podemos ver es que está descargando la base de datos, en este caso es por esta parte que dice **db**, que es una etiqueta que yo le asigne, acá pudimos ver cómo descargo todas las capas referentes a esa imagen.

Aquí también podemos ver que se están empezando a crear todas nuestras imágenes y como podemos ver, después de unos segundos esta ya estará ejecutándose, **esto tardo solamente unos cuantos segundos para poder inicializar**. La velocidad con la cual se van a inicializarse las aplicaciones, va a depender por supuesto del:

- tamaño de la imagen que estamos utilizando,
- de nuestro ancho de banda,
- de las dependencias que estemos utilizando,
- entre otros datos.

Pero ahora como podemos ver, esto ya se terminó de construir:

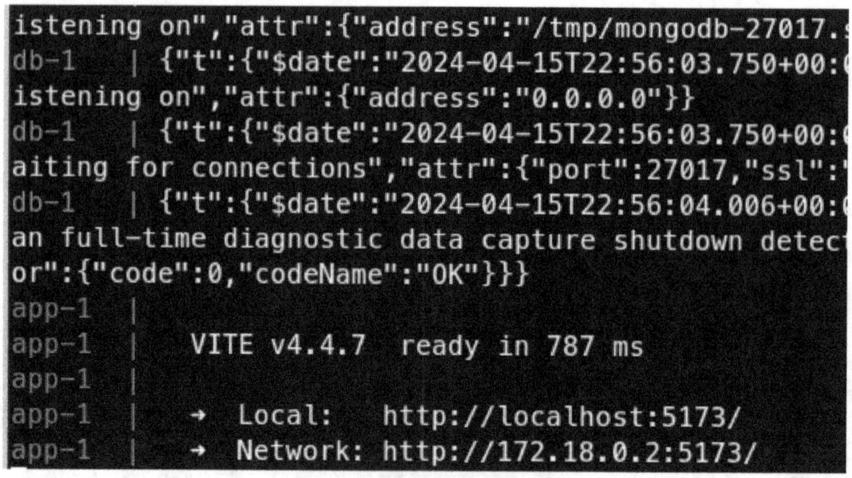

istening on","attr":{"address":"/tmp/mongodb-27017.
db-1 | {"t":{"$date":"2024-04-15T22:56:03.750+00:
istening on","attr":{"address":"0.0.0.0"}}
db-1 | {"t":{"$date":"2024-04-15T22:56:03.750+00:
aiting for connections","attr":{"port":27017,"ssl":
db-1 | {"t":{"$date":"2024-04-15T22:56:04.006+00:
an full-time diagnostic data capture shutdown detec
or":{"code":0,"codeName":"OK"}}}
app-1 |
app-1 | VITE v4.4.7 ready in 787 ms
app-1 |
app-1 | → Local: http://localhost:5173/
app-1 | → Network: http://172.18.0.2:5173/

Construcción de aplicación finalizada

Y más arriba podemos ver que el tiempo total que tomó de construir nuestras imágenes fue de "3.1 segundos", y esto es porque la mayoría de las capas yo ya las tenía cacheadas.

Ahora vamos a llegar aquí hasta el final que podamos ver todos los **logs** y ahora para poder probar nuestra aplicación tenemos que ir al explorador web aquí nos encontramos y vamos a ir directamente a la URL: http://localhost/

Aplicación funcionando

Lo podemos ver esta es una aplicación bastante sencilla, que lo que hace es que nos permite a poder registrar los videojuegos que hemos jugado, en el campo de texto de esta aplicación vamos a colocar como ejemplo a: "Zelda Tears of the Kingdom":

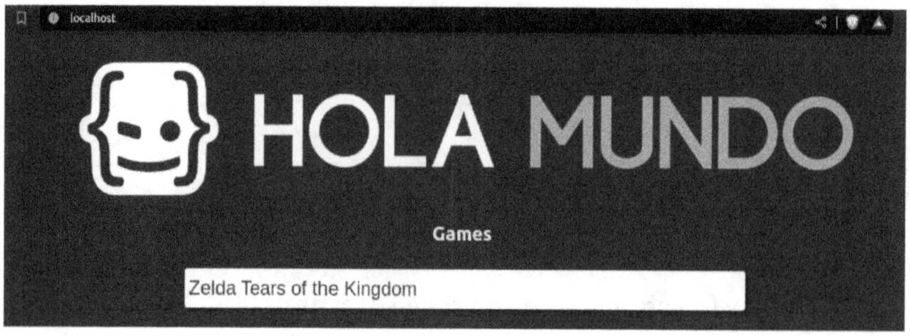

Agregando juego en el input

Y presionamos **enter**:

Juego agregado con exito

Después vamos a colocar “Zelda Breath of the Wild” y también presionamos **enter**, y un último que será “Castlevania Symphony of the Night” vision **enter** y así sucesivamente:

Todos los juegos agregados

Como podemos ver, la aplicación es sumamente sencilla.

Y ahora, para detener nuestra aplicación en nuestra terminal presionaremos **control** + **c**, y esto es lo que hará será detener todos los contenedores que están siendo utilizados para ejecutar nuestra aplicación, acá tenemos una API, la base de datos y finalmente nuestra aplicación que es el frontend.

Salida de presionar: control + c

```
[+] Stopping 3/3
□ Container 5-holamundo-api-1  Stopped
□ Container 5-holamundo-app-1  Stopped
□ Container 5-holamundo-db-1   Stopped
canceled
```

Aquí podemos ver que esto ha sido cancelado.

Y ahora, en el transcurso de esta sección te voy a enseñar cómo montar absolutamente todo esto.

Limpiando espacio de trabajo

Antes de comenzar, te voy a enseñar un par de trucos que puedes utilizar para limpiar tu entorno de trabajo de Docker.

Limpiar contenedores

Así es que en la terminal vamos a ver primero todas las imágenes que hemos construido hasta el momento:

Terminal de comandos

```
docker images
```

Salida de ejecutar: docker images

```
5-holamundo-app   latest         71f5e837f1cb   16 hours ago    251MB
5-holamundo-api   latest         6d952c9be9d5   16 hours ago    206MB
app-react         4              58dcb940ad19   3 days ago      390MB
app-react         3              79c908ccc311   10 days ago     388MB
app-react         2              f9ec10cb0973   13 days ago     390MB
mongo             5.0.19-focal   0fd77af41b5d   8 months ago    662MB
```

Como tú puedes yo tengo 5 imágenes, y si empezamos a hablar de los contenedores que vamos a verlos con:

Terminal de comandos

```
docker ps -a
```

Salida de ejecutar: docker ps -a

```
CONTAINER ID   IMAGE                   COMMAND                   CREATED         STATUS     \
                  PORTS                                          NAMES
1cd16a30fbdb   5-holamundo-app         "docker-entrypoint.s…"   15 hours ago    Exited (\
137) 15 hours ago                                               5-holamundo-app-1
3ea95907e8c9   5-holamundo-api         "docker-entrypoint.s…"   16 hours ago    Exited (\
137) 15 hours ago                                               5-holamundo-api-1
db6bb1888a7f   mongo:5.0.19-focal      "docker-entrypoint.s…"   16 hours ago    Exited (\
0) 15 hours ago                                                 5-holamundo-db-1
0d27d3eae198   app-react:4             "docker-entrypoint.s…"   21 hours ago    Exited (\
137) 18 hours ago                                               holamundo
51b3fb8a2ac3   app-react:4             "docker-entrypoint.s…"   3 days ago      Exited (\
255) 23 hours ago   0.0.0.0:3000->3000/tcp, 5173/tcp            holavolumen
f3ac42041827   app-react:3             "docker-entrypoint.s…"   3 days ago      Exited (\
137) 3 days ago
```

Acá tú también deberías ver bastantes, así es que lo que vamos a hacer ahora es por un par de pequeños trucos vamos a limpiar absolutamente todo esto para que sea más fácil ver los contenedores e imágenes que estamos utilizando. Entonces vamos a escribir:

Terminal de comandos

```
docker container ls
```

Este comando nos servirá para poder listar absolutamente todos los contenedores, entonces presionaremos **enter**.

Salida de ejecutar: docker container ls

```
CONTAINER ID   IMAGE     COMMAND    CREATED    STATUS     PORTS     NAMES
```

Sin embargo, lo que queremos hacer es que nos los muestre todos, así es que le vamos a pasar acá la opción de **-a**, y esto nos mostrará también los contenedores que se encuentran detenidos:

Terminal de comandos

```
docker container ls -a
```

Salida de ejecutar: docker container ls -a

```
CONTAINER ID   IMAGE                  COMMAND                  CREATED          STATUS   \
                     PORTS                                    NAMES
1cd16a30fbdb   5-holamundo-app        "docker-entrypoint.s…"   16 hours ago     Exited (\
137) 15 hours ago                                             5-holamundo-app-1
3ea95907e8c9   5-holamundo-api        "docker-entrypoint.s…"   16 hours ago     Exited (\
137) 15 hours ago                                             5-holamundo-api-1
db6bb1888a7f   mongo:5.0.19-focal     "docker-entrypoint.s…"   16 hours ago     Exited (\
0) 15 hours ago                                               5-holamundo-db-1
0d27d3eae198   app-react:4            "docker-entrypoint.s…"   21 hours ago     Exited (\
137) 18 hours ago                                             holamundo
51b3fb8a2ac3   app-react:4            "docker-entrypoint.s…"   3 days ago       Exited (\
255) 23 hours ago   0.0.0.0:3000->3000/tcp, 5173/tcp          holavolumen
f3ac42041827   app-react:3            "docker-entrypoint.s…"   3 days ago       Exited (\
137) 3 days ago                                               zen_ardinghelli
```

Sin embargo, si quisiéramos que esto solo nos devolviese los "IDs" tendríamos que pasarle también otra opción más que es la letra **q**:

Terminal de comandos

```
docker container ls -aq
```

Salida de ejecutar: docker container ls -aq

```
1cd16a30fbdb
3ea95907e8c9
db6bb1888a7f
0d27d3eae198
51b3fb8a2ac3
f3ac42041827
```

Cuando hacemos esto, nos va a devolver absolutamente todos los "IDs" de todos los contenedores tanto de los detenidos, como de los que se encuentran en ejecución. Esta información nos va a servir para que podamos después ejecutar el comando de **docker container rm** y en lugar de pasarle los ID manualmente e irlos escribiendo uno a uno, lo que podemos hacer es con una pequeña instrucción pasarle absolutamente todos estos IDs a este comando. Así es que vamos a hacer eso mismo:

Terminal de comandos

```
docker container rm -f $(docker container ls -aq)
```

- El comando es **docker container rm**,
- en el caso que exista algún contenedor que se encuentre en ejecución le tendríamos que pasar la opción de **-f**, aunque no tengo ningún contenedor en ejecución en este momento, se la vamos a pasar a modo de ejemplo,
- después de eso utilizamos el símbolo de dólar (**$**) y un abre y cierra paréntesis redondo y dentro de esto vamos a escribir el comando que vimos para obtener los ID de los contenedores.

En otras palabras, todo este comando que aparece acá exceptuando la **q** es lo mismo que realicemos un **docker ps -aq** pero lo vamos a realizar con el comando **docker container**. Así que ahora vamos a presionar **enter**:

Salida de ejecutar: docker container rm -f $(docker container ls -aq)

```
1cd16a30fbdb
3ea95907e8c9
db6bb1888a7f
0d27d3eae198
51b3fb8a2ac3
f3ac42041827
```

Y después que terminó su ejecución podemos ver que nos ha devuelto los mismos ID de los contenedores, entonces para ver que los eliminó correctamente ejecutaremos:

Terminal de comandos

```
docker container ls -a
```

Salida de ejecutar: docker container ls -a

```
CONTAINER ID   IMAGE     COMMAND   CREATED   STATUS    PORTS     NAMES
```

Ahora podemos ver que ha eliminado absolutamente todos los contenedores.

Limpiar imágenes

Y esta misma estrategia la podemos utilizar también para poder eliminar todas las imágenes que se encuentran dentro de Docker, vamos a escribir:

Terminal de comandos

```
docker image ls
```

Salida de ejecutar: docker image ls

```
REPOSITORY          TAG             IMAGE ID       CREATED         SIZE
5-holamundo-app     latest          71f5e837f1cb   17 hours ago    251MB
5-holamundo-api     latest          6d952c9be9d5   17 hours ago    206MB
app-react           4               58dcb940ad19   3 days ago      390MB
app-react           3               79c908ccc311   10 days ago     388MB
app-react           2               f9ec10cb0973   13 days ago     390MB
mongo               5.0.19-focal    0fd77af41b5d   8 months ago    662MB
```

Pero al igual que los contenedores lo que necesitamos es que nos devuelva solamente los ID, para obtener esto también usaremos nuevamente la opción **-q**:

Terminal de comandos

```
docker image ls -q
```

Presionamos **enter**:

Salida de ejecutar: docker image ls -q

```
71f5e837f1cb
6d952c9be9d5
58dcb940ad19
79c908ccc311
f9ec10cb0973
0fd77af41b5d
```

Y ahí tenemos los ID de todas las imágenes.

Entonces vamos a hacer lo mismo que hicimos con los contenedores, pero ahora para borrar las imágenes:

Terminal de comandos

```
docker image rm $(docker image ls -aq)
```

Presionaremos **enter**:

Salida de ejecutar: docker image rm $(docker image ls -aq)

```
Untagged: 5-holamundo-app:latest
Deleted: sha256:71f5e837f1cba1af4fc9f230a3c5dc995395cb637a48a3d6a80f95fa4ce6c1e2
Untagged: 5-holamundo-api:latest
Deleted: sha256:6d952c9be9d50ba8dc7755ba41d7697c6c61743f80938f4b1811e65c578bfe69
Untagged: app-react:4
. . .
```

Y podemos ver cómo nos ha eliminado absolutamente todas las imágenes, pero vamos a verificar esto último con:

Terminal de comandos

```
docker images
```

Salida de ejecutar: docker image rm $(docker image ls -aq)

```
REPOSITORY   TAG        IMAGE ID   CREATED   SIZE
```

Y podremos ver que ya no tenemos absolutamente ninguna imagen.

De esta manera es como podemos limpiar tu espacio de trabajo de Docker,

JSON vs YAML

En esta lección vamos a ver 2 formatos, el primero va a ser JSON el segundo va a ser YAML. Este último es utilizado por Docker para que podámoos configurar **docker compose**, si es que ya conoces ambos formatos te puedes saltar esta lección.

Formato JSON

Entonces en nuestro editor, en la carpeta de nuestro proyecto vamos a crear un nuevo archivo, el cual se va a llamar "**usuario.json**":

Estructura de carpetas y archivos en la carpeta holamundo

```
hola-mundo/
    |-- backend/
    |-- frontend/
    |-- docker-compose.yml
    |--.gitignore
    |-- usuario.json
```

Entonces el formato JSON necesita que sí o sí, que abramos y cerramos un paréntesis de llaves o estos símbolos **{}**:

holamundo/usuario.json

```
{

}
```

Con esto listo ahora si queremos asignar una propiedad como por ejemplo, **nombre**, le tenemos que indicar primero cómo se llama esta propiedad y eso lo tenemos que realizar dentro de comillas dobles:

holamundo/usuario.json

```
{
    "nombre"
}
```

Entonces nuestra propiedad se llamará **nombre**, y después de esto vamos a colocar dos puntos y a la derecha le vamos a indicar el valor que va a tener la propiedad de **nombre**:

holamundo/usuario.json

```
{
    "nombre": "Nicolas"
}
```

Notaras que enfrente de los 2 puntos hemos colocado un espacio, el cual no es obligatorio pero nos va a servir para que sea más fácil de leer este archivo, y seguido de eso vamos a utilizar comillas dobles nuevamente para indicar el valor de esta propiedad, que por supuesto yo voy a colocar el mío, si lo quieres puedes colocar el tuyo y vamos a indicar que va a ser "**Nicolas**".

Si es que no queremos agregar a de ninguna propiedad más con esto debiésemos estar bien, no tenemos que colocarle una coma al final, porque de agregársela como en esta imagen:

Error en el formato JSON

Como podemos ver, Vscode nos indicará inmediatamente que tenemos un error, entonces si es que es este caso en el que solamente necesitamos una propiedad no le colocamos una como al final. Sin embargo, para este ejemplo, vamos a seguir agregando las propiedades así que acá vamos a colocar una coma, presionamos **enter** para hacer un salto de línea, y vamos a agregar la siguiente propiedad que va a ser **apellido**:

holamundo/usuario.json

```
{
    "nombre": "Nicolas",
    "apellido": "Schurmann"
}
```

Al igual que la propiedad **nombre**, colocaremos el nombre de la propiedad, dos puntos y seguido de esto el valor que tendrá la propiedad **apellido**, que en mi caso agregue el mío que es **Schurmann**.

Y el mismo sistema, si es que no agregamos más propiedades en este caso, no tenemos que colocar una coma, si le colocamos la coma, nos va a mostrar un error:

Mismo error en el formato JSON

Esta coma, si la necesitaremos, porque vamos a agregar otra propiedad, la cual va a ser **edad**. En el caso de la edad va a ser distinta al caso de los strings, cuando queremos pasar en valor que es numérico como lo es una edad, no es necesario que lo hagamos con comillas dobles en este caso derechamente podemos pasar el número tal cual:

holamundo/usuario.json

```
{
"nombre": "Nicolas",
"apellido": "Schurmann",
"edad": 37
}
```

Esto sirve ya que el formato de JSON sabe inmediatamente si es que lo que se encuentra dentro de comillas dobles es un string, y en el caso que no se encuentre dentro de comillas dobles lo que hará será tratar de interpretarlo en este caso como un número. Y dependiendo del lenguaje de programación es si que esto te lo va a tomar como un número entero, un float, etc.

La siguiente propiedad que vamos a ver es la de los **boolean** vamos a preguntar si es que este usuario se encuentra **activo**, así se llamará nuestra propiedad, y le vamos a dar el valor de **true**:

holamundo/usuario.json

```
"apellido": "Schurmann",
"edad": 37,
"activo": true
}
```

Fíjate que en este caso que al que la propiedad anterior no le estamos pasando las comillas dobles en el valor, si le pasáramos comillas dobles esto sería un string el cual contiene el valor "true", pero seguiría siendo un string. Aca lo que hace es que lo interpreta como si fuese un **boolean**.

Ahora vamos a ver cómo podemos pasarle un listado a una propiedad, en este caso vamos a asignarle a este usuario la propiedad de **etiquetas** y las etiquetas que puede tener este usuario serán "Instructor" y "Desarrollador":

holamundo/usuario.json

```
"edad": 37,
"activo": true,
"etiquetas": ["Instructor", "Desarrollador"]
}
```

Si queremos agregar otra propiedad, pero que también contenga más propiedades dentro de esta como si fuese un objeto, en ese caso no solo lo hacemos exactamente igual como lo hemos estado haciendo hasta ahora:

holamundo/usuario.json

```
"activo": true,
"etiquetas": ["Instructor", "Desarrollador"],
"direccion": {
    "calle": "Queen street",
    "numero": 503
    }
}
```

Aquí hemos colocado la **direccion** como el nombre de la propiedad, un detalle importante es que no le colocamos la tilde porque no es soportado por el formato **JSON**, y después colocamos un abre y cierra paréntesis de llaves y dentro estos, le colocamos la propiedad de **calle** y su valor es "**Queen st**" y si queremos agregar otra propiedad tenemos que colocar una coma, y seguido de la siguiente propiedad en este caso va a ser **numero** y su valor va a ser **503**.

Y si quisiéramos añadir más propiedades a la ** direccion** con otro tipo de dato, por ejemplo: un listado, boolean, u otro objeto, también lo podemos hacer, colocando una coma al último elemento y después de eso el siguiente objeto o siguiente listado que queramos agregar, en fin, las propiedades que necesitemos, pero lo vamos a dejar hasta acá.

Formato YAML

Ahora lo que vamos a hacer es tomar todo esto lo vamos a copiar todo el contenido de este archivo, y vamos a crear un nuevo archivo y ahora vamos a crear otro archivo que se va a llamar "**usuario.yml**":

Estructura de carpetas y archivos en la carpeta holamundo

```
hola-mundo/
    |-- backend/
    |-- frontend/
    |-- docker-compose.yml
    |--.gitignore
    |-- usuario.json
    |-- usuario.yml
```

Para este tipo de archivos podemos utilizar la extensión de "**.yaml**" o sencillamente "**.yml**", ambas son completamente válidas.

Y a este archivo vamos a pegarle el código del archivo "**usuario.json**":

holamundo/usuario.yml

```
{
    "nombre": "Nicolas",
    "apellido": "Schurmann",
    "edad": 37,
    "activo": true,
    "etiquetas": ["Instructor", "Desarrollador"],
    "direccion": {
        "calle": "Queen st",
        "numero": 503
        }
}
```

Entonces vamos a ver cómo podemos escribir esto mismo, pero utilizando el formato **YAML** el cual es el formato utilizado por **docker compose**, así es que vamos a eliminar primero los paréntesis de llaves, ya que no son necesarios y vamos a identar todo el código hacia la izquierda:

holamundo/usuario.yml

```
{
"nombre": "Nicolas",
"apellido": "Schurmann",
"edad": 37,
"activo": true,
"etiquetas": ["Instructor", "Desarrollador"],
"direccion": {
    "calle": "Queen st",
    "numero": 503
}
}
```

Lo siguiente es que vamos a quitar las comillas dobles de la propiedad de **nombre** y de su valor **Nicolas**, y también vamos a eliminar la coma:

holamundo/usuario.yml

```
nombre: Nicolas
"apellido": "Schurmann",
. . .
```

En este caso, esta primera línea que hemos editado vendría siendo codigo **YAML** el completamente válido.

Ahora, lo que tenemos que hacer es realizar exactamente estos mismos cambios con las siguientes 3 propiedades, después vamos a ver cómo vamos a continuar con esto, así que acá escribimos **apellido**:

holamundo/usuario.yml

```
nombre: Nicolas,
apellido: Schurmann,
edad: 37,
activo: true,
etiquetas: [Instructor, Desarrollador]
. . .
```

Y ahora tocaría ver cómo podemos expresar los listados o los arreglos dentro de **YAML**, que lo vamos a modificar de esta manera:

holamundo/usuario.yml

```
activo: true,
etiquetas:
    - Instructor,
    - Desarrollador
direccion: {
. . .
```

Y para estos casos necesariamente tenemos que colocar cada uno de sus elementos línea por línea, y para dar indentación tenemos que utilizar la tecla **tabulador**, ya que si no tabulamos una vez hacia la derecha lo que este lenguaje interpretará es que se trata de una propiedad nueva y no como que es algo que pertenece a la propiedad **etiquetas**; entonces para poder indicarle valores vamos a colocar un guión, un espacio y seguido del valor que corresponde, y en un siguiente salto de línea el siguiente elemento de etiquetas. Y esta es la forma en la cual podemos asignarle arreglos o listados a una propiedad.

Vamos a ver cómo podemos hacer esto mismo, pero con la propiedad de **direccion**, la cual es un objeto el cual contiene una propiedad y su valor, esta se haría de esta manera:

holamundo/usuario.yml

```
    - Desarrollador
direccion:
    calle: Queen st,
    numero: 503
```

Comenzamos con el nombre de la propiedad, no le vamos a colocar él tilde para no tener problemas con el formato, presionando **enter** para dar un salto de línea y volviendo tabular es que le estamos indicando que todo lo que coloquemos tabulado va a pertenecer a la propiedad **direccion**. Lo siguiente es indicar el nombre de la propiedad la cual vendría siendo **calle** después de eso le tenemos que indicar su valor después de los dos puntos, en este caso sería "**Queen st**"; y vamos a hacer lo mismo con la siguiente propiedad que es la de **numero** y le vamos a dar el valor de **503**.

Y esto vendría siendo un formato **YAML** completamente válido, pero sí hay unas consideraciones que tienes que tener en cuenta:

Como podemos ver, no estamos utilizando las comillas dobles para poder indicar cuándo un valor es un booleano, un string o un número, en este caso absolutamente todos los valores se colocan tal cual como tú los estás viendo sin comillas dobles, comillas simples, ni backticks ni nada. Esto hace que **YAML** sea más lento que **JSON**. Porque que el intérprete de **YAML**, se va a tener que encargar de tomar cada uno de estos valores e intentar interpretarlo como algún tipo de dato. Entonces en este caso no sabe si es que el **37** de **edad** es un número o un string, así es que va a intentar interpretarlo primero como un número, y si no funciona lo va a intentar interpretar después como un string. Pasaría lo mismo con el **boleean** y así sucesivamente con todos los otros valores que podríamos tener. De hecho, no es extraño ver en algunos proyectos o en algunos frameworks donde se toman estos archivos de configuración **YAML** y luego estos son transpirados o convertidos a un listado, arreglo u objeto propio del lenguaje. Que quiere decir es que vamos a este mismo archivo, y luego después vemos una versión que va a ser utilizada en producción, la cual vendría estando escrita en PHP, JAVA, NODE y así sucesivamente. Es por esta razón que muchas veces vamos a ver que este tipo de formatos se utilizan para archivos de configuración, ya que se van a leer solamente una vez y luego ya no son necesarios.

En cambio, con el formato de **JSON** es que vas a ver qué es más utilizado para poder transferir datos entre distintas máquinas.

Entonces, resumiendo, utilizamos **JSON** por lo general, cuando quieres transferir información entre distintas máquinas y **YAML** para archivos de configuración.

Archivo docker-compose.yml

En esta lección vamos a construir nuestro archivo "**docker-compose.yml**" para poder construir nuestras aplicaciones. Pero antes de construir este archivo, recordarás que ya lo tenemos en nuestra carpeta del proyecto, este lo vamos a construir nuevamente desde cero.

Vamos a revisar primero los directorios de nuestras aplicaciones, vamos a ir primero a nuestra carpeta del "**backend**", y vamos a hacer clic en el archivo "**Dockerfile**":

holamundo/backend/Dockerfile

```
FROM node:20.5.0-alpine3.18
RUN addgroup nodeapp && adduser -S -G nodeapp nodeapp
USER nodeapp
WORKDIR /app/
COPY --chown=nodeapp package*.json .
RUN npm install
COPY --chown=nodeapp . .
EXPOSE 3000
CMD ["npm", "start"]
```

Como puedes ver este contiene un archivo de "**Dockerfile**" muy parecido, si no es exactamente el mismo que hemos estado viendo a lo largo de este libro:

- esta es una imagen basada en Node 20.5.0 con alpine Linux,
- lo siguiente que hacemos es que creamos un grupo, agregamos un usuario y le asignamos a este grupo,
- cambiamos el usuario,
- cambiamos el **WORKDIR** al directorio **app**,
- copiamos el "**package.json**" y también "**package-lock.json**", pero también le cambiamos el owner al usuario que creamos **nodeapp**,
- ejecutamos **npm install**,
- luego cambiamos absolutamente todo, cambiamos el owner a nuestro usuario.
- exponemos el puerto 3000 para iniciar la aplicación, y por último
- utilizamos el comando de **npm start**

Después vamos a ver el archivo "**Dockerfile**" pero de nuestro proyecto de frontend:

holamundo/frontend/Dockerfile

```
FROM node:20.5.0-alpine3.18
RUN addgroup react && adduser -S -G react react
USER react
WORKDIR /app/
COPY --chown=react package*.json .
RUN npm install
COPY --chown=react . .
EXPOSE 5173
CMD ["npm", "run", "dev"]
```

Y como podemos ver es prácticamente lo mismo con la diferencia que estamos ejecutando el comando de **npm run dev** y que también estamos exponiendo el puerto 5173, puedes ver es prácticamente lo mismo que el otro solamente cambia el puerto y el comando que ejecutamos. Ahora vamos a cerrar la pestaña de estos dos archivos.

Vamos a cambiar el nombre de nuestro actual archivo "**docker-compose.yml**" a "**docker-compose.yml.old**" y vamos a crear de nuevo el archivo "**docker-compose.yml**":

Estructura de carpetas y archivos en la carpeta holamundo

```
hola-mundo/
    |-- backend/
    |-- frontend/
    |-- docker-compose.yml.
    |-- docker-compose.yml.old
    |--.gitignore
    |-- usuario.json
    |-- usuario.yml
```

Con este cambio listo, vamos a comenzar a escribir en este nuevo archivo.

Antiguamente, cuando querías crear un archivo de "**docker-compose**", necesariamente tenía que colocar la versión y esta se la tenías que pasar con comillas dobles como si este fuese un string; la razón por la cual se pasaba como un string y no como un número, era por si es que quien mantenía Docker utilizaba "**semver**", esto quiere decir podrían utilizar una versión que podría ser "3.7.4" y esto no es un número, porque porque tiene 2 veces el punto, esa es la razón por la cual tú tenías que pasarle un string.

Para nuestro ejemplo, escribiremos:

holamundo/docker-compose.yml

```
version: '3.8'
```

Sin embargo, esta opción que acabamos de escribir ya no está siendo interpretada por Docker, ya que por defecto va a intentar utilizar la última versión que se encuentra disponible, así es que esta línea no es necesaria. Pero la vamos a dejar escrita igual por propósitos históricos por si es que llegas a ver otro archivo de "**docker-compose**" y ves algo como esto, ya sabes por qué está.

Ahora lo que tenemos que hacer es definir las imágenes o contenedores que vamos a ejecutar en este caso se hace mediante la propiedad de **services** y vamos a tabular para agregar elementos a esta propiedad, una vez dentro de esto tenemos que empezar a asignarle un nombre de los servicios que vamos a ejecutar, para nuestro ejemplo serán las aplicaciones frontend, backend y una base de datos:

holamundo/docker-compose.yml

```
services:
    app:
    api:
    db:
```

Entonces, en este caso:

- **app** hace referencia al "frontend",

- **api** para hacer referencia al backend, y
- **db** para hacer referencia al contenedor que va a ejecutar la base de datos.

Estos nombres que estamos colocando a nuestros servicios nos van a servir para que entre estos se puedan comunicar más adelante, vamos a ver que dentro de nuestra parte de la aplicación que es la **api** vamos a querer conectarnos a la **base de datos** y para poder indicarle la IP o donde se encuentra esto, le vamos a indicar de **db**. Pero si decidimos cambiar esto y lo colocamos como nombre **base de datos**, en ese caso dentro de nuestra aplicación deberíamos escribir **base de datos** en lugar de **db**.

Esto que estamos comentando se realiza todo de manera interna, tú no tienes que hacer absolutamente nada, pero piénsalo de esta manera: podría ser, por ejemplo **localhost** que ese es el nombre que contiene tu máquina en el fondo, entonces si quieres acceder a tu propia máquina lo que haces es que ingresas **localhost** pero este en verdad es por detrás la dirección **127.0.0.1**.

En este caso, vendría siendo lo mismo, con la diferencia que no se crea un **localhost** sino que se crea dominio que se va a llamar **db** y esto va a apuntar a otra IP, esto pasa también con **api** que apuntará a otra IP, al igual que con **app** que apuntará a otra, y así sucesivamente con todos los servicios que definas.

Definiendo servicio para la base de datos

Ahora vamos a comenzar definiendo nuestro servicio de base de datos. En este caso yo no tengo código escrito para poder ejecutar este contenedor de bases de datos, aquí derechamente podemos utilizar una imagen que se encuentre en Internet entonces cómo no vamos a utilizar un proyecto y vamos a utilizar una imagen que tendremos que descargar, para esto vamos a utilizar la propiedad de "**image:**" y seguido de esto le tenemos que indicar el nombre de la imagen que queremos utilizar, para nuestro ejemplo utilizaremos una de mongo **mongo**: y le indicamos la etiqueta:

holamundo/docker-compose.yml

```
        image: mongo:5.0.19-focal
```

En este caso, usaremos la **5.0.19-focal**, que en este caso "focal" vendría siendo una versión de Ubuntu, también existen versiones de Windows para mongo, pero la verdad es que pesan cerca de 2GB, mientras que estas pesan por el orden de los cientos de los megas, así es que vamos a preferir utilizar en este caso las imágenes basadas en Ubuntu.

A continuación vamos a mapear cuáles son los puertos que vamos a utilizar, cuando mapeamos los puertos en unas lecciones anteriores lo teníamos que hacer a través de la línea de comandos, en este caso no es necesario que lo hagamos con este proceso, ya que sencillamente vamos a escribir una nueva propiedad llamada **port**, presionaremos **enter** para un nuevo salto de línea, tabulamos una vez, vamos a utilizar el guion y aquí es donde indicaremos el puerto de la máquina anfitrión, quedando de esta manera:

holamundo/docker-compose.yml

```
        ports:
            - "27017:27017"
```

Que en este caso vendría siendo tú máquina con MacOS, Windows o Linux, y el puerto por defecto que utiliza MongoDB es el **27017** y delante de este, dos puntos y le tenemos que decir a qué puerto del contenedor lo vamos a mapear, que en este caso sigue siendo también **27017**.

La razón por la cual la estamos mapeando directamente por este puerto es porque quizás en un futuro nos queramos conectar algún cliente que permita a conectarse con bases de datos tipo mongo para poder visualizar los datos después.

Lo que tenemos que considerar es que tenemos crear un volumen para que los datos no se guarden dentro de la misma máquina de **mongo**, entonces para eso tengo que definir un volumen.

Definir volúmenes

Primero tenemos que ver cómo se definen los volúmenes, estos los tenemos que definir al mismo nivel que los **services**, entonces más abajo vamos que agregar la propiedad de **volumes**:

holamundo/docker-compose.yml

```
services:
    app:
    api:
    db:
        image: mongo:5.0.19-focal
        ports:
            - 27017:27017

    volumes:
```

Y después de eso que tenemos que indicar un nombre que queremos que tenga el volumen para este ejemplo, le daremos el nombre de **gamify** y le colocaremos 2 puntos:

holamundo/docker-compose.yml

```
    volumes:
        gamify:
```

En este caso no es necesario que le indiquemos absolutamente nada a la derecha del nombre del volumen, con que le indiquemos el nombre basta.

Regresaremos al servicio de base de datos y acá vamos a agregar una nueva propiedad que se va a llamar **volumes**, al igual que hicimos en la propiedad **ports**, daremos enter, una tabulación y seguido de eso vamos a agregar ahi a **volumes** y le tendremos que indicar el nombre dicho volumen, el cual será **gamify**:

holamundo/docker-compose.yml

```
        - 27017:27017
    volumes:
        - gamify:
. . .
```

Y adelante utilizando la sintaxis que ya conocemos, le indicamos desde dónde hasta dónde queremos mapear:

holamundo/docker-compose.yml

```
        - 27017:27017
    volumes:
        - gamify:/data/db
. . .
```

E indicamos que será en **/data/db**.

Pero si quieres mapear alguna ruta en específico como por ejemplo, podría ser el código fuente de tu código perfectamente lo puedes hacer colocando:

Ejemplo para mapear código

```
        - ./src:/data/db
```

Con un punto que haría referencia a la ruta actual de donde está ubicada la terminal y si es que quieres mapear alguna ruta que se encuentre anidada dentro del directorio, le colocaríamos un slash hacia adelante y el directorio que podría ser por ejemplo **src**.

Con esto ya hemos definido nuestro servicio de base de datos, este se va a ejecutar y va a correr con éxito cuando ejecutamos el comando de **docker compose up**.

Definiendo a nuestra aplicación backend "api"

Vamos a definir ahora nuestra **api**.

Con esta no nos vamos a basar en una imagen, en cambio, usaremos el archivo "**Dockerfile**", en este caso el que hemos visto que se encuentra en la carpeta **backend**. Así es que usaremos la instrucción **build** y seguido de esto le tenemos que indicar la ruta de donde se encuentra este **Dockerfile**:

holamundo/docker-compose.yml

```
    api:
        build: ./backend
. . .
```

Aqui hemos escrito un punto para indicar que está en la ruta actual y después un slash hacia adelante, y le indicaremos que tiene que buscar este archivo "**Dockerfile**" en el directorio "**backend**".

Lo siguiente es mapear los puertos, así que vamos a colocar acá **ports** y vamos a mapear del puerto 3000 al 3000:

holamundo/docker-compose.yml

```
        build: ./backend
        ports:
            - 3000:3000
. . .
```

De esta manera, después, si es que nuestra máquina nos queremos conectar a ver la **api** lo podemos hacer a través del puerto 3000, y para asegurarnos que es el puerto 3000 el que corresponde, iremos a ver el archivo "**Dockerfile**" para el backend:

holamundo/backend/Dockerfile

```
EXPOSE 3000
CMD ["npm", "start"]
```

Y acá vemos que estamos exponiendo el puerto 3000. Recuerda que esto solamente es como concepto de documentación. Podemos cerrar este archivo y regresaremos a editar nuestro archivo "**docker-compose.yml**".

Ahora tenemos que definir los volúmenes que vamos a utilizar, así que vamos a colocar nuevamente **volumes** y el volumen que utilizaremos va a ser para poder tomar la carpeta donde se encuentra el código fuente de la aplicación y lo mapearemos dentro del contenedor, de manera que si tenemos que modificar el código de la aplicación de **api**, nuestro backend, este se vea reflejado inmediatamente en el contenedor. Así es que vamos a agregar:

holamundo/docker-compose.yml

```
        volumes:
            - ./backend/app:/app/app
    db:
    . . .
```

Vamos a explicar esta ruta:

- Comenzamos con colocar la ruta actual con un punto, y después apuntamos con los slash hasta el directorio "**app**" que se encuentra dentro del directorio "**backend**". Y esta primera parte es porque si abrimos el explorador de archivos, vamos a ver que nuestra carpeta "**backend**" contiene a la carpeta "**app**" y todo nuestro código fuente se encuentra ahi:

Estructura de carpetas y archivos en la carpeta holamundo

```
hola-mundo/
    |-- backend/
        |-- app/
            |-- games.js
            |-- index.js
        . . .
    |-- frontend/
. . .
```

Que son solo estos 2 archivos, que finalmente es donde se encuentra el código fuente.

- Y luego, la segunda parte que corresponde a **:/app/app** que sería el destino del volumen en el contenedor.

Fíjate que acá asignamos un volumen que se encontraba ya dentro de nuestra computadora a uno que se encuentra dentro del contenedor; versus en el servicio de la base de datos, que le asignamos un volumen que creamos hasta el final de nuestro archivo:

holamundo/docker-compose.yml

```
    volumes:
        gamify:
```

Y este los mapeamos dentro del contenedor:

holamundo/docker-compose.yml

```
        volumes:
            - gamify:/data/db
...
```

Volumen anónimo y nombrado

A estos que definimos con **./backend/app:/app/app** se les conoce como **volumen anónimo.**

Mientras que para este **gamify:/data/db** se les llama **volumen nombrado.**

Variables de entorno

Con esto podemos continuar dentro del código de nuestra aplicación, en el directorio "**backend**", que esto no tienes por qué saberlo esto más que nada, yo lo agregué dentro de la aplicación y te voy a mostrar finalmente cómo se agregan después, en el directorio "**app**" en el archivo "**index.js**".

holamundo/backend/app/index.js

```
9   async function main() {
10      await mongoose.connect(`${process.env.DB_URL}`)
11  }
12  ...
```

Vamos a ver que estamos utilizando una variable de entorno en la línea 10, específicamente es esta "**process.env.DB_URL**", esta sirve en esta aplicación para poder conectarnos en este caso a mongo, de nuevo, esto tú no tenías por qué saberlo, pero lo más probable es que después construyas alguna aplicación con variables de entorno.

Pero vamos a indicar en nuestra archivo "**docker-compose.yml**" dentro de la definición de servicios como se va a ver esta variable de entorno, vamos a escribir:

holamundo/docker-compose.yml

```
            - 3000:3000
        environment:
            - DB_URL=mongodb://
        volumes:
...
```

Entonces las definimos con la instrucción **environment** y después de eso tenemos que indicarle cuál es el nombre de la variable de entorno, que en este caso es **DB_URL**, un símbolo de igual, y posteriormente le indicamos la ruta que en este caso es **mongodb://**, y acá es donde tenemos que hacer referencia al servicio de **db**.

Si recuerdas acuerdan que yo les había dicho que por lo general acá se coloca una IP como podría ser: DB_URL=mongodb://52.42.52.42, pero en este caso como nos vamos a conectar dentro de la misma red interna de Docker, le tenemos que colocar el nombre de este contenedor que es **db** seguido de la base de datos que va a utilizar:

holamundo/docker-compose.yml

```
            - 3000:3000
        environment:
            - DB_URL=mongodb://db/gamify
        volumes:
. . .
```

Definiendo a nuestra aplicación frontend "app"

Con esto ya estamos listos con nuestro servicio de **api**, ahora toca definir nuestra aplicación de **frontend**. Vamos a usar la instrucción **build** de la misma manera en la que la usamos en el **backend**:

holamundo/docker-compose.yml

```
    app:
        build: ./frontend
    api:
. . .
```

Entonces estamos indicando que se va a construir a partir del directorio de **frontend** porque ahí es donde se encuentra nuestro archivo de "**Dockerfile**".

También tenemos que mapear los puertos y lo que necesitamos es que podamos conectarnos a través del puerto 80 de nuestra máquina al puerto 5173 de la aplicación que se encuentra dentro del contenedor:

holamundo/docker-compose.yml

```
        build: ./frontend
        ports:
            - 80:5173
    api:
. . .
```

Entonces aquí tomamos el puerto **80** y este lo mapeamos al **5173**.

Después vamos a hacer exactamente lo mismo con los volúmenes, así que vamos a colocar acá un volumen y vamos a mapear desde el directorio al frontend a su directorio de **src**:

holamundo/docker-compose.yml

```
            - 80:5173
        volumes:
            - ./frontend/src:/app/src
    api:
. . .
```

Aqui necesitamos hacer un pequeño cambio en el proyecto para su correcto funcionamiento en el archivo **"holamundo/frontend/"**

Probando los contenedores

Ahora podemos guardar y ahora podemos ejecutar el comando **docker compose up** para que ejecute absolutamente todo lo que necesitamos. Así es que de regreso en nuestra terminal y vamos a verificar que nos encontramos dentro del mismo directorio:

Terminal de comandos

```
ls
```

Salida de ejecutar: ls

```
backend              docker-compose.yml.old  usuario.json
docker-compose.yml   frontend                usuario.yml
```

Como puedes ver aquí se encuentran el archivo de Docker compose antiguo y también el nuevo entonces vamos a ejecutar:

Terminal de comandos

```
docker compose up
```

Vamos a esperar a que termine de descargar las imágenes, que es la de MongoDB y también crear las imágenes de nuestros proyectos, como el **frontend** y **backend**.

Salida de ejecutar: docker compose up

```
. . .
api-1 exited with code 1
app-1  |
app-1  |   VITE v4.4.7  ready in 1319 ms
app-1  |
app-1  |   □  Local:   http://localhost:5173/
app-1  |   □  Network: http://172.18.0.4:5173/
```

Ahora como pueden ver se encuentra todo corriendo, así es que nos vamos a devolver al explorador y vamos a ingresar a lo URL **localhost**:

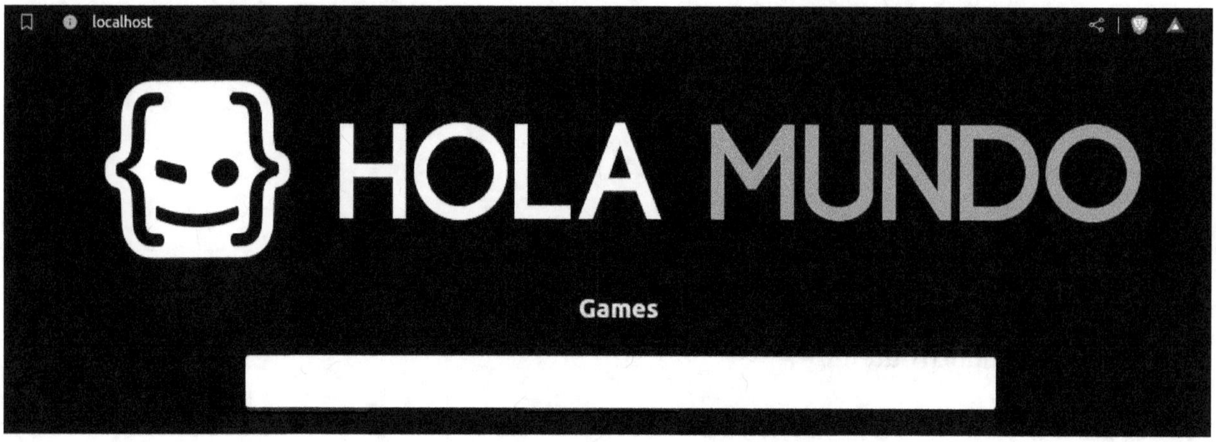

Aplicación funcionando

Y podemos ver que nuestra aplicación se encuentra corriendo con éxito.

Código completo de la lección

Para terminar, te dejaré el código del archivo: **holamundo/docker-compose.yml**

holamundo/docker-compose.yml

```yaml
version: '3.8'

services:
    app:
        build: ./frontend
        ports:
            - 80:5173
        volumes:
            - ./frontend/src:/app/src
    api:
        build: ./backend
        ports:
            - 3000:3000
        environment:
            - DB_URL=mongodb://db/gamify
        volumes:
            - ./backend/app:/app/app
    db:
        image: mongo:5.0.19-focal
        ports:
            - 27017:27017
        volumes:
            - gamify:/data/db

    volumes:
        gamify:
```

Construyendo imágenes

Todos los comandos que hemos visto hasta ahora cuando construimos imágenes también los podemos aplicar a **docker compose**, con la diferencia que este va a afectar varias imágenes y no solamente una, vamos a ver cómo podemos utilizarlos.

Lo primero tenemos que hacer es detener los servicios que ejecutamos cuando escribimos **docker compose up**, esto lo hacemos manteniendo presionada la tecla de **control** + **c**, esto es lo que va a hacer es empezar a detener todos los contenedores que habíamos ejecutado, va a tomar un par de segundos así que paciencia:

Salida de ejecutar: control + c

```
^CGracefully stopping... (press Ctrl+C again to force)
[+] Stopping 3/3
□ Container holamundo-db-1   Stopped                          0.2s
□ Container holamundo-app-1  Stopped                         10.2s
□ Container holamundo-api-1  Stopped                          0.0s
canceled
```

Y ahora podemos ver que todos estos servicios han sido detenidos.

Ahora vamos a ver nuestras imágenes con:

Terminal de comandos

```
docker images
```

Salida de ejecutar: docker images

```
REPOSITORY      TAG           IMAGE ID       CREATED          SIZE
holamundo-app   latest        d4a248175a28   37 minutes ago   251MB
holamundo-api   latest        6d952c9be9d5   46 hours ago     206MB
mongo           5.0.19-focal  0fd77af41b5d   8 months ago     662MB
```

Y vamos a ver que acá tenemos los nombres de las aplicaciones que se han construido, tenemos a **app**, a **api** y a **mongo**.

Fíjate que todas estas imágenes comienzan con el nombre de **holamundo** y esto ocurre porque el nombre del directorio que le pusimos a este proyecto, en mi caso en particular, es "**holamundo**". Entonces lo que va a hacer para poder crear imágenes de nuestros servicios es tomar el nombre del directorio que en este caso es "**holamundo**", le va a agregar un guion y luego le va a agregar el nombre que le pusimos en el servicio dentro de nuestro archivo "**docker-compose.yml**". Entonces tenemos por eso de esta forma a **app** y a **api** que es el nombre que le pusimos a nuestros servicios. El único que no comienza con el nombre del directorio en este caso de **holamundo** es nuestra base de datos, esto sucede así porque nos basamos en una imagen la cual ya tenía un nombre que en este caso es **mongo**.

El nombre que le asignamos al servicio de la base de datos que es **db** igual lo tenemos que utilizar para que nuestros otros servicios, es decir, todos los contenedores sepan cómo se llama nuestro contenedor de base de datos. Entonces, si después queremos agregar otro contenedor que sea, por ejemplo MySQL, podríamos colocarlo perfectamente como "MySQL" y hacer referencia a este dentro de nuestros otros contenedores, como por ejemplo en la **api** o **app**.

De regreso de nuestra terminal, vamos a escribir:

Terminal de comandos

```
docker compose
```

Salida de ejecutar: docker compose

```
Usage:  docker compose [OPTIONS] COMMAND

Define and run multi-container applications with Docker

Options:
. . .
```

Esto nos mostrará para que veamos qué es lo que ocurre vamos a presionar **enter** y esto es lo que va a hacer es listarnos una cantidad de comandos y opciones que le podemos pasar al comando de **docker compose**, no los vamos a ver todos, pero si vamos a ver los más relevantes, entre estos tenemos a:

- **build** este nos sirve para que podamos solamente construir las imágenes, pero no ejecutarlas.
- **create** que nos va a crear los contenedores, pero no los va a ejecutar.
- **up** que lo que hace es que crea e inicia los contenedores.
- **down** este detendra y eliminará los contenedores y redes que este haya creado que por cierto veremos las redes un poco más adelante.
- **pull** que lo único que hará es descargar las imágenes, de esta manera vamos a estar forzando la descarga de las imágenes cada vez que lo ejecutemos.
- Y también nos mencionas que si le agregamos la opción **–help**, lo que hará es mostrarnos todas las opciones que le podemos pasar a un comando en particular.

Vamos a ver las opciones que tenemos en nuestro comando de **up**:

Terminal de comandos

```
docker compose up --help
```

Con esto vamos a ver todas las opciones que nos muestra, en este caso no vamos a ver todas las opciones, solamente vamos a ver las más relevantes.

Salida de ejecutar: docker compose up –help

```
Usage:  docker compose [OPTIONS] COMMAND

Define and run multi-container applications with Docker

Options:
    --ansi string                Control when to print ANSI control
                                characters ("never"|"always"|"auto")
                                (default "auto")
. . .
```

Dentro de todo este listado tenemos estas opciones que nos interesan:

- **–build**, está lo que hará será construir siempre las imágenes antes de crear los contenedores. O sea, si queremos estar constantemente creando las imágenes antes de crear el contenedor esta vendría siendo la opción,
- también tenemos la opción de **–detach** o también **-d** que lo que era será no mostrarnos los **logs** de todos los contenedores.

Vamos a aprovechar de ver también el manual de ayuda de otro comando que me interesa que veamos, y este es el de:

Terminal de comandos

```
docker compose build --help
```

Salida de ejecutar: docker compose build –help

```
Usage:  docker compose build [OPTIONS] [SERVICE...]

Build or rebuild services

Options:
      --build-arg stringArray   Set build-time variables for services
      --builder string          Set builder to use
      --dry-run                 Execute command in dry run mode
  -m, --memory bytes            Set memory limit for the build container.
                                  Not supported by BuildKit.
      --no-cache                Do not use cache when building the image
      --pull                    Always attempt to pull a newer version of
                                  the image
      --push                    Push service images
  -q, --quiet                   Don't print anything to STDOUT
      --ssh string              Set SSH authentications used when
                                  building service images. (use 'default'
                                  for using your default SSH Agent)
      --with-dependencies       Also build dependencies (transitively)
```

Y nos vamos a centrar en la opción **–no-cache**, esta opción es sumamente importante cuando estamos empezando a tener algún problema por ejemplo, que nuestro contenedor o nuestras imágenes sencillamente se están portando extraño, entonces lo que podemos hacer es forzar a que no se utilice el caché cuando estamos construyendo una imagen, de esta manera todas las capas que hemos creado, Docker lo que hará será ignorarlas y va a empezar a construirlas todas absolutamente desde cero.

También tenemos **–pull** que lo que hará será forzar a que siempre se descargue la versión más actualizada de la imagen con la etiqueta que le asignamos, entonces por ejemplo, si tenemos una etiqueta de **latest**, lo que va a hacer es siempre descargar la última versión de **latest**. Esta es otra razón por la que no tenemos que utilizar la etiqueta de **latest** y utilizar la etiqueta que sea lo más específica posible.

Vamos a probar estos comandos, utilizaremos:

Terminal de comandos

```
docker compose build --no-cache
```

Esto va a tomar más tiempo porque no está utilizando absolutamente nada de caché, pero una vez que ha terminado de construir las imágenes, vamos a comprobar nuestro listado de imágenes:

Terminal de comandos

```
docker images
```

Salida de ejecutar: docker images

```
REPOSITORY       TAG            IMAGE ID       CREATED          SIZE
holamundo-app   latest         5a597d73b4ab   7 seconds ago   251MB
holamundo-api   latest         19122eb4604d   8 seconds ago   206MB
<none>           <none>         d4a248175a28   18 hours ago     251MB
<none>           <none>         6d952c9be9d5   2 days ago       206MB
mongo            5.0.19-focal   0fd77af41b5d   8 months ago     662MB
```

Vemos cómo ahora aparecen nuevas imágenes, además de nuestras imágenes de **holamundo-app**, **holamundo-api** y **mongo**, ahora tenemos aquí otras 2 imágenes que nos están diciendo **none**, estas son exactamente las mismas imágenes de estas las aplicaciones **api** y **app**, pero que se han desvinculado de absolutamente todas las etiquetas. Si retrocedes en algunas páginas vas a ver que cuando vimos estas imágenes tenían nombre, pero como ahora volvimos a construir una nueva imagen sin caché, lo que hicimos fue crear completamente las imágenes de cero, entonces las carpetas que se encuentran dentro del directorio de "**node_modules**" tienen archivos creados que son más recientes y por ende también hace que estas imágenes sean completamente distintas.

Vamos a aprovechar de ver todos los contenedores que hemos creado con:

Terminal de comandos

```
docker ps -a
```

Salida de ejecutar: docker ps -a

```
CONTAINER ID   IMAGE                  COMMAND                  CREATED          STATUS      \
                    PORTS       NAMES
3643c395e1d8   d4a248175a28           "docker-entrypoint.s…"   19 hours ago     Exited (\
137) 18 hours ago               5-holamundo-app-1
0056eb894672   mongo:5.0.19-focal     "docker-entrypoint.s…"   19 hours ago     Exited (\
0) 18 hours ago                 5-holamundo-db-1
ba8faf4fa122   6d952c9be9d5           "docker-entrypoint.s…"   19 hours ago     Exited (\
1) 18 hours ago                 5-holamundo-api-1
```

Y ahora vamos a ejecutar último comando, que va a ser:

Terminal de comandos

```
docker compose down
```

Salida de ejecutar: docker compose down

```
[+] Running 4/4
□ Container 5-holamundo-db-1    Removed
□ Container 5-holamundo-app-1   Removed
□ Container 5-holamundo-api-1   Removed
□ Network 5-holamundo_default   Removed
```

Este comando como habíamos visto lo que hace es que elimina absolutamente todos los contenedores y también las redes que han sido creadas por el comando de **docker compose**, así es que ahora vamos a usar de nuevo:

Terminal de comandos

```
docker ps -a
```

Salida de ejecutar: docker ps -a

```
CONTAINER ID   IMAGE     COMMAND   CREATED   STATUS    PORTS     NAMES
```

Y si vamos a ver las imágenes:

Terminal de comandos

```
docker images
```

Salida de ejecutar: docker images

```
REPOSITORY        TAG             IMAGE ID       CREATED              SIZE
holamundo-app   latest          5a597d73b4ab   About a minute ago   251MB
holamundo-api   latest          19122eb4604d   About a minute ago   206MB
<none>            <none>          d4a248175a28   18 hours ago         251MB
<none>            <none>          6d952c9be9d5   2 days ago           206MB
mongo             5.0.19-focal    0fd77af41b5d   8 months ago         662MB
```

Vemos estas que nos dicen **none** así que vamos a limpiarlas también usando el comando:

Terminal de comandos

```
docker image prune
```

Terminal de comandos al ejecutar: docker image prune

```
WARNING! This will remove all dangling images.
Are you sure you want to continue? [y/N] y
```

Presionamos la tecla **y** para confirmar y después **enter**:

Salida de ejecutar: docker image prune

```
Deleted Images:
deleted: sha256:6d952c9be9d50ba8dc7755ba41d7697c6c61743f80938f4b1811e65c578bfe69
deleted: sha256:d4a248175a285f5e9624ebb2e5dd5bae8f2ac17a3033a5ef25b145e4b8015e2e

Total reclaimed space: 0B
```

Vamos a listar nuestras imágenes:

Terminal de comandos

```
docker images
```

Salida de ejecutar: docker images

```
REPOSITORY         TAG            IMAGE ID       CREATED          SIZE
5-holamundo-app    latest         5a597d73b4ab   34 minutes ago   251MB
5-holamundo-api    latest         19122eb4604d   34 minutes ago   206MB
mongo              5.0.19-focal   0fd77af41b5d   8 months ago     662MB
```

Y ahora tenemos nuestro entorno limpio.

Logs

Vamos a utilizar un comando que vimos en la lección pasada con las siguientes opciones:

Terminal de comandos

```
docker compose up --build -d
```

Este lo utilizaremos para asegurarnos que las imágenes siempre se construyan desde cero y no utilicemos una que ya se haya creado, y además le vamos a pasar la opción de **-d** para que este empiece en modo **detach**, vamos a presionar **enter** y vamos a esperar un par de segundos a que se terminen de construir.

Salida de ejecutar: docker compose up –build -d

```
. . .
[+] Running 4/4
 Network holamundo_default  Created
 Container holamundo-db-1   Started
 Container holamundo-api-1  Started
```

Y cuando termine, podemos ver ahora nos está entregando los siguientes mensajes: que ha creado una red y que también ha iniciado los contenedores que podemos ver acá.

Ahora viene una parte importante que es ver **logs** de todos estos contenedores, para lograr esto primero tenemos que utilizar el comando:

Terminal de comandos

```
docker compose logs
```

Al presionar **enter** deberías ver una salida similar a esta:

Salida de ejecutar: docker compose up –build -d

```
. . .
db-1   | {"t":{"$date":"2024-04-18T15:35:16.807+00:00"},"s":"I",  "c":"STORAGE",  "i\
d":22430,   "ctx":"Checkpointer","msg":"WiredTiger message","attr":{"message":"[1713\
454516:807321][1:0x7f9b04bd5700], WT_SESSION.checkpoint: [WT_VERB_CHECKPOINT_PROGRES\
S] saving checkpoint snapshot min: 62, snapshot max: 62 snapshot count: 0, oldest ti\
mestamp: (0, 0) , meta checkpoint timestamp: (0, 0) base write gen: 127"}}
db-1   | {"t":{"$date":"2024-04-18T15:36:16.812+00:00"},"s":"I",  "c":"STORAGE",  "i\
d":22430,   "ctx":"Checkpointer","msg":"WiredTiger message","attr":{"message":"[1713\
454576:812935][1:0x7f9b04bd5700], WT_SESSION.checkpoint: [WT_VERB_CHECKPOINT_PROGRES\
S] saving checkpoint snapshot min: 64, snapshot max: 64 snapshot count: 0, oldest ti\
mestamp: (0, 0) , meta checkpoint timestamp: (0, 0) base write gen: 127"}}
```

Lo que este comando está haciendo es listarnos absolutamente todos los **logs** que tiene hasta ahora.

Vamos a volver a ejecutar **docker compose logs** pero ahora le vamos a pasar la opción de **–help** para que podamos ver también todas las opciones que le podemos pasar a este comando:

Terminal de comandos

```
docker compose logs --help
```

Salida de ejecutar: docker images

```
Usage:  docker compose logs [OPTIONS] [SERVICE...]

View output from containers

Options:
    --dry-run          Execute command in dry run mode
-f, --follow           Follow log output
    --index int        index of the container if service has multiple
                         replicas
    --no-color         Produce monochrome output
    --no-log-prefix    Don't print prefix in logs
    --since string     Show logs since timestamp (e.g.
                         2013-01-02T13:23:37Z) or relative (e.g. 42m for
                         42 minutes)
-n, --tail string      Number of lines to show from the end of the logs
                         for each container (default "all")
-t, --timestamps       Show timestamps
    --until string     Show logs before a timestamp (e.g.
                         2013-01-02T13:23:37Z) or relative (e.g. 42m for
                         42 minutes)
```

Las opciones que nos interesan y que lo más probable es que tú ya te acuerdas de estas son las de:

- **-f** para poder seguir los **logs**,
- **-t** para poder verlos timestamps de los logs, o sea la fecha de cuando se registraron estos, y si quisiéramos ver los **logs** solamente de una fecha en específico, en ese caso lo que podemos hacer es utilizar la opción de **–since** y **–until**, para indicarle desde qué fecha hasta qué fecha queremos ver los **logs**, esto es en el caso de que haya pasado algo excepcional dentro de tu aplicación y te gustaría poder ver los **logs**, pero solamente entre esas fechas, en ese caso puedes utilizar estas 2 opciones y le tendrás que pasar la fecha en el formato, por ejemplo: año, mes, día, incluyendo también la hora, minutos, y segundos, o también puedes pasar fechas relativas como por ejemplo podría ser hace 42 minutos, 3 días y así sucesivamente.

Te dejo como tarea que empieces a incursionar con estos comandos para ver cómo tú puedes utilizar esto yo obtener los **logs** de ciertos rangos, y por ahora vamos a ver la opción de **-f** y **-t**. Entonces, en nuestra terminal, vamos a escribir:

Terminal de comandos

```
docker compose logs -ft
```

Vamos a presionar **enter**:

Salida de ejecutar: docker images

```
db-1    | 2024-04-18T16:10:17.038012734Z {"t":{"$date":"2024-04-18T16:10:17.037+00:00\
"},"s":"I",  "c":"STORAGE",  "id":22430,   "ctx":"Checkpointer","msg":"WiredTiger me\
ssage","attr":{"message":"[1713456617:37765][1:0x7f9b04bd5700], WT_SESSION.checkpoin\
t: [WT_VERB_CHECKPOINT_PROGRESS] saving checkpoint snapshot min: 132, snapshot max: \
132 snapshot count: 0, oldest timestamp: (0, 0) , meta checkpoint timestamp: (0, 0) \
base write gen: 127"}}
db-1    | 2024-04-18T16:11:17.043635471Z {"t":{"$date":"2024-04-18T16:11:17.043+00:00\
"},"s":"I",  "c":"STORAGE",  "id":22430,   "ctx":"Checkpointer","msg":"WiredTiger me\
ssage","attr":{"message":"[1713456677:43428][1:0x7f9b04bd5700], WT_SESSION.checkpoin\
t: [WT_VERB_CHECKPOINT_PROGRESS] saving checkpoint snapshot min: 134, snapshot max: \
134 snapshot count: 0, oldest timestamp: (0, 0) , meta checkpoint timestamp: (0, 0) \
base write gen: 127"}}
db-1    | 2024-04-18T16:12:17.050294182Z {"t":{"$date":"2024-04-18T16:12:17.050+00:00\
"},"s":"I",  "c":"STORAGE",  "id":22430,   "ctx":"Checkpointer","msg":"WiredTiger me\
ssage","attr":{"message":"[1713456737:50107][1:0x7f9b04bd5700], WT_SESSION.checkpoin\
t: [WT_VERB_CHECKPOINT_PROGRESS] saving checkpoint snapshot min: 136, snapshot max: \
136 snapshot count: 0, oldest timestamp: (0, 0) , meta checkpoint timestamp: (0, 0) \
base write gen: 127"}}
```

Y ahora podemos ver que estamos siguiendo los **logs** en este caso estamos viendo los **logs** de la base de datos, y justamente a la derecha tenemos un timestamp de cuando se produjo este **log**:

db-1 | 2024-04-18T16:10:17.038012734Z

Si vamos al comienzo deberíamos ver los **logs** hasta un cierto límite, esto quiere decir que no nos va a mostrar absolutamente todos los **logs** desde el comienzo, sino que nos va a mostrar solamente los últimos **logs** que han generado nuestros contenedores. Para salirnos de acá, lo podremos hacer con **control** + **c**.

Ahora vamos a ver nuestros contenedores activos con el comando:

Terminal de comandos

```
docker compose ps
```

Salida de ejecutar: docker compose ps

```
NAME                    IMAGE                    COMMAND                    SERVICE    CREATED \
            STATUS              PORTS
holamundo-api-1    5-holamundo-api        "docker-entrypoint.s…"    api        23 minutes\
 ago    Up 23 minutes    0.0.0.0:3000->3000/tcp
holamundo-app-1    5-holamundo-app        "docker-entrypoint.s…"    app        23 minutes\
 ago    Up 23 minutes    0.0.0.0:80->5173/tcp
holamundo-db-1     mongo:5.0.19-focal     "docker-entrypoint.s…"    db         23 minutes\
 ago    Up 23 minutes    0.0.0.0:27017->27017/tcp
```

Vemos todos los contenedores que están siendo ejecutados por **docker compose**, entonces estos datos en orden como se muestra en la terminal es:

1. Nombre del contenedor, que sería en el primer ejemplo: **holamundo-api-1**.

2. A partir de qué imagen se está creando: **holamundo-api**.
3. Con qué comando se está ejecutando: "**docker-entrypoint.s...**".
4. El nombre del servicio: **api**.
5. Cuando fue creado: **23 minutes ago**.
6. Estatus, que es desde cuando está arriba este contenedor: **Up 23 minutes**.
7. Y finalmente el mapeo de los puertos, y vemos que **api** está mapeando del puerto 3000 al 3000, **app** está mapeando del puerto 80 al 5173 y que **mongo** está mapeando el puerto 27017 al 27017 del contenedor.

Todos estos contenedores que estamos viendo acá con el comando de **docker compose ps** se encuentran en ejecución, si es que queremos detenerlos y además aprovechar de eliminar estos contenedores, sencillamente ejecutamos en la terminal:

Terminal de comandos

```
docker compose down
```

Esto los va a detener y también los va a eliminar:

Salida de ejecutar: docker compose ps

```
[+] Running 4/4
□ Container 5-holamundo-db-1   Removed
□ Container 5-holamundo-app-1  Removed
□ Container 5-holamundo-api-1  Removed
□ Network 5-holamundo_default  Removed
```

Con esta respuesta hemos detenido absolutamente todos los contenedores y para verificar vamos a ejecutar:

Terminal de comandos

```
docker compose ps -a
```

Salida de ejecutar: docker compose ps -a

```
NAME      IMAGE     COMMAND   SERVICE   CREATED   STATUS    PORTS
```

Vemos que no hay nada ejecutándose, y de esta manera puedes revisar los **logs** de tus contenedores que ejecutaste con **docker compose**.

Redes

En esta lección vamos a hablar de las redes en Docker.

Primero vamos a levantar nuestros contenedores con el comando:

Terminal de comandos

```
docker compose up -d
```

Salida de ejecutar: docker compose up -d

```
[+] Running 4/4
□ Network holamundo_default  Created
□ Container holamundo-db-1   Started
□ Container holamundo-app-1  Started
□ Container holamundo-api-1  Started
```

Lo siguiente es que vamos a listar todas las redes que Docker ha creado, esto lo haremos con el comando:

Terminal de comandos

```
docker network ls
```

Salida de ejecutar: docker network ls

```
NETWORK ID     NAME                DRIVER    SCOPE
e065ebfdf564   bridge              bridge    local
fa20653f846d   holamundo_default   bridge    local
be8dbcb0182d   host                host      local
8ac0a2e92bee   none                null      local
```

La primera, como puedes ver, tiene el nombre de **bridge** y también tiene el driver de **bridge**. Esta es una red que se crea exclusivamente para contenedores que se encuentren dentro de esta misma red, que quiere decir que, siempre y cuando esté utilizando el driver de **bridge, todos los contenedores que se encuentran adjuntados a esta red se van a poder comunicar entre sí sin ningún problema.**

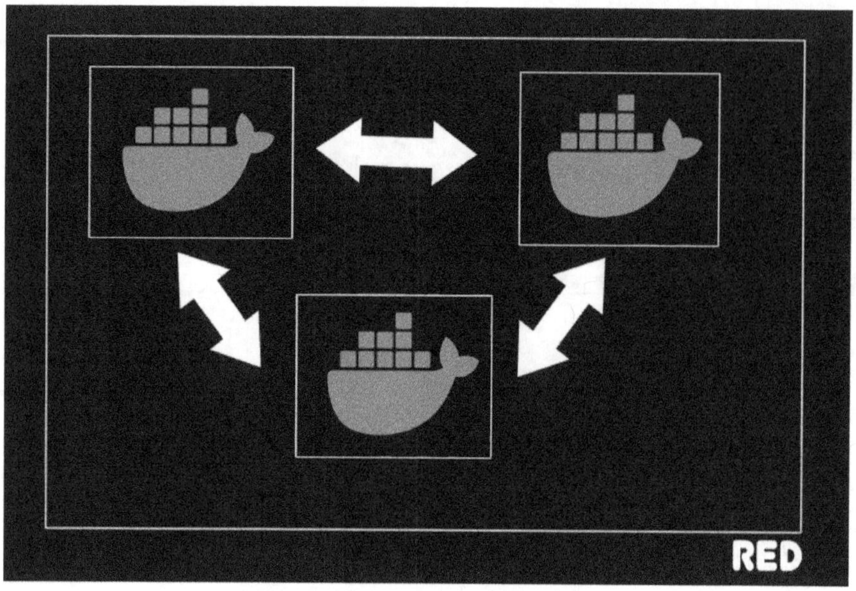

Representación red de la red bridge

El siguiente driver es el de **host**, cuando utilizamos este driver lo que ocurre es que dejamos de usar la implementación de redes en Docker y empezamos a utilizar la implementación que tiene nuestro sistema operativo anfitrión que quiere que **si tenemos un contenedor que expone el puerto 80 en este caso, podemos acceder a él directamente desde el puerto 80 de nuestra máquina de anfitrión.** Y aquí, si podríamos tener problemas que 2 máquinas empiecen a utilizar exactamente el mismo puerto, por ende, esta quizás no va a ser la mejor opción, pero van a existir unos casos muy particulares que vas a tener que aprender a identificarlos cuando estés trabajando con Docker donde sí va a ameritar utilizar este driver.

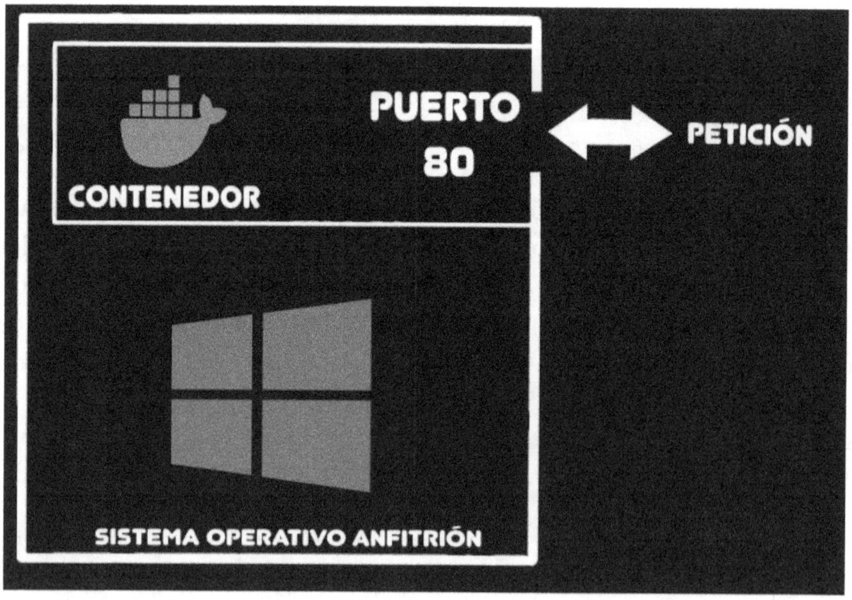

Representación red la red host

Y el siguiente driver vendría siendo **null**, que quiere decir la máquina que se encuentre dentro de esta red no se puede comunicar con absolutamente nadie, no se puede comunicar ni con el sistema operativo anfitrión y tampoco con todos los otros contenedores que se encuentren dentro de esta misma red.

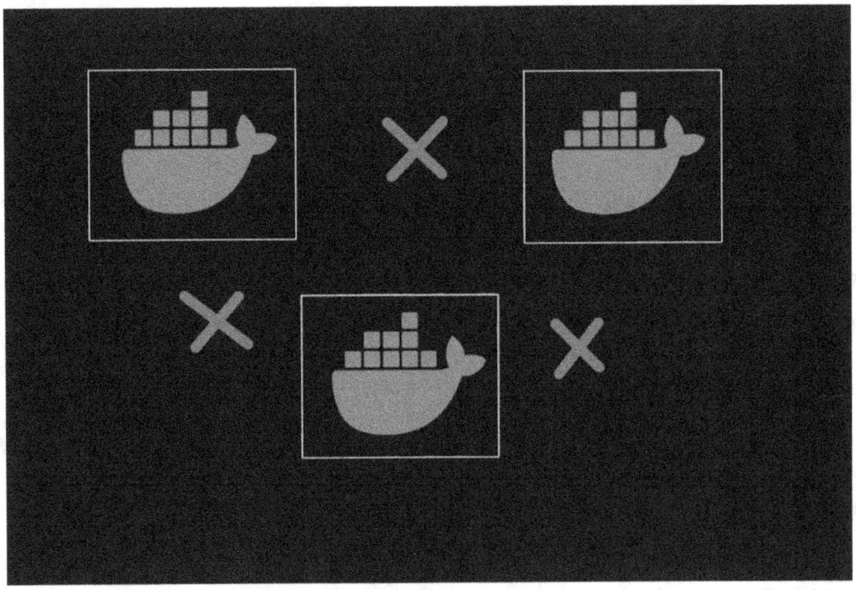

Representación red la red none

Además, existe otro tipo de red que se llama **overlay** y está permite que 2 o más máquinas que estén ejecutando Docker se puedan colocar en red y, de esta manera, contenedores que se encuentran dentro de una máquina puedan comunicarse con contenedores que se encuentren dentro de otra máquina. Este tipo de red se va a utilizar cuando comienzas a desplegar aplicaciones con contenedores utilizando Kubernetes, esto también se puede escribir como k8s. Sin embargo, Kubernetes es todo un mundo que no vamos a alcanzar a ver dentro de este libro. Pero que eso no te deprima, porque igual vamos a realizar despliegues de nuestras aplicaciones utilizando Docker.

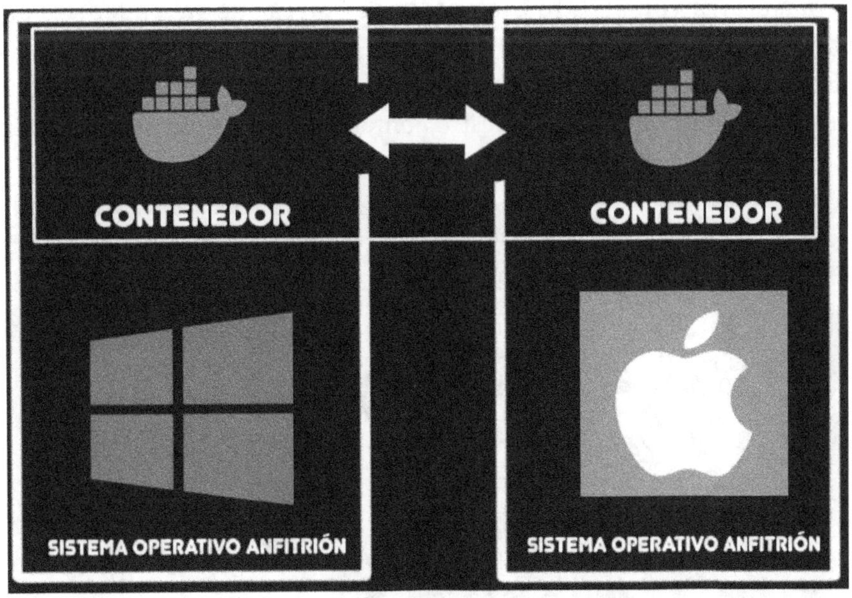

Representación red overlay

Ya que vimos absolutamente todos estos diagramas de justamente todos los posibles drivers que podemos utilizar, vamos a ver ahora qué es lo que realizó Docker con la red llamada **holamundo_-default** donde:

- "holamundo" es por el nombre del directorio donde se encuentra nuestro proyecto, y
- "default" es porque esta es la red por defecto que se va a crear para poder conectar todos los contenedores que se encuentran dentro de los servicios que definimos en nuestro archivo de

docker-compose.yml.

Entonces de regreso a este archivo, hemos definido 3 servicios **app**, **api** y **db**, estos 3 servicios se van a conectar a la red de **holamundo_default**. La gracia de esto es que por ejemplo, esta máquina o este contenedor **app** se va a poder conectar con este servicio de **api** de manera interna, en donde ambos se van a poder ver y se van a poder realizar peticiones entre sí. Y esto también va a ocurrir con el servicio de **db**, por ejemplo, nuestra **api** puede acceder directamente a este servicio de **db** porque se encuentran dentro de la misma red. Y esta red está utilizando el driver de **bridge**.

Y también algo muy importante dentro de Docker, cuando estamos utilizando estas mismas redes existe un servicio de DNS, donde cada uno de los contenedores también va a tener un "DNS resolver". Que quiere decir que por ejemplo, el contenedor de **api** necesita comunicarse con **db** que es otro servicio, entonces es que en cuanto Docker cree esta red le va a asignar una IP a cada contenedor, el problema es que no sabemos cuál es la IP que va a tener cada uno, que perfectamente podría ir cambiando entre máquina y máquina. Entonces, cuando nos encontramos trabajando dentro de Docker cada contenedor va a tener un nombre en especifico, un nombre de dominio, al cual vamos a poder acceder haciendo referencia a este mismo, si recuerdas esto lo mencionamos cuando creamos en nuestro archivo "**docker-compose.yml**" la variable de entorno de nuestra **api**:

holamundo/docker-compose.yml

```
environment:
  - DB_URL=mongodb://db/gamify
. . .
```

Como podemos ver aquí mismo, le mencionamos a **db** en la URL en la variable de entorno, entonces lo que va a ocurrir con nuestro contenedor de **api**, es que va a intentar conectar con **db**, pero este no tiene idea qué significa esto de **db**, así que el "DNS resolver" del contenedor va a ir al servidor de DNS y le va a preguntar qué significa **db** y el **DNS server** le va a devolver a nuestro "DNS solver" que se encuentra dentro de nuestro contenedor la IP, que puede ser algo del orden de "172.68.0.0":

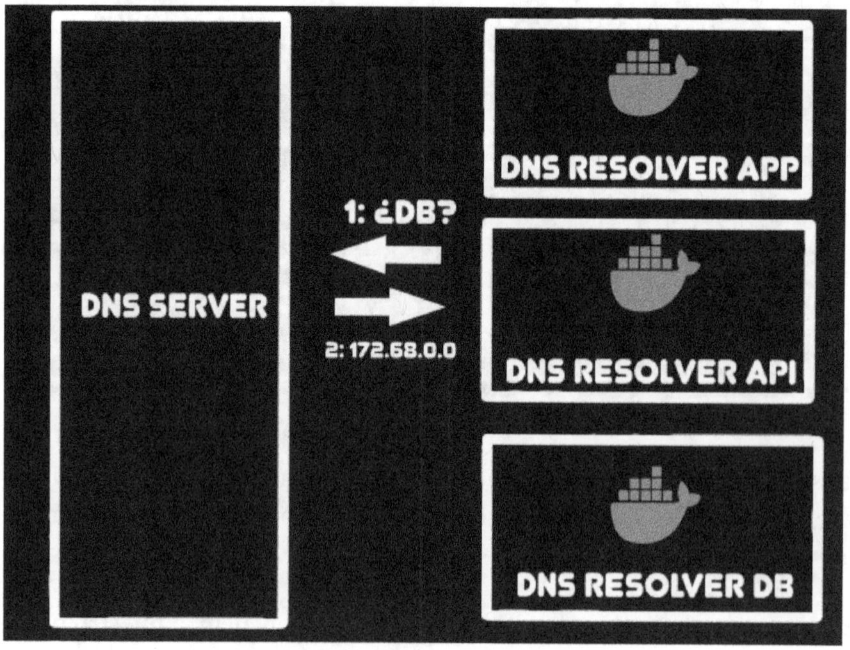

Representación dns server

Entonces lo que vamos a hacer ahora es ver efectivamente esto que te estoy explicando, así es que nos vamos a devolver a la terminal y vamos a ver los contenedores que están en ejecución con:

Terminal de comandos

```
docker ps
```

Salida de ejecutar: docker ps

```
CONTAINER ID   IMAGE                 COMMAND                  CREATED         STATUS     \
    PORTS                           NAMES
731245f05387   holamundo-app         "docker-entrypoint.s…"   4 hours ago    Up 4 hours \
  0.0.0.0:80->5173/tcp          holamundo-app-1
77e825e14bf0   mongo:5.0.19-focal    "docker-entrypoint.s…"   4 hours ago    Up 4 hour\
s   0.0.0.0:27017->27017/tcp    holamundo-db-1
73508f68d12b   holamundo-api         "docker-entrypoint.s…"   4 hours ago    Up 3 hours \
  0.0.0.0:3000->3000/tcp        holamundo-api-1
```

Y ahora nos conectaremos al contenedor de **app**, así que vamos a ejecutar:

Terminal de comandos

```
docker exec -it -u root 731 sh
```

Entonces a **exec** le agregamos **it** para entrar en modo interactivo y tenemos que pasarle el usuario de root con la opción **-u**, porque el usuario que tiene esa máquina no tiene permiso para poder acceder al comando que vamos a utilizar, le tenemos que pasar el **id** que en este caso de **731** y luego le indicamos la shell que es **sh**.

Salida de ejecutar: docker exec -it -u root 731 sh

```
/app #
```

Y vamos a ejecutar lo siguiente:

Terminal de comandos del contenedor holamundo-app

```
ping api
```

Salida de ejecutar: ping api

```
PING api (172.18.0.4): 56 data bytes
64 bytes from 172.18.0.4: seq=0 ttl=64 time=0.078 ms
64 bytes from 172.18.0.4: seq=1 ttl=64 time=0.076 ms
. . .
```

Podemos ver que están pasando 2 cosas lo primero es que funciona y la segunda está indicando cuál es la IP que tiene esta máquina, que es 172.18.0.4. Así que vamos a presionar **control + c** para poder detener esta ejecución. Y si es que queremos verificar la IP que tiene la máquina en la cual nos encontramos podemos escribir:

Terminal de comandos del contenedor holamundo-app

```
ifconfig
```

Salida de ejecutar: ip config

```
eth0      Link encap:Ethernet  HWaddr 02:42:AC:12:00:03
          inet addr:172.18.0.3  Bcast:172.18.255.255  Mask:255.255.0.0
          UP BROADCAST RUNNING MULTICAST  MTU:1500  Metric:1
          RX packets:248 errors:0 dropped:0 overruns:0 frame:0
          TX packets:226 errors:0 dropped:0 overruns:0 carrier:0
          collisions:0 txqueuelen:0
          RX bytes:39782 (38.8 KiB)  TX bytes:1285065 (1.2 MiB)

lo        Link encap:Local Loopback
          inet addr:127.0.0.1  Mask:255.0.0.0
          UP LOOPBACK RUNNING  MTU:65536  Metric:1
          RX packets:4 errors:0 dropped:0 overruns:0 frame:0
          TX packets:4 errors:0 dropped:0 overruns:0 carrier:0
          collisions:0 txqueuelen:1000
          RX bytes:215 (215.0 B)  TX bytes:215 (215.0 B)
```

Acá podemos ver que tenemos 2 dispositivos de red "**et0**" y "**lo**", los dispositivos de red que se encuentran acá no son relevantes, lo que si es relevante es que creamos acá la IP que se le está asignando "**et0**", es decir 172.18.0.3, que vendría siendo la IP con la cual nos vamos a terminar comunicando entre contenedores.

Esto finalmente se resuelve solo, ya que no vamos a tener que escribir nunca estas IP, lo que vamos a tener que hacer es escribir los nombres de las máquinas.

Y aprovechando que estamos en esto, vamos a ver si es que podemos realizarle un **ping** a la base de datos:

Terminal de comandos del contenedor holamundo-app

```
ping db
```

Salida de ejecutar: ping db

```
PING db (172.18.0.2): 56 data bytes
64 bytes from 172.18.0.2: seq=0 ttl=64 time=0.075 ms
64 bytes from 172.18.0.2: seq=1 ttl=64 time=0.072 ms
. . .
```

Y como podemos ver, también le podemos realizar un **ping** a la base de datos.

Contenedores dependientes

A veces van a existir momentos donde los contenedores que estamos creando van a depender de otros por ejemplo, podría ser que nuestra **api** al momento de iniciarse tenga que revisar todo lo que se encuentra dentro de la base de datos, y realizar scripts de migración, donde todos estos scripts de migración no van a poder ejecutarse si es que el contenedor de base de datos no se encuentra corriendo.

Entonces lo que tendríamos que hacer es indicarle a nuestro contenedor de API que tiene que esperar a que el contenedor de bebé se ejecute con éxito para luego recién ahí ejecutar nuestro contenedor de **api**.

La forma de indicar esto es con la propiedad **depends_on**, entonces vamos a nuestro archivo **docker-compose.yml** y nos vamos a ir justamente después de la línea donde indicamos los volúmenes en **api**:

holamundo/docker-compose.yml

```
            - ./backend/app:/app/app
        depends_on:
            - db
    db:
...
```

Entonces, anidado en **depends_on** en este contenedor, vamos a colocar al servicio **db**. De esta manera, lo que va a ocurrir es que **docker-compose.yml** va a ejecutar primero el contenedor **db** y cuando este contenedor se esté ejecutando, va a ejecutar el contenedor de **api**.

Algo importante que tienes que saber, **docker-compose.yml** ni ninguna herramienta va a verificar si es que este contenedor se encuentra corriendo con éxito, si es que tu contenedor lo configuraste mal, este no se ejecuta y por tanto, se detiene, esto de **depends_on** no va a verificar la "salud" por así decirlo de tu servicio de **db**, así que te tienes que asegurar siempre de tener bien configurados tus contenedores.

Esto lo que va a hacer es sencillamente esperar a que se construya, se ejecute y una vez que se haya ejecutado allí recién va a empezar a construir y ejecutar el contenedor de **api**.

Código completo de la lección

Para terminar, te dejaré el código del archivo **holamundo/docker-compose.yml**

holamundo/docker-compose.yml

```
version: '3.8'

services:
    app:
        build: ./frontend
        ports:
            - 80:5173
        volumes:
            - ./frontend/src:/app/src
        environment:
```

```
        VITE_API_URL: http://localhost:3000
    api:
        build: ./backend
        ports:
            - 3000:3000
        environment:
            - DB_URL=mongodb://db/gamify
        volumes:
            - ./backend/app:/app/app
        depends_on:
            - db
    db:
        image: mongo:5.0.19-focal
        ports:
            - 27017:27017
        volumes:
            - gamify:/data/db

volumes:
    gamify:
```

Ejecutando test

En esta leccion veremos cómo podemos ejecutar los **test** dentro de un contenedor de Docker.

Lo que vamos a hacer ahora es ejecutar los test que se encuentran dentro de nuestro servicio de api, si es que no los has visto, puedes venir a la carpeta de **"backend"** y después en la carpeta **"test"** y, esta tendrá un archivo **index.test.js**. Estos tests por supuesto que son de prueba y no tienen absolutamente ninguna relevancia, pero lo importante es que veas cómo se pueden ejecutar test dentro de un contenedor.

holamundo/backend/test/index.test.js

```
const { describe, it } = require('node:test')
const assert = require('node:assert/strict')

describe('Prueba de tests', () => {
    it('prueba de endpoint', () => {
        assert.equal(2 + 2, 4, "No son iguales")
    })

    it('prueba de otro endpoint', () => {
        assert.equal(3 - 4, -1, "No son iguales")
    })
})

describe('Prueba de otros tests', () => {
    it('prueba de unitaria', () => {
        assert.equal(2 + 2, 4, "No son iguales")
    })

    it('prueba de otra cosa', () => {
        assert.equal(3 - 4, -1, "No son iguales")
    })
})
```

Por lo general, cuando ejecutamos nuestros test, lo que hacemos dentro de cualquier framework o lenguaje con el cual estemos trabajando, es que vamos a tener algún script del tipo **npm test**. Vamos a ejecutarlo para ver cómo funciona, en la terminal de comandos, primero entraremos a la carpeta backend y luego ejecutaremos esta instrucción:

Terminal de comandos

```
cd backend
npm test
```

Salida de ejecutar: ping api

```
> backend@1.0.0 test
> node --test --watch tests/

Prueba de tests
□ prueba de endpoint (0.354527ms)
□ prueba de otro endpoint (0.104738ms)
□ Prueba de tests (2.463019ms)

□ Prueba de otros tests
□ prueba de unitaria (0.236902ms)
□ prueba de otra cosa (0.100651ms)
□ Prueba de otros tests (0.717827ms)
```

Podemos ver los test que se están ejecutando y también el comando que se ejecutó para poder correr nuestros tests, como te decía la herramienta que estemos utilizando da exactamente lo mismo.

Ahora veamos cómo podemos ejecutar estos test dentro de otro contenedor, en nuestro archivo **docker-compose.yml**, vamos a copiar todo el servicio de **api** y le vamos a colocar como nombre **api-test**:

holamundo/docker-compose.yml

```
        - db
    api-test:
        build: ./backend
        ports:
            - 3000:3000
        environment:
            - DB_URL=mongodb://db/gamify
        volumes:
            - ./backend/app:/app/app
        depends_on:
            - db
    db:
...
```

Para este servicio no queremos que esta imagen se construya nuevamente, entonces le tenemos que indicar el nombre de la imagen, que en este caso es **holamundo-api**. Recuerda que la imagen dentro de nuestra máquina se va a llamar como: nombre del directorio, seguido de un guion y el nombre del servicio:

holamundo/docker-compose.yml

```
    api-test:
        build: ./backend
        image: holamundo-api
        ports:
. . .
```

Los puertos no los vamos a necesitar, así que los vamos a eliminar:

holamundo/docker-compose.yml

```
        image: holamundo-api
        ports:
            - 3000:3000
        environment:
. . .
```

Si tus test tienen conexión a la base de datos, en este caso tú lo podrías dejar o cambiar la base de datos que vas a utilizar, en nuestro ejemplo la dejaremos como:

holamundo/docker-compose.yml

```
            - 3000:3000
    environment:
        - DB_URL=mongodb://db/gamifytest
    volumes:\
. . .
```

El **volumen** lo dejaremos igual y la razón de esto es porque si es que llegamos a modificar el código de los **test** vamos a querer que esto se vea reflejado de manera inmediata dentro de Docker. Al igual, vamos a dejar la dependencia igual, entonces esta parte del código debió quedarte de la siguiente manera:

holamundo/docker-compose.yml

```
            - db
    api-test:
        image: holamundo-api
        environment:
            - DB_URL=mongodb://db/gamify
        volumes:
            - ./backend/app:/app/app
        depends_on:
            - db
    db:
. . .
```

Lo siguiente que vamos a tener que hacer es reemplazar el comando que se utiliza para poder ejecutar este contenedor, si es vamos al archivo **"Dockerfile"** que se encuentra dentro del directorio de **"backend"**:

holamundo/backend/Dockerfile

```
FROM node:20.5.0-alpine3.18
RUN addgroup nodeapp && adduser -S -G nodeapp nodeapp
USER nodeapp
WORKDIR /app/
COPY --chown=nodeapp package*.json .
RUN npm install
COPY --chown=nodeapp . .
EXPOSE 3000
CMD ["npm", "start"]
```

Vamos a ver que el comando es **npm start**, pero no queremos que se ejecute este comando, queremos que se ejecute **npm test**, entonces la manera más sencilla de hacer eso es que justamente le agreguemos otra propiedad que se llama **command** a nuestro servicio de **test**:

holamundo/docker-compose.yml

```
            - db
        command: npm test
    db:
```

Y así es que reemplazamos el comando por defecto por **npm test**.

Vamos a guardar, y ahora sí podemos ejecutar **docker compose up** para poder ver los test que hemos agregado:

Terminal de comandos

```
docker compose up
```

Al presionar **enter**:

Salida de ejecutar: docker compose up

```
. . .
api-test-1  | # Subtest: Prueba de tests
api-test-1  |     # Subtest: prueba de endpoint
api-test-1  |     ok 1 - prueba de endpoint
api-test-1  |       ---
api-test-1  |       duration_ms: 0.585182
api-test-1  |       ...
api-test-1  |     # Subtest: prueba de otro endpoint
api-test-1  |     ok 2 - prueba de otro endpoint
api-test-1  |       ---
api-test-1  |       duration_ms: 0.197732
api-test-1  |       ...
api-test-1  |     1..2
api-test-1  | ok 1 - Prueba de tests
. . .
```

Aquí muchas cosas ya se ejecutaron de manera prácticamente inmediata, y si subimos aquí, podemos ver que ya aparecen nuestros test.

De regreso en nuestro editor, vamos a ir aquí al directorio de "**backend/test**" y vamos a aprovechar de agregar otro test, copiando el último:

holamundo/backend/test/index.test.js

```
    })

    it('prueba de otra cosa', () => {
        assert.equal(3 - 4, -1, "No son iguales")
    })
})
```

Si nos devolvemos a la terminal, veremos que los cambios no los está tomando. Así que iremos a nuestro archivo de "**docker-compose.yml**" y acá tenemos la explicación, y es porque solamente tenemos un volumen, el de **app** nos falta otro volumen más que es el directorio de **tests**:

holamundo/docker-compose.yml

```
    volumes:
        - ./backend/app:/app/app
        - ./backend/tests:/app/tests
    depends_on:
```

Vamos a cancelar la ejecución en la terminal con **control** + **c** y ahora vamos a ejecutar nuevamente:

Terminal de comandos

```
docker compose up --build
```

Y siempre acordarnos de pasarle la etiqueta de **–build**, que no es necesario por supuesto si ya tenías construida la imagen, vamos a ver que se ejecuta correctamente ya que vemos los test.

Ahora para comprobar que todo funciona correctamente, agregándole signos de exclamación:

holamundo/backend/test/index.test.js

```
    })

    it('prueba de otra cosa!!!!', () => {
        assert.equal(3 - 4, -1, "No son iguales")
    })
})
```

Y de vuelta dentro de los **logs** de Docker podemos ver cómo estos se han ejecutado, y de hecho aquí aparece nuestro test:

Salida de hacer el cambio en el archivo holamundo/backend/test/index.test.js

```
. . .
api-test-1  |     # Subtest: prueba de otra cosa
api-test-1  |     ok 3 - prueba de otra cosa
api-test-1  |       ---
api-test-1  |       duration_ms: 0.159711
api-test-1  |       ...
api-test-1  |     # Subtest: prueba de otra cosa!!!!
api-test-1  |     ok 4 - prueba de otra cosa!!!!
api-test-1  |       ---
api-test-1  |       duration_ms: 0.210533
api-test-1  |       ...
api-test-1  |     1..4
. . .
```

Aquí va a ser un tema de preferencias puedes querer ejecutar los tests dentro de Docker, un detalle es que hay algunas personas que se les ejecuta más lento que a otras, o puedes ejecutar los derechamente dentro de tu terminal eso va a ser estrictamente preferencia tuya.

Capítulo 6: despliegue de aplicaciones

Introducción

¡Felicitaciones! Ya sabes utilizar Docker para poder trabajar con esta herramienta, ahora lo que te toca aprender es desplegar tus aplicaciones construidas con Docker. En esta sección vamos a estar viendo distintas alternativas de plataformas que podemos utilizar para desplegar nuestras aplicaciones, y también vamos a ver distintas alternativas que podemos utilizar, ya que podríamos elegir un proveedor en particular, pero existen muchas formas que podemos utilizar para desplegar nuestra aplicación utilizando a un mismo proveedor.

Así que ahora comenzaremos con la sección.

Herramientas de despliegue

Vamos a ver las herramientas que tenemos disponibles para realizar despilegues en la nube.

La primera que es un proyecto que esté abandonado, pero que ya no se está utilizando es **Docker Swarm**, que nos permite gestionar distintas máquinas al mismo tiempo, y de esta manera podemos desplegar aplicaciones en múltiples servidores.

La siguiente se llama **kubernetes** que también la puedes encontrar como k8s, esta herramienta al igual que **Docker Swarw** nos va permitir desplegar en múltiples servidores, este cuenta también con un balanceador de carga por lo que toda la gestión de hacia dónde van a ir las conexiones, no las vamos a tener que hacer nosotros, sin embargo, esta herramienta es más difícil de utilizar que docker swarm porque tiene más opciones, esta herramienta es mucho mas completa.

Otra con la que contamos es un **despilegue simple**, que esto quiere decir que contrataremos un servidor, ingresaremos a este y ahí vamos a descargar el código, ejecutando después un **docker compose up** o un **docker run** si es que estamos trabajando únicamente con una imagen y un contenedor.

Y la siguiente opción que también vamos a tener va a depender de la plataforma que hayamos decidido contratar, es un despliegue de aplicación, que en este caso le vamos a indicar una imagen que esta se podría encontrar en **Docker hub** o en algún registro privado, el servicio va a descargar esta imagen y se va a encargar de desplegarla de manera completamente automática. Esta opción la verdad es que es sumamente sencillo, pero el único problema que tiene es que solamente nos permite desplegar una imagen o un contenedor por servidor, entonces si es que estamos recién construyendo nuestras aplicaciones o queremos desplegar una aplicación que contiene múltiples contenedores y también queremos mantener el costo de nuestros servidores bajos, esta opción la verdad es que no nos va a salir tan conveniente, nos va a servir mucho más realizar un despliegue simple.

Y a su vez **Docker swarm** y también **kubernetes** son herramientas tan grandes que cada una de estas amerita su propio libro. Por lo que vamos a optar en esta sección por un despliegue simple, vamos a contratar una máquina la cual va a tener Docker instalado. En esta vamos a almacenar nuestro código y la vamos a ejecutar con un **docker compose up**. Igualmente, vamos a ver potenciales errores que podríamos tener cuando estamos desplegando nuestras aplicaciones.

Opciones de despliegue

A continuación vamos a ver los servicios que podríamos contratar para poder desplegar nuestras aplicaciones. Algunas opciones de servicios en la nube que tenemos a:

- **AWS** que significa **Amazon Web Services** obviamente de la empresa Amazon,
- **Azure**, que es de Microsoft y,
- **GCP** que significa **Google Cloud Platform**, de Alphabet.

Estos servicios son un mundo que contienen muchas herramientas.

Una de las opciones y la última que mencionaremos es **Digital Ocean**, que la diferencia que tiene con las antes mencionadas es que el panel de administrador es bastante más sencillo y minimalista al tener menos opciones, pero que tenga menos opciones no quiere decir que sea menos poderoso.

Con este servicio también podemos realizar muchas más cosas, además de que tiene una promoción que te está entregando 200 dólares americanos (USD) de crédito para que puedas empezar a utilizar, puedas empezar a practicar tus despliegues y por esta misma razón vamos a utilizar **digital ocean** para que cuando ingreses tu tarjeta de crédito no tengas que necesariamente gastar dinero.

Si es que aun así quieres desplegar sus aplicaciones dentro de digital ocean, por supuesto que lo vas a poder hacer el costo de la máquina que vamos a contratar para poder desplegar nuestras aplicaciones construidas con Docker es de 6 USD mensuales, sin embargo, vamos a sacar todos estos dólares del saldo de regalo y recuerda que al finalizar esta sección, si no quieres seguir recibiendo cobros adicionales, tienes que eliminar absolutamente todas las imágenes, servidores y cualquier cosa que hayamos contratado dentro de digital ocean para que no realice ningún cobro.

Independientemente de la plataforma que tú decidas contratar, para todas estas vas a necesitar una key de SSH para poder ingresar a los servidores de manera segura.

Ahora sí vamos a continuar con la siguiente lección.

Presentación de Digital ocean

Vamos a nuestro navegador y vamos a buscar el término "digitalocean":

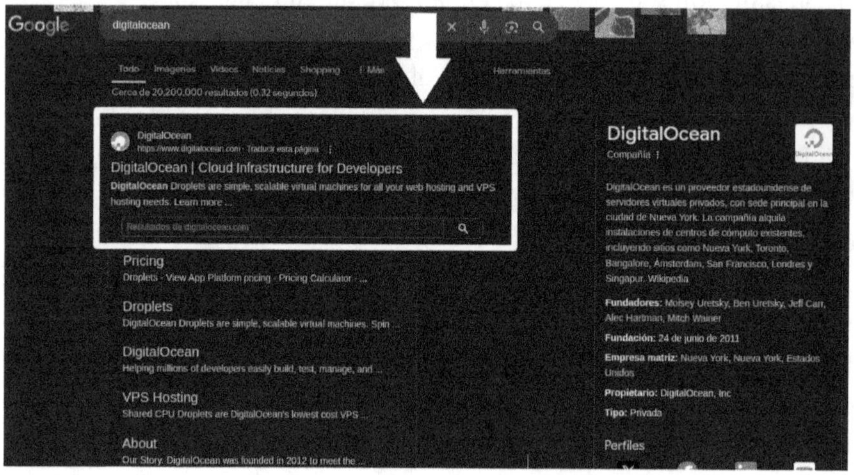

Buscando Digital Ocean en la web

Lo siguiente es ir al siguiente botón para poder crearte una cuenta:

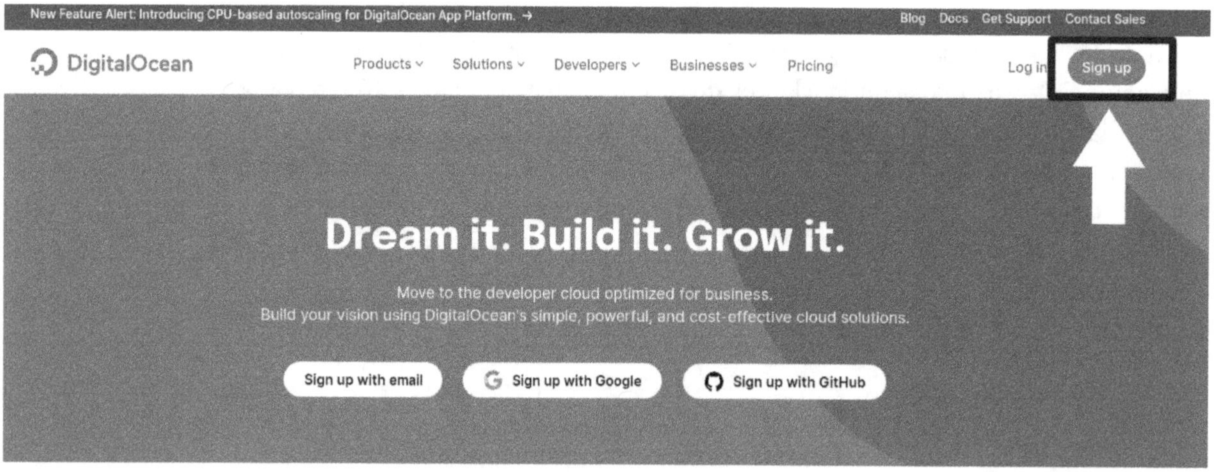

Botón de registro en Digital Ocean

Aqui vemos que nos va a mostrar que nos ofrece los 200 dólares de prueba por 60 días para cuentas nuevas, este monto pudiera cambiar en un futuro, ya que cuando se planeó el contenido de este libro el monto era de 100 dólares, ahora es de 200:

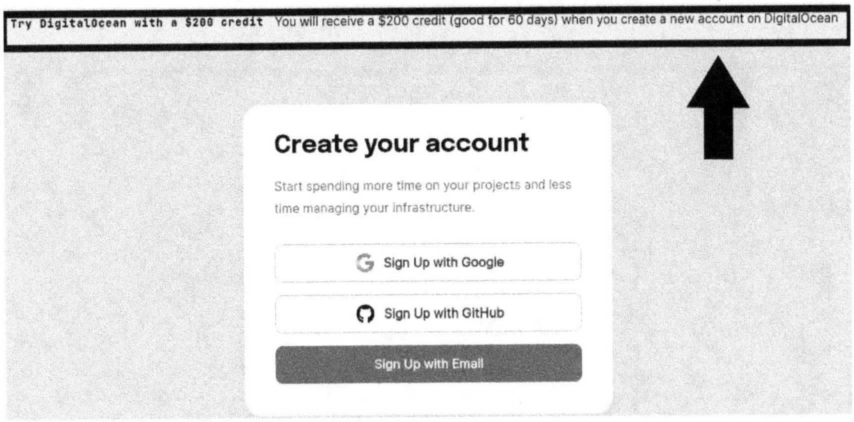

Página de registro con aviso de créditos de refalo

Aqui debes de registrarte con el método que prefieras.

Y algo importante es que cuando te estés registrando, te va a pedir una tarjeta de crédito, sin embargo, no te va a realizar ningún cobro siempre y cuando realices la limpieza luego de terminar esta sección de eliminar todos los servidores que creaste y eventualmente algún otro servicio que hayas decidido contratar, así que recuerda este paso al final de la sección.

Cuando hayas terminado el registro, deberías ver una pantalla similar a esta:

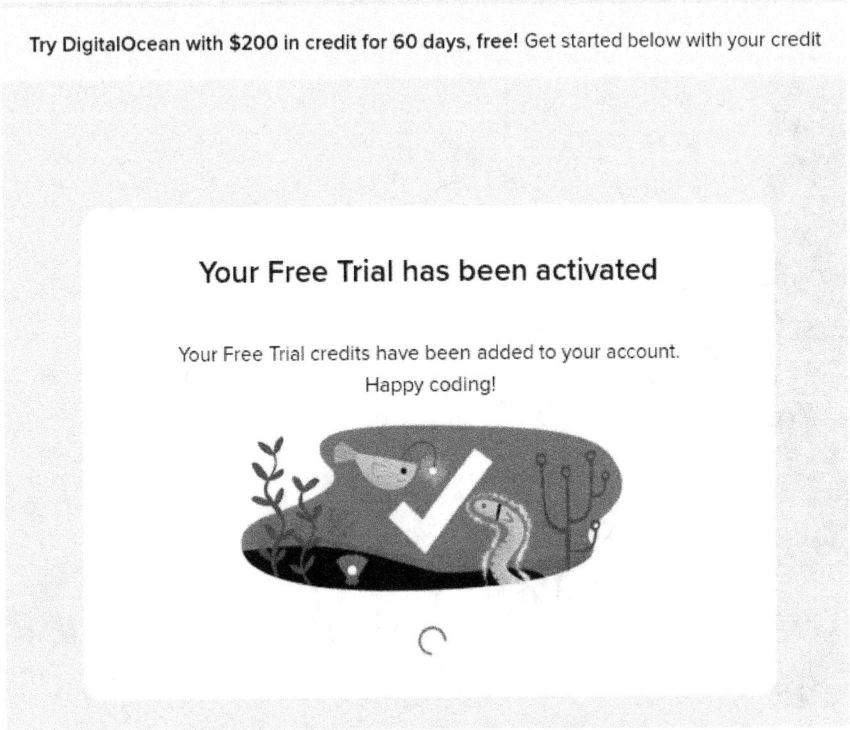

Prueba gratuita activada

Esto nos está diciendo que tenemos los créditos de prueba para nuestra cuenta. Pasando de esta pestaña en nuestra cuenta puede una página similar a la siguiente:

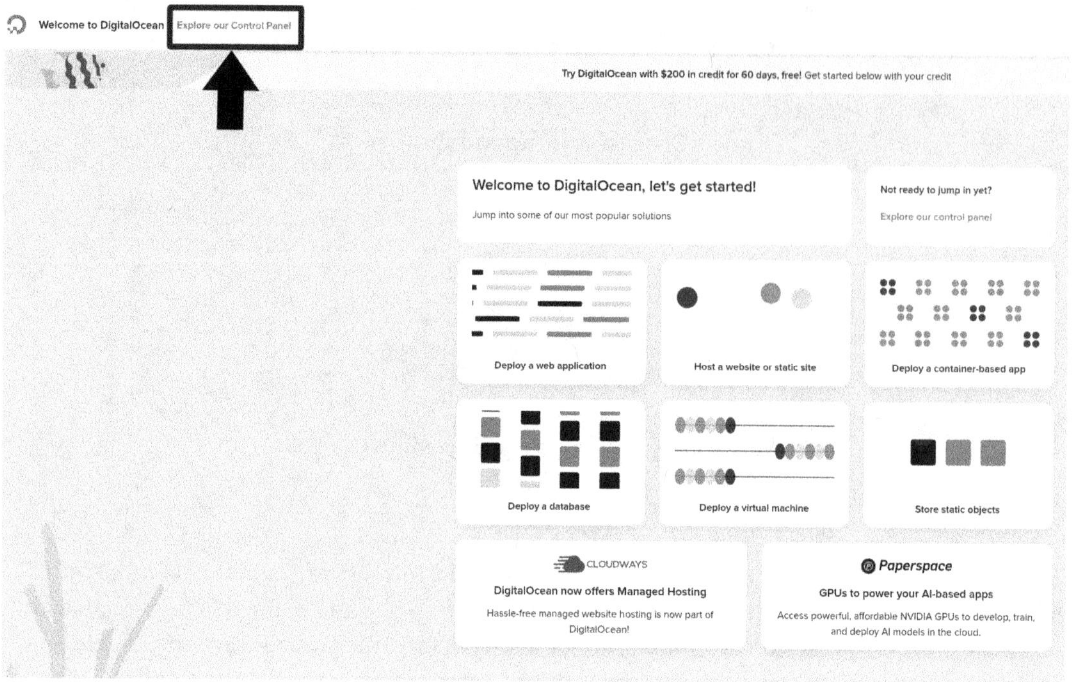

Acceder al panel de control

Aqui tendremos que acceder a nuestro panel de control, en el que verás algo sumamente parecido a la siguiente imagen, nos dirigiremos a la barra lateral izquierda, en la sección "manage" y entre estas opciones haremos clic en "droplets":

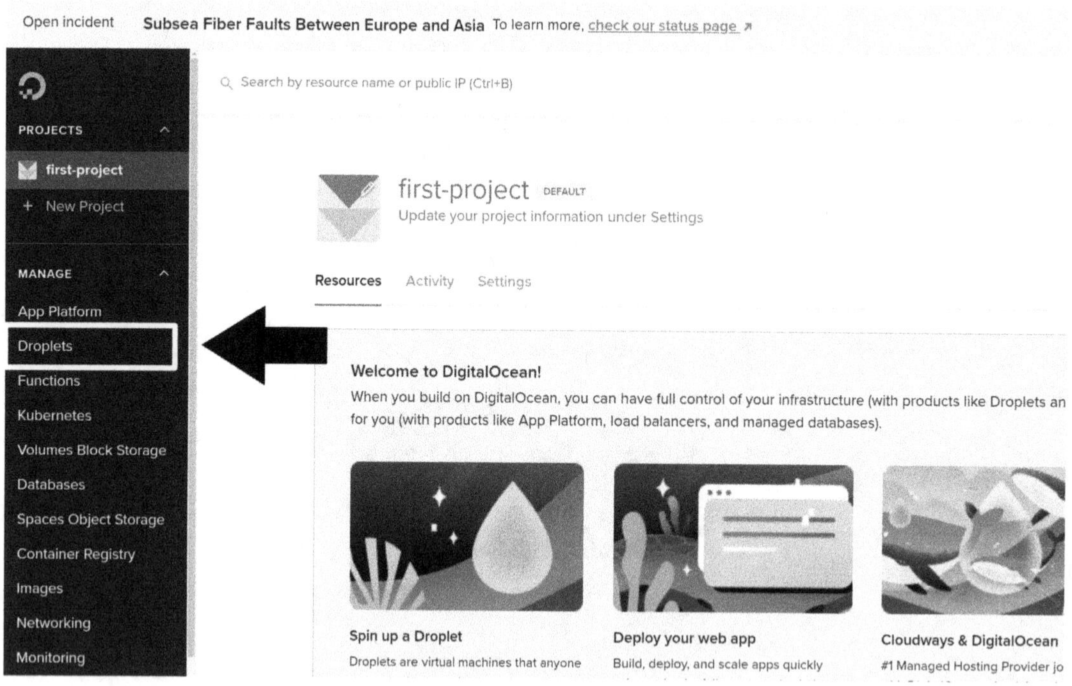

Página de panel de control

Un droplet vendría siendo un servidor, en este caso un servidor virtual dentro de la nube al cual vamos a poder acceder. Ahora cuando ingresemos a esta página:

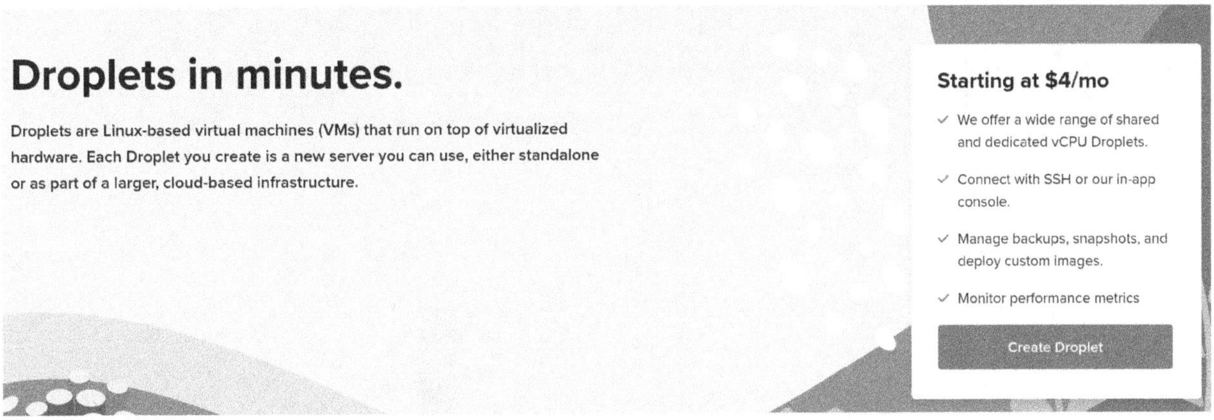
Droplets in minutes.
Droplets are Linux-based virtual machines (VMs) that run on top of virtualized hardware. Each Droplet you create is a new server you can use, either standalone or as part of a larger, cloud-based infrastructure.
Starting at $4/mo
We offer a wide range of shared and dedicated vCPU Droplets.
Connect with SSH or our in-app console.
Manage backups, snapshots, and deploy custom images.
Monitor performance metrics
Create Droplet

Página de droplets

No lo vamos a crear con el botón que nos apacere aquí donde dice **Create Droplet**, vamos a utilizar una opción que va a ser bastante más fácil, esa se encuentra en la barra lateral izquierda, haciendo scroll y es esta que aparece con el nombre de "MarketPlace", así que haremos clic en esta opción:

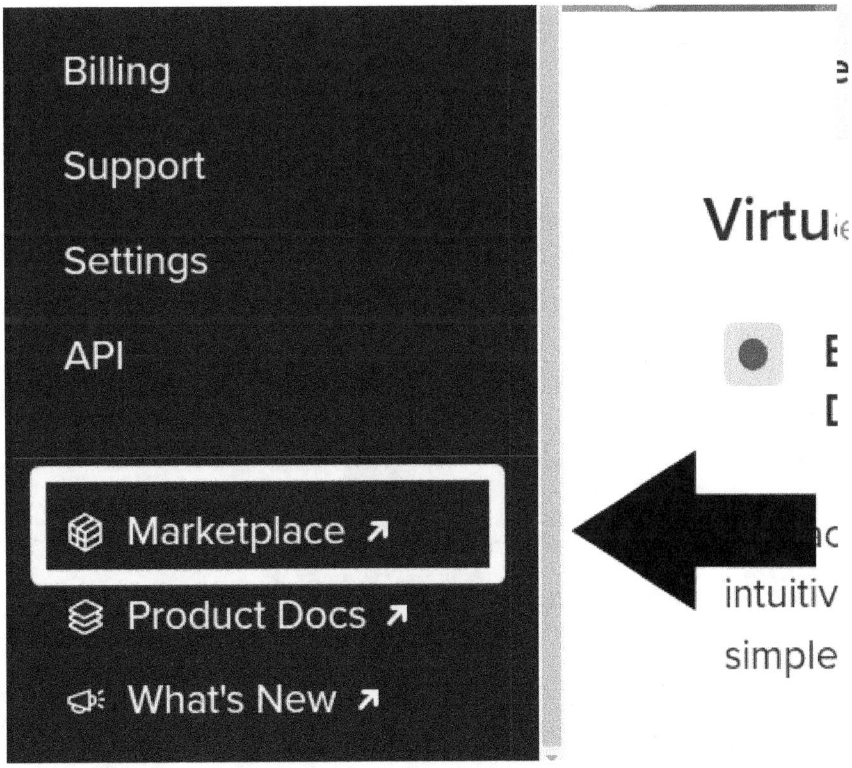
Billing
Support
Settings
API
Marketplace
Product Docs
What's New

Pestaña para acceder al marketplace

Y aquí veremos varias opciones, vamos a empezar a deslizarnos hacia abajo hasta que encontremos esta opción de Docker:

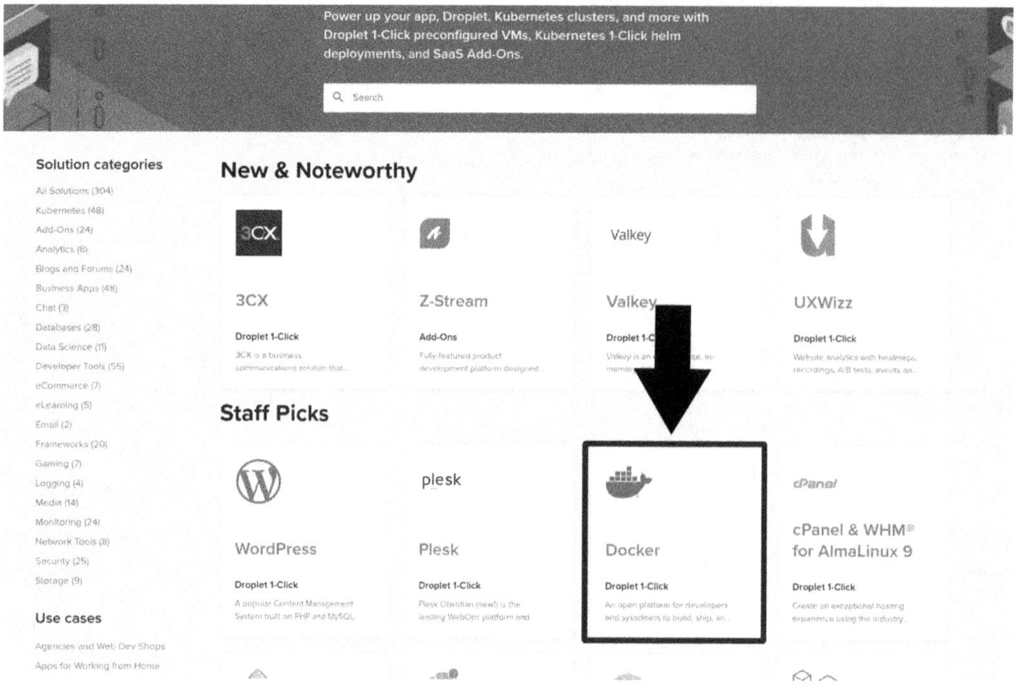

Droplet de Docker

Si ponemos el mouse sobre este elemento vamos a poder ver las opciones que tenemos, y vamos a hacer clic sobre la que nos dice “See details”:

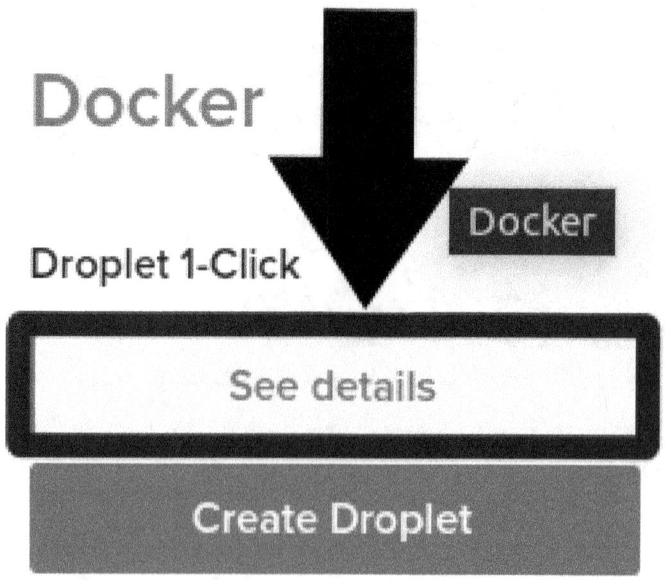

Ver detalles del droplet

Acá podemos ver cuál es la versión de Docker que nos va a instalar y también sobre qué sistema operativo lo va a instalar:

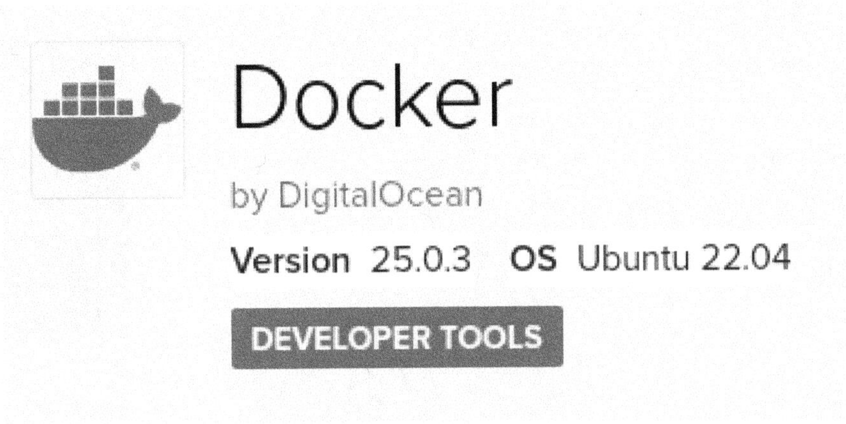

Detalles de las versiones a instalar

Como puedes ver, el sistema operativo es un Ubuntu, !y agradable coincidencia! Porque tuvimos una sección introductoria a Ubuntu. Y por el otro lado, también nos está indicando la versión de Docker que nos va a instalar, esta versión también cuenta con **docker compose**, por lo que no vamos a tener que realizar una instalación aparte de esta herramienta. Esto lo mencionamos porque existían algunas versiones antiguas de Docker, donde manualmente teníamos que instalar **docker compose**, esto ahora ya no es necesario.

Y si bajamos en esta página, vamos a poder ver todos los software que viene incluido dentro de esta instalación:

Software Included

Package	Version	License
Docker CE	25.0.3	Apache 2
Docker Compose	2.17.2	Apache 2
Docker BuildX	0.12.1	Apache 2

Software incluido en el droplet

Podemos ver que se encuentran:

- **docker CE**, que vienen de "Community Edition" o edición de la comunidad.
- **docker compose**. Y
- **docker-BuildX**.

Si continuamos bajando vamos a poder ver unas instrucciones que nos va a entregar, como por ejemplo, cómo podemos conectarnos a este servidor y también cosas que podemos verificar cómo la versión de Docker, **docker-compose** y también la versión de **docker-BuildX**.

Más abajo podemos ver que existen tutoriales específicos por cada uno de los lenguajes también, como podríamos utilizar en NGINX y un montón de opciones más:

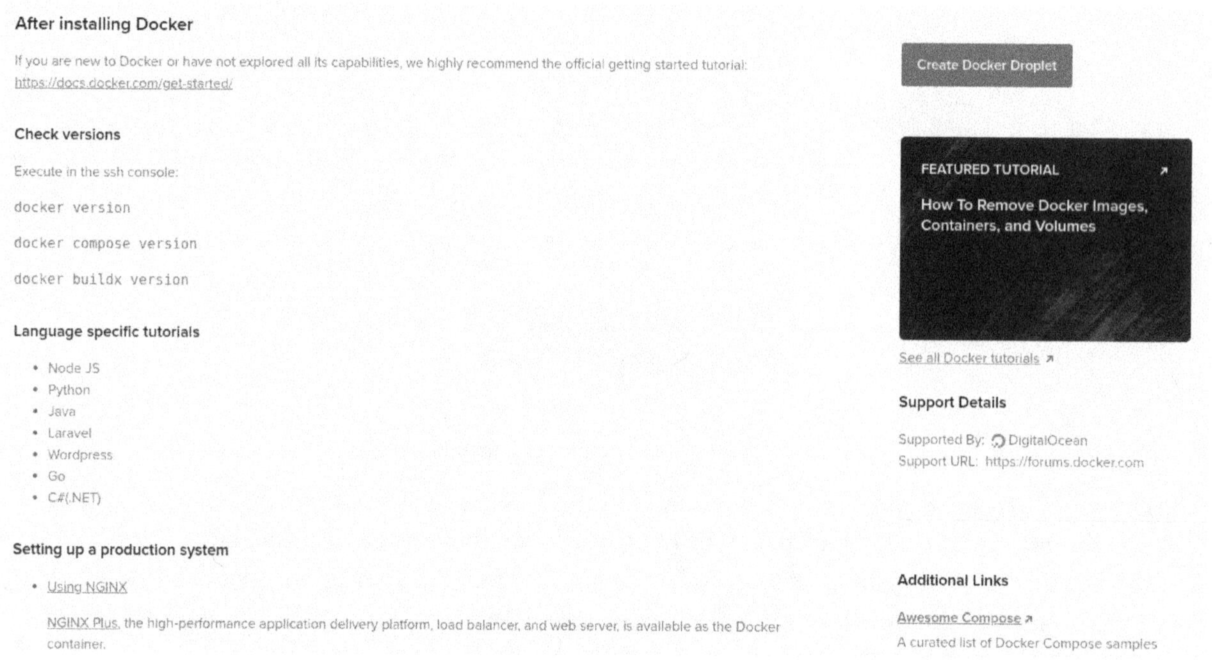

After installing Docker
If you are new to Docker or have not explored all its capabilities, we highly recommend the official getting started tutorial: https://docs.docker.com/get-started/
Create Docker Droplet
Check versions
Execute in the ssh console:
docker version
docker compose version
docker buildx version
FEATURED TUTORIAL
How To Remove Docker Images, Containers, and Volumes
Language specific tutorials
Node JS
Python
Java
Laravel
Wordpress
Go
C#(.NET)
See all Docker tutorials
Support Details
Supported By: DigitalOcean
Support URL: https://forums.docker.com
Setting up a production system
Using NGINX
NGINX Plus, the high-performance application delivery platform, load balancer, and web server, is available as the Docker container.
Additional Links
Awesome Compose
A curated list of Docker Compose samples

Más información del droplet

Pero no te preocupes porque vamos a aprovechar de ver absolutamente todo lo que necesitamos para poder desplegar nuestros contenedores. Por el momento no vamos a crear nuestro droplet, vamos a hacerlo con el botón que dice **"Create Docker Droplet"**, pero primero necesitamos una llave de SSH para poder conectarnos a este servidor, que es lo que haremos en nuestra próxima lección.

Par de llaves SSH

En esta lección vamos a ver cómo podemos crear una combinación de un par de llave pública y llave privada para poder encriptar las comunicaciones entre nuestra máquina y el servidor. Pero también vamos a utilizar este mismo par de llaves para poder comunicarnos con GitHub.

Llave pública y llave privada

Sí, ya sabes lo que son una llave pública y una llave privada, puedes adelantarte esta parte.

Pero de manera rápida, una llave pública y una llave privada se utilizan para poder encriptar las conexiones. Entonces cualquier persona que tenga la llave pública va a poder encriptar lo que quiera enviar, pero solamente la máquina que contenga la llave privada va a poder desencriptar las conexiones.

Entonces si tienes una llave pública vas a poder cifrar un mensaje, en el fondo hacer para que nadie en Internet sepa exactamente qué es lo que estás enviando. Y solamente la persona que tenga la llave privada va a poder leer este mensaje, y lo que vamos a hacer en esta lección va a ser crear exactamente este mismo par de llave pública y llave privada.

> La llave privada no la vamos a compartir con nadie, esto vendría siendo como una contraseña, y la llave pública es la que vamos a compartir con el servidor y con GitHub.

Creando llaves

Entonces, para poder crear este par de llave pública y llave privada usáramos el siguiente comando; que va a servir para Windows, Linux y MacOS, a menos que tengas una versión muy antigua de Windows, que para este sistema operativo te recomiendo usar la terminal PowerShell porque ya viene instalada esta funcionalidad.

Entonces usaremos nuestra terminal de comandos y escribiremos el siguiente comando:

Terminal de comandos

```
ssh-keygen -t ed25519 -C "tucorreo@electronico.com"
```

Presionamos **enter**:

Terminal de comandos al ejecutar: ssh-keygen -t ed25519 -C 'tucorreo@electronico.com'

```
Generating public/private ed25519 key pair.
Enter file in which to save the key (/home/user/.ssh/id_ed25519):
```

Y aquí nos va a indicar que nos está generando un par de llaves pública y privada con el sistema de encriptación **ed25519**, en pocas palabras lo que hace este comando con el **-t** es como queremos encriptar las llaves o el algoritmo que estas van a utilizar y **-c** es derechamente un comentario y el comentario en este caso vendría siendo tu correo electrónico, después para todo el resto de las cosas que vienen como respuesta de ejecutar este comando vamos a presionar **enter**:

Salida de ejecutar: ssh-keygen -t ed25519 -C 'tucorreo@electronico.com'

```
Enter passphrase (empty for no passphrase):
Enter same passphrase again:
Your identification has been saved in /home/user/.ssh/id_ed25519
Your public key has been saved in /home/user/.ssh/id_ed25519.pub
The key fingerprint is:
SHA256:ST82aETfuFKccqLtZPOVMI/G6tymDOKjvjrdhsdhx90 tucorreo@electronico.com
The key's randomart image is:
+--[ED25519 256]--+
|        .        |
|       . o +     |
|        = X .    |
|       = X * .   |
|      ...S.X +   |
|     o o=.BE+    |
| . =.o. o .      |
|. o.*. = ..      |
|.++=..  =o.      |
+----[SHA256]-----+
```

Y ahora lo que yo tengo que hacer es poder ver esta llave pública que hemos creado para poder compartirla, no es necesario que tú veas la llave privada aquí necesitamos la llave pública.

Copiar llave pública para Windows

Así es que en Windows, lo que puedes hacer es que te puedes ir a la ruta que va a ser más o menos así "**c:\users\tuUsuario\.ssh\id-rsa12313.pub**", abre este archivo con tu editor de texto favorito y copia el contenido.

Copiar llave pública para MacOS y Linux

Para los usuarios de Linux y de MacOS, tienes que escribir lo siguiente en la terminal de comandos:

Terminal de comandos

```
cat ~/.ssh/id_ed25519.pub
```

Salida de ejecutar: cat ~/.ssh/id_ed25519.pub

```
ssh-ed25519 AAAAC3NzaC1lZDI1NTE5AAAAIHRTmS6HTZEq5MFfHNEEfM9kZmDhOemDYTr8ojv78Dsk tuc\
orreo@electronico.com
```

Lo que tenemos que notar es que va a comenzar con "**ssh-ed25519**", después va a venir un número o una cadena de caracteres muy grande y terminará con el correo electrónico que indicaste. Entonces, tienes que copiar absolutamente todo incluyendo tu correo electrónico y lo vamos a ingresar después en las siguientes lecciones

Subir proyecto a GitHub

Lo que vamos a hacer en esta lección va a ser crear nuestro repositorio para la aplicación con la cual estuvimos trabajando en la sección pasada la que tiene backend, frontend y también una base de datos. Lo que haremos será tomar todo el código y también en el archivo de "**docker-compose**" y lo vamos a guardar dentro de un repositorio en Github.

Si aún no tienes cuenta en Github, créate una cuenta en:

https://github.com/

Y una vez que la hayas creado e iniciado sesión, vamos a hacer clic en este botón que dice "**new**":

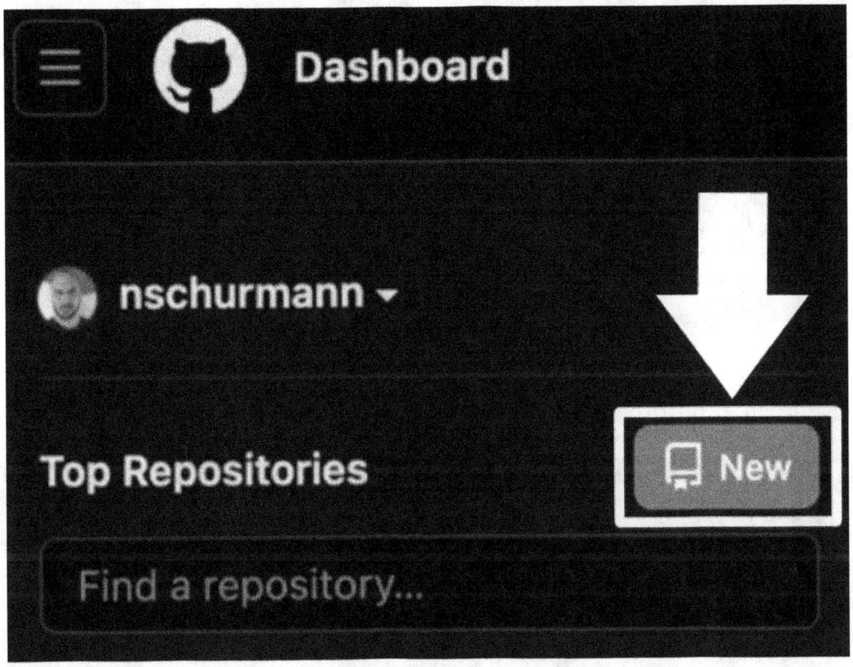

Crear nuevo repositorio

Vamos a crear un nuevo repositorio como nombre le indicaré "**holamundodocker**" en este formulario puedes ingresar una descripción, pero esta es opcional, y en la visibilidad del repositorio lo marcaremos como privado, dejaremos el resto como esta:

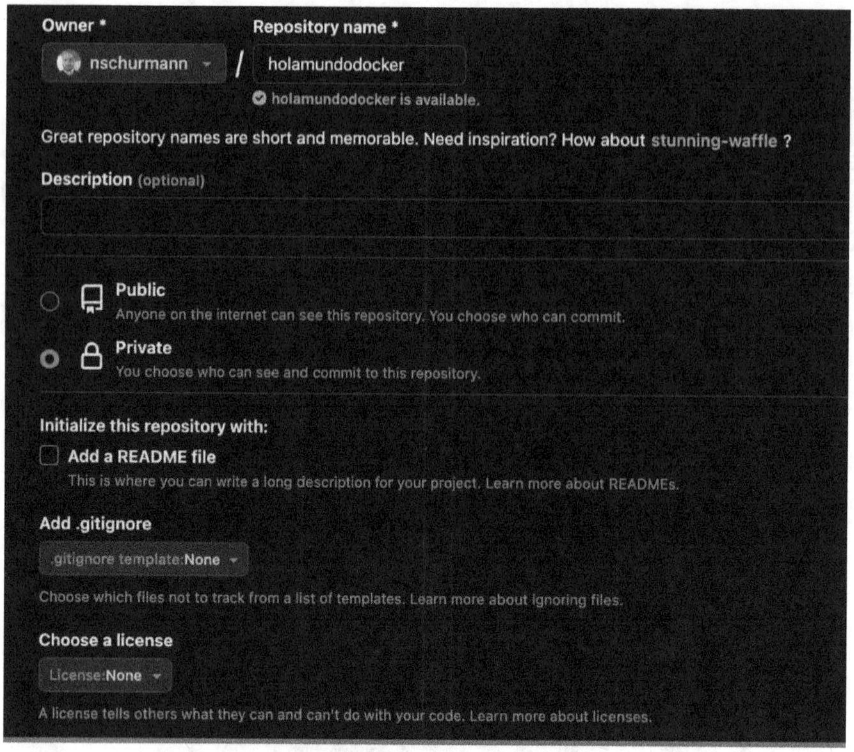

Configuración de nuevo repositorio

Y vamos a hacer clic en el botón que dice "crear repositorio":

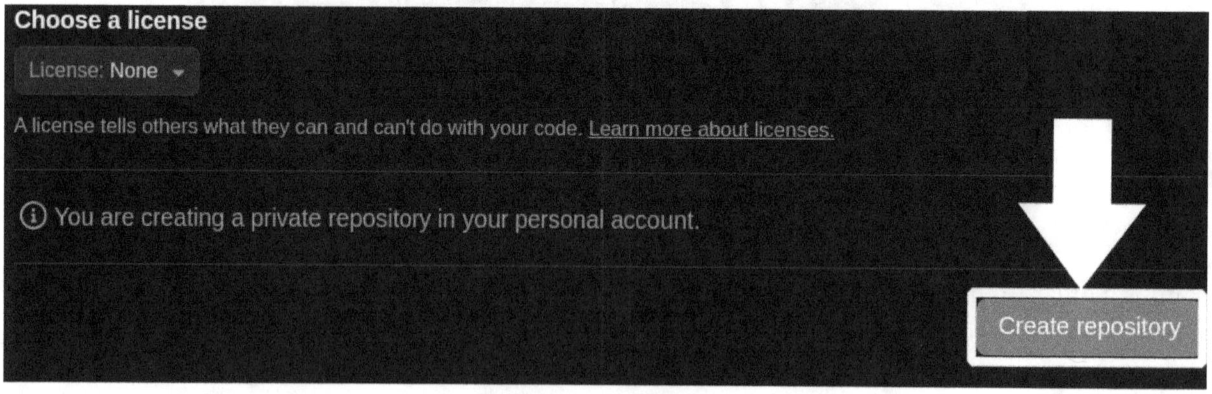

Crear nuevo repositorio

Acá podemos ver que el repositorio ya ha sido creado:

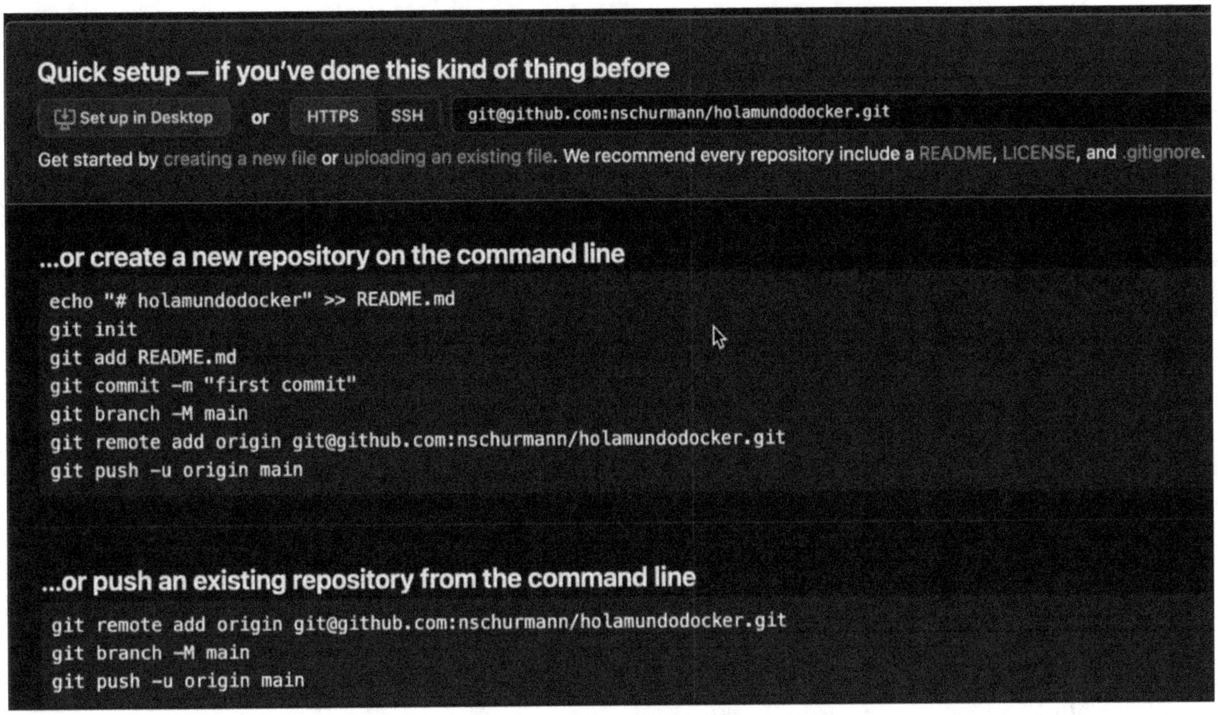
Quick setup — if you've done this kind of thing before
Set up in Desktop
or
HTTPS
SSH
git@github.com:nschurmann/holamundodocker.git
Get started by creating a new file or uploading an existing file. We recommend every repository include a README, LICENSE, and .gitignore.
...or create a new repository on the command line
echo "# holamundodocker" >> README.md
git init
git add README.md
git commit -m "first commit"
git branch -M main
git remote add origin git@github.com:nschurmann/holamundodocker.git
git push -u origin main
...or push an existing repository from the command line
git remote add origin git@github.com:nschurmann/holamundodocker.git
git branch -M main
git push -u origin main

Repositorio creado con éxito

Así que lo que tenemos que hacer ahora es tomar todo el contenido de nuestro código de la aplicación y subirlo a ese repositorio. Aquí nos entrega una cantidad de comandos que podemos copiar y pegar para poder lograrlo, esto lo veremos paso a paso.

Lo primero que vamos a tener que hacer es inicializar nuestro repositorio con este comando de **git init**, así es que nos vamos a devolver a la terminal y nos vamos a asegurar que nuestra terminal se encuentre en el directorio de nuestro proyecto, ya que si no estamos dentro del directorio del proyecto no va a funcionar, para asegurarnos vamos a usar:

Terminal de comandos

```
ls
```

Salida de ejecutar: ls

```
backend            docker-compose.yml.old  usuario.json
docker-compose.yml frontend                usuario.yml
```

Y aquí deberíamos ver que aparecen nuestros archivos con los que hemos trabajado.

Vamos a hacer un paso adicional, que **este solo lo haremos si estás usando los archivos o el repositorio de este libro** porque puede ser que este ya tenga un repositorio de git, por lo que para no tener problemas para subir este proyecto vamos a borrar el repositorio que tiene esta carpeta.

Habras notado que entre los archivos de esta carpeta se encontró una con el nombre "**.git**", esta carpeta es la que contiene nuestro repositorio local, por le que hay que borrarla, ten en cuenta que esto borrará todo rastro de **Git** de este proyecto, por lo que no lo borres un repositorio del que no quieras perder toda esta información, entonces usamos el comando:

Terminal de comandos

```
rm -rf .git
```

Con esto listo ahora, si podemos utilizar el comando para iniciar de nuevo el repositorio:

Terminal de comandos

```
git init
```

Salida de ejecutar: ls

```
Initialized emtpy Git repository in /la/ruta/de/tu/proyecto
```

Lo siguiente es agregar los archivos correspondientes que queremos que estén en el repositorio, lo haremos con el comando:

Terminal de comandos

```
git add .gitignore backend/  docker-compose.yml frontend/
```

No es necesario que agreguemos los archivos de usuario y tampoco el archivo viejo "docker-compose". Así que presionamos **enter**.

Lo siguiente será, vamos a crear un commit con el comando:

Terminal de comandos

```
git commit -m "commit inicial"
```

Presionamos **enter**. Crearemos una rama con:

Terminal de comandos

```
git branch -M main
```

Presionamos de nuevo **enter**. Y el siguiente paso que tenemos que hacer es agregar el destino remoto de nuestro repositorio, o sea donde se va a encontrar el origen de donde vamos a subir código, así que vamos a tomar copiar esta línea de la página de nuestro repositorio en GitHub:

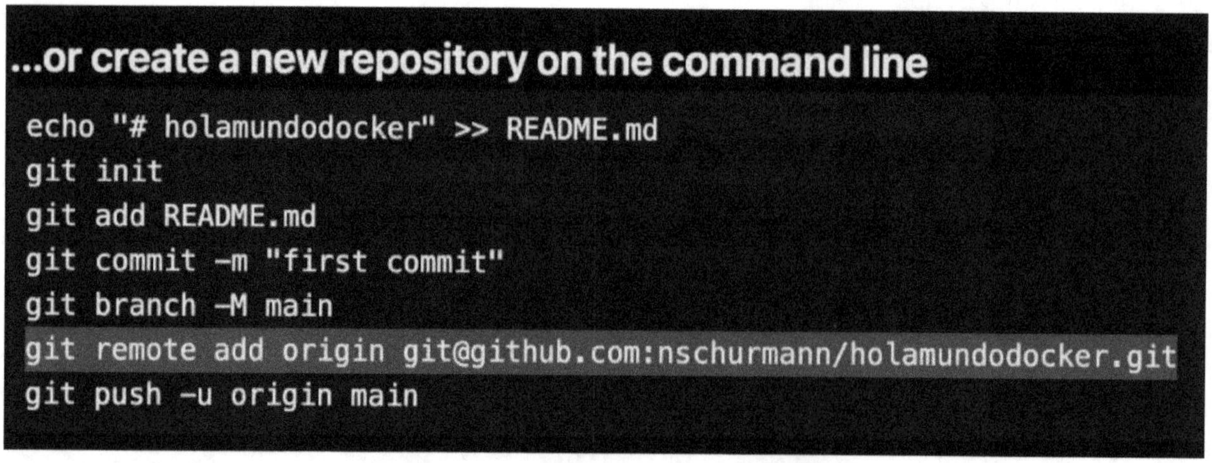
...or create a new repository on the command line
echo "# holamundodocker" >> README.md
git init
git add README.md
git commit -m "first commit"
git branch -M main
git remote add origin git@github.com:nschurmann/holamundodocker.git
git push -u origin main

Comando para agregar el repositorio remoto

De regreso en la terminal, lo vamos a pegar y vamos a presionar **enter**:

Terminal de comandos

```
git remote add origin git@github.com:nschurmann/holamundodocker.git
```

Si estás usando los archivos de nuestra aplicación, es posible que al presionar **enter** te hayas topado con este error:

Salida de ejecutar: ls

```
error: remote origin already exists.
```

Por lo que en este caso usaremos el comando:

Terminal de comandos

```
git remote remove origin
```

Entonces, si volvemos a ejecutar el comando:

Terminal de comandos

```
git remote add origin git@github.com:nschurmann/holamundodocker.git
```

No deberá mostrarnos ahora ningún error, lo que prosigue es ahora sí, subir nuestra código a Github:

Terminal de comandos

```
git push -u origin main
```

Salida de ejecutar: git push -u origin main

```
git@github: Permission denied (publickey).
fatal: Could not read from remote repository.

Please make sure you have the correct access rights
and the repository exists.
```

Ahora tenemos un error que nos indica que no tenemos permiso para poder escribir dentro de este repositorio, esto ya lo esperábamos porque derechamente todavía no hemos agregado la llave pública dentro de Github.

Así que vamos a hacer eso mismo. En GitHub en la esquina superior derecha, vamos a hacer clic en la imagen de perfil.

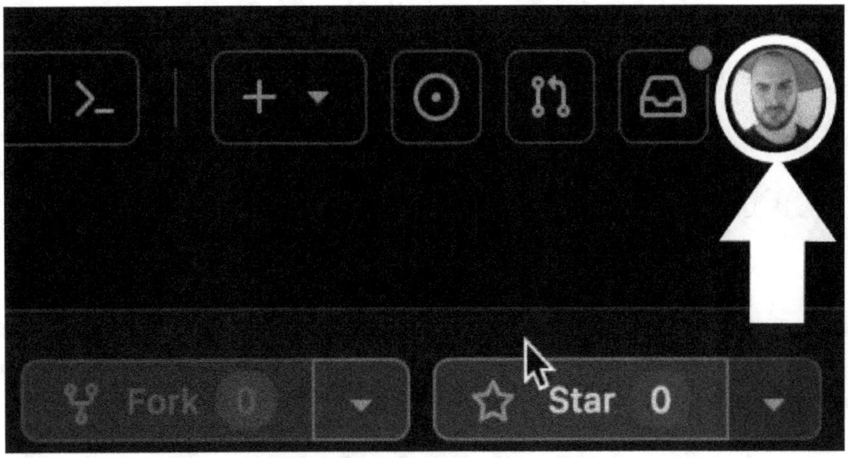

Acceder al perfil

Aparecerá un menú y vamos a bajar hasta encontrar la parte que dice "settings":

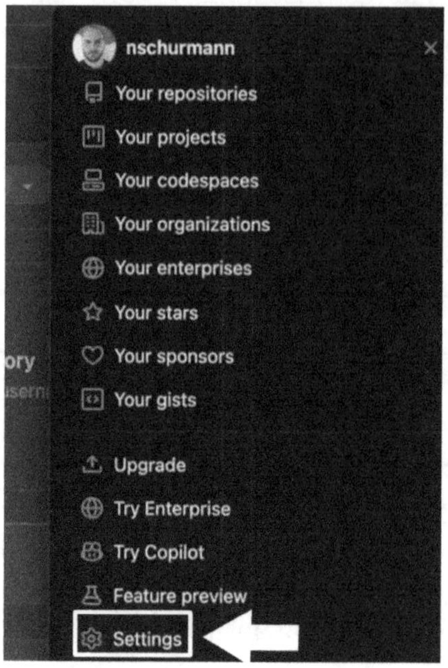

Acceder a los settings

Y una vez que estemos en nuestra página de perfil en la barra lateral izquierda, tendremos que hacer clic en la opción que nos dice "SSH and GPG keys":

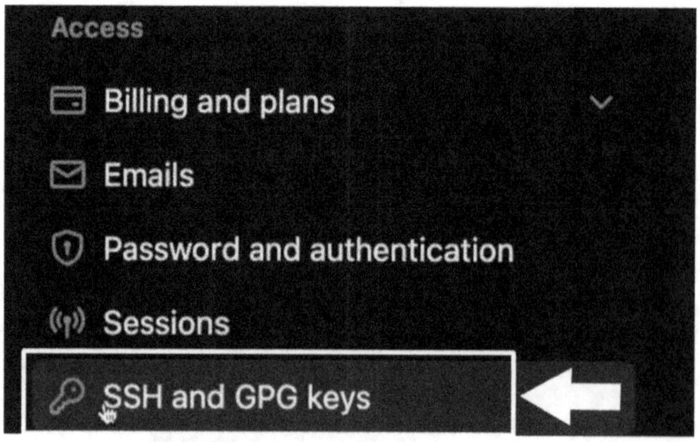

Acceder a la configuración de las llaves

Una vez que nos encontramos acá, vamos a hacer clic en el botón que dice ""New SSH key":

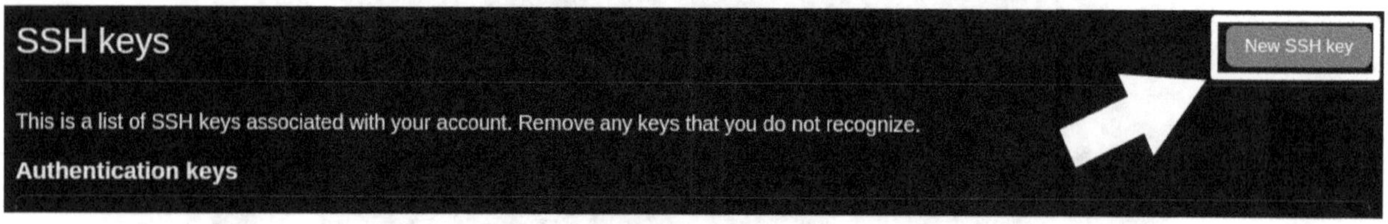

Agregar nueva llave SSH

En este formulario colocaremos, le tenemos que colocar un título, le puedes colocar el que tú quieras puede ser el nombre de nuestro computador, por ejemplo. El segundo campo lo dejaremos por defecto, y en el tercero es donde tenemos que pegar el contenido de nuestra llave pública:

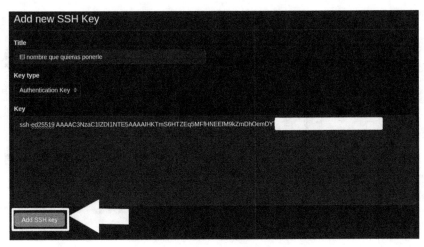

Añadiendo la llave SSH

Y ahora vamos a hacer clic en el botón que dice "Add SSH Key". Si no hay ningún problema en este proceso, la verás listada en la página:

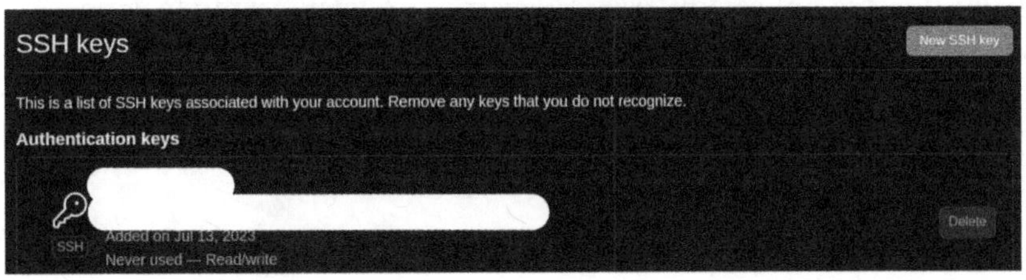

Llave SSH añadida

Entonces regresaremos a nuestra terminal, y vamos a volver a ejecutar este comando:

Terminal de comandos

```
git push -u origin main
```

Presionamos **enter**:

Salida de ejecutar: git push -u origin main

```
Enumerating objects: 35, done.
Counting objects: 100% (35/35), done.
Delta compression using up to 4 threads
Compressing objects: 100% (30/30), done.
Writing objects: 100% (35/35), 146.38 KiB | 2.22 MiB/s, done.
Total 35 (delta 1), reused 0 (delta 0), pack-reused 0
remote: Resolving deltas: 100% (1/1), done.
To github.com:nschurmann/holamundodocker.git
* [new branch]      main -> main
Branch 'main' set up to track remote branch 'main' from 'origin'.
```

Y vamos a ver que hemos subido este nuestro código con éxito.

De regreso aquí en el navegador, nos vamos a devolver a nuestro repositorio:

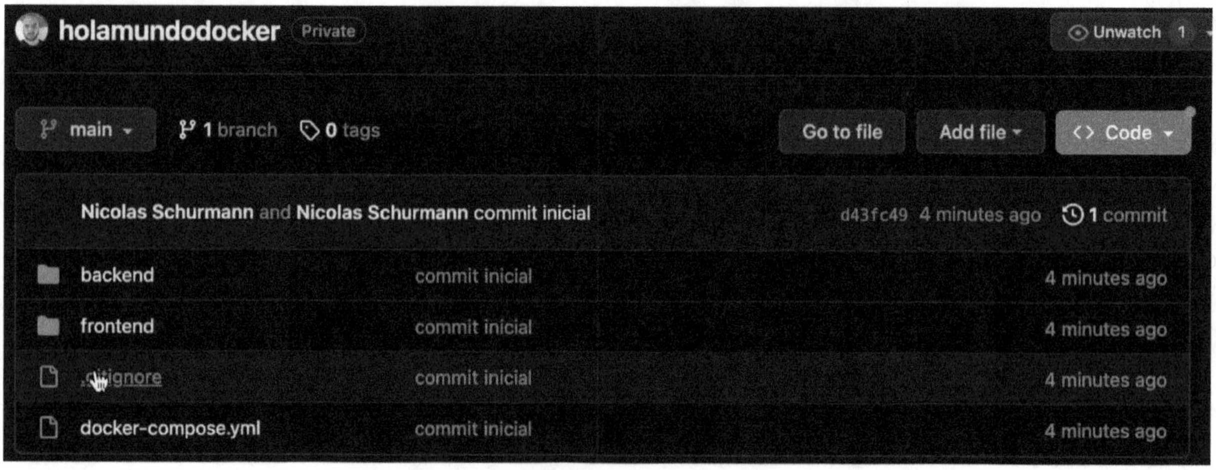

Repositorio con código

Y perfecto, acá tenemos todo el código de nuestra aplicación.

Ya que tenemos nuestro código en GitHub ahora lo que tenemos que hacer es crear nuestro servidor y desplegar nuestra aplicación, eso lo haremos en la siguiente lección.

Crear droplet

Para comenzar, esta lección, tenemos que ir nuevamente al panel de administración de Digital Ocean.

Y ahora lo que vamos a hacer es crear nuestro "droplet" que esto es más que nada que una máquina virtual basada en Linux, en esta plataforma lo vamos a crear a partir del Marketplace, así es que hay que acceder a esta página como lo hicimos en lecciones pasadas en la barra lateral izquierda.

En el marketplace volveremos a buscar a Docker:

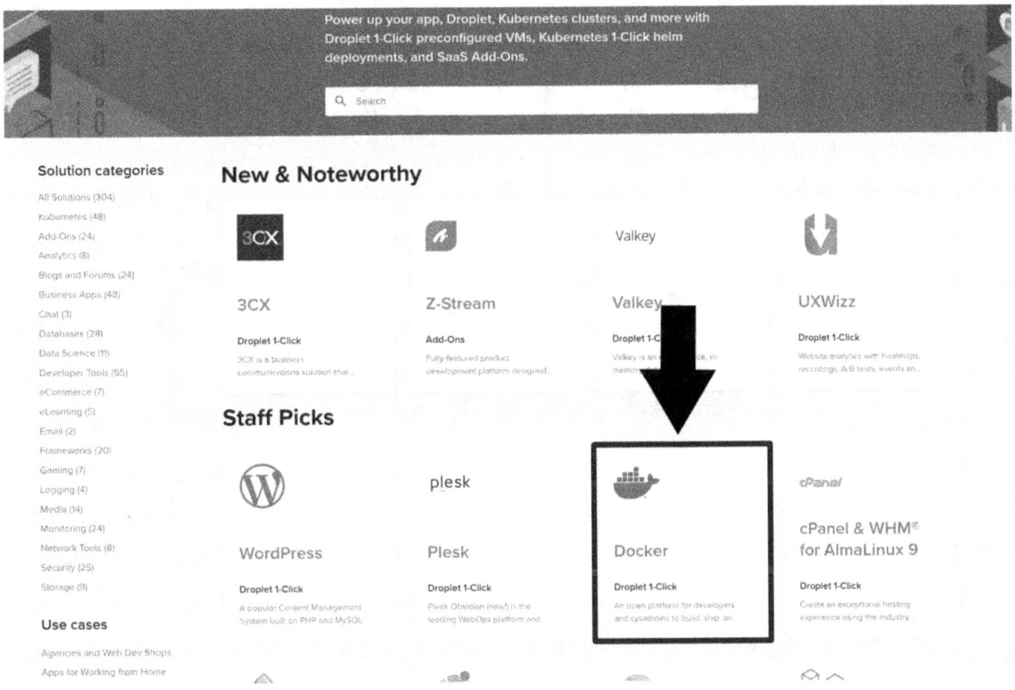

Droplet de Docker

Colocaremos el mouse encima de este elemento:

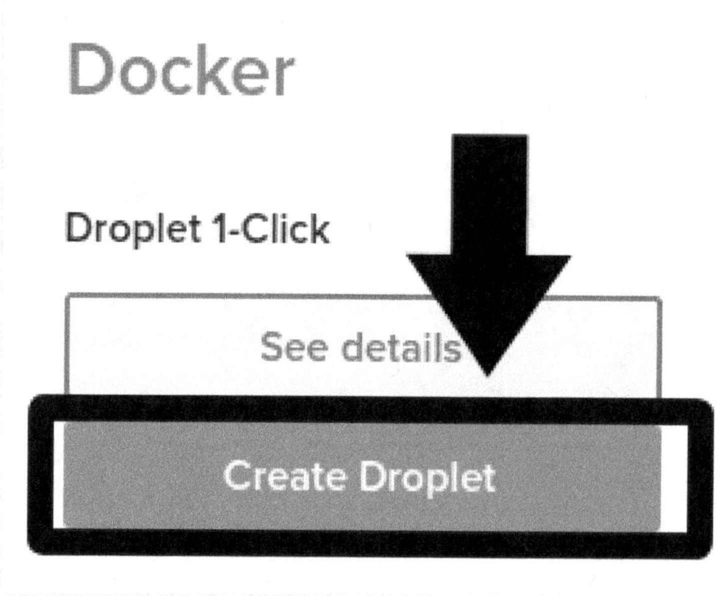

Crear droplet

Cuando termine de cargar esta página, nos va a entregar distintas opciones que podemos seleccionar para poder crear este servidor:

- Lo primero que tenemos que elegir una región, que vendría siendo donde se van a encontrar los usuarios de nuestra aplicación. En este caso como nuestro servidor va a ser de prueba para que podamos probar los despliegues, elige una zona que se encuentre lo más cercana a ti, pero si es que tus usuarios no se van a encontrar en tu ciudad o en tu país en ese caso lo que tienes que hacer es elegir una región o zona que se encuentre más cercana a tus usuarios en este caso como va a ser de prueba y yo me encuentro viviendo "Nueva Zelanda" yo voy a seleccionar "Sydney". Si tú estás en Europa, lo más probable es que tengas que seleccionar "Ámsterdam" o "Frankfurt":

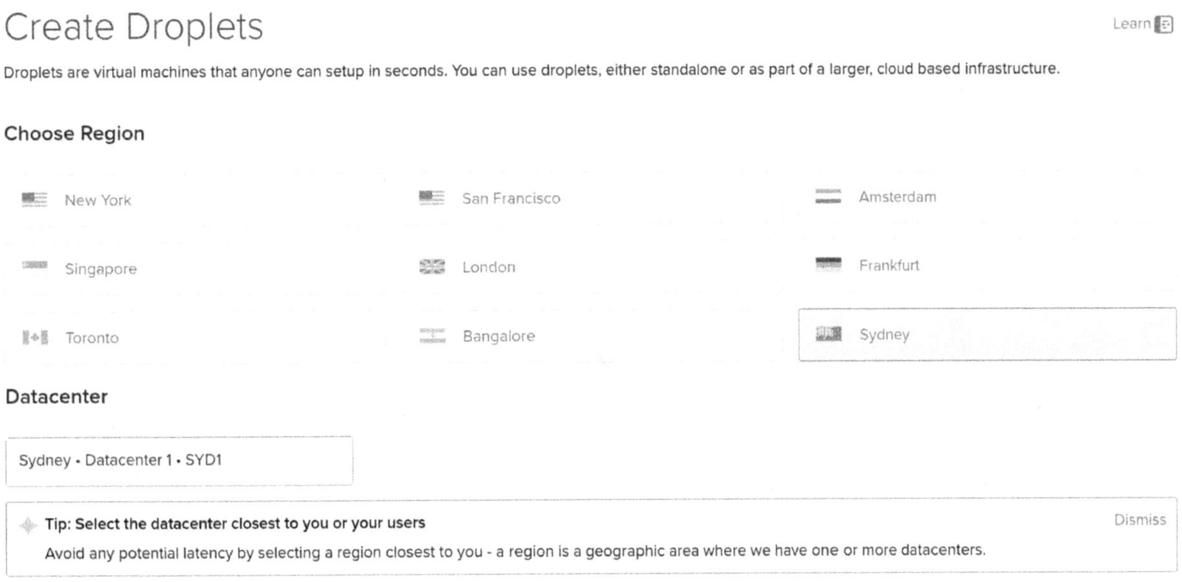

Eligiendo la zona del servidor

- Lo siguiente que veremos es que ya tenemos seleccionada una imagen de Docker, así que no tenemos que hacer nada más:

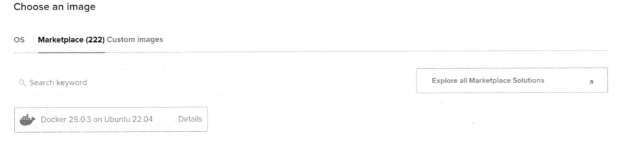

Imagen elegida para el servidor

- Seguimos bajando, y tenemos varios planes entre los que podemos elegir: de propósito general, optimizada para el procesador, optimizada para memoria o que tenga más espacio para poder almacenar cosas, pero lo vamos a dejar en el plan básico, porque esto es de pruebas:

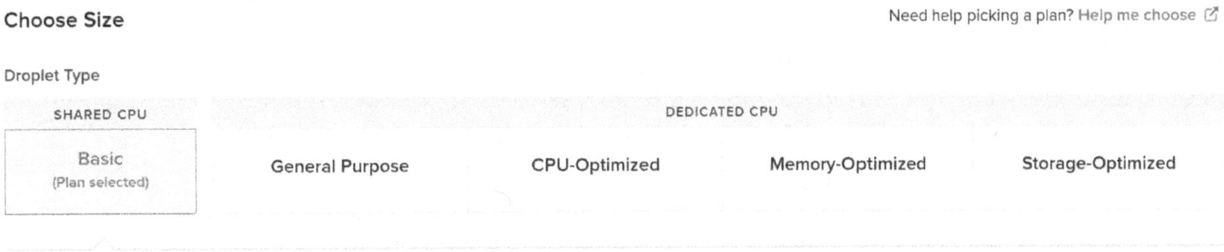

Elegir el tipo de droplet

- A continuación tendremos que elegir la opción de CPU:

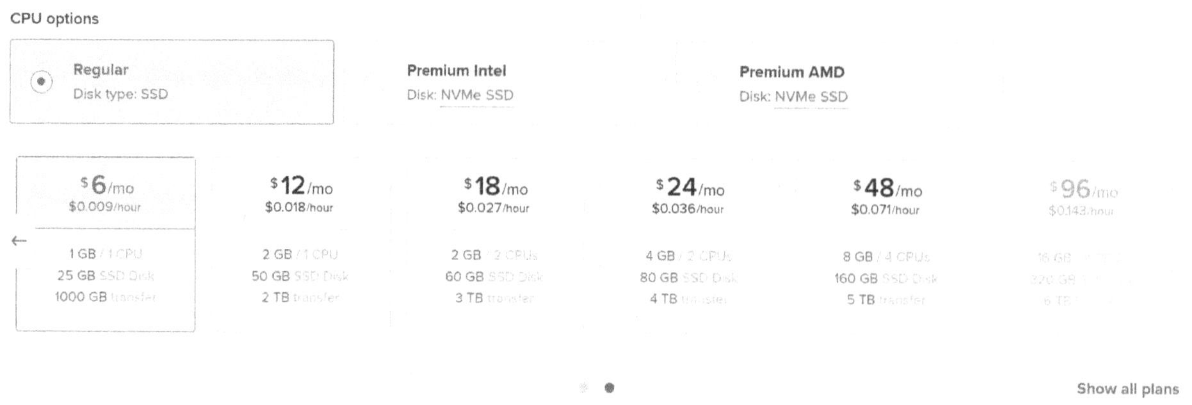

Escoger el plan de la CPU

Aqui vemos una flechita hacia la izquierda, que si la seleccionamos nos va a mostrar esta otra máquina de 4 USD:

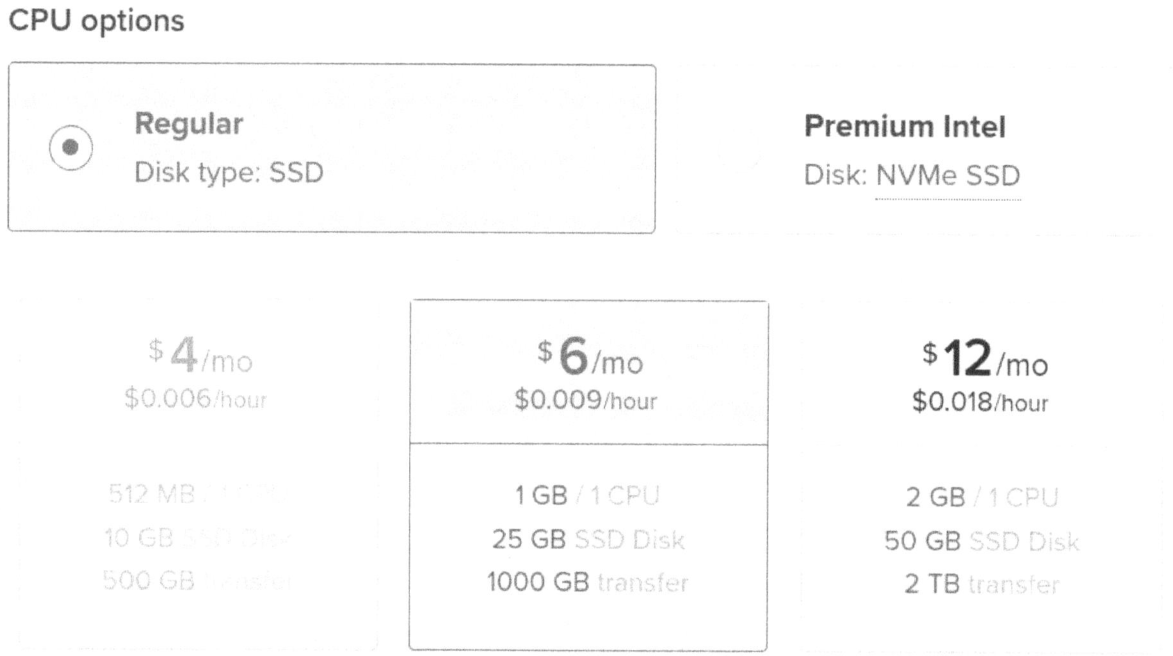

CPU elegida

Sin embargo, esta máquina de 4 USD no se encuentra soportada esta opción la vamos a ver disponible si seleccionamos una que no es de Docker, pero como vamos a utilizar esta opción de solamente un clic vamos a elegir de todas maneras está la máquina de 6 USD, ya que no vamos a intentar instalar Docker manualmente porque nos vamos a meter con tareas que la verdad no son necesarias que las hagamos. Y como vamos a tener varios contenedores 1GB de recursos la verdad es que esta bien para nuestro caso de uso. Así que vamos a dejar esto sí, elige la opción de 6 USD. Si quieres puedes seleccionar las máquinas más grandes, pero no te lo aconsejo.

- La siguiente opción que nos interesa es la que tiene las formas de poder conectarnos a nuestra máquina:

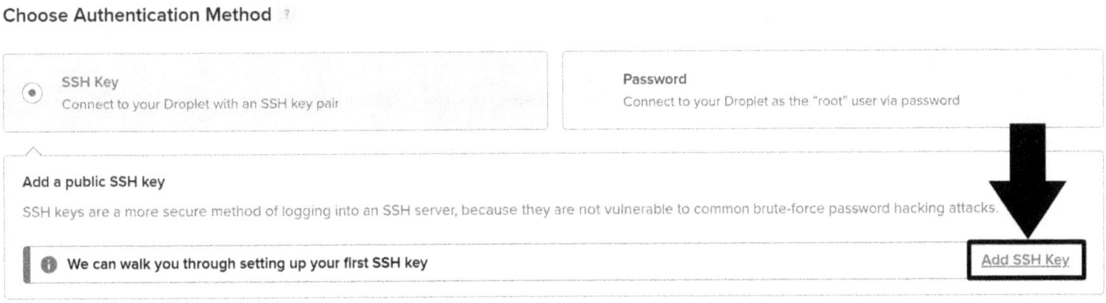

Opciones para conectarnos en el servidor

Tenemos una que es con una llave SSH que es exactamente el par de llaves que creamos un par de lecciones atrás o también nos podemos conectar con contraseña, esto la verdad es que no es tan seguro, es más seguro conectarse con una llave SSH, así es que vamos a seleccionar esta, después nos va a dar la opción acá de agregar una nueva llave SSH, así que haremos clic en esta opción.

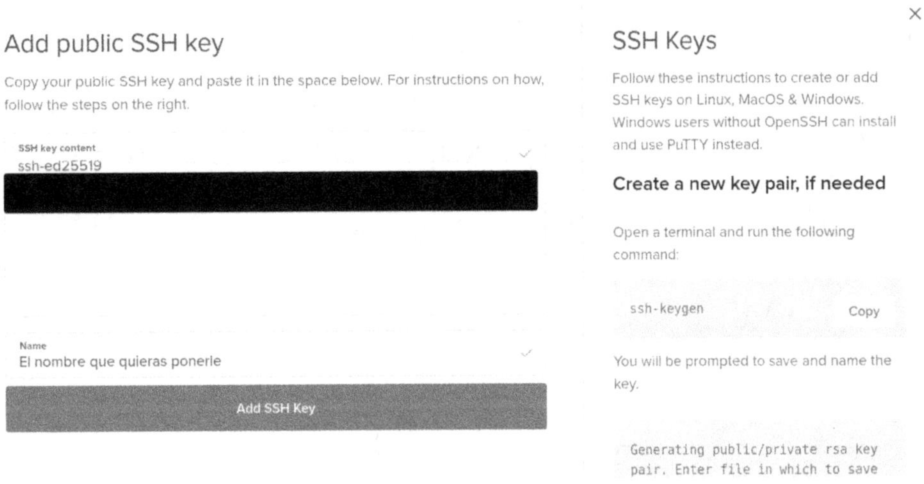

Añadiendo la llave SSH al servidor

Y acá tenemos que pegar el contenido de la llave pública que creamos y que añadimos a Github, además de que también le tenemos que indicar un nombre, en este caso también puedes colocar nuevamente el nombre tú la máquina, pero puedes elegir el nombre que quieras. A la derecha nos muestra, tenemos instrucciones para poder crear este mismo par de llaves y también algunas sugerencias, pero básicamente lo mismo que vimos en nuestra lección. Así que presionaremos el botón para agregar esta llave SSH.

- Y una vez que termine de agregar la llave de SSH, vamos a seguir bajando entre las opciones de la creación del droplet, encontramos entre estas una en que si vamos producción podríamos seleccionar los backups o respaldos, pero al ser una prueba no los necesitamos, entonces seguimos bajando:

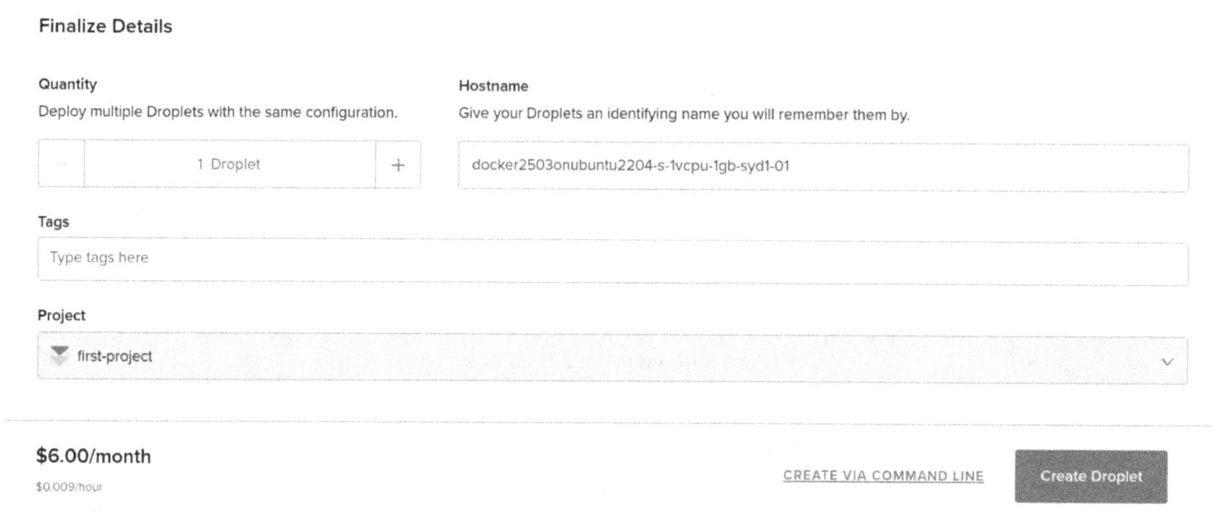

Últimos detalles y botón para crear droplet

Y aquí nos pregunta cuántos droplets queremos desplegar con la misma configuración, lo vamos a dejar solamente en 1. También podemos cambiar el nombre que va a tener el host, que en este caso vendría siendo el nombre del servidor, si lo quieres cambiar lo puedes hacer, yo lo voy a dejar tal cual porque la verdad es que esto tampoco es tan relevante para nosotros. Y podemos agregar etiquetas, yo lo dejaré todo tal cual está.

Y con esto listo podemos hacer clic en el botón **create droplet**:

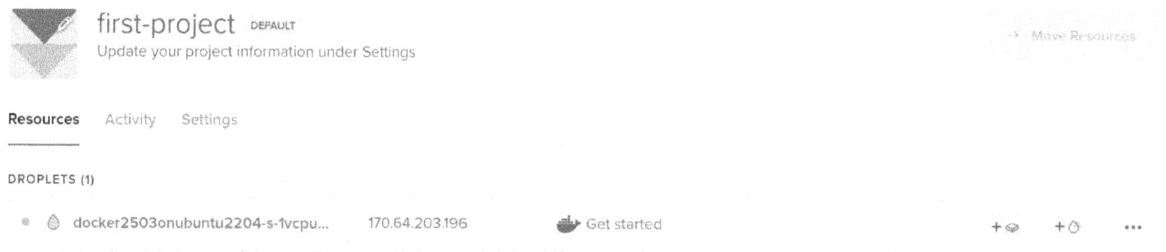

Droplet creado

Ahora podemos ver que nos ha devuelto nuestro panel de administración del proyecto, y nos está mostrando que tenemos un droplet. Podrías ver que hay una barra de progreso, esta es de la instalación de este servidor, así que tendremos que esperar a que se termine de configurar nuestra máquina.

Para poder verlo, basta con que hagamos clic en su mismo nombre.

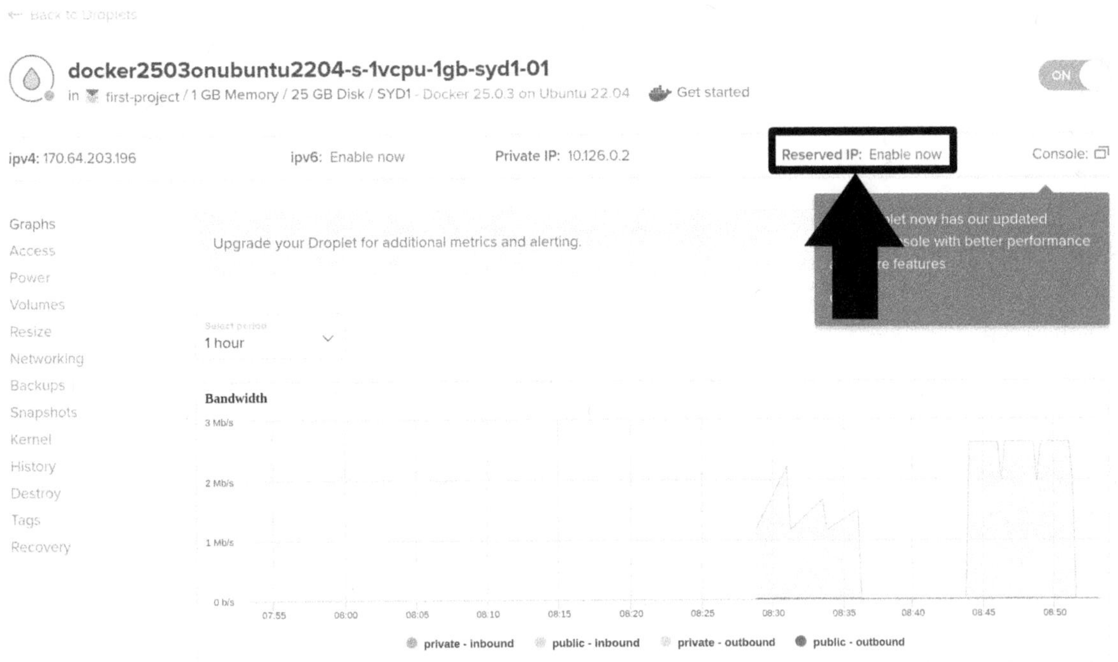

Menú del droplet, reservar la IP

Si nuestra máquina se ha acabado de configurar, nos va a entregar la opción de **"Reserved IP"** que quiere decir que le podemos asignar una IP estática a esta máquina de manera que cuando nos queramos conectar a esta vamos a utilizar esta misma IP, así que haremos clic en esta parte.

En esta página nos dice que no tenemos una IP reservada, seleccionando nuestro droplet y haciendo clic en el botón para asignar una IP reservada:

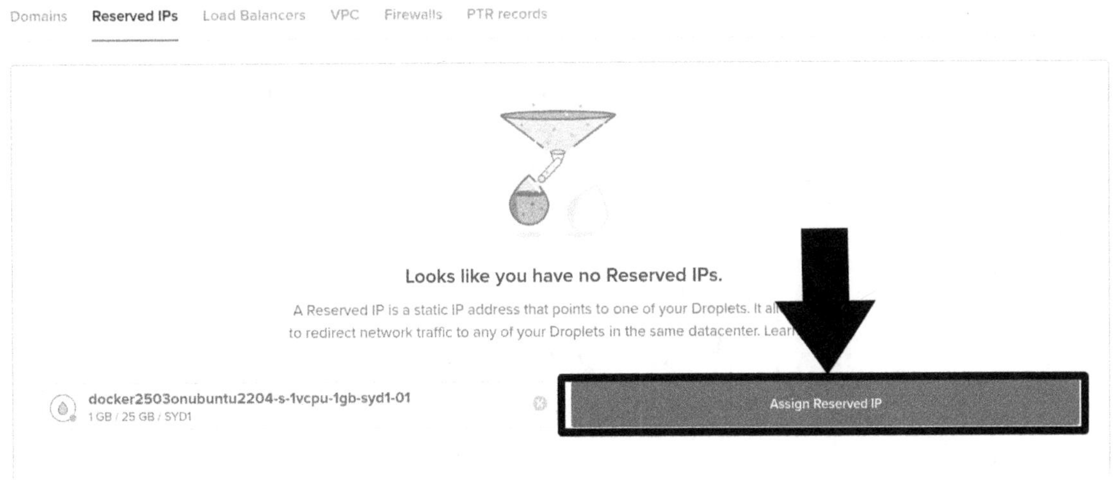

Asignar IP reservada

Va a comenzar a asignarla y tendremos que esperar un poco a que termine este proceso:

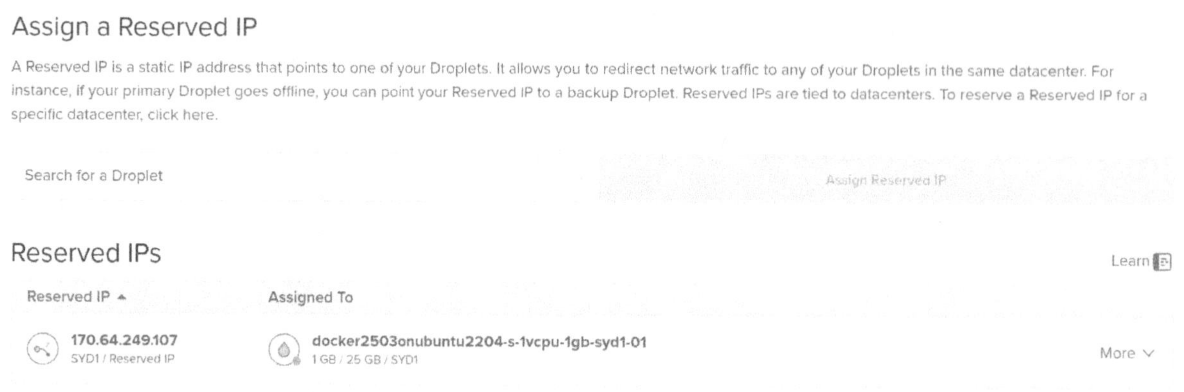

Assign a Reserved IP
A Reserved IP is a static IP address that points to one of your Droplets. It allows you to redirect network traffic to any of your Droplets in the same datacenter. For instance, if your primary Droplet goes offline, you can point your Reserved IP to a backup Droplet. Reserved IPs are tied to datacenters. To reserve a Reserved IP for a specific datacenter, click here.
Search for a Droplet
Assign Reserved IP
Reserved IPs
Learn
Reserved IP
Assigned To
170.64.249.107
SYD1 / Reserved IP
docker2503onubuntu2204-s-1vcpu-1gb-syd1-01
1 GB / 25 GB / SYD1
More

IP asignada

Si hacemos clic en el botón de "**more**" podremos reasignarla, desasignarla o eliminarla. Esto solo es para mostrártelo en esta ocasión, no vamos a hacer nada de eso.

Vamos a volver a nuestro droplet haciendo clic en su nombre en esta página, y vamos a copiar la IP, posicionando nuestro cursor sobre este texto:

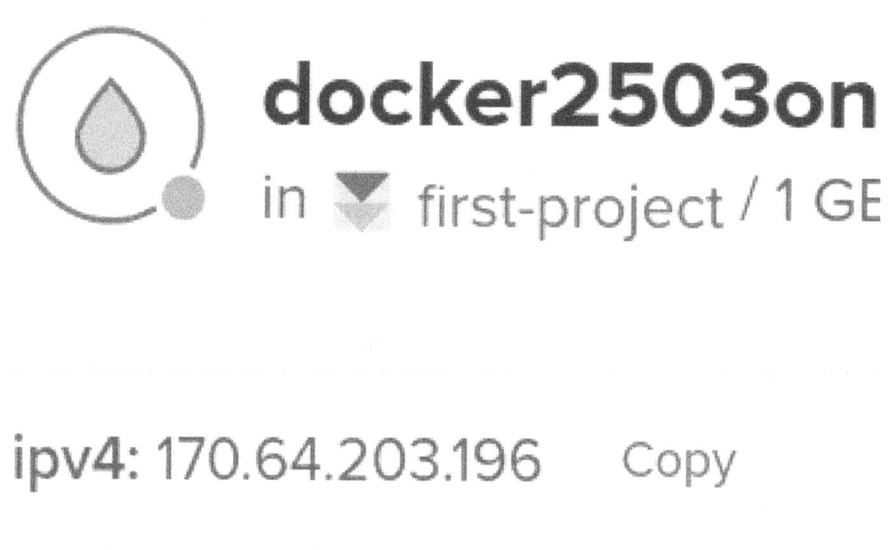

Copiar la IP del servidor

Con esta IP copiada iremos a la terminal para intentar conectarnos y vamos a escribir el comando:

Terminal de comandos

```
ssh root@170.64.203.196
```

Recuerda que frente la arroba debes de colocar la IP que has copiado, vamos a presionar **enter**:

Terminal de comandos al ejecutar: ssh root@170.64.203.196

```
The authenticity of host '170.64.203.196 (170.64.203.196)' can't be established.
ED25519 key fingerprint is SHA256:LRzydiUWomRzANVoGOYy1Cj3bB12nI/3XCTkaxHNby0.
This key is not known by any other names
Are you sure you want to continue connecting (yes/no/[fingerprint])? yes
```

Aqui nos está preguntando por la autenticidad, por lo que vamos a escribir "yes" y presionamos **enter**:

Salida de ejecutar: git push -u origin main

```
Welcome to Ubuntu 22.04.3 LTS (GNU/Linux 5.15.0-94-generic x86_64)

* Documentation:  https://help.ubuntu.com
* Management:     https://landscape.canonical.com
* Support:        https://ubuntu.com/pro

System information as of Wed Apr 24 17:13:05 UTC 2024

System load:  0.0               Users logged in:          0
Usage of /:   18.1% of 24.05GB  IPv4 address for docker0: 172.17.0.1
Memory usage: 29%               IPv4 address for eth0:    170.64.203.196
Swap usage:   0%                IPv4 address for eth0:    10.49.0.5
Processes:    96                IPv4 address for eth1:    10.126.0.2

Expanded Security Maintenance for Applications is not enabled.

34 updates can be applied immediately.
To see these additional updates run: apt list --upgradable

Enable ESM Apps to receive additional future security updates.
See https://ubuntu.com/esm or run: sudo pro status


*** System restart required ***
********************************************************************************

Welcome to DigitalOcean's 1-Click Docker Droplet.
To keep this Droplet secure, the UFW firewall is enabled.
All ports are BLOCKED except 22 (SSH), 2375 (Docker) and 2376 (Docker).

* The Docker 1-Click Quickstart guide is available at:
https://do.co/3j6j3po#start

* You can SSH to this Droplet in a terminal as root: ssh root@170.64.203.196

* Docker is installed and configured per Docker's recommendations:
https://docs.docker.com/install/linux/docker-ce/ubuntu/

```

```
* Docker Compose is installed and configured per Docker's recommendations:
https://docs.docker.com/compose/install/#install-compose

For help and more information, visit https://do.co/3j6j3po

********************************************************************************

To delete this message of the day: rm -rf /etc/update-motd.d/99-one-click
Last login: Wed Apr 24 16:17:37 2024 from 189.133.54.72
root@docker2503onubuntu2204-s-1vcpu-1gb-syd1-01:~#
```

Y puedes llegar a ver un mensaje similar a este, y significa que hemos entrado con éxito a nuestro servidor, ahora podemos ejecutar los comandos:

Terminal de comandos de nuestro droplet en digitalocean

```
pwd
```

Salida de ejecutar: pwd

```
/root
```

Aqui vemos que nos encontramos en el directorio **root** y si ejecutamos:

Terminal de comandos de nuestro dropset en digitalocean

```
ls
```

Salida de ejecutar: ls

```
snap
```

Vemos que hay un directorio llamado "**snap**".

Ahora viene lo más importante, vamos a comprobar si tenemos a Docker instalado, así que ejecutamos:

Terminal de comandos de nuestro droplet en digitalocean

```
docker
```

Salida de ejecutar: docker

```
Usage:  docker [OPTIONS] COMMAND

A self-sufficient runtime for containers

Common Commands:
. . .
```

Y ahí podemos ver todo el mensaje de ayuda de este comando. Ahora comprobaremos la versión con:

Terminal de comandos de nuestro droplet en digitalocean

```
docker --version
```

Salida de ejecutar: docker –version

```
Docker version 25.0.3, build 4debf41
```

Y nos regresa que tenemos la versión **25.0.3**.

Ya hemos creamos nuestro servidor en la siguiente lección, vamos a desplegar nuestra aplicación.

Clonando proyecto en el servidor

De regreso a nuestro servidor, el siguiente paso que tenemos que hacer es desplegar nuestra aplicación, la forma en la cual lo vamos a hacer es clonando el proyecto desde GitHub y luego ejecutar el comando **docker-compose up**.

Dentro de Github en nuestro proyecto, vamos a hacer clic en el botón que dice code:

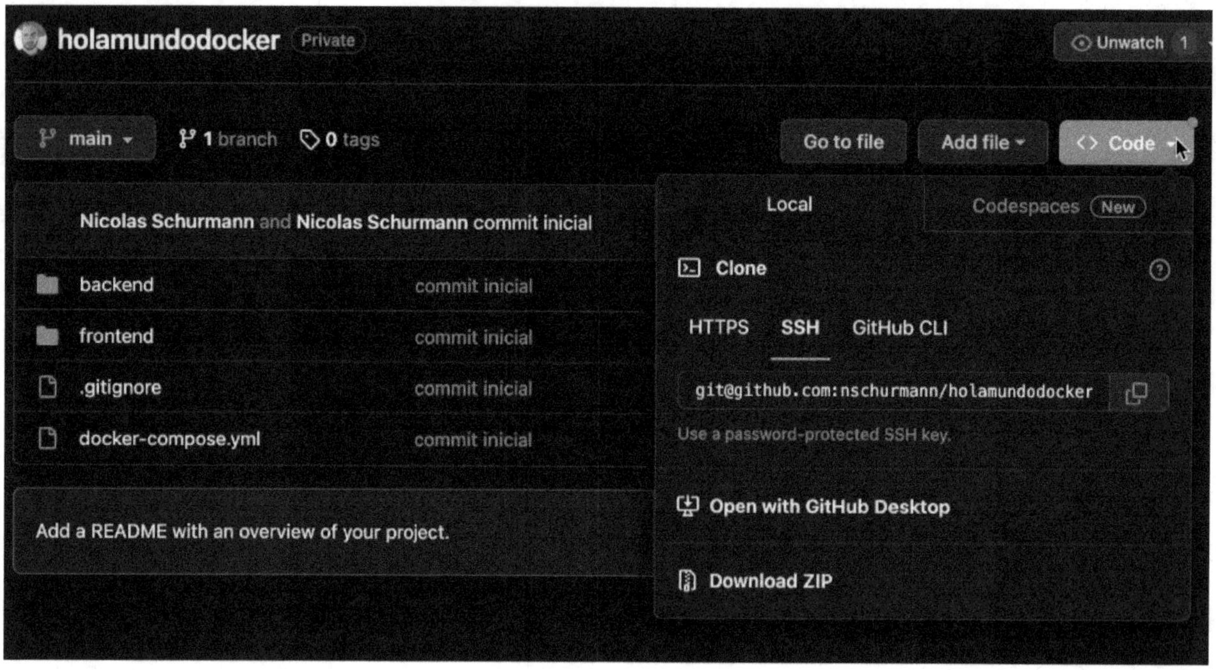

Botón Code en github

Vamos a asegurarnos que esté seleccionada la opción SSH y haremos clic en el siguiente icono para copiar la dirección:

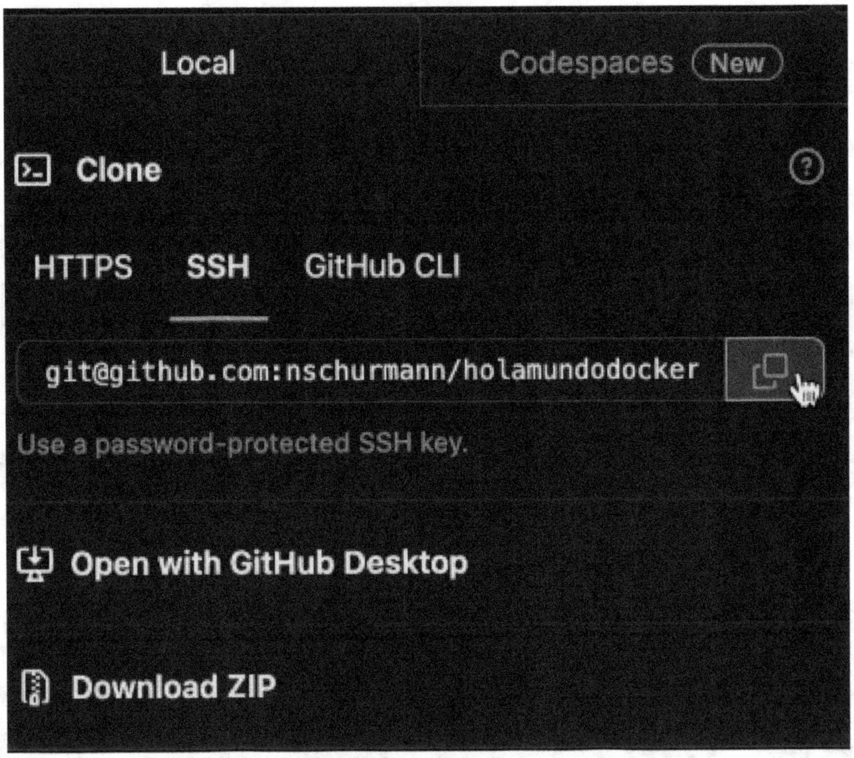

Copiar la dirección

Y ahora, de regreso en la terminal de nuestro servidor, escribimos:

Terminal de comandos de nuestro droplet en digitalocean

```
git clone git@github.com:nschurmann/holamundodocker.git
```

Si presionamos **enter**:

Terminal de comandos al ejecutar: git clone git@github.com:nschurmann/holamundodocker.git

```
Cloning into 'holamundodocker'...
The authenticity of host 'github.com (20.248.137.48)' can't be established.
ED25519 key fingerprint is SHA256:+DiY3wvvV6TuJJhbpZisF/zLDA0zPMSvHdkr4UvCOqU.
This key is not known by any other names
Are you sure you want to continue connecting (yes/no/[fingerprint])? yes
```

Escribiremos "yes" de nuevo y presionaremos **enter** de nuevo:

Salida de ejecutar: git clone git@github.com:nschurmann/holamundodocker.git

```
Warning: Permanently added 'github.com' (ED25519) to the list of known hosts.
git@github.com: Permission denied (publickey).
fatal: Could not read from remote repository.

Please make sure you have the correct access rights
and the repository exists.
```

Y nos está indicando que no podemos copiar el repositorio.

Lo que ocurre es que dentro del servidor no tenemos todavía creada la llave de ese SSH para poder traernos el código desde GitHub, sin embargo, crear una llave de SSH dentro de este servidor podría potencialmente entregarle acceso a que pueda descargar todos los proyectos que tenemos en GitHub, y eso no es lo que queremos, necesitamos que este tenga solamente permiso para poder descargar este proyecto en particular.

Entonces, para resolver esto, tenemos que ir nuevamente a nuestro proyecto en GitHub y vamos a hacer clic en donde dice settings:

Settings del repositorio

Y en la barra lateral izquierda, vamos a presionar donde dice "deploy keys":

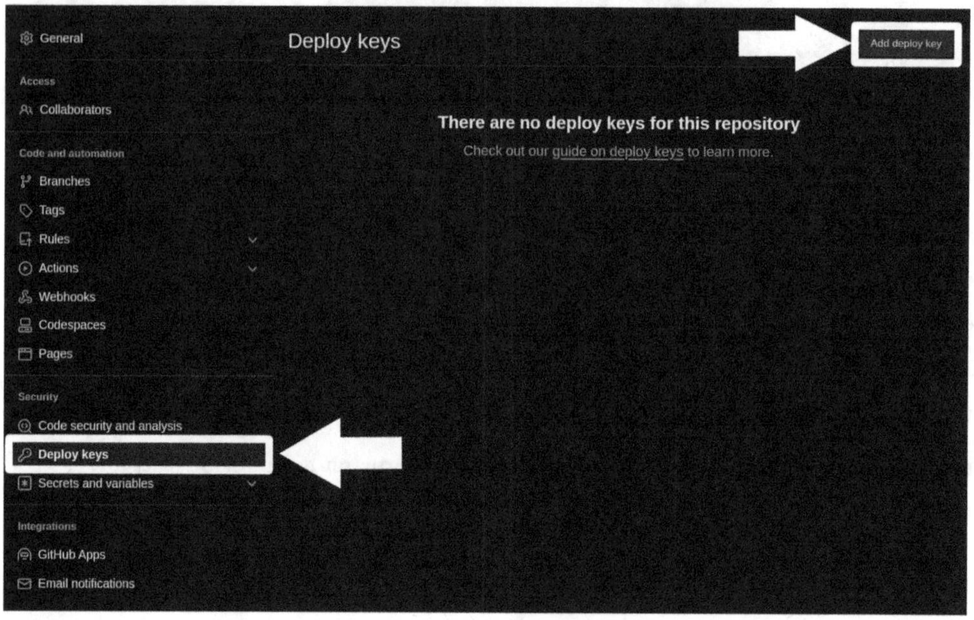

Deploy Keys del servidor

Y es aquí donde podemos agregar esta llave que, al igual que cuando añadimos las llaves SSH en nuestra cuenta aquí podremos indicar cuál será el nombre del servidor que queremos que tenga esta llave, yo voy a indicar que va a ser digital ocean droplet, y después tenemos que pegar la llave pública:

Deploy keys / Add new
Title
digital ocean droplet
Key
Begins with 'ssh-rsa', 'ecdsa-sha2-nistp256', 'ecdsa-sha2-nistp384', 'ecdsa-sha2-nistp521', 'ssh-ed25519', 'sk-ecdsa-sha2-nistp256@openssh.com', or 'sk-ssh-ed25519@openssh.com'.
Allow write access
Can this key be used to push to this repository? Deploy keys always have pull access.
Add key

Añadir deploys keys al repositorio

Esta llave aún no la tenemos, así que vamos a crearla en el servidor, así que vamos a usar el comando:

Terminal de comandos de nuestro droplet en digitalocean

```
ssh-keygen -t ed25519 -C "tucorreo@electronico.com"
```

Terminal de comandos al ejecutar: ssh-keygen -t ed25519 -C 'tucorreo@electronico.com'

```
Generating public/private ed25519 key pair.
Enter file in which to save the key (/root/.ssh/id_ed25519):
Enter passphrase (empty for no passphrase):
Enter same passphrase again:
```

Veremos de nuevo los mensajes que quiere generar el mismo par de llaves pública y privada, así es que vamos a presionar enter tres veces al igual que la ocasión anterior:

Salida de ejecutar: ssh-keygen -t ed25519 -C 'tucorreo@electronico.com'

```
Your identification has been saved in /root/.ssh/id_ed25519
Your public key has been saved in /root/.ssh/id_ed25519.pub
The key fingerprint is:
SHA256:iTycdai38ZdP9f72YdcRp5dnRO0GqdWgATDBvzXJY8A gabriel@holamundo.io
The key's randomart image is:
+--[ED25519 256]--+
|        .++... .+o|
|         .oE  o+.o|
|         o..o.+ +o|
|     o = o. O  o*|
```

```
|        B S   + o.+=|
|         o +.   . +=|
|          . . o .o+|
|              . o..+|
|                 ..*|
+----[SHA256]-----+
```

Y ya nos ha entregado en este caso un pequeño arte completamente aleatorio que vendría haciendo algo así como la huella digital de esto.

Para ver la llave pública, vamos a ejecutar el siguiente comando:

Terminal de comandos de nuestro droplet en digitalocean

```
cat ~/.ssh/id_ed25519.pub
```

Salida de ejecutar: cat ~/.ssh/id_ed25519.pub

```
ssh-ed25519 AAAAC3NzaC1lZDI1NTE5AAAAIHHWgCmubK2XZ7dFj5QBhyXjclV7py0Sjzs6rk6fvih0 tuc\
orreo@electronico.com
```

Y esto es lo que vamos a tener que copiar.

Ahora regresamos a nuestro navegador y aquí vamos a pegar nuestra llave:

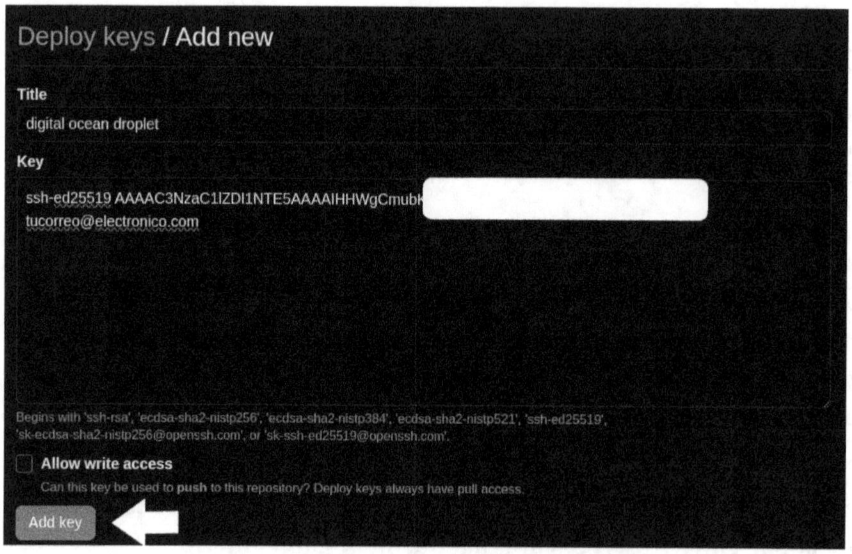
Deploy keys / Add new
Title
digital ocean droplet
Key
ssh-ed25519 AAAAC3NzaC1lZDI1NTE5AAAAIHHWgCmub
tucorreo@electronico.com
Begins with 'ssh-rsa', 'ecdsa-sha2-nistp256', 'ecdsa-sha2-nistp384', 'ecdsa-sha2-nistp521', 'ssh-ed25519', 'sk-ecdsa-sha2-nistp256@openssh.com', or 'sk-ssh-ed25519@openssh.com'.
Allow write access
Can this key be used to push to this repository? Deploy keys always have pull access.
Add key

Configuración final de la deploy key

Y aquí abajo hay una opción adicional, y si es que queremos que nuestro servidor tenga permiso para poder escribir dentro de este repositorio, para este caso no es necesario así que no le daremos permiso. Entonces presionaremos el botón "Add key".

Llave agregada con éxito

Entonces vamos a regresar a la terminal y presionando la tecla hacia arriba vamos a poder llegar hasta el comando que usamos hace un momento para tratar de clonar nuestro repositorio:

Terminal de comandos de nuestro droplet en digitalocean

```
git clone git@github.com:nschurmann/holamundodocker.git
```

Salida de ejecutar: git clone git@github.com:nschurmann/holamundodocker.git

```
Cloning into 'holamundodocker'...
remote: Enumerating objects: 35, done.
remote: Counting objects: 100% (35/35), done.
remote: Compressing objects: 100% (29/29), done.
remote: Total 35 (delta 1), reused 35 (delta 1), pack-reused 0
Receiving objects: 100% (35/35), 146.38 KiB | 388.00 KiB/s, done.
Resolving deltas: 100% (1/1), done.
```

Aqui nos está aclarando qué clonó con éxito el proyecto.

Vamos a escribir:

Terminal de comandos de nuestro droplet en digitalocean

```
ls
```

Salida de ejecutar: ls

```
holamundodocker  snap
```

Aqui vemos que se encuentra el directorio, así que vamos a escribir:

Terminal de comandos de nuestro droplet en digitalocean

```
cd holamundodocker && ls
```

Salida de ejecutar: cd holamundodocker && ls

```
backend  docker-compose.yml  frontend
```

Con esto podemos ver que se encuentra nuestro directorio de **"backend"**, **"docker-compose"** y también **"frontend"**. Sí, es que no ves algún archivo, vas a tener que utilizar el comando con la opción:

Terminal de comandos de nuestro droplet en digitalocean

```
ls -a
```

Salida de ejecutar: ls -a

```
.  ..  .git  .gitignore  backend  docker-compose.yml  frontend
```

Con esto ya vemos todos los archivos y directorios que se encuentran ocultos.

Lo siguiente que haremos es usar el comando:

Terminal de comandos de nuestro droplet en digitalocean

```
docker compose up
```

Salida de ejecutar: docker compose up

```
[+] Running 2/2
 db Error
 api-test Error

Error response from daemon: pull access denied for holamundo-api, repository does no\
t exist or may require 'docker login': denied: requested access to the resource is d\
enied
```

Y mira, aquí ya nos empezamos a mostrar un par de errores:

1. El primer error es que no pudo construir la imagen de **db**, es decir que no pudo crear el servicio.
2. Tampoco pudo construir el de **api test**.
3. Y lo que nos indica hasta abajo es que no podemos descargar la imagen de **holamundo-api** ya que el repositorio no existe y podríamos necesitar iniciar sesión dentro de Docker hub.

Coloque todos estos problemas para que también puedas ir aprendiendo formas de cómo poder depurar estos potenciales problemas. Así es que todos estos errores que estamos viendo los vamos a ir solucionando en la siguiente lección porque si no hubiese sido demasiado fácil que yo hubiera creado un proyecto que no contenga absolutamente ningún error para que todo se vea bonito, pero ese no es el objetivo, el objetivo es que también aprendas a depurar estas cosas.

Depurando errores

En la lección pasada vimos el primer problema que nos estaba arrojando **docker compose** y es que nos estaba indicando un problema con nuestro servicio de **db** y también con nuestro servicio de **api-test** lo que nos está indicando es que no tiene permisos para poder traerse la imagen de **holamundo-api**.

Lo que hicimos fue que esta imagen tenemos que crearla primero, ya que este vendría representando nuestro **backend**, entonces lo que está ocurriendo es que **docker compose** está intentando construir absolutamente todas las imágenes al mismo tiempo, vamos a ver parte de nuestro archivo "**docker-compose.yml**":

holamundo/docker-compose.yml

```
api:
    build: ./backend
    ports:
        - 3000:3000
    environment:
        - DB_URL=mongodb://db/gamify
    volumes:
        - ./backend/app:/app/app
    depends_on:
        - db
api-test:
    image: 5-holamundo-api
    environment:
        - DB_URL=mongodb://db/gamify
    volumes:
        - ./backend/app:/app/app
        - ./backend/tests:/app/tests
    depends_on:
        - db
    command: npm test
. . .
```

Entonces aquí podemos ver que tenemos nuestro servicio de **api** y recuerda que los servicios se van a llamar con el nombre del directorio que en este caso sería **holamundo-api**, entonces lo que está ocurriendo es que nos está indicando que el servicio **api-test** no se puede construir con base en esta imagen de **holamundo-api** porque esta todavía no ha sido construida, y además el directorio que tenemos en nuestro servidor ahora se llama "**holamundodocker**" ya no "**holamundo**", Entonces, lo que podríamos hacer es indicarle a "**api-test**" que también dependemos además de **db** que dependemos de este servicio de "**holamundo-api**", sin embargo, aquí te quiero hacer una observación sumamente importante.

Y es que ahora estamos desplegando a producción y esta imagen o servicio de "**api-test**" no lo vamos a necesitar en producción. Entonces lo que podríamos hacer es eliminarlo, pero si lo eliminamos no vamos a tener nuestra imagen después en nuestra máquina local. Lo que haremos es crear otro archivo de "**docker-compose.yml**" pero con la diferencia que este apunte a nuestro **docker-compose** de producción o lo que este tendría que hacer, pero en producción, vamos a hacer eso mismo.

Vamos a tomar todo el contenido del archivo de "**docker-compose.yml**" y lo vamos a copiar para pegarlo en un nuevo archivo que se va a llamar "**docker-compose.prod.yml**", esto es netamente una convención, ya que puedes colocarle el nombre arbitrario que tú quieras, pero es una convención que se utiliza en muchos proyectos que se construyen con Docker.

holamundo/docker-compose.prod.yml

```
version: '3.8'

services:
    app:
        build: ./frontend
        ports:
            - 80:5173
        volumes:
            - ./frontend/src:/app/src
    api:
        build: ./backend
        ports:
            - 3000:3000
        environment:
            - DB_URL=mongodb://db/gamify
        volumes:
            - ./backend/app:/app/app
        depends_on:
            - db
    api-test:
        image: 5-holamundo-api
        environment:
            - DB_URL=mongodb://db/gamify
        volumes:
            - ./backend/app:/app/app
            - ./backend/tests:/app/tests
        depends_on:
            - db
        command: npm test
    db:
        image: mongo:5.0.19-focal
        ports:
            - 27017:27017
        volumes:
            - gamify:/data/db

    volumes:
        gamify:
```

Lo que sí nos tenemos que acordar es de eliminar el servicio de "**api-test**":

holamundo/docker-compose.prod.yml

```
      - db
api-test:
    image: 5-holamundo-api
    environment:
      - DB_URL=mongodb://db/gamify
    volumes:
      - ./backend/app:/app/app
      - ./backend/tests:/app/tests
    depends_on:
      - db
    command: npm test
db:
. . .
```

Y ahora tenemos que subir estos cambios a nuestro repositorio en GitHub. Para eso, en la terminal vamos a usar el comando:

Terminal de comandos

```
git status
```

Salida de ejecutar: git status

```
On branch main
Your branch is up to date with 'origin/main'.

Untracked files:
(use "git add <file>..." to include in what will be committed)
    .DS_Store
    docker-compose.prod.yml
    docker-compose.yml.old
    usuario.json
    usuario.yml
```

Aquí aparece el archivo que acabamos de crear de "**docker-compose.prod.yml**", así que a agregarlo a nuestro repositorio local con:

Terminal de comandos

```
git add docker-compose.prod.yml
```

Y vamos a crear el commit correspondiente:

Terminal de comandos

```
git commit -m "agregamos archivo compose de prod"
```

Salida de ejecutar: git commit -m 'agregamos archivo compose de prod1'

```
[main 5cd727d] agregamos archivo compose de prod
1 file changed, 30 insertions(+)
create mode 100644 docker-compose.prod.yml
```

Ahora, si vamos a ejecutar un git push para subirlo a nuestro repositorio en Github:

Terminal de comandos

```
git push
```

Salida de ejecutar: git push

```
Enumerating objects: 4, done.
Counting objects: 100% (4/4), done.
Delta compression using up to 4 threads
Compressing objects: 100% (3/3), done.
Writing objects: 100% (3/3), 532 bytes | 532.00 KiB/s, done.
Total 3 (delta 1), reused 0 (delta 0), pack-reused 0
remote: Resolving deltas: 100% (1/1), completed with 1 local object.
To holamundo:gabriel-holaMundo/holamundodocker.git
195b253..5cd727d  main -> main
```

Con esto, los cambios ya están en Github.

Regresaremos a la terminal del servidor, y una vez que estemos en esta vamos a ejecutar:

Terminal de comandos de nuestro droplet en digitalocean

```
cd holamundodocker && git pull
```

Esto para traernos la última versión del código a nuestro servidor, a nuestra carpeta que contiene el proyecto:

Salida de ejecutar: cd holamundodocker && git pull

```
remote: Enumerating objects: 4, done.
remote: Counting objects: 100% (4/4), done.
remote: Compressing objects: 100% (2/2), done.
remote: Total 3 (delta 1), reused 3 (delta 1), pack-reused 0
Unpacking objects: 100% (3/3), 512 bytes | 512.00 KiB/s, done.
From github.com:nschurmann/holamundodocker
195b253..5cd727d  main       -> origin/main
Updating 195b253..5cd727d
Fast-forward
docker-compose.prod.yml | 30 ++++++++++++++++++++++++++++++
1 file changed, 30 insertions(+)
create mode 100644 docker-compose.prod.yml
```

Ahí podemos ver que ya nos trajimos a **docker-compose.prod.yml**. Y ahora tenemos que ejecutar:

Terminal de comandos de nuestro droplet en digitalocean

```
docker compose -f docker-compose.prod.yml up --build
```

Aqui hemos agregado la opción de **–build** para asegurarnos que construya las imágenes, y le tenemos indicamos cuál es el archivo de **"docker-compose"** que queremos que este utilice con la opción de **-f**. Al presionar **enter**:

Salida de ejecutar: docker compose -f docker-compose.prod.yml up –build

```
. . .
holamundodocker-db-1    | {"t":{"$date":"2024-04-24T20:42:19.881+00:00"},"s":"I",  "c\
":"NETWORK",  "id":22943,   "ctx":"listener","msg":"Connection accepted","attr":{"re\
mote":"172.18.0.4:35654","uuid":"8a34c727-49bb-4e6d-889d-29f9399f659c","connectionId\
":3,"connectionCount":3}}
holamundodocker-db-1    | {"t":{"$date":"2024-04-24T20:42:19.882+00:00"},"s":"I",  "c\
":"NETWORK",  "id":51800,   "ctx":"conn3","msg":"client metadata","attr":{"remote":"\
172.18.0.4:35654","client":"conn3","doc":{"driver":{"name":"nodejs|Mongoose","versio\
n":"5.7.0|7.4.2"},"platform":"Node.js v20.5.0, LE","os":{"name":"linux","architectur\
e":"x64","version":"5.15.0-94-generic","type":"Linux"}}}}
```

Cuando ejecutamos, debiste haber visto cómo descargó todas las capas, como cuando lo hacíamos en nuestro entorno local, y terminará por mostrarnos los **logs**.

Así que ya podemos ir a revisar nuestra aplicación, vamos a ver nuestra dirección entrando a nuestro panel de administración de **digital ocean**, con la misma IP que copiamos para ingresar con la terminal:

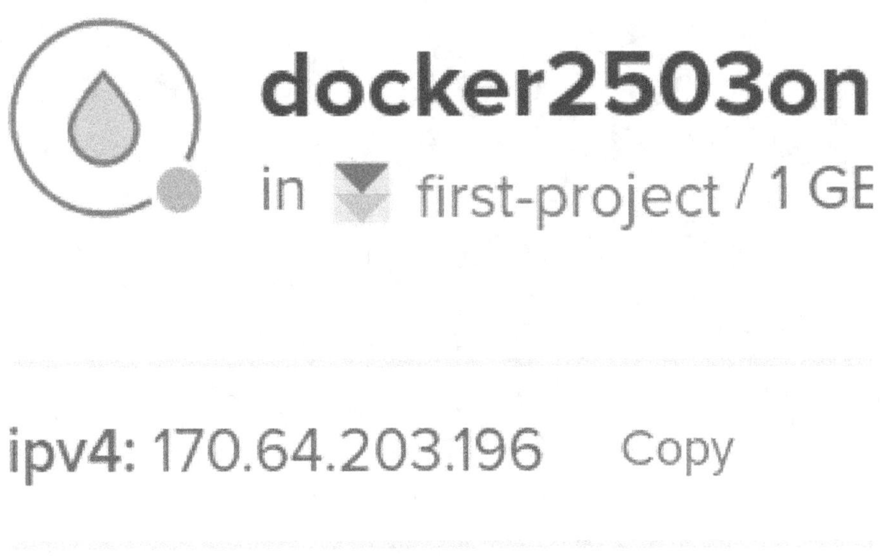

Copiar la IP del servidor

Y en una nueva pestaña en el navegador, vamos a pegar esto:

Aplicación funcionando desde el servidor

Y si todo ha salido bien, podemos ver nuestra aplicación.

Pero si intentáramos agregar algún videojuego y presionamos **enter**, lo que debería suceder es debería agregar a la lista de videojuegos, pero no va a pasar absolutamente nada. Para poder ver qué es lo que está pasando vamos a hacer clic derecho en la página y después hacer clic en "Inspeccionar" o la otra opción es con la tecla F12, aquí tendremos que dirigirnos a la consola y podremos ver lo siguiente:

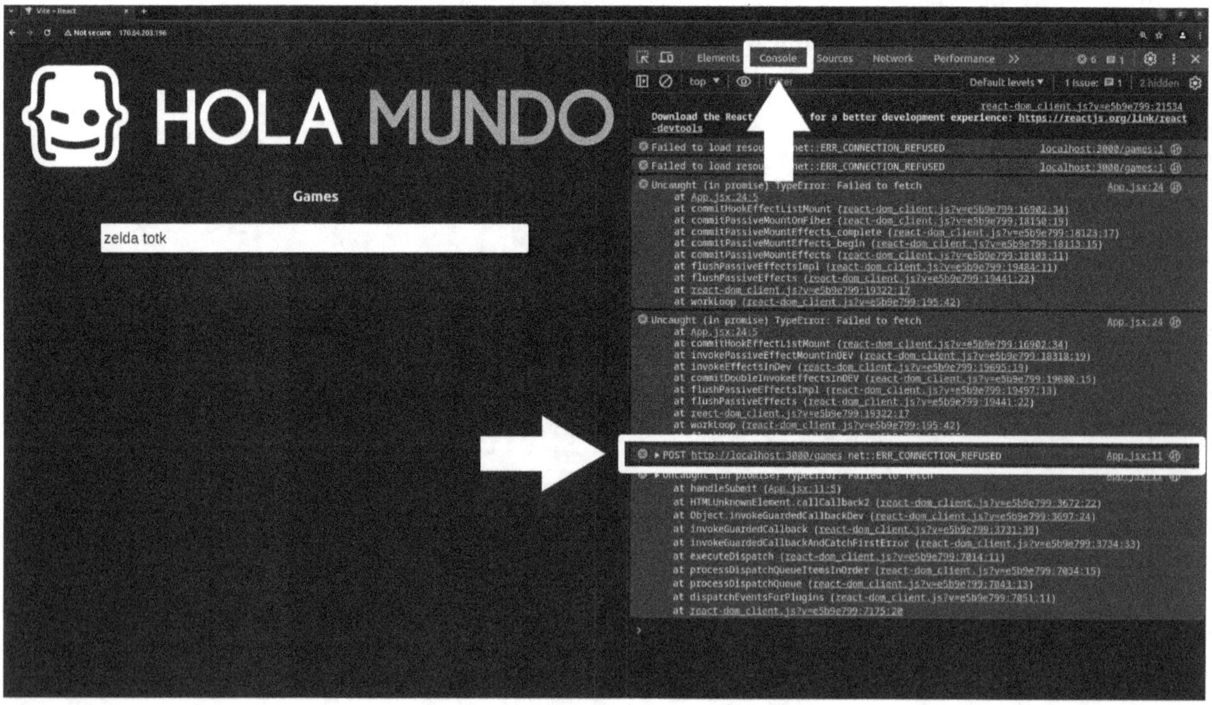

Consola para inspeccionar el error

Al tratar de enviar el juego, nos estará entregando este error. Que si notamos nos está indicando el error "fail to fetch" y a la derecha de estos errores vamos a ver a dónde está tratando de conectar qué es a **localhost**, pero este es nuestro ambiente de producción ya no nos encontramos dentro de localhost, ahora nos encontramos dentro de una IP que es **170.64.203.196.**

Entonces, lo que tenemos que hacer es cambiar esta referencia de **localhost** por la IP de nuestro servidor, así es que vamos a copiar la IP y de regreso acá en nuestro editor vamos a ver nuestro archivo "**app.jsx**" que se encuentra en el directorio "**src**" de nuestro proyecto frontend en la línea 24:

holamundo/frontend/scr/app.jsx

```
23 useEffect(() => {
24     fetch(`${import.meta.env.VITE_API_URL}/games`)
25     .then((response) => response.json())
26 . . .
```

Vemos que se está utilizando una variable de entorno, la cual contiene la URL de a donde deberíamos ir a buscar esta ruta, y en este caso la variable de entorno se llama "**VITE_API_URL**". Para poder cambiar esto, nos vamos a venir aquí al archivo de punto "**.env**" en este directorio de "**frontend**" y vamos a reemplazar su valor por la IP:

holamundo/frontend/.env

```
VITE_API_URL=http://170.64.203.196:3000
```

Ahora lo que tenemos que hacer es actualizar este archivo en nuestro repositorio para que así también cambiarlo posteriormente en nuestro servidor, en nuestra terminal ejecutaremos:

Terminal de comandos

```
git add frontend/.env
```

Luego vamos a ejecutar:

Terminal de comandos

```
git push
```

Salida de ejecutar: git push

```
Enumerating objects: 7, done.
Counting objects: 100% (7/7), done.
Delta compression using up to 4 threads
Compressing objects: 100% (3/3), done.
Writing objects: 100% (4/4), 374 bytes | 374.00 KiB/s, done.
Total 4 (delta 2), reused 0 (delta 0), pack-reused 0
remote: Resolving deltas: 100% (2/2), completed with 2 local objects.
To holamundo:nschurmann/holamundodocker.git
5cd727d..43e4394  main -> main
```

Y ahora que ya se subió el cambio, podemos devolvernos a la terminal del servidor, y una vez acá vamos a presionar **control** + **c** para detener los contenedores. Cuando estos se hayan detenido, vamos a ejecutar:

Terminal de comandos de nuestro droplet en digitalocean

```
docker compose down
```

Para que aproveche de eliminar todo en absoluto.

Y vamos a traernos todos los cambios que hemos subido a GitHub:

Terminal de comandos de nuestro droplet en digitalocean

```
git pull
```

Salida de ejecutar: git push

```
remote: Enumerating objects: 7, done.
remote: Counting objects: 100% (7/7), done.
remote: Compressing objects: 100% (1/1), done.
remote: Total 4 (delta 2), reused 4 (delta 2), pack-reused 0
Unpacking objects: 100% (4/4), 354 bytes | 177.00 KiB/s, done.
From github.com:nschurmann/holamundodocker
5cd727d..43e4394  main       -> origin/main
Updating 5cd727d..43e4394
Fast-forward
frontend/.env | 2 +-
1 file changed, 1 insertion(+), 1 deletion(-)
```

Vamos a volver a levantar nuestros contenedores apuntando al archivo de producción:

Terminal de comandos de nuestro droplet en digitalocean

```
docker compose -f docker-compose.prod.yml up --build
```

Salida de ejecutar: docker compose -f docker-compose.prod.yml up –build

```
. . .
holamundodocker-db-1    | {"t":{"$date":"2024-04-25T14:31:32.805+00:00"},"s":"I",  "c\
":"NETWORK",  "id":22943,   "ctx":"listener","msg":"Connection accepted","attr":{"re\
mote":"172.19.0.4:38916","uuid":"47989c3f-fa2d-411b-b751-ddbc8a421b4c","connectionId\
":3,"connectionCount":3}}
holamundodocker-db-1    | {"t":{"$date":"2024-04-25T14:31:32.807+00:00"},"s":"I",  "c\
":"NETWORK",  "id":51800,   "ctx":"conn3","msg":"client metadata","attr":{"remote":"\
172.19.0.4:38916","client":"conn3","doc":{"driver":{"name":"nodejs|Mongoose","versio\
n":"5.7.0|7.4.2"},"platform":"Node.js v20.5.0, LE","os":{"name":"linux","architectur\
e":"x64","version":"5.15.0-94-generic","type":"Linux"}}}}
```

Con esto listo, vamos al navegador para entrar a nuestra aplicación agregando un juego:

App funcionando en el servidor

Vemos cómo esta se ha agregado con éxito.

Ahora nuestra aplicación se encuentra funcionando correctamente, sin embargo, con este cambio hicimos algo que no necesariamente debiese ser así, ya que lo primero le asignamos la IP dentro del archivo de configuración punto "**.env**", pero como en esta aplicación vamos a tener 2 ambientes distintos uno de desarrollo y otro de producción, en ese caso deberíamos tener 2 variables de entorno:

1. Para desarrollo que vendría siendo **localhost**.
2. Y otra para producción que es nuestra IP.

Además, otro problema que tenemos es que la imagen de React que estamos generando para nuestro proyecto es bastante pesada, y la verdad es que no necesitamos esa imagen para un ambiente productivo, ya que eso solamente archivó HTML, CSS, y JavaScript. Así es que en la siguiente lección te voy a enseñar a corregir esto mismo.

Multiples ambientes

El problema que tuvimos en la lección pasada era que dentro de nuestro proyecto de frontend se está utilizando una variable de entorno dentro del archivo "**.env**".

Nosotros podemos definir las variables de entorno dentro de nuestro archivo de "**docker-compose**", sin embargo, si es que también tenemos definidas variables de entorno dentro de nuestro proyecto, estas van a pasar a reemplazar las variables de entorno de "**docker-compose**", entonces lo que tenemos que hacer es que la variable de entorno del archivo "**. env**" de la carpeta frontend la podemos comentar o eliminar, y luego la tenemos que agregar dentro de nuestro archivo de "**docker-compose**". De esta manera, podemos tener una variable de entorno que apunte a producción en el archivo "**docker-compose.prod.yml**", y también podemos tener otra que apunte a desarrollo en el archivo "**docker-compose.yml**", así que vamos a hacer eso mismo.

Entonces en nuestro archivo de "**.env**", vamos a comentar la siguiente línea:

holamundo/frontend/.env

```
# VITE_API_URL=http://170.64.203.196:3000
```

También podríamos eliminar el archivo, pero vamos a comentarlo para que nos quede como referencia.

Vamos ahora a copiar el nombre de esta variable en el entorno y vamos a nuestro archivo de "**docker-compose.yml**"entonces, dentro de nuestro servicio de **app** que vendría siendo nuestro frontend, vamos a agregar justamente después de nuestro volumen la propiedad de **environment**:

holamundo/frontend/docker-compose.yml

```
        - ./frontend/src:/app/src
    environment:
        VITE_API_URL: http://localhost:3000
api:
. . .
```

Le estamos asignando el valor de **http://localhost:3000** que vendría siendo nuestra máquina con el puerto que está utilizando la **api**

Y vamos a aprovechar de copiar esto mismo y ahora en el archivo de "**docker compose**", pero de producción:

holamundo/frontend/docker-compose.prod.yml

```
        - ./frontend/src:/app/src
    environment:
        VITE_API_URL: http://170.64.203.196:3000
api:
. . .
```

En este archivo, en lugar de apuntar a **localhost** vamos a apuntar a la IP del servidor en producción.

Y para asegurarnos que esto está funcionando correctamente en nuestra máquina local, vamos a ejecutar en nuestra terminal:

Terminal de comandos

```
docker compose up
```

Salida de ejecutar: docker compose up


```
. . .
db-1         | {"t":{"$date":"2024-04-26T15:35:21.809+00:00"},"s":"I",  "c":"NETWORK"\
,  "id":22943,   "ctx":"listener","msg":"Connection accepted","attr":{"remote":"172.\
18.0.4:40412","uuid":"f8516e1a-ce23-4bd5-8207-291f7e398e40","connectionId":3,"connec\
tionCount":3}}
db-1         | {"t":{"$date":"2024-04-26T15:35:21.810+00:00"},"s":"I",  "c":"NETWORK"\
,  "id":51800,   "ctx":"conn3","msg":"client metadata","attr":{"remote":"172.18.0.4:\
40412","client":"conn3","doc":{"driver":{"name":"nodejs|Mongoose","version":"5.7.0|7\
.4.2"},"platform":"Node.js v20.5.0, LE","os":{"name":"linux","architecture":"x64","v\
ersion":"6.6.16-linuxkit","type":"Linux"}}}}
```


Vemos los logs con éxito, entonces de regreso acá en nuestro navegador ingresaremos al "**localhost**":

App funcionando en local

Podremos ver qué está funcionando y qué nos está trayendo los datos de nuestra base de datos Mongo.

Ahora nos toca probar esto mismo, pero en el ambiente de producción, vamos a detener nuestros servicios con **control** + **c** y vamos a ejecutar:

Terminal de comandos

```
git status
```

Salida de ejecutar: git status

```
On branch main
Your branch is up to date with 'origin/main'.

Changes not staged for commit:
(use "git add <file>..." to update what will be committed)
(use "git restore <file>..." to discard changes in working directory)
    modified:   docker-compose.prod.yml
    modified:   docker-compose.yml
    modified:   frontend/.env

Untracked files:
(use "git add <file>..." to include in what will be committed)
    .DS_Store
    docker-compose.yml.old
    usuario.json
    usuario.yml

no changes added to commit (use "git add" and/or "git commit -a")
```

Podemos ver que existen los cambios de **"docker-compose.prod.yml"**, **"docker-compose.yml"** y **"frontend/.env"**, así que vamos a agregar estos cambios:

Terminal de comandos

```
git add docker-compose.yml docker-compose.prod.yml frontend/.env
```

Vamos a entonces a hacer un commit:

Terminal de comandos

```
git commit -m "variables de entorno"
```

Subiremos los cambios al repositorio en GitHub:

Terminal de comandos

```
git push
```

Salida de ejecutar: git push

```
Enumerating objects: 11, done.
Counting objects: 100% (11/11), done.
Delta compression using up to 4 threads
Compressing objects: 100% (5/5), done.
Writing objects: 100% (6/6), 628 bytes | 628.00 KiB/s, done.
Total 6 (delta 3), reused 0 (delta 0), pack-reused 0
remote: Resolving deltas: 100% (3/3), completed with 2 local objects.
To holamundo:nschurmann/holamundodocker.git
3c88857..29c471e  main -> main
```

Y perfecto, ahí se subieron los cambios a nuestro repositorio.

Entonces de regreso a la terminal de nuestro servidor y vamos a traer estos cambios:

Terminal de comandos de nuestro droplet en digitalocean

```
git pull
```

Salida de ejecutar: git pull

```
remote: Enumerating objects: 11, done.
remote: Counting objects: 100% (11/11), done.
remote: Compressing objects: 100% (2/2), done.
remote: Total 6 (delta 3), reused 6 (delta 3), pack-reused 0
Unpacking objects: 100% (6/6), 608 bytes | 202.00 KiB/s, done.
From github.com:nschurmann/holamundodocker
3c88857..29c471e  main       -> origin/main
Updating 3c88857..29c471e
Fast-forward
docker-compose.prod.yml | 2 ++
docker-compose.yml      | 2 ++
frontend/.env           | 2 +-
3 files changed, 5 insertions(+), 1 deletion(-)
```

Con esto listo, vamos a volver a ejecutar el comando:

Terminal de comandos de nuestro droplet en digitalocean

```
docker compose -f docker-compose.prod.yml up --build
```

Salida de ejecutar: docker compose -f docker-compose.prod.yml up –build

```
. . .
holamundodocker-db-1    | {"t":{"$date":"2024-04-26T16:47:16.846+00:00"},"s":"I",  "c\
":"NETWORK",  "id":22943,   "ctx":"listener","msg":"Connection accepted","attr":{"re\
mote":"172.19.0.4:53548","uuid":"6d58fcc1-fa8e-49d7-a168-01bec64e8e52","connectionId\
":2,"connectionCount":2}}
holamundodocker-db-1    | {"t":{"$date":"2024-04-26T16:47:16.853+00:00"},"s":"I",  "c\
":"NETWORK",  "id":51800,   "ctx":"conn2","msg":"client metadata","attr":{"remote":"\
172.19.0.4:53548","client":"conn2","doc":{"driver":{"name":"nodejs|Mongoose","versio\
n":"5.7.0|7.4.2"},"platform":"Node.js v20.5.0, LE","os":{"name":"linux","architectur\
e":"x64","version":"5.15.0-94-generic","type":"Linux"}}}}
```

Vemos que nos aparecen los **logs**. Así que nos vamos al navegador a la dirección de nuestro servidor:

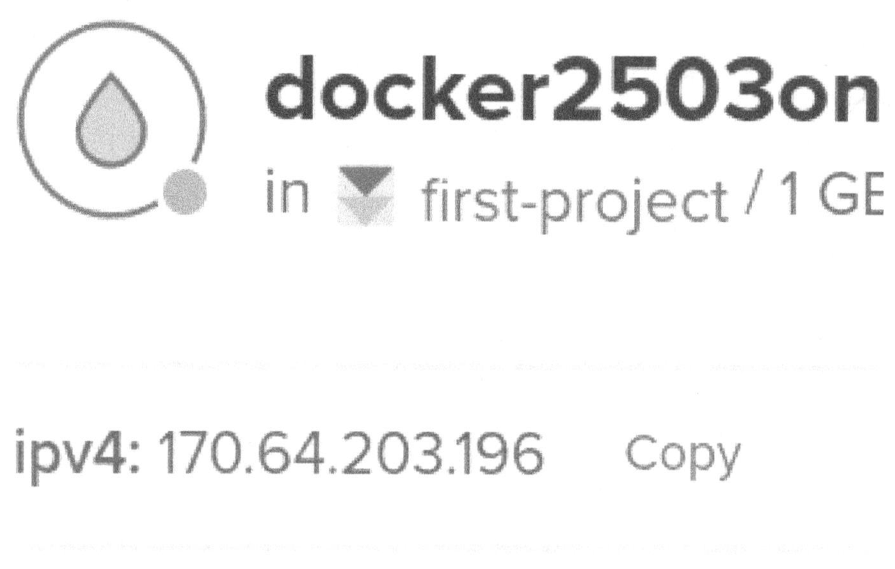

Copiar la IP del servidor

Y vamos a aprovechar de agregar un "Hola Mundo" a este listado:

Agregando en el servidor Hola Mundo

De esta manera, aprendimos a tener 2 archivos de **docker compose**, uno para **producción** y también otro para **desarrollo**. Si tú tuvieses también un ambiente de **staging** podías perfectamente agregarte otro archivo de "**docker compose**" que sea "**.stage**" por ejemplo.

Y ahora en la siguiente lección te voy a enseñar a reducir el tamaño de la imagen del servicio de la aplicación, en este caso, el del frontend.

Optimizando imagen

Cuando estamos construyendo nuestras imágenes en Docker existen 2 tipos de comandos que podemos pasarle. En una primera instancia vamos a poder pasarle comandos como por ejemplo, **RUN** o **WORKDIR**, lo importante que tienes que saber es que todos los comandos a excepción de **CMD** y **ENTRYPOINT** se van a ejecutar cuando la imagen se está construyendo, mientras que estos, **CMD** y **ENTRYPOINT** se van a ejecutar cuando el contenedor se esté ejecutando, esta parte sumamente importante.

Cuando estamos trabajando con contenedores al punto de **CMD** y **ENTRYPOINT** las variables de entorno si van a funcionar, sin embargo, cuando estamos construyendo la imagen con **RUN**, no podemos pasarle variables de entorno en lugar de eso, lo que hacemos es que le pasamos argumentos al **buildtime** o el tiempo en que se están construyendo estas imágenes.

Estamos haciendo esto porque hemos estado utilizando, ya sea en nuestro ambiente de desarrollo o el ambiente de producción, las variables de entorno para indicarle a nuestra aplicación de frontend a donde tiene que ir a buscar la información, sin embargo, esto no nos va a servir, ya que lo que haremos será construir una versión minificada de nuestro código el cual va a ser optimizado y solamente va a contener archivos de HTML, CSS y JavaScript, esta versión minificada lo tienen casi todos los frameworks como lo son: Angular, Vue o React(que no es un framework directamente, sino que es una biblioteca, pero creo que se entiende el punto) y también todos los otros frameworks y bibliotecas de frontend.

Entonces lo que tendremos que hacer es dentro del periodo de **build** vamos a tener que pasarle un argumento que contenga la URL y así nuestra aplicación que está construida con React cuando ejecutemos el comando de **build** exista la variable de entorno de URL, cosa que de esta manera, cuando este proceso construya el código final minificado que finalmente va a ser JavaScript, este ya contenga la URL, cosa que cuando ejecutemos nuestro contenedor este funcione correctamente. Así es que vamos a hacer esto mismo.

Lo primero que vamos a hacer es abrir nuestro explorador y vamos a asegurarnos que nos encontramos dentro de este directorio de "**frontend**" y vamos a abrir nuestro archivo de "**Dockerfile**" y lo que vamos a hacer ahora es crear un archivo de "**Dockerfile**" pero enfocado a producción, ya que como puedes ver acá:

holamundo/frontend/Dockerfile

```
FROM node:20.5.0-alpine3.18
RUN addgroup react && adduser -S -G react react
USER react
WORKDIR /app/
COPY --chown=react package*.json .
RUN npm install
COPY --chown=react . .
EXPOSE 5173
CMD ["npm", "run", "dev"]
```

Estamos ejecutando el comando **npm run dev**, pero este es para desarrollo, como te contaba este proceso que vamos a hacer ahora de poder cambiarlo nos va a servir para prácticamente todos los frameworks de frontend. Así que vamos a tomar todo este código y se lo vamos a pegar a un nuevo archivo el cual se va a llamar "**Dockerfile.prod**" esto es una convención, por supuesto que tú le puedes poner como tú quieras, pero la convención es que se llame "**.prod**".

holamundo/frontend/Dockerfile.prod

```
FROM node:20.5.0-alpine3.18
RUN addgroup react && adduser -S -G react react
USER react
WORKDIR /app/
COPY --chown=react package*.json .
RUN npm install
COPY --chown=react . .
EXPOSE 5173
CMD ["npm", "run", "dev"]
```

Y lo que vamos a hacer ahora es modificar para qué cree esta versión minificada, y luego esta versión minificada de código la ejecuté dentro de otra imagen, vamos a hacer eso paso a paso.

Paso 1 para crear la versión minificada

Lo primero que haremos será modificar la primera línea del código:

holamundo/frontend/Dockerfile.prod

```
FROM node:20.5.0-alpine3.18 as build-stage
RUN addgroup react && adduser -S -G react react
. . .
```

La razón de hacer esto es porque después la vamos a referenciar.

Después, como vamos a estar construyendo solamente el código final minificado, lo siguiente no nos interesa:

holamundo/frontend/Dockerfile.prod

```
FROM node:20.5.0-alpine3.18 as build-stage
RUN addgroup react && adduser -S -G react react
USER react
WORKDIR /app/
. . .
```

Y en el momento donde estamos copiando el archivo de "**package.json**" y "**package.lock.json**" dentro de esta imagen, no vamos a ejecutar esta aplicación como usuario, sino que esto finalmente va a ser código que se va a servir en un servidor, así es que no es necesario que se lo asignemos como el usuario de **react** y también lo podemos quitar de la línea de **COPY**:

holamundo/frontend/Dockerfile.prod

```
WORKDIR /app/
COPY package*.json .
RUN npm install
COPY . .
EXPOSE 5173
. . .
```

Con esto, nuestro código queda bastante más limpio.

Ahora, lo que vamos a tener que cambiar, como te había dicho antes, primero el **EXPOSE** lo vamos a sacar, porque como nos encontramos construyendo el código, la verdad es que no hace sentido:

holamundo/frontend/Dockerfile.prod

```
COPY . .
EXPOSE 5173
CMD ["npm", "run", "dev"]
```

Después, cuando lo sirvamos, vamos a exponer el puerto.

CMD nos va a servir para cuando estemos ejecutando el contenedor y **RUN** para cuando estemos construyendo la imagen. Así que ahora vamos a ejecutar el comando, pero en vez de **dev** vamos a ejecutar el comando de **build**:

holamundo/frontend/Dockerfile.prod

```
COPY . .
RUN ["npm", "run", "build"]
```

Como te contaba, la mayoría de las bibliotecas de frontend utilizan esta instrucción de **build** para poder generar esta versión minificada de la aplicación.

Paso 2 para crear la versión minificada

Lo que queremos hacer es crear una imagen que sea lo suficientemente pequeña, que contenga el código de nuestra aplicación y que lo sirva. Para eso no vamos a necesitarnos **Node**, ya que interpreta código JavaScript. Lo único que necesitamos es derechamente un servidor web, este servidor web podría ser **Apache** pero nosotros utilizaremos **nginx** así que vamos a colocar:

holamundo/frontend/Dockerfile.prod

```
FROM nginx:1.25.1-alpine3.17-slim
```

Esta versión que hemos seleccionado de nginx, "alpine slim", es una versión más pequeña.

Lo siguiente que necesitamos indicar es que tiene que copiar el código que se generó en nuestro paso número 1 a esta imagen de **nginx** que estamos construyendo. Eso lo podemos hacer nuevamente con la instrucción de **COPY** pero acá vamos a utilizar una opción que se llama **from** para poder indicarle que vamos a copiar el código que se generó en una etapa anterior a esta, así es que acá le vamos a indicar el nombre de esta etapa que se llama **build-stage**:

holamundo/frontend/Dockerfile.prod

```
COPY --from=build-stage /app/dist /usr/share/nginx/html
```

Entonces comenzamos con la instrucción **COPY** con la opción **–from** pasándole el nombre de la etapa que le llamamos **build-stage**, le tenemos que el origen de donde generamos este código que se encuentra dentro de "**/app/dist**" que este es el directorio que se crea cuando utilizamos el comando **npm run build**. Y después indicamos el destino que vendría siendo este contenedor, y este va a estar dentro del directorio de nginx que se va a encargar de servir nuestra aplicación, que en este caso se encuentra dentro de la ruta "**/usr/share/nginx/html**".

La forma de saber que este es el directorio indicado, es que si ingresamos a "**Dockerhub**", y buscamos esta imagen de **nginx**, te va a aparecer una documentación y en esa documentación te dice que tienes que colocar tu código específicamente en este directorio, y también el comando que tienes que ejecutar.

Por supuesto que nos vamos a asegurar de exponer el puerto 80 con:

holamundo/frontend/Dockerfile.prod

```
EXPOSE 80
```

Recuerda que esto es solamente como documentación, así que después vamos a tener que cambiar esto dentro de nuestro archivo de "**docker-compose**".

Y ahora vamos a agregar el comando que vamos a ejecutar:

holamundo/frontend/Dockerfile.prod

```
CMD ["nginx", "-g", "daemon off;"]
```

En este caso, la documentación nos indica que no tenemos que ejecutar esto como un usuario en específico. Así es que esto lo vamos a dejar así tal cual y vamos a guardar.

Ahora podemos intentar crear una imagen a partir de este "**Dockerfile**", para que veamos cuánto espacio va a utilizar en disco duro comparado con la imagen basada en Node, así es que acá dentro de nuestra terminal integrada ingresaremos dentro del directorio de frontend y vamos a construir la imagen con el comando de **docker build**:

Terminal de comandos

```
cd frontend
docker build -t holamundoapp -f Dockerfile.prod  .
```

Con la opción de **-t** le estamos indicando un nombre que es "holamundoapp" y **-f** le indica cuál vendría siendo el archivo de "**Dockerfile**" que queremos que utilice y luego le indicamos el contexto que vendría siendo donde nos encontramos ubicados con la terminal. Entonces presionamos **enter**:

Salida de ejecutar: docker build -t holamundoapp -f Dockerfile .

```
. . .
=> => naming to docker.io/library/holamundoapp
What's Next?
View a summary of image vulnerabilities and recommendations □ docker scout quickview
```

Se terminó de ejecutar y ahora vamos a ver esta imagen con:

Terminal de comandos

```
docker images
```

Salida de ejecutar: docker images

```
REPOSITORY      TAG        IMAGE ID       CREATED          SIZE
holamundoapp    latest     413301946b2c   24 seconds ago   12.1MB
. . .
```

Y fíjate en esto acá tenemos a **holamundoapp**, tiene la etiqueta de "latest" su respectiva **IMAGE ID**, pero fíjate en que nos está indicando que esto pesa solamente **12.1 MB** y no los 200 y tantos que pesaba antes. Esto es un ahorro en espacio de disco duro considerable, por lo que te sugiero que si vas a estar construyendo aplicaciones de frontend después de construirlas, construyas una imagen basada en **nginx** o en **apache** si es que no te gusta **nginx** y que con esa imagen después crees contenedores para servir tu aplicación.

Ahora si intentamos ejecutar un contenedor a partir de esta imagen no nos va a funcionar primero, por lo que comentábamos que cuando estamos construyendo las imágenes las variables de entorno no se encuentran disponibles, y lo segundo porque también tenemos que ir a exponer el puerto 80 dentro de nuestro archivo de "**docker-compose.prod.yml**":

holamundo/docker-compose.prod.yml

```
10          environment:
11              VITE_API_URL: http://170.64.203.196:3000
12      api:
```

Y ves estas líneas 10 y 11 que contiene la variable de entorno, pues esto no funciona, así que lo que vamos a hacer es recortarlo y nos vamos a la propiedad de **build** más arriba en este servicio y le vamos a pasar las siguientes propiedades:

holamundo/docker-compose.prod.yml

```
services:
    app:
        build:
            context: ./frontend
            dockerfile: Dockerfile.prod
            args:
                VITE_API_URL: http://170.64.203.196:3000
        ports:
            - 80:80
        volumes:
            - ./frontend/src:/app/src
. . .
```

En la propiedad **build** borramos la ruta "./**frontend**" y le pasamos las siguientes propiedades:

1. **context** para indicarle dónde se encuentra el directorio que va a contener finalmente nuestra aplicación que vamos a dockerizar, y aquí le vamos a indicar que se encuentra dentro del directorio de "./**frontend**".
2. Después le tenemos que indicar el **Dockerfile** que va a utilizar y este se llama "**Dockerfile.prod**" que este fue el que creamos.
3. Lo siguiente es pasar a **environment** junto con nuestra variable de entorno que contiene la URL para conectarnos al backend, pero con la diferencia que en esta parte no se llama **environment**, sino que debe ser **args**.

La ventaja de esto es que vamos a poder tomar esta variable de entorno dentro de nuestro archivo "**Dockerfile**" y se lo vamos a poder asignar a una variable de entorno para que cuando se ejecute el comando de **npm run build**, pueda tomar esa variable de entorno.

1. Y por supuesto antes de volver a visitar nuestro archivo de "**Dockerfile**" tenemos que mapear bien los puertos, aquí ya no es el **5173** sino que ahora es el **80**.

Entonces ahora nos devolvemos a nuestro archivo de "**Dockerfile**". Y ahora tenemos que definir el argumento que estamos recibiendo más que nada como referenciarlo para saber que existe.

Así que justamente después de **FROM** vamos a escribir **ARG** y seguido el nombre de la variable de entorno:

holamundo/frontend/Dockerfile.prod

```
FROM node:20.5.0-alpine3.18 as build-stage
ARG VITE_API_URL
WORKDIR /app/
```

Aquí estamos utilizando **ARG** para poder recibirlo después y ahora este es el momento donde vamos a tomar este argumento, y se lo vamos a asignar a una variable de entorno, así que acá vamos a escribir:

holamundo/frontend/Dockerfile.prod

```
ARG VITE_API_URL
ENV VITE_API_URL=$VITE_API_URL
WORKDIR /app/
. . .
```

Entonces para que podamos referenciar el argumento de antes vamos a tener que utilizar el símbolo de dólar seguido del abre y cierra ahí está paréntesis de llaves "{}", o igualmente podrías omitir estos paréntesis, que es como lo escribimos en el ejemplo.

Y con esto ya deberíamos poder construir nuestra aplicación en modo producción. Así que abrimos nuestra terminal, ahora si ya podemos construir nuevamente nuestras imágenes con el comando:

Terminal de comandos

```
docker compose -f docker-compose.prod.yml up --build
```

Entonces ubicándonos en la carpeta principal de nuestro proyecto, vamos a ejecutar **docker compose**, la opción **-f** para poder indicarle el archivo de **docker-compose.prod.yml** que en este caso es el de producción, **up** para que lo ejecute y **–build** para asegurarnos que siempre construya las imágenes. Así que ahora presionamos **enter:**

Salida de ejecutar: docker compose -f docker-compose.prod.yml up –build

```
. . .
db-1   | {"t":{"$date":"2024-04-26T20:33:07.860+00:00"},"s":"I",  "c":"STORAGE",  "i\
d":22430,   "ctx":"Checkpointer","msg":"WiredTiger message","attr":{"message":"[1714\
163587:860082][1:0x7f5a16732700], WT_SESSION.checkpoint: [WT_VERB_CHECKPOINT_PROGRES\
S] saving checkpoint snapshot min: 19, snapshot max: 19 snapshot count: 0, oldest ti\
mestamp: (0, 0) , meta checkpoint timestamp: (0, 0) base write gen: 2110"}}
db-1   | {"t":{"$date":"2024-04-26T20:34:07.869+00:00"},"s":"I",  "c":"STORAGE",  "i\
d":22430,   "ctx":"Checkpointer","msg":"WiredTiger message","attr":{"message":"[1714\
163647:869192][1:0x7f5a16732700], WT_SESSION.checkpoint: [WT_VERB_CHECKPOINT_PROGRES\
S] saving checkpoint snapshot min: 21, snapshot max: 21 snapshot count: 0, oldest ti\
mestamp: (0, 0) , meta checkpoint timestamp: (0, 0) base write gen: 2110"}}
```

Vemos que están apareciendo los **logs**, así que iremos al navegador y una vez aquí nos aseguramos de estar dentro de la dirección **localhost** y vamos a refrescar la página:

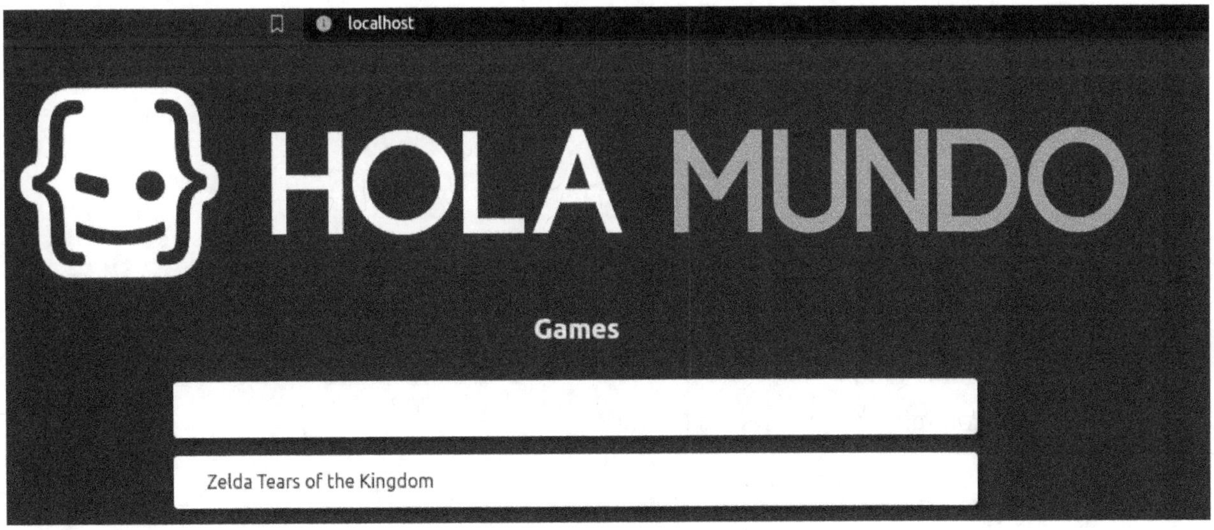

App funcionando en local

Y aquí podemos ver cómo nos está mostrando nuestra aplicación con éxito. Y que si queremos ser un poco más chismosos y comprobar que todo está saliendo correctamente, podemos ir a las devtools, haciendo un clic derecho en la página, luego en inspeccionar o con la tecla F12 y luego a la pestaña de "**Network**". Hacemos una recarga más de la página y vemos ahí que se está realizando una petición a un endpoint de **games** y hay, como podemos ver que es la IP del servidor de producción:

Petición realizada con éxito

Así es que está yendo a buscar todos estos datos al servidor de producción, que esto es lo que queríamos lograr.

Así es que nuestro siguiente paso es hacer un **commit**, un **push** para después en el servidor hacer un **pull** y nuevamente ejecutar **docker compose**.

Así que vamos a cancelar nuestros contenedores con **control** + **c** en nuestra terminal y vamos a ejecutar:

Terminal de comandos

```
docker compose down
```

Salida de ejecutar: docker images

```
[+] Running 5/5
□ Container holamundo-app-1       Remo...
□ Container holamundo-api-1       Remo...
□ Container holamundo-api-test-1  Removed
□ Container holamundo-db-1        Remov...
□ Network holamundo_default       Remo...
```

Esto para que se elimine todo.

Ahora haremos el commit, comenzaremos con un:

Terminal de comandos

```
git status
```

Salida de ejecutar: git status

```
On branch main
Changes not staged for commit:
(use "git add <file>..." to update what will be committed)
(use "git restore <file>..." to discard changes in working directory)
    modified:   docker-compose.prod.yml

Untracked files:
(use "git add <file>..." to include in what will be committed)
    frontend/Dockerfile.prod
. . .
```

Entonces tenemos que agregar el archivo de "**Dockerfile.prod**" y "**docker-compose.prod.yml**", así que vamos a escribir:

Terminal de comandos

```
git add docker-compose.prod.yml frontend/Dockerfile.prod
```

Y lo siguiente:

Terminal de comandos

```
git commit -m "achicando tamano imagen"
```

Salida de ejecutar: git status

```
[main 4a3c901] achicando tamano image
2 files changed, 20 insertions(+), 4 deletions(-)
create mode 100644 5-holamundo/frontend/Dockerfile.prod
```

Ahora, si vamos a subir estos cambios a GitHub:

Terminal de comandos

```
git push
```

Esperamos a que se suba. Y ahora, en la terminal del servidor:

Terminal de comandos de nuestro droplet en digitalocean

```
git pull
```

Salida de ejecutar: git pull

```
fatal: not a git repository (or any of the parent directories): .git
root@docker2503onubuntu2204-s-1vcpu-1gb-syd1-01:~# cd holamundodocker/
root@docker2503onubuntu2204-s-1vcpu-1gb-syd1-01:~/holamundodocker# git pull
remote: Enumerating objects: 8, done.
remote: Counting objects: 100% (8/8), done.
remote: Compressing objects: 100% (2/2), done.
remote: Total 5 (delta 3), reused 5 (delta 3), pack-reused 0
Unpacking objects: 100% (5/5), 709 bytes | 354.00 KiB/s, done.
From github.com:gabriel-holaMundo/holamundodocker
29c471e..949de34  main       -> origin/main
Updating 29c471e..949de34
Fast-forward
docker-compose.prod.yml  | 13 ++++++++-----
frontend/Dockerfile.prod | 13 +++++++++++++
2 files changed, 21 insertions(+), 5 deletions(-)
create mode 100644 frontend/Dockerfile.prod
```

Igualmente en la terminal del servidor vamos a limpiar, así que usaremos:

Terminal de comandos de nuestro droplet en digitalocean

```
docker compose down
```

Salida de ejecutar: git pull

```
[+] Running 4/3
 Container holamundodocker-api-1  Removed
 Container holamundodocker-app-1  Removed
 Container holamundodocker-db-1   Removed
 Network holamundodocker_default  Removed
```

Y ahora, si vamos a ejecutar nuevamente nuestra aplicación con **docker compose**:

Terminal de comandos de nuestro droplet en digitalocean

```
docker compose -f docker-compose.prod.yml up --build
```

Salida de ejecutar: docker compose -f docker-compose.prod.yml up –build

```
. . .
holamundodocker-db-1    | {"t":{"$date":"2024-04-29T16:50:06.192+00:00"},"s":"I",  "c\
":"NETWORK",  "id":22944,   "ctx":"conn4","msg":"Connection ended","attr":{"remote":\
"206.168.34.191:42810","uuid":"5998e90c-648b-4eb0-a3c7-08a96299e9ed","connectionId":\
4,"connectionCount":3}}
holamundodocker-db-1    | {"t":{"$date":"2024-04-29T16:50:12.418+00:00"},"s":"I",  "c\
":"STORAGE",  "id":22430,   "ctx":"Checkpointer","msg":"WiredTiger message","attr":{\
"message":"[1714409412:418611][1:0x7f7900875700], WT_SESSION.checkpoint: [WT_VERB_CH\
ECKPOINT_PROGRESS] saving checkpoint snapshot min: 9, snapshot max: 9 snapshot count\
: 0, oldest timestamp: (0, 0) , meta checkpoint timestamp: (0, 0) base write gen: 17\
780"}}
```

Vemos que empezaron a aparecer los **logs** y vamos a regresar el explorador:

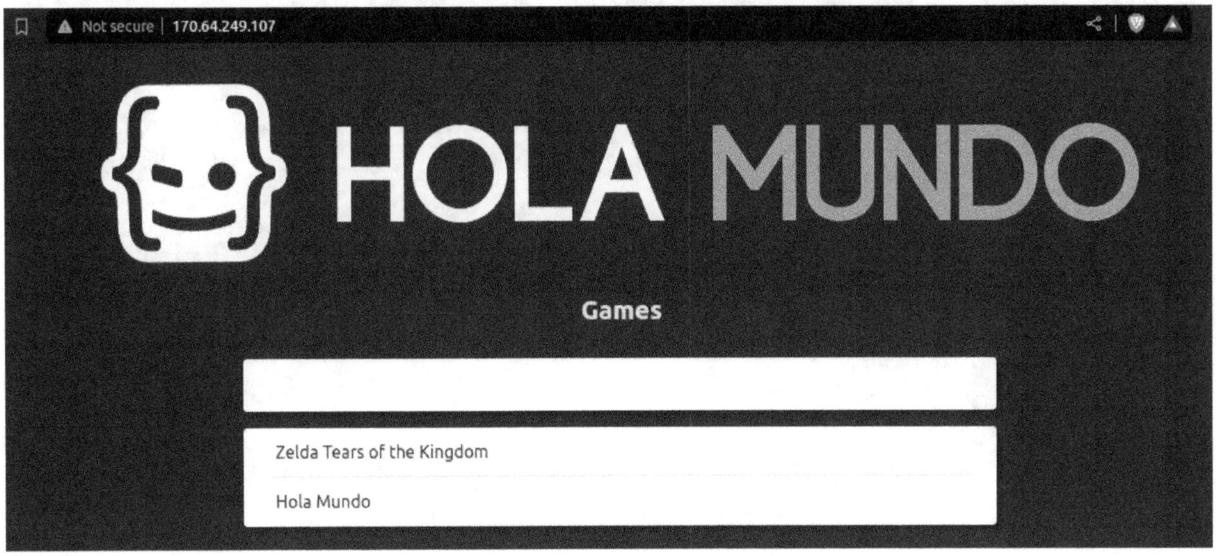

Aplicación en el servidor funcionando

Y con esto veremos cómo nuestra aplicación sigue funcionando con éxito.

Y ahora el último paso para finalizar nuestro libro. Vamos a cancelar nuestros contenedores con **control** + **c** en nuestra terminal del servidor, y vamos a ejecutar el comando anterior con un pequeño cambio:

Terminal de comandos de nuestro droplet en digitalocean

```
docker compose -f docker-compose.prod.yml up --build -d
```

Esta última opción **-d** es para ejecutar estos en modo detach. Así que vamos a presionar **enter**:

Salida de ejecutar: docker compose -f docker-compose.prod.yml up –build -d

```
[+] Running 3/3
□ Container holamundodocker-db-1   Started
□ Container holamundodocker-api-1  Started
□ Container holamundodocker-app-1  Started
```

Ya comenzó todo, entonces vamos a ir al navegador para asegurarnos que se está ejecutando correctamente:

Aplicación en el servidor funcionando

Está todo correcto.

Y ahora, el último paso, escribimos dentro de la terminal del servidor:

Terminal de comandos de nuestro droplet en digitalocean

```
exit
```

Cuando presiones **enter** ya estaremos desconectados del servidor, pero esto por supuesto que va a seguir manteniendo ejecutando nuestra aplicación, así que podemos refrescar la página en el navegador:

Aplicación en el servidor funcionando

Podemos ver qué sigue ejecutándose y si queremos actualizar nuestra aplicación:

1. Actualizas el código en Github,
2. haces un push,
3. luego ingresas a tu servidor con SSH realizas un git pull,
4. Y después el mismo comando que hemos utilizado de: **docker compose -f docker-compose.prod.yml up - build -d**

Con esto ya está, así es como tú puedes desplegar tus aplicaciones de Docker en un servidor.

¡Y ya está! Esto fue todo, ahora si te puedes considerar un experto en Docker. Espero que te haya gustado mucho este libro hasta la próxima y ¡chao mundo!

Muchas gracias!

Quieres seguir en contacto?
Recuerda seguirme en mi canal de youtube HolaMundo para que sigamos aprendiendo y puedas ver el nuevo contenido que publicamos!

www.ingramcontent.com/pod-product-compliance
Lightning Source LLC
LaVergne TN
LVHW081751050326
832903LV00027B/1892